베풂의
즐거움

고대의 현자 세네카가 들려주는
불행한 시대를 이기는 참된 방법

# 베풂의
# 즐거움

루키우스 안나이우스 세네카
김혁·오명석·홍석준·안승택 옮김

# De Beneficiis
## On Benefits

Lucius Annaeus Seneca

차례

**일러두기**

1. 이 책은 루키우스 안나이우스 세네카<sup>Lucius Annaeus Seneca</sup>의 *De Beneficiis*의 국내 초역으로 미리엄 그리핀<sup>Miriam</sup> <sup>Griffin</sup>과 브래드 인우드<sup>Brad Inwood</sup>가 영역한 *On Benefits*(2011)를 대본으로 하여 번역한 것이다.

2. 이 책은 경제인류학 연구모임인 "혼돈회"의 독서의 결과로 번역된 것이며, 1권은 김혁, 2권과 3권은 오명석, 4권과 5권은 홍석준, 6권과 7권은 안승택이 번역하고, 해제와 최종 편집은 김혁이 담당하였다.

3. 본문의 장, 절 제목은 원문에는 없으나 독자의 이해를 돕기 위하여 옮긴이가 임의로 단 것이다. 주석 또한 모두 옮긴이가 단 것이다.

4. 외국어 및 외래어 표기는 국립국어원의 규정을 따랐다.

5. 책은 겹낫표(「 」), 논문은 큰따옴표(" "), 영화는 쌍꺾쇠(《 》)로 묶어 표기했다.

제

**1**

권

# 은혜의 정의

**1**

나의 훌륭한 벗, 리베랄리스[1]여! 아무 생각 없이 마구 사는 사람들은 수 없이 많은 실수를 저지르는 법이지만, 그중에서도 은혜를 베풀고 갚는 법을 모른다면 이보다 더 큰 잘못도 없을 것이다. 잘못된 방식으로 은혜를 베푼다면 베풀기 무섭게 사라져 버리므로, 아무리 많이 베풀어도 돌아오지 않는다느니 너무 늦게 돌아온다느니 하는 불평만 늘어놓게 된다.

은혜를 저버리는 일은 너무 흔해서 더는 놀랄 일도 못 된다. 이런 일이 벌어진 데에는 여러 원인이 있겠지만, 은혜를 입을 사람이 어떤 사람인지 미리 따져보지 않은 데서 비롯된 경우가 많다. 불모지에다 여기저기 씨를 뿌려대지 않듯, 돈을 빌려줄 때에는 빌리는 사람의 재산 상태나 생활 여건을 곰곰이 따져봐야 한다. 그러나 은혜를 베풀 때에는 은혜를 베푼다고 생각하기보다는 이것저것 가리지 않고 마구 뿌려대야 한다.

은혜를 입은 사람이 은혜를 갚지 못하겠다고 버티거나, 베푼 쪽에서 은혜를 갚으라고 요구한다면, 세상에 이보다 더 민망한 일이 어디 있겠는가? 이렇게 되면 은혜는 받은 만큼 되갚아야 하는 부채 같은 것이 되고 만

---

1   이 책의 수신인인 리베랄리스는 부유하고 관대한 자선가로 그려진다. 그는 세네카가 만들어낸 허구의 인물로 여겨지기도 하나, 현재 프랑스의 리옹에 해당하는 루그두눔<sup>Lugdunum</sup>의 부유하고 교양 있는 백인대장임이 유력하다.

다. 은혜를 갚지 않는 것이 어째서 그렇게 부끄러운 일이라고 여기는지 생각해보라. 은혜는 재물이 아니더라도 태도로 갚을 수 있는 것이므로 은혜를 빚졌다고 생각하는 것만으로도 이미 갚은 것이나 다름없다.

## 은혜를 베푸는 사람은 예의를 갖추어야 한다

은혜를 저버린 사람에게는 비난이 쏟아지게 마련이지만 은혜를 베푼 사람도 비난받아야 할 때가 적지 않다. 많은 사람들이 은혜를 저버리는 것은 베푼 사람의 책임인 경우가 많다. 잘 생각해보라. 은혜 입은 사람에게 은혜를 갚으라고 무자비하게 군 적은 없었는지? 은혜를 베푼 바로 그 순간, 변덕이 생겨 은혜 베푼 일을 후회한 적은 없었는지? 혹은 별것 아닌 것을 가지고 번잡을 떨며 불평을 늘어놓은 적은 없었는지? 만일 그랬다면 은혜 입은 사람의 마음에 혹시라도 움텄을 감사의 싹은 무참히 짓밟혀버렸을 것이다.

부탁을 받고 기꺼워할 사람이 이 세상에 어디 있겠는가? 상대방이 무엇을 부탁하려는 기색을 느끼고는 그 자리에서 미간을 찌푸리며 외면하거나, 언제 끝날지도 모를 긴 이야기를 늘어놓으며 부탁조차 하지 못하게 입을 막아서야 쓰겠는가? 아니면 다급한 부탁을 온갖 수를 써서 교묘히 따돌린 적은 없었는가? 상대방이 위기에 몰렸을 때 얼굴을 찌푸리거나 심술궂고 쩨쩨하게 굴면서 잠시 주춤대다가, 다시 말해 겁먹은 듯 베풀지 못하겠다고 거절하다가 마지못해 은혜를 약속한 적은 없었는지 잘 생각해보라.

은혜를 억지로 얻어낸 사람 중에서 자신의 빚을 흔쾌히 갚겠다고 할 사람이 이 세상에 어디 있겠는가? 거만한 태도로 은혜를 획 던져주거나, 화를 내며 면전에 내던지거나, 아니면 들볶이지 않으려고 마지못해 짜증스럽게 베푼다면, 그런 사람에게 감사의 마음을 가질 사람이 누가 있겠는가? 게다가 도와줄지 어쩔지 모르는 애매한 태도로 시일만 질질 끌며 한참 괴롭힌 끝에 은혜를 베풀고는, 그렇게 하고도 베푼 은혜가 돌아오기를 기대한다면 이것은 그야말로 말도 안 되는 일이다.

은혜를 베풀 때에는 은혜를 입을 때만큼이나 상대방을 조심스럽게 대해야 한다. 은혜를 베푸는 사람이 상대방을 하찮게 취급한다면, 은혜를 입은 사람은 감사는커녕 그 은혜가 순전히 자기 힘만으로 얻어낸 것이라고 생각할 것이다. 또 한 가지 유의할 점은 은혜는 절대 시일을 끌지 말고 그 자리에서 베풀어야 한다는 것이다. 베푸는 사람의 의도야말로 그의 행동을 평가하는 중요한 기준이 된다. 시일을 질질 끌었다가는 기꺼이 베풀지 않고 오랫동안 망설였다는 혐의만 받게 될 뿐이다.

그리고 은혜는 공격적인 태도로 베풀어서는 절대 안 된다. 너무 당연한 말 같지만 모욕은 친절보다 마음에 더 오래 남는 법이다. 친절은 사람들의 마음에서 바람처럼 금세 사라지지만, 모욕은 진드기처럼 들러붙어 오랫동안 떨어지지 않는다. 그대가 은혜 입은 사람의 심기를 건드린다면 그에게 기대할 게 더는 없을 것이며, 아마 은혜 입은 사람도 받은 은혜만큼만 되돌려주면 그만이라고 여길 것이 뻔하다.

## 베푼 은혜가 돌아오지 않는다고 중단해서는 안 된다

은혜를 저버리는 사람들이 제아무리 많아도, 은혜 베푸는 일을 중도에 그만둬서는 절대 안 된다. 그 이유는 두 가지다. 첫째, 은혜를 저버린 사람이 늘어난 데에는 베푸는 사람의 책임도 적지 않다. 둘째, 위대한 신들조차 자신에게 무례하게 구는 인간들을 항상 관대하게 대해왔다.

신들은 자신의 본성 때문에 만물에게 은혜를 베풀지만, 은혜 입은 사람들 중에는 신들의 선물을 받을 자격이 없는 사람도 끼어 있다. 우리 인간은 나약한 존재이므로 신들의 모범적인 행동을 본받아야 마땅하다. 다시 말해 은혜는 되돌려 받을 것을 생각하고 빌려주는 것이 아니라 그저 베풀기만 해야 한다. 베풀 때 돌려받을 것을 기대한다면, 은혜 입은 사람에게 뒤통수를 맞더라도 더는 할 말이 없을 것이다.

그대는 이에 대해 이렇게 반론할 수도 있다. "베푼 결과가 좋지 않은데, 그래도 계속 베풀어야 하는가?"

처자식 때문에 옴짝달싹 못하는 처지가 된다고 해서 결혼하지 않고 가족을 부양하지 않으려는 사람이 이 세상에 어디 있겠는가? 우리의 삶은 많은 실패에도 불구하고 일관성을 지키려 한다. 싸움에서 한번 패배했다고 전장에 나가지 않으려는 사람은 없다. 어쩌다 한번 배가 좌초되었다고 바다에 나가지 않으려는 사람을 본 적이 있는가? 다른 사람에게 끊임없이 은혜를 베푸는 것은 우리의 타고난 천성이다. 돌려받기 위해서 은혜를 베푸는 것이 아니다. 따라서 돌려받지 못한다고 은혜를 베풀려 하지 않는다면, 이것이야말로 은혜를 저버리는 사람들에게 좋은 빌미만 줄 뿐이다.

벌건 대낮에 얼굴을 들고 다니기 부끄러운 사람들이 아무리 많더라도 해는 날마다 동쪽에서 떠오른다. 자신이 태어난 사실을 개탄하는 사람들이 아무리 많아도 새로운 후손은 계속 태어난다. 삶을 자조하던 사람들조차 삶을 중단하지는 않는다. 훌륭한 사람이라면 자신이 베푼 은혜를 돌아보기보다 베푸는 일 그 자체에 마음을 쏠 뿐이다. 많은 사람들을 돕는다고 해를 입지는 않는다. 그렇다면 그들을 돕지 못할 이유도 전혀 없다. 미래에 돌려받을 것을 보장받지 못하는 은혜, 받자마자 갚아야겠다고 느끼게 하는 은혜가 바로 덕 있는 은혜이다.

은혜에 감사할 줄 모르는 사람들이 아무리 많아도 베푸는 일을 주저할 이유는 전혀 없다. 감사할 줄 아는 사람이 없다고 은혜를 베풀지 않기보다는, 은혜를 입지 않는 편이 차라리 낫다. 은혜를 저버리는 사람은 잘못을 저지르는 것일 수 있지만, 애초에 은혜를 베풀려 하지 않는 사람은 더 큰 실수를 저지르는 셈이다. 이것이 바로 내가 하고 싶은 말이다.

## 은혜를 베푼 일조차 잊어야 한다

많은 사람들에게 마구 은혜를 베푼다면,
좋은 선물 단 하나를 위해 많은 선물들을 허비하는 것이라오.

위 시구의 첫째 줄은 두 가지로 비판할 수 있다. 우선 많은 사람에게 모두 관대하게 선물을 베푸는 것이 현실적으로 부적절하다는 것이고, 다음으로는 어떤 선물이라도 마구 베풀 수 없다는 것이다. 누구에게 무엇을 줄지 판단하지 않는다면, 선물은 더는 선물이 아니므로 그것에 선물이라고 이름 붙이는 것조차 적절치 못하다.

둘째 줄의 의미는 찬란하게 빛난다. 이것은 선물 하나를 제대로 줄 수 있다면 그것 때문에 소비한 많은 것들을 보상할 수 있다는 뜻이다. 그대에게 간절히 바라노니, 베푸는 사람의 고상한 마음씨에 더 진실하고 적절한 것이 무엇일지 고려해야만 한다. 그리고 아무리 은혜를 베푸는 일이 보답받지 못하더라도 은혜를 베풀도록 열심히 권유해야 한다. "많은 선물들을 허비하는 것이라오."라고 노래한 것도 잘못인데, 허비한다는 표현 자체가 무언가 미리 계산했다는 뜻이기 때문이다. 사실상 은혜를 베푼다고 해서 잃어버릴 것은 전혀 없다.

선물들을 회계장부에 기입하는 일은 너무나 쉽다. 선물에 얼마의 돈을 치렀는지 따져보면 그만이다. 그런데 은혜는 보답을 받는다면 이익을 보겠지만 그렇지 않다고 해서 손해 볼 것도 없다. 은혜를 베푸는 일은 베푸는 것 자체가 목적이다. 베푼 은혜를 회계장부에 빼곡히 기재했다가 탐욕스러운 세리稅吏처럼 어느 날 어느 때 반드시 갚으라고 강요할 사람은 이 세상에 아무도 없다. 착한 사람이라면 갚으려는 사람이 찾아와서 빌려준 일을 상기시키기 전까지 자신이 은혜를 베풀었다는 사실조차 기억하지 못할 것이다. 그렇지 않다면, 은혜를 베푸는 일이 돈을 빌려주는 것과 다름없게 되어 은혜를 지출로 여기게 되므로, 이 일은 마치 고리대금업처럼 부끄러운 일이 될 것이다.

## 그대의 은혜로 배은망덕한 자를 포위하라

이전에 베푼 은혜를 보답받지 못했다고 해서 베푸는 일을 포기해서는 안 된다. 은혜를 입은 사람이 언젠가 뉘우치고 갚을 기회를 잡거나 좋은 본

보기를 따름으로써 이전에 베푼 은혜들이 다시 빛을 발할 수 있기 때문이다. 은혜를 베푸는 일은 절대 포기해서는 안 된다. 은혜를 계속 베풀며 훌륭한 사람으로서의 직분을 다하라. 어떤 사람은 돈으로 도와주고, 또 다른 사람은 신용으로 도와주라. 또 어떤 사람에게는 충고로, 그리고 어떤 사람에게는 현명한 가르침으로 도와주라.

사나운 야수들조차 자신에게 친절을 베푸는 일쯤은 알아차린다. 하지만 조련사가 배려와 관심을 보여준다고 처음부터 자기 성질을 누그러뜨리고 애정을 주는 유순한 동물은 이 세상에 없다. 그렇지만 조련사들은 물리지 않고 사자를 다룰 줄 알고, 가장 사나운 코끼리조차 먹이로 복종시킬 수 있다. 계속 잘 돌보고 친절히 대한다면 은혜가 무엇인지 모르는 짐승조차 굴복시킬 수 있는데, 어쩌다가 한 번 은혜를 베풀었다고 해서 그것에 감사할 사람이 이 세상에 어디 있겠는가? 두 번 은혜를 베풀었다고 감사할 사람도 아마 없을 것이다. 그가 이전의 모든 은혜들을 모조리 잊어버려서일까? 그건 아니다. 세번째로 은혜를 베푼다면 그는 이전의 은혜들을 모두 떠올릴 것이기 때문이다. 그렇지 않고 남에게 쌓은 은혜가 모조리 날아갔다고 성급히 결론짓는다면 지금까지 베푼 은혜들을 진짜 잃어버리게 될지도 모른다. 그러나 은혜를 차곡차곡 쌓아간다면 아무리 은혜를 잘 잊어버리고 무심한 사람이라도 감사할 날이 올 것이고, 지나치게 많은 은혜를 입은 사람은 자기가 받은 은혜를 가볍게 여길 수 없을 것이다. 은혜 입은 사람이 은혜를 저버릴 때마다 나타나서 그대의 은혜로 포위하라.

# 은혜의 관계

**2**

**끝없이 이어지는 은혜가 세상에서 가장 아름답다**

그대가 괜찮다면 "왜 세 명의 여신 그라티아이<sup>Gratiae</sup>**2**가 있을까?", "왜 저들은 자매일까?", "미술품에서 그들은 왜 젊은 처녀의 모습으로 서로 손을 잡고 웃고 있으며, 느슨하고 투명한 옷을 입고 있을까?"와 같은 하찮은 주제들은 훌쩍 뛰어넘고, 은혜의 특성이 무엇인지 직접 말하고 싶다. 그라티아이 세 자매 중 한 명은 은혜를 베풀고, 또 한 명은 은혜를 입고, 나머지 한 명은 은혜를 되갚는 일을 표상한다고 주장하는 사람이 있다. 그런가 하면 이 형상들이 은혜를 베푸는 사람, 은혜를 되돌려주는 사람, 은혜를 입는 동시에 갚는 사람을 표상한다고 주장하는 사람도 있다. 어떤 해석이든 이런 지식이 도대체 어디에 쓸모가 있을지 의문이다. 서로 손을 맞잡고 둥글게 원을 그리며 춤을 춘다는 사실은 무엇을 뜻하는가? 이 형상은 은혜가 손에서 손으로 전해져서 다시 베푸는 이에게 돌아가는 질서로 움직인다는 의미이다. 만일 어떤 지점에서 주요한 부분이 깨지면, 은혜의 주된 특성도 사라진다. 그렇지만 이 연속적인 운동이 계속 이어진다면 이 세상

---

**2**  로마 신화에서 기품과 아름다움을 뜻하는 우미優美를 의인화한 존재로, 인간과 신을 기쁘게 하는 덕목으로서의 미美를 나타내는 세 자매 여신을 일컫는다. 그리스 신화에서는 카리테스라고 불리며, 미술사에서는 삼미신三美神이라는 명칭으로 더 잘 알려져 있다.

에 이보다 더 아름다운 일은 없을 것이다. 이 춤추는 세 자매 중 나이가 많을수록 가치가 커지는 법인데, 은혜를 베푸는 일도 이와 마찬가지다.

세 명의 그라티아이는 즐거움을 표상한다. 이것은 일반적으로 은혜를 베풀고 입는 사람들이 느끼는 즐거움과 꼭 닮았다. 그들이 젊은 모습을 한 이유는 은혜에 대한 기억이 결코 늙어 없어지지 않는다는 것을 표상한다. 그들이 처녀인 까닭은, 선물은 순수하므로 모든 사람들에게 우러러 공경받기 때문이다. 그들이 헐거운 옷을 입고 있는 까닭은 은혜란 제약되어서도 의무를 가져서도 안 되기 때문이며, 그들의 옷이 투명한 까닭은 은혜가 전면에 드러나고자 하는 속성이 있기 때문이다.

그리스 사람들에게 푹 빠진 사람들은 위의 질문들을 생생하게 받아들이겠지만, 이들조차 고대 그리스의 시인 헤시오도스[3]가 그라티아이에게 어떤 이름을 지어주었는지는 중요하게 여기지 않을 것이다. 그는 맏언니에게는 아글라이아, 둘째에게는 에우프로시네, 막내에게는 탈리아라는 이름을 지어주었다. 권위 있는 사람들은 이러한 이름을 자기 해석대로 이리저리 꼬아서 합리적으로 맞추고자 하였다. 그런데 사실상 그들의 이름은 헤시오도스가 자기 마음대로 지은 것이다.

호메로스는 이들 중 가장 어린 탈리아의 이름을 파시테아로 변경하고 그녀를 기혼자로 만들었다. 이 사실 때문에 그대는 이들이 순결한 처녀가 아니라고 말했던 것 같다. 나는 그대가 그라티아이를 꼭 끼고 두꺼운 프리기아식 양모 옷을 입은 것으로 묘사했다는 것을 잘 알고 있다. 메르쿠리

---

**3**　기원전 8세기 무렵에 활동한 그리스의 시인. 교훈적인 서사시를 많이 썼다. 현존하는 작품은 「노동과 나날 Ergakai Hemerai」, 「신통기Theogonia」 두 편이다.

우스⁴도 그들 옆에 서 있는데, 은혜를 베풀도록 촉구하기 위해 있는 것이 아니라 화가가 멋대로 그려 넣은 것이다.

철학자 크리시포스는 지적으로 정교하게 분석하여 진리의 중심에 이르고 꼭 필요한 말만 하는 것으로 유명한데도, 그 역시 책 전체를 이런 말도 안 되는 말로 채우고, 은혜를 주고받고 되돌려주는 실질적인 과정으로 토론할 수 있는 약간의 여지만 남겨두었다. 그는 신화를 토론의 장으로 끌어들였다기보다는 오히려 토론을 그의 신화 속으로 끌고 들어갔다. 헤카톤⁵이 베낀 소재 위에다 크리시포스는 그라티아이가 유피테르와 에우리노메 사이에서 난 딸들이고, 호라이⁶보다 더 나이가 어리지만 약간 더 예쁘고, 결과적으로 베누스의 충실한 추종자라고 말했다. 그는 이들 어머니의 이름이 에우리노메⁷인 것에는 의미가 있다고 여겼는데, 은혜를 베푼다는 것은 "넓게 퍼뜨릴" 필요가 있기 때문이다.

해설자가 기억을 하지 못해 허세를 부리는 것과 똑같이, 어떤 사람의 진짜 이름을 몰라서 지어냈다고 하더라도 시인들은 진실 여부는 그다지 중요하지 않다고 생각했다. 그들은 어쩔 수 없거나 미적인 효과에 현혹되어서, 시에 등장하는 각각의 인물이 예쁘게 꾸며질 수만 있다면 그것으로 그만이라고 여겼다. 그런 사람들의 목록에 새로운 이름을 더하는 것을 그들은 전혀 불명예스럽다고 여기지 않았다. 뒤이어 나타난 시인은 그라

---

4   로마 신화에 나오는 상업의 신. 그리스 신화의 헤르메스에 해당한다.

5   기원전 100년경의 스토아학파 학자.

6   그리스 신화에 나오는 계절의 여신들.

7   에우리노메Eurynome는 "넓게 퍼뜨리는"이라는 뜻이다.

티아이의 이름을 자기 멋대로 지어 불렀다. 우리가 특히 주목하는 탈리아 만 두고 생각해보더라도, 그녀는 헤시오도스의 시에서는 그라티아이가 운데 한 명이었고 호메로스의 작품에서는 뮤즈 중의 한 명이었다.

다른 사람이 저질렀던 잘못을 나도 저지르지 않도록 핵심적인 주제가 아닌 것들은 모두 걸러낼 것이다. 어떤 사람이 그대처럼 나를 찾아와서 크리시포스를 영예의 권좌에서 몰아내도록 청한다면 나는 이렇게 대답하겠다. 크리시포스가 위대한 사람이라는 것은 분명하지만 그는 여전히 그리스인다운 데가 있어서, 대단히 미묘한 그의 날카로움은 자기 자신에 대해서만큼은 무뎠다. 심지어 그의 연설이 무언가를 달성한 것처럼 보일 때조차도 작열하는 한 방이 있었다기보다는 날카롭게 찌르는 정도에 불과했다.

이 주제의 핵심은 무엇일까? 우리는 은혜에 관해 토론함으로써 인간 사회를 하나로 만드는 가장 중요한 것이 무엇인지 생각해 인생의 법칙을 단호히 주장하고자 한다. 따라서 가장 훌륭한 일은 친절을 가장하여 우리 자신이 만족하는 것이 아니라, 모자라지도 과하지도 않은 관대함을 베푸는 것임을 보여주려 한다.

사람들은 아낌없이 은혜를 베풀고, 스스럼없이 은혜를 입으며, 또 기꺼이 은혜를 갚을 줄 알아서, 거대한 도전에 몸소 맞선다. 사람들은 은혜를 베푼 사람의 행동이나 태도에 부응해야 할 뿐 아니라 그의 은혜를 뛰어넘을 수 있어야 한다. 은혜에 보답하는 사람이 베푼 사람보다 앞서 나가지 않는다면, 은혜 베푼 사람을 결코 따라잡지 못할 것이다. 은혜를 베푸는 사람들은 계산하지 말아야 하고, 은혜 입은 사람은 자신이 받은 것 이상을 빚졌다는 사실을 가슴 깊이 새겨야 한다. 크리시포스는 우리로 하여금 입은 은혜를 더 큰 은혜로 갚으려는 영광스러운 경쟁에 참여하도록 했다. 그가 그라티아이 자매들이 유피테르의 딸들이라고 말했을 때, 이 말의 의미는 은혜를 입은 사람이 충분히 감사하지 않는 것은 경건하지 않은 행동이며 저 아름다운 처녀들을 부당하게 대하는 것으로 간주한다는 사실을 보여준다.

은혜를 베풀고 입는 사람들은 더욱 경쟁적으로 남에게 더 많은 은혜를 베풀 수 있어야 하고, 은혜를 베푼 사람들에게 더욱 감사해야 한다. 그리고 은혜를 베푼 사람은 자신이 베푼 은혜를 잊을 수 있어야 하고, 빚진 사람은 잊지 말고 늘 기억해야 한다. 이제 저 자잘한 일들일랑 시인들에게나 맡기자. 그들은 우리 귀를 즐겁게 하기 위해 달콤하게 말하곤 한다. 그러나 우리의 마음을 치유하고 싶어 하는 큰 바람이 있는 사람은 인간사의 한 가지 요소로 충실함을 유지하거나 책임감을 끊임없이 의식해 우리 마음을 채운다. 그래서 그들은 진지하게 말하고 힘차게 행동할 수 있다.

## 은혜는 선물과 다르다

내가 앞서 피상적인 주제들을 건너뛰었듯이, 우리가 가장 먼저 배워야 할 일을 꼽는다면 다음과 같다. 은혜를 입었을 때 그가 빚진 것은 무엇인가? 빚진 것은 그가 받은 돈이라고 말하는 사람도 있고, 빚진 것이 집정관직이나 성직, 혹은 지방의 장관직이라고 말하는 사람도 있다. 그러나 이것들은 모두 은혜 자체를 가리키는 것이라기보다는 은혜를 표현하는 도구에 불과하다. 일이란 사람이 마음만 쓰면 완수할 수 있는 것이지만, 은혜는 사람의 손이 닿을 수 없는 곳에 존재한다. "은혜를 베푸는 재료"와 "은혜" 그 자체는 전혀 다르다. 결과적으로 은혜는 금도 아니고 은도 아니며, 가장 귀중하다고 여길 그 어떤 것도 아니다. 은혜는 베푸는 사람의 의도에 있다. 분명하게 말해서 경험이 없는 관찰자는 그들이 본 것, 그들이 건네받은 것, 소유한 것에만 주목할 뿐 실제로 가치 있고 귀중한 것은 사소하게 여기는 경향이 있다. 우리 손에 쥐어진 것들, 욕망이 집중된 것들은 일시적인 것에 불과하다. 악운이나 공정치 않은 일로 그것들은 잃게 될 수도 있지만, 우리가 받은 선물을 잃어버릴 때조차도 은혜는 지속된다. 은혜란 옳은 행동이고 어떤 폭력도 이 은혜를 없앨 수는 없다.

해적에 붙잡힌 어떤 친구를 풀어주기 위해 몸값을 내주었는데 다른 적이 이 친구를 잡아다가 감옥에 처넣었다면, 그 적은 내 은혜의 용도를 쓸모없게 만들었을지는 몰라도 은혜 자체를 빼앗아 간 것은 아니다. 난파하는 배나 화재가 난 곳에서 아이들을 구출해주었는데, 병이나 어떤 다른 좋지 않은 사건들로 아이들이 세상을 떠났다면, 아이들은 없어졌지만 그에게는 여전히 아이들과 얽힌 은혜가 남아 있다.

따라서 은혜라는 이름으로 잘못 불리는 것들은 선의를 표현하는 수단에 지나지 않는다. 어떤 일이 겉으로 드러난 모습은 그것 자체와는 전혀 딴판이다. 장군이 어떤 사람에게 목걸이나 왕관을 하사할 때, 그 왕관에는 어떤 고유한 가치가 있는 것일까? 치안판사의 토가toga[8]에는 어떤 가치가 들어 있으며, 관직자의 지팡이에는 어떤 가치가 부여되어 있는 것일

---

8   로마 시민들이 입었던 길고 주름진 겉옷.

까? 치안판사의 연단이나 승리의 전차에서 연설할 수 있는 권리에는 또 어떤 가치가 있는가? 이것들은 모두 영예 그 자체라기보다는 영예를 표시하는 재료에 불과하다. 이와 마찬가지로 우리가 볼 수 있는 것은 은혜가 아니라, 은혜에 대한 증거와 표지일 뿐이다.

그렇다면 은혜란 무엇인가? 은혜란 기쁨을 주고 그렇게 함으로써 기쁨을 얻으며, 이런 일을 행할 수 있도록 기꺼이 준비하는 선의의 행동이다. 은혜를 베푸는 데에는 베푸는 일이나 선물 그 자체보다는 베푸는 사람의 의도가 더 중요하다.

베푸는 행위와 선물은 좋은 것도 아니고 나쁜 것도 아닌 반면, 은혜는 반드시 좋은 것이다. 이 점을 고려한다면, 행위나 선물이 의도와 얼마나 큰 차이가 있는지 알 수 있을 것이다. 사소한 것을 의미 있게 만드는 것은 다름 아닌 베푸는 사람의 의도이며, 이 의도야말로 별 볼 일 없는 것에 빛을 비춘다. 혹은 그 의도 때문에 통상적으로 큰 가치가 있다고 여겨지는 것들조차 그저 그런 것이 되는 수가 있다. 우리가 욕망하는 물건 자체에는 선도 악도 없다. 다만 사물에 형태를 부여하는 조타수가 어느 곳을 향하고 있느냐에 차이가 있을 뿐이다.

은혜는 계산하거나 양도할 수 있는 것이 아니다. 마찬가지로 제아무리 살지고 금처럼 빛나는 희생물이라도, 신에게 바치는 영예는 그 동물에 있는 것이 아니라 숭배자의 올바르고 경건한 태도에 있다. 그리고 훌륭한 사람들은 보리 밀로 만든 시골 케이크로도 신에게 경외를 표현할 수 있지만, 나쁜 사람들은 많은 희생을 하여 강같이 넘쳐흐르는 피로 제단을 물들인다 해도 불경죄를 면할 수 없을 것이다.

은혜가 베푸는 사람의 뜻에 있지 않고 선물에만 있다면, 받은 선물이 크면 클수록 은혜도 커질 것이다. 그런데 현실에서는 꼭 그렇지만도 않다. 작은 선물일망정 훌륭한 방식으로 주는 사람에게 우리는 더 많은 것을 느끼곤 한다. 그의 의도가 왕들이 주는 재물에 비길 만한 것일 수도 있고 그보다 작은 것일 수도 있지만, 참으로 기꺼이 주었다거나 자신의 가난을 아랑곳하지 않고 상대방에게 관심을 보였다면, 그는 기꺼이 도운 것일 뿐 아니라 돕고자 노력한 것이다. 그는 은혜를 베푸는 바로 그 순간 은혜를 입는 것처럼 느낄 것이며, 마치 나중에 받지 않을 것처럼 주고 주지 않았던 것처럼 받을 것이며, 봉사할 기회가 있는지 찾아보고 심지어 샅샅이 훑기까지 할 것이다.

대조적으로 베푸는 사람으로부터 억지로 끌어낸 은혜나 부주의하게 떨어진 은혜들은, 양적으로나 겉으로 보기에 아무리 커 보여도 높이 평가받을 수 없다. 기꺼이 베푼 선물이 많은 선물보다 훨씬 더 크게 여겨질 것이며 높이 평가받을 것이다. 그가 준 것이 아무리 작더라도 그는 그 이상의 것을 베풀 수 없었기 때문이다. 반면에, 다른 사람은 더 큰 선물을 주었지만 주기를 주저하여 질질 끌다가 주었다면, 혹은 베풀기를 아까워하며 거만하게 주었다면, 그는 준다는 사실 자체를 과시한 것이지 받는 사람에게 기쁨을 주려 한 것은 아니다. 이 경우 그는 자신의 야망에 은혜를 베푼 것일 뿐, 자신에게 은혜를 베푼 것은 아니다.

### 소크라테스가 받은 특별한 선물

소크라테스는 그의 학생들에게서 많은 선물을 받았다. 학생들은 자기 능력껏 바쳤지만, 아이스키네스는 너무나 가난해 바칠 만한 물건이라고는 눈을 씻고 찾아봐도 없었다. "저는 가난하여 선생님께 드릴 변변한 물건은 없고, 바칠 수 있는 유일한 것이라고는 저 자신뿐입니다. 선생님, 저라도 기꺼이 받아주시길 바랍니다. 다른 사람들이 선생님께 많은 선물을 바쳤다고 해도, 자신을 위해서는 더 많은 것을 남겨두었다는 사실을 잊지 않으셨으면 합니다." 이에 대해 소크라테스는 이렇게 답했다. "너 자신보다 더 큰 선물이 또 있더냐. 설마 너 자신을 별 볼 일 없다고 여기는 것은 아니겠지. 네가 선물로 바친 너 자신을 처음 받았을 때보다 더 훌륭하게 만들어서 되돌려주마." 자신을 선물로 바친 아이스키네스는 당시 자신의 부에 걸맞게 넉넉한 선물을 했던 알키비아데스를 뛰어넘을 수 있었다.

선의로 덕을 베풀려는 사람이 각박한 환경 속에서도 자신의 관대함을 표현하기 위한 물건을 어떻게 발견하는지 그대는 혹시 아는가? 내 생각에 아이스키네스는 "운명이여! 나를 가난하게 만들고자 했던 너의 바람은 별 쓸모가 없을 것이다. 그럼에도 나는 그 사람에게 가치 있는 선물을 줄 테니까. 나는 너의 재산으로 선물을 줄 수 없으므로 나는 그 사람에게 나 자신을 가치 있는 선물로 줄 것이다."라고 했을 것이다. 그가 자기 자신을 저평가했다고 결론지을 근거는 전혀 없다. 그는 자신을 위해 치르는 값으로 자신을 내놓았던 것뿐이다. 이로써 이 재능 있는 젊은이는 소크라테스에게 선물할 수 있는 방법을 찾아낸 것이다. 그대는 각각의 선물이 갖는 크기와 양만을 따질 것이 아니라, 선물을 주는 사람의 자질을 고려해야 한다. [결락]

## 은혜 없는 풍경

[결락] 부유한 사람들은 은혜를 필요로 하는 사람들에게 접근하기 쉬우므로 머리를 쓰기만 하면 평판이 좋아질 수 있다. 실제로 부유한 사람은 아무런 도움도 주지 않고 그저 말로만 용기를 북돋워주는 경우가 많다. 그런 사람이 자신의 행운에 대해 덤덤한 표정으로 냉정하게 말한다면 그의 평판은 더욱 나빠질 것이다. 왜냐하면 사람들은 성공한 사람을 부러워하면서도, 자신이 하고 싶은 일을 다른 사람들이 하는 것을 좋아하지 않기 때문이다.

사람들은 자기 부인을 집 안에서뿐만 아니라 공개적으로 창피를 주려 한다. 자기 부인이 다른 사람을 유혹하지 못하도록 세단 의자에 앉아 외출하는 일을 허용하지 않는 사람은, 모든 훌륭한 부인들이 싫어하는 세련되지 못한 시골뜨기로 비칠 것이다. 한 남자가 정부情婦를 두지 않기로 이름이 난 데다 어떤 부인에게도 한눈팔지 않는다면, 모든 부인들은 그를 신분이 낮은 나이 어린 노예 계집의 뒤꽁무니나 쫓아다니는 비열한 놈이라고 수군거릴 것이다. 그 결과, 간통이야말로 약혼에 이르는 가장 믿을 만한 수단이 되고, 다른 사람의 부인을 빼앗지 않는 한 어떤 사람도 아내를 얻을 수 없는 지경에 이르러, 과부와 홀아비가 사회에 만연하게 되는 습속이 생길 것이다.

요즈음 남자들은 그들이 훔친 것을 경쟁적으로 낭비하고, 계속 낭비하기 위해서 다시 긁어모은다. 그들은 잔인하고 격렬한 욕망으로 그렇게 살며 어떤 것도 돌보지 않는다. 그러면서 마치 어떤 불운보다도 가난을 두려워하는 듯이 다른 사람들의 가난을 경멸한다. 그들은 부당한 행동으로 사회 질서를 어지럽히며, 약자들을 폭행하고 억압한다. 지방이 약탈당하면 일단 판결이 내려진 부패한 판결을 다시 되돌릴 수 있다는 것은 놀랄일도 아니다. 구매한 것은 팔 수 있도록 허용하는 것이 이 나라의 법이기때문이다.

# 은혜의 효과

## 기쁨을 주는 은혜를 베풀어야 한다

나도 뭇사람들과 같은 열정과 충동에 휩싸여 살아왔지만, 여기서 그 잘못이 꼭 우리 시대에만 국한된 것은 아니라는 사실을 보여줌으로써 이 문제를 끝맺도록 하겠다. 우리 조상들도 불평했고, 우리도 불평을 하고 있으며, 우리의 자손들도 불평할 것이다. 도덕은 썩었고 악이 지배하며 인간사는 기울고 있으며 도덕적 감각은 무너지고 있다고. 상황은 여전히 동일하고 앞으로도 거의 변치 않을 것이어서, 밀물처럼 밀려왔다가 썰물처럼 빠져나가듯이 이리저리 약간 움찔거릴 뿐이다. 한편으로는 우리의 도덕적 실패는 다른 어떤 악덕보다도 간통 쪽으로 많이 기울어져 성적인 정숙함을 산산이 무너뜨릴 것이다. 다른 한편에서는 지배적인 악이 축제와 미식을 즐기며 미친 듯한 낭비로 치달을 것이며, 그로 인해 우리의 전통은 파멸할 것이다. 그리고 언젠가는 몸을 지나치게 가꾸고 도덕적이든 지적이든 추함을 선전하고 다니는 아름다움에 탐닉하게 될 것이다. 다시 그것은 방종이 되어 경멸적인 무례로 변할 것이고, 그때 우리는 공적이고 사적인 야만과 미친 듯한 내전을 벌일 것이며, 이런 와중에서 신성하고 고귀한 모든 것들은 침범당할 것이다. 그날이 오면, 술에 취하는 것을 찬미할 것이고 술이 센 것을 미덕으로 여길 것이다.

악덕이 오직 한곳에서만 서성이며 기다리는 것은 아니다. 그것은 움직이며 경합하며, 이기기도 하고 지기도 한다. 그러나 우리는 항상 우리 자신을 예전과 똑같이 말할 것이다. 우리는 현재 나쁘고, 과거에도 나빴으며, 마지못해 덧붙이지만 미래에도 나쁠 것이다. 살인자들, 폭군들, 도둑들, 간통자들, 강간범들, 종교의 계율을 어긴 자들, 매국노들은 항상 있을 것이다. 그런데 이 모든 사람들 중 가장 밑바닥 인간은 배은망덕한 인간이다. 물론 모든 범죄가 실제로 배은망덕에서 비롯되는 것은 아니지만, 감사하는 마음이 있었더라면 커다란 범죄까지는 저지르지 않았을 수 있다. 그러므로 배은망덕을 가장 큰 범죄로 취급하여 배은망덕을 저지르지 말도록 해야 한다. 다른 한편, 누군가가 그대에게 배은망덕을 저지른다면 그대는 그것을 가장 가벼운 범죄로 취급하여 그 일을 용서해주어야 한다. 배은망덕은 그대가 이전에 주었던 은혜를 잊어버림으로써 생기는 것이지만, 은혜에서 최선의 것, 즉 은혜를 베풀었다는 사실만큼은 보존된다.

물론 은혜를 베풀 때에는 누구에게 베풀어야 감사로 돌아올 수 있을지 세심하게 주의를 기울여야 한다. 그렇지만 상대가 잘 갚을 수 있을지 의심하면서도 베풀어야 할 은혜도 있고, 은혜를 입은 사람이 감사하지 않고 과거에도 감사하지 않았다는 것을 알면서도 베풀어야 할 은혜도 있다. 예컨대 만일 아무런 위험도 감수하지 않고 어떤 사람의 아이를 구제할 수 있다면, 나는 조금도 주저하지 않고 그 아이를 구원할 것이다. 가치 있는 사람을 지키기 위해서라면 기꺼이 내 피를 흘리면서까지도 위험을 감수할 수 있다. 가치 없는 사람이더라도 소리를 쳐서 강도로부터 그 사람을 구할 수 있다면, 그 사람의 안전을 지키기 위해 나는 곧바로 소리칠 것이다.

다음으로 은혜를 어떻게 베풀어야 마땅한지 이야기해보겠다. 무엇보다 꼭 필요한 은혜를 먼저 베풀어야 하고, 다음으로는 유용한 은혜를 베풀어야 하며, 또 그다음으로는 즐거움을 주는 은혜를 베풀어야 한다. 그리고 어떤 은혜라도 오랫동안 지속할 수 있어야 한다.

꼭 필요한 은혜부터 먼저 살펴보자. 우리의 마음은 우리 삶이 의지하는 물건과 우리 삶을 장식하는 물건에 대해 각각 다르게 반응한다. 사람들은 굳이 없어도 사는 데 지장이 없는 물건들, 예를 들어 "가져가. 나는 필요 없어. 내가 가진 것만으로도 행복해."라고 쉽게 말할 수 있는 것들을 세심하게 구별해낸다. 때때로 사람들은 받은 것을 되돌려줄 뿐 아니라, 심지어 내다 버리기도 한다.

꼭 필요한 은혜는 다음 세 가지 중 하나다. 첫째는 없으면 살아갈 수 없는 은혜, 둘째는 없이 살아서는 안 되는 은혜, 셋째는 없이 살고 싶지 않은 은혜이다. 첫째는 적의 손아귀, 폭군의 분노, 생명의 위협 등의 예측할 수 없는 위험으로부터 구출해주는 은혜이다. 이때 위험이 위협적일수록 그것을 물리쳐준 은혜에 더욱 감사하게 된다. 사람들은 물리친 악이 얼마나 큰지, 혹은 앞서의 공포가 얼마나 지독했는지에 따라서 그 도움을 그만큼 매력적으로 여긴다. 그렇다고 공포심을 키워 우리의 도움을 더 크게 느끼도록 하기 위해 사람을 구해내는 데 쓸데없이 시간을 질질 끌어서는 안 된다. 둘째, 없이도 살 수는 있지만, 없다면 차라리 죽는 편이 나을지도 모르는 것들이 있다. 자유, 정절, 양심 같은 것들이 있고, 가족 또는 친족의 유대감과 오래된 친분이 그 뒤를 따른다. 아이들, 배우자들, 가정의 수호신 등 우리가 깊은 애착을 느끼고 있는 것들은 그것 없이 사는 것이 그냥사는 것보다 더 나쁘다고 여겨진다.

그다음으로는 유용한 은혜가 있는데, 여기에 해당하는 것들은 매우 다양하다. 그중 하나로, 합리적으로 향유할 수 있을 만큼의 과도하지 않은 돈을 꼽을 수 있다. 여기에 더하여 더 높은 사회적 지위를 얻기 위한 영예와 출세도 있을 것이다. 이 영역에서는 자기 자신을 유용하게 만드는 것보다 더 유용한 것은 없다. 과도하게 추구하면 은혜를 입은 사람이 탐욕에 빠지기도 한다. 이런 은혜들은 은혜를 베푸는 시점이 얼마나 적절한지, 베푸는 선물이 얼마나 특별한지에 따라 평가가 달라진다. 가진 사람이 별로 없고, 더더욱 그 연배 집단에서 드물다면 그 물건은 평가가 높아지고, 그 자체로 가치 있는 것은 아니지만 시기와 장소 덕분에 가치 있게 여겨지는 물건 또한 좋게 평가된다.

가장 큰 기쁨을 주는 선물은 무엇일까? 은혜를 입은 사람이 베푼 사람을 자주 떠올리게 할 선물에 대해 생각해보자. 그런 선물을 한다면 은혜를 입은 사람은 항상 베푼 사람을 기억하게 될 것이다. 어쨌든 우리는 쓸데없는 선물을 하지 않도록 주의해야 한다. 예를 들면, 여자나 노인에게 사냥 장비를 선물하거나, 시골뜨기에게 책을 선물한다거나, 학문과 문학에 정열을 바치는 사람에게 그물을 선물한다면 이것들은 모두 쓸데없는 선물이다. 또한 선물을 받는 사람이 기뻐하기를 원한다면, 선물을 받는 사람의 약점을 결과적으로 비판하는 선물을 주지 않도록 주의해야 한다. 술주정뱅이에게 술을 선물하거나 우울증 환자에게 마약을 선물하는 것 같은 것 말이다. 그 선물이 선물을 받는 사람의 약점을 드러내게 하는 것이라면, 그것은 선물이라기보다는 오히려 비난이다.

## 적합한 선물은 따로 있다

우리가 선물을 선택할 때에는 무엇보다 먼저 쉽게 사라지지 않을 물건을 찾아야 한다. 그럴 때 선물은 영구적인 것으로 남는다. 그 물건을 더는 볼 수 없는데도 선물 받은 일을 계속 생각하며 감사하는 마음을 간직하는 사람은 거의 없다. 그러나 선물 자체가 바로 눈앞에 있는 한, 감사할 줄 모르는 사람들조차 선물을 받았다는 사실을 떠올릴 수밖에 없다. 쉽게 사라지지 않는 선물은 그것을 받은 사람들로 하여금 잊지 않도록 하고 그 선물을 준 사람을 기억하게 한다.

자신이 베푼 은혜를 계속 말함으로써 기억을 불러일으켜서는 안 된다. 그렇기 때문에 오랫동안 남아 있을 물건을 찾도록 해야 한다. 기억이 흐릿해지면 물건이 기억을 자극할 것이다. 은화보다는 은제 다트를 받는 것이, 조금만 쓰면 닳는 옷보다는 조각상을 받는 것이 내게는 더 큰 행복일 것이다.

물건이 사라졌는데도 감사의 마음을 간직하는 경우는 거의 없다. 선물은 그것을 사용하는 동안만 마음에 남는다. 가능하다면 자신이 준 선물이 다 써서 없어지는 일이 없도록 해야 하며, 내 선물이 내 친구의 삶에서 떨어지지 않고 남아 있게 해야 한다. 아무리 멍청한 사람이라도 해 지난 달력을 선물로 주거나, 겨울에 여름옷을, 한여름에 겨울옷을 주지는 않을 것이다. 은혜를 베푸는 데에는 일반 상식이라는 것이 있다. 상황, 장소, 관련된 사람들에 주의를 기울이지 않으면 안 된다. 사소한 것들로 그 선물의 가치가 평가된다. 선물을 받는 사람이 갖고 있지 않은 것이나, 그가 오랫동안 찾았지만 끝내 얻지 못한 것을 베푼다면 훨씬 좋을 것이다. 비싼 것보다는 귀하고 찾기 어려운 것을 선물로 택해야 한다. 이런 선물은 부유한 사람들마저도 특별하게 여길 것이다. 비유하자면 우리는 보통 사과를 즐겨 먹지만, 사과가 너무 일찍부터 식탁에 오른다면 싫증을 빨리 느낄 것이다.

어떤 사람에게 준 적도 없고 어떤 사람도 받은 적 없는 특별히 상징적인 선물이 있을 수 있다. 알렉산드로스 대왕이 동방을 정복하고 나서 무자비하고 오만해졌을 때 코린트인들은 사절단을 보내 그를 칭송하고는 그에게 코린트의 시민권을 주었다. 알렉산드로스가 이것을 보고 코웃음을 쳤다. 그때 사절단 중 한 사람이 "이 선물은 헤라클레스를 제외하고는 누구에게도 준 적이 없는 것입니다."라고 했다. 그러자 알렉산드로스는 이 변치 않을 영예를 기꺼이 받아들였고 그들에게 그와 다른 대신들이 함께하는 만찬에 참여할 수 있는 영광을 주었다. 그는 누가 자신에게 시민권을 주느냐보다, 그들이 누구에게 그 시민권을 주었느냐에 대해서만 관심이 있었다. 알렉산드로스는 영광스러운 것이 진정 무엇인지, 그 한계가 무엇인지 몰랐지만, 영광만을 미친 듯이 추구했기 때문에 헤라클레스와 디오니소스의 발자취를 따라갔다. 그럼에도 그는 그들이 머물렀던 곳에 멈추려 들지 않았다. 알렉산드로스는 그에게 영광을 바친 사람들로부터 영광을 함께하는 신에게로 시선을 돌렸다. 그의 멍청한 마음은 자신이 마치 하늘까지 올라간 것처럼 느꼈고, 자기 자신이 헤라클레스와 동등한 지위에 있다고 착각했다.

그러나 이 어린 미치광이는 헤라클레스와 공통점이라고는 눈곱만큼도 없었으며, 그저 대담하고 운이 좋았을 뿐이었다. 헤라클레스는 그 자신의 이익을 위해 다른 나라를 정복한 것도 아니었고, 승리를 위한 탐욕으로 정복을 시작했던 것은 더더욱 아니다. 그는 자신의 판단으로 무엇을 정복할 것인지 결정했다. 그는 악인의 적이었고 선인의 수호자였으며 땅과 바다에 평화를 가져온 사람이었다. 반면에 알렉산드로스는 어릴 때부터 줄곧 깡패 짓이나 하다가, 결국에는 세계적인 약탈자가 되었다. 그의 적들은 물론 그의 친구들까지 그를 위험한 존재로 여겼다. 그는 악의에 찬 성격이 인간을 가장 사나운 동물로 만들고 비열하게 만든다는 사실도 잊은 채, 모든 사람들의 가슴을 공포로 서늘하게 하는 것만이 최선이라고 여겼다.

자! 이제 우리의 주제로 돌아가 보자. 아무에게나 베푼 은혜는 누구에게도 감사받지 못할 것이다. 여관 주인과 친분이 있거나 모든 사람을 초대해 향연을 베푸는 사람의 친구라고 해서 특별히 기뻐할 사람은 없을 것이다. 이런 경우 사람들은 다음과 같이 말할 수 있다. "글쎄. 그가 나에게 무엇을 주었다고? 그는 거의 알지 못하는 사람, 심지어 적이나 가장 불명예스러운 사람에게도 주었던 것을 나에게 준 것뿐이다. 확실히 그는 나를 가치 있는 사람으로 여기지 않는 것 같다. 그는 단지 악덕에 빠져 있을 뿐이다." 누구나 이러한 관계로 빚을 지는 것은 꺼린다. 그러나 내가 관대한 행위를 폄하하고 제한하려고 한다고 생각해서는 안 된다. 관대함은 될 수 있는 한 멀리 퍼져 나가게 해야 하지만, 그렇다고 이리저리 돌아다니게 해서는 안 된다. 사람은 관대함을 퍼뜨릴 수 있다. 많은 사람들에게 모두 선물을 주더라도, 그들 각각이 단지 군중의 일부로 은혜를 입었다고 느끼지 않게 해야 한다.

은혜를 베푸는 사람과 특별한 관계에 있을 것이라고 상상하게 하는 특별한 표지가 있다. "그가 받았던 것과 같은 것을 받았지만 나는 공짜로 받았다.", "그가 받았던 것과 같은 것을 받는데, 그는 긴 시간을 기다려야 했지만 나는 빨리 받을 수 있었다.", "내가 받은 것과 같은 것을 가지고 있는 사람들이 있지만 그들은 나와 같은 말을 들은 것도 아니고 은혜를 베푼 사람이 그렇게 우아하지도 않았다.", "그는 그것을 요청해서야 받았지만 나는 요청할 필요가 없었다.", "그는 어떤 것을 받았지만 곧바로 그것을 되돌려줄 것이다. (그는 늙고 자식이 없는 부유한 사람이니까.)", "그는 나에게 돌려받을 것을 기대하지 않고 주었기 때문에 나에게 더 크게 베풀었다고 할 수 있다." 매춘부들은 남자들을 만나면서도 각각의 남자에게 특별한 친밀감을 표시하곤 한다. 마찬가지로, 자신이 베푼 은혜로 애정까지 얻고 싶다면, 많은 사람들에게 은혜를 베풀면서도 여전히 각 사람이 자신이 특별하게 대우받고 있다고 느낄 수 있도록 하는 방법을 알아야 한다.

## 사려 깊은 은혜는 참된 기쁨을 준다

은혜를 베푸는 과정에서 어려움을 겪게 된다고 해도 나는 전혀 개의치 않는다. 어려움이 크면 클수록 은혜를 입은 사람에게서 돌아올 칭찬도 커지는 법이다. 이것을 잘 판단해야 하는데, 닥치는 대로 마구 준 선물은 누구의 사랑도 못 받는다. 이런 지침들이 친절을 엄격히 제한하고 개방적이지 않다고 생각할 수도 있지만, 이는 우리의 충고를 오해한 것이다. 어떤 은혜는 더 감사해야 하고 어떤 덕은 더 북돋워야 하는가? 이런 충고를 하는 데 우리보다 더 적절한 사람이 어디 있겠는가? 인간의 사회적 유대를 신성한 위엄으로 간주하는 사람이 또 누가 있겠는가?

　이를 통해 내가 전하고자 하는 메시지는 무엇인가? 일단 나는 너그러운 은혜를 마구 뿌려대는 것에 반대한다. 이런 행동이 아무리 좋은 의도에서 나왔다 하더라도, 한계를 부여해서 덕을 베풀듯 행하지 않는다면 어떤 영예로운 정신적인 자취도 남지 않을 것이다. 무턱대고 사려 없이 베푸는 것보다 합리적인 판단으로 은혜를 입을 가치가 있는 사람들에게 베풀었을 때 은혜를 입는 사람도 더 즐거운 법이다. 은혜는 사람들이 매우 기쁘게 보여주고 자신의 장부에 기록할 수 있는 것이어야 한다. 그대가 만일 누군가로부터 받은 은혜를 인정하기 부끄럽다면 그것을 은혜라고 불러서는 안 된다. 그러나 무엇을 받았는지 생각하기보다 준 사람이 누구인지 생각하면서 더 큰 기쁨을 느낄 때, 그것이 훨씬 더 유쾌할 것이고 그대의 내면적인 사유와 감정에 훨씬 더 큰 영향을 끼칠 것이다.

　크리시포스의 말에 따르면 은혜를 베푸는 것보다 판단하는 것을 더 좋아하는 사람들이 있는가 하면, 판단하는 것보다 은혜 베푸는 것을 더 좋아하는 사람이 있다고 한다. 아울러 그는 그것에 관한 사례도 제시하며 "나는 아우구스투스의 판단과 클라우디우스의 은혜를 갖기를 원한다."라고 했다. 그런데 판단력 없는 사람에게 은혜를 기대하는 일이 과연 가능할까? "무엇 때문에? 나는 클라우디우스가 베푸는 것을 받아들이지 않을 것이다."라고 그대는 말했다. 그런데 받을 수 있다. 하지만 그것이 행운에 의해 주어졌다는 듯이 받아들여야 한다. 그리고 행운이란 눈 깜박할 사이에 불운으로 변할 수 있다는 것도 알아야 한다. 우리는 어째서 완전히 섞여 있는 것을 분리해내려 하는가? 그것의 가장 좋은 면이 없어졌다면 그것은 진정한 은혜가 아니다. 다시 말해 그대는 올바른 판단을 내려서 베풀어야 한다. 그렇지 않고 깊은 생각도 하지 않고 올바른 의도도 없이 막대한 돈을 준다면, 그것은 은혜라기보다는 차라리 눈먼 돈이라고 불러야 할 것이다. 빚을 졌다고 느끼지 않으면서 받아도 되는 그런 눈먼 돈은 얼마든지 있다.

제

# 2

권

# 은혜의 방법

**부탁하기 전에 미리 베풀어라**

나의 훌륭한 벗 리베랄리스여, 은혜를 어떻게 베풀어야 하는지 좀 더 생각해보도록 하자. 이 문제에 대한 답은 지극히 명쾌하다. 우리가 은혜를 입기 원하는 방식 그대로 은혜를 베풀면 된다. 다시 말해 은혜는 기꺼이, 빠르게, 그리고 아무런 망설임 없이 베풀어야 한다.

베푸는 사람이 자신의 손에 선물이 들러붙어 떨어지지 않기라도 하는 듯이 늦장을 부린다면, 다시 말해 선물을 떠나보내기를 몹시 아쉬워하거나 억지로 빼앗기는 것처럼 군다면, 받는 사람에게 감사하는 마음이 생기지 않을 것이다. 선물이 다소 늦어졌다 하더라도, 고의적으로 그렇게 한 것은 아니라고 밝혀야 한다. 선물을 주는 데 주저하는 것은 사실상 선물을 주지 않으려는 것과 다름없으므로, 선물에 감사하는 마음을 얻을 수 없다.

은혜를 기꺼이 베푸는 마음이야말로 선물을 주고받는 과정에서 얻게 되는 즐거움의 가장 큰 원천이다. 망설이는 것 자체가 은혜를 베풀기 원치 않는다는 것을 뜻하므로, 크게 망설인 끝에 주는 선물은 더는 선물이 아니며, 선물을 뜯어내려는 사람을 차마 거부하지 못했다는 사실을 보여주는 데 불과하다. 선물을 달라는 줄기찬 요구를 견뎌내지 못하고 결국 마음이 약해져 관대해지는 경우는 현실에서 흔히 볼 수 있다. 상대가 감사의 마음을 크게 느끼게 하려면 기꺼이, 쉽게, 요구받기 전에 선물을 줘야 한다. 단 은혜 입을 사람이 사양하는 겸손함을 보여서 선물이 지체되는 경우는 예외다. 은혜를 베푸는 최선의 방법은 은혜를 입을 사람들이 무엇을 원하는지 미리 알아서 요구하기 전에 미리 주는 것이고, 두번째로 좋은 방법은 그들이 요구하자마자 곧바로 응하는 것이다.

부탁받기에 앞서 은혜를 미리 베푸는 것이 가장 좋다. 점잖은 사람이라면 부탁할 일이 생기면 부끄러워서 이를 악물고 얼굴을 붉히지 않을 수 없을 것이다. 베푸는 쪽에서 미리 알아서 은혜를 베푼다면 이런 고통을 덜어줄 수 있으므로, 은혜를 입는 사람은 그 가치를 훨씬 더 크게 느낄 것이고, 부탁을 해서 선물을 받는 사람도 거저 얻었다고 느끼지 않을 것이다. 우리 조상들이 이야기했듯이, 간청을 해서 얻으면 자신에게도 큰 부담이 되어 돌아오는 법이다. 사람들은 모든 사람이 듣는 공개적인 장소에서 간청의 기도를 드리기를 꺼린다. 그래서 신에게 기도할 때에도, 신에게 애원하는 행위가 결코 부끄러운 일이 아니라 오히려 영예로운 일임에도 불구하고 우리는 조용히 혼자서 마음속으로만 기도한다.

무엇을 부탁한다고 말하는 것은 편치 않고 부담스러운 일이다. 그런 말을 할 때면 자연히 눈을 밑으로 내리깔게 된다. 친구나 친구로 삼고 싶은 사람을 가능한 한 그런 처지에 두어서는 안 된다. 아무리 재빨리 은혜를 베푼다 해도, 부탁을 받은 뒤에 베푼다면 때는 늦는다. 은혜를 입을 사람이 무엇을 원하는지 미리 알아차리도록 애써야 하며, 그것을 알아챘으면 그 사람이 부탁해야 하는 부담을 덜어줘야 한다. 자발적으로 베푸는 은혜야말로 그 사람의 마음에 가장 즐거운 기억으로 남을 것이다.

상대방의 요구를 예견하는 것이 불가능한 상황이라면, 그 사람이 간청의 말을 길게 늘어놓지 않도록 얘기를 꺼내자마자 은혜를 베풀 것을 약속하는 것이 좋다. 그럼으로써 요청받기 전에 이미 필요한 조치를 취하려 했음을 보여줘야 한다. 병에 걸린 사람에게 음식과 물을 제때에 공급하는 것만으로도 몸이 좋아질 수 있듯이, 아무리 사소하고 평범한 선물도 제때에 기꺼이 준다면, 값비싼 선물을 오랜 숙고 끝에 뒤늦게 줄 때보다 받는 사람은 더 큰 감사의 마음이 들 것이다. 은혜를 베푸는 사람이 기꺼이 베푼다면 그 은혜는 아무런 대가 없이 주었다는 징표가 될 것이고, 은혜 베푸는 것을 기쁘게 느끼는 마음이 얼굴에도 고스란히 드러날 것이다.

엄청난 은혜를 베풀면서도 입을 꾹 다물고 말하려 들지 않기 때문에 자신이 베푼 은혜의 가치를 떨어뜨리는 사람이 있다. 너무 심각하거나 엄한 태도를 보이면, 마음속으로는 내키지 않으면서 선물을 베푼다는 인상을 주기 십상이다. 이보다는 인간적이고 친절한 대화를 나누면서 은혜를 베푸는 것이 훨씬 더 좋다. 우리가 흔히 친구들에게 하듯이 "불평"을 털어놓으며 은혜를 입는 사람이 진즉에 스스럼없이 부탁할 걸 그랬다고 후회하게 할 수도 있다. "자네가 그렇게 오랫동안 원하는 것이 있었으면서도 나한테 전혀 말도 안 하고 이제야 이렇게 격식을 갖추어서 제삼자를 통해서 부탁해 오다니 당혹스럽네. 어쨌든 내 의지가 어떤지 이제라도 시험했다는 것은 기쁘게 생각하네. 앞으로는 자네가 필요한 것이 있다면 무엇이든지 나에게 부탁할 수 있다고 생각하게. 자네의 이번 행동은 적절치 않았지만 이런 일이 다시는 없을 것으로 생각하고 용서해주겠네."

이렇게 함으로써, 은혜 입은 사람은 자신이 부탁해서 얻게 되는 물건보다는 은혜를 베푸는 사람의 태도를 더 높이 평가할 수 있다. 은혜 입은 사람이 다음과 같이 말할 때, 베푸는 사람의 덕이 가장 크게 발현되었다고 할 수 있다. "오늘 나는 큰 이익을 얻었다. 하지만 그렇게 훌륭한 태도를 갖춘 사람을 만났다는 사실이 나에게는 무엇보다 더 중요하다. 내가 요청했던 것에 몇 배에 달하는 은혜를 얻을 수 있었을지라도, 그 사람이 그런 태도를 보이지 않았다면 이렇게 즐겁지는 않았을 것이다. 앞으로도 그 사람의 선의에 맞먹을 만큼은 보답할 수 없을 것이다."

세상에는 거칠게 말하고 모욕적인 언사를 일삼아서 자신들이 베푼 은혜의 가치를 떨어뜨리는 사람들이 오히려 아주 많다. 그들은 거만하게 말하고 행동하므로 그들에게 은혜 입은 사람들은 괜히 도움을 받았다고 후회한다. 선물을 약속하고서도 지체하며 베풀지 않는 경우는 흔하다. 이미 약속한 것을 다시 요청하는 것만큼 마음 쓰린 일도 드물 것이다. 은혜는 바로 그 자리에서 베풀어야 한다. 약속은 쉽게 하지만 실제 그 약속을 지키기는 데는 무척 시간이 많이 걸리는 사람들이 있다! 이럴 때는 다른 사람에게 부탁해 그 사람이 약속을 다시 떠올릴 수 있도록 하거나, 약속이 제대로 이행되는지 증인이 되어달라고 부탁하기도 한다. 이렇게 여러 사람을 거치는 동안 선물의 원래 의미는 닳아 없어지고, 애초에 선물을 약속했던 사람에게 가졌던 고마운 마음도 거의 남아 있지 않게 된다. 중간에 개입해줄 것을 부탁해야 했던 사람들에게 감사의 마음을 나누어줘 버렸기 때문이다. 감사하는 마음이 온전히 남아 있기를 바란다면, 제삼자의 개입으로 감사의 마음이 줄어드는 일 없이 선물이 그대로 전달될 수 있도록 신경 써야 한다. 다른 사람이 개입하지 못하도록 하라. 다시 말해 선물을 늦게 줌으로써 다른 사람이 끼어드는 일이 없도록 하라. 다른 사람이 어떤 식으로든 감사를 받게 된다면, 그 대가로 받아야 할 감사는 그만큼 줄어들기 때문이다.

선물을 주겠다는 약속이 이행되지 않고 오랫동안 허공에 떠도는 상태보다 더 쓰라린 것도 없다. 이런 상태가 지속되는 것보다 차라리 그 약속이 취소되는 편이 더 낫다고 생각하는 사람들도 있다. 어떤 이들은 자신에게 간청하는 사람들이 계속 있었으면 좋겠다는 잘못된 욕심으로 약속을 계속 이행하지 않기도 한다. 이런 술수 때문에 많은 사람들이 고통을 겪는다. 이런 술수를 쓰는 사람은 강력한 군주의 각료들과 비슷한 행동을 하는 것이다. 각료들은 자신의 교만함을 오랫동안 과시하기를 몹시 좋아하며, 무엇인가 요청하기 위해 자신에게 몰려든 모든 사람들에게 권세를 한껏 뽐낼 수 있는 큰 구경거리를 만들고 싶어 한다. 그렇게 하지 않으면 자신의 권력이 충분하지 못하다고 느낄 것이다. 이들은 은혜를 한 번에 신속하게 베푸는 경우가 없다. 이들이 입히는 상처는 즉각적인 반면, 이들이 베푸는 은혜는 질질 끌며 느리게 진행된다. 어느 희곡 시인이 읊은 아래 구절이 진정 무엇을 뜻하는지 깨달아야 할 것이다.

그게 무엇인지 이제 그 뜻을 알게 되었나?
지체하면 지체할수록, 그만큼 감사의 마음은 얻을 수 없다네!

한때 명성이 높았던 사람은 자신의 잘못을 후회하며 다음과 같이 외치기도 한다. "그대가 무엇인가 해주려 한다면 지금 당장 시행하라! 그만큼 가치 있는 것도 없다. 그렇게 못 한다면 차라리 못 한다고 지금 당장 얘기하라!" 기다리는 데 지친 나머지 약속받은 은혜를 미워하기 시작한다면 감사의 마음이 어디에 남아 있겠는가? 처벌을 질질 끄는 것보다 악독하고 잔인한 방식은 없다. 신속한 처형이 일종의 자비처럼 느껴질 때도 있다. 처형되는 순간 겪는 극도의 고통은 고통 자체를 그치게 하는 것인 반면, 처형에 이르기까지 걸리는 긴 시간이야말로 가장 괴로운 징벌 과정이다. 이와 마찬가지로 베푸는 데 지체되는 시간이 적으면 적을수록, 선물에 감사하는 마음도 그만큼 커진다.

아무리 좋은 물건이라도 그것을 기다리다 보면 근심이 생긴다. 어려움으로부터 당장 벗어나게 해줄 수 있는데 시간을 질질 끌어 상대방의 고통을 연장하는 사람은 자신이 베푸는 은혜의 가치를 떨어뜨리는 꼴이 된다. 친절한 사람은 항상 서둘러 친절을 베푼다. 신속한 행동은 어디에도 묶이지 않고 자유롭게 행동하는 사람의 특징이다. 하루 이틀 시간을 질질 끌면서 느리게 도와주는 사람은 그 행동에 진정성이 없다. 그런 사람은 시간을 허비하는 것이며, 친밀함을 얻고 싶었던 그의 의도도 인정받지 못한다. 베풂을 지체하는 행동은 사실 베풀기를 원치 않는 마음을 드러내는 것으로 읽힌다.

훌륭한 벗 리베랄리스여, 말하고 행동하는 방식은 우리의 처신에서 결코 사소하게 여길 점이 아니다. 신속하게 행동하면 큰 득이 되지만 질질 끌면 큰 해가 된다. 창의 끝 부분이 같은 재질의 철로 만들어져 있다고 해도, 팔을 힘차게 휘둘러 세게 던지느냐 아니면 힘 빠진 손에서 미끄러져 내리듯 던지느냐에 따라 그 결과는 사뭇 달라진다. 두 경우 모두 창이 대지에 꽂히겠지만, 그것이 꽂히는 정도에 차이가 생긴다. 마찬가지로 똑같은 물건을 주더라도 주는 방식에 따라 받는 사람이 느끼는 마음도 천지 차이이다. 은혜를 입은 사람이 감사하다고 여길 겨를도 없이 선물을 베푼다면, 그리고 은혜를 베푸는 사람이 선물을 주는 순간조차 자신이 은혜를 베풀고 있다고 인식하지 않는다면, 그 선물은 더 즐겁고 값진 것이 된다. 은혜를 베풀면서 은혜를 입는 사람을 꾸짖는 것은 미친 짓이며 자신의 친절을 욕되게 하는 것이다. 상대방을 괴롭히는 식으로 은혜를 행해서는 안 되며 거친 말과 행동이 끼어들게 해서는 절대 안 된다. 혹시 그를 야단치고 싶은 일이 있더라도 다른 때를 택해 야단치도록 하라.

파비우스 베루코수스[1]는 거친 사람이 무례하게 베푸는 은혜는 모래가 들어 있는 빵과 같다고 말했다. 배고픈 사람은 어쩔 수 없이 그 빵을 받겠지만 삼키기는 쉽지 않다. 로마 집정관인 마리우스 네포스가 부채로 시달려서 티베리우스 황제에게 도와달라고 부탁한 적이 있었다. 그러자 티베리우스는 채권자들의 이름을 알려달라고 했다(은혜를 베풀려고 한 것이 아니라 채권자들의 회합을 소집하려고 한 것이다!). 채권자들의 이름을 건네받은 지 얼마 지나지 않아 티베리우스는 모든 채무를 취소하도록 채권자들에게 지시하였음을 네포스에게 편지로 알려주면서 모욕적인 충고를 덧붙였다. 티베리우스의 이런 행동은 어떤 결과를 초래했을까? 네포스는

---

**1**  퀸투스 파비우스 막시무스 베루코수스. 로마가 칸나에 전투(기원전 216)와 트라시메노 전투(기원전 217)에서 한니발에게 패한 후에, 베루코수스는 2차 포에니 전쟁에서 카르타고군을 물리쳤다. 그는 소모전을 썼기 때문에 "지연시키는 사람Cunctator"이라는 별명을 얻었다. 세네카는 그의 업적을 「화에 대하여De Ira」 1권에서 칭송했다.

부채를 면하게 되었지만 은혜도 입지 않았다. 티베리우스는 네포스를 채권자들로부터 자유롭게 했지만 자신과 얽매이게 하지는 못했다. 티베리우스는 딴마음을 품고 있었기 때문이다. 내 생각에 티베리우스가 그렇게 행동한 것은 비슷한 청탁을 하려고 많은 사람들이 자신에게 몰려드는 것을 원치 않아서였을 것이다. 아마도 이 방법은 수치심을 느끼게 해서 사람들이 염치없이 요구하는 것을 막는 데 효과가 있었을 것이다. 은혜를 베풀고자 했다면 완전히 다른 방식을 택했어야 했다. 은혜를 쉽게 받아들일 수 있도록 가능한 한 그 은혜를 잘 꾸며야 했다. 티베리우스가 취한 행동은 은혜를 베푼 것이 아니라, 청탁하는 사람들을 자신으로부터 떼어내 버리기 위한 것이었다.

지금까지 얘기한 요지를 강조하는 의미에서 다시 한 번 언급하도록 하자. 아무리 황제라고 해도 다른 사람에게 모욕을 주기 위해 은혜를 베푸는 것은 참으로 적절치 못한 행동이었다.[2] 하지만 다음과 같은 반박이 있을 수 있다. "티베리우스는 이런 방식으로도 그가 피하고자 했던 것을 피할 수는 없었다. 얼마 있다가 네포스와 똑같은 요구를 해 오는 사람들이 꽤 많이 몰려오자, 티베리우스는 이들 모두에게 그들이 빚을 지게 된 이유를 상원 회의에 가서 설명하라고 지시했다. 그렇게 하는 사람에 한해 티베리우스는 얼마간의 돈을 지급했다." 하지만 티베리우스의 이러한 행동은 관대함이라고 할 수 없다. 차라리 검열이라고 해야 할 것이다. 물론

---

**2** 세네카는 티베리우스를 종종 인색한 자의 사례로 들고 있다. 하지만 타키투스의 『연대기Annales』와 수에토니우스의 『티베리우스의 생애De Vita Caesarum』에 기술된 티베리우스에 대한 언급에서 네포스란 이름은 등장하지 않는다. 하지만 타키투스는 『연대기』에서 상원에서 쫓겨난 방탕한 채무자들을 언급하면서 네포스를 그중의 하나로 들었다.

이것도 도움을 주는 한 방식이며, 황제의 선물이라고 할 수는 있다. 하지만 은혜를 입은 사람이 이 일을 떠올릴 때마다 부끄러움을 느낀다면 그것은 은혜를 베푸는 일이 아니다. 판사 앞에 가서 요청한 것을 얻을 만한 자격이 있는지 자신의 사정을 변론해야 하는 꼴이 되기 때문이다.

## 남모르게 베풀어야 하는 은혜

공개적으로 베풀어야 할 은혜가 있는가 하면, 비밀스럽게 베풀어야 할 은혜도 있다. 이것에 대해서는 위대한 철학자들이 모두 지적해왔다. 군대의 훈장, 칭호, 그리고 널리 알려질수록 더욱 빛나는 것들과 같이 영광스럽게 수여받을 수 있는 은혜는 공개적으로 베풀어야 한다. 은혜를 입을 사람의 출세에 도움이 되지 못하고, 그를 명예롭게 만들지 못하는 그런 은혜는 비밀에 부쳐야 한다. 병을 앓거나 가난 또는 곤궁에 빠져 있는 사람에게 은혜를 베풀 때는 그 사실을 은혜를 입는 사람만 아는 비밀로 남겨두어야 한다.

때로는 은혜 입는 사람이 그 은혜가 누구로부터 온 것인지 모르도록 감춰야 할 때도 있다. 그리스 철학자 아르케실라오스는 가난한 친구에게 몰래 도움을 주면서 그 친구가 가난하다는 사실을 감추려 했다고 한다. 그 친구는 병을 앓고 있었는데 그 사실을 감추고 있었으며, 기본적인 생계를 이어나갈 만한 돈도 없었다. 아르케실라오스는 그 친구 베개 밑에 몰래 돈지갑을 넣어두었다. 돈을 준다고 하면 그 친구가 자존심 상해서 거부할 것이 뻔하므로 우연히 돈을 발견하게끔 배려한 것이다

그대는 혹시 "뭐라고? 그 친구는 누가 자신에게 돈을 주었는지 알고 싶

지 않겠는가?"라고 반박할지 모른다. 먼저, 은혜를 베푼 사람이 누군지 모르게 하는 것 자체가 은혜 베풂의 한 부분을 이루는 경우라면, 은혜를 입은 사람이 이에 대해 모르게 놔두는 것은 받아들일 만하다. 둘째, 선물이 한 번에 그치지 않고 그 뒤로도 계속된다면 은혜를 입은 사람은 선물의 배후에 누가 있는지 결국 알게 될 것이다. 끝으로, 그 친구가 선물을 받고 있다는 사실을 모른다 하더라도 베푼 사람은 선물을 준 사실을 알고 있다.

그래도 그대는 "그 이유만으로는 충분치 않다."라고 다시 반박할지 모른다. 만약 돈을 대출해주는 경우라면 그대 말대로 위의 논거가 충분치 못할 것이다. 하지만 은혜를 베푸는 것이라면 은혜를 입는 사람에게 가장 도움이 될 수 있는 방식으로 베풀어야 한다. 다시 말해 자기 자신이 하는 일에 스스로 증인이 될 수 있다는 것에 만족한다면 그것으로 그만이다. 이런 자세를 갖지 않으면 은혜를 베푼다는 사실 자체에 만족할 줄 모르고 다른 사람이 자신의 선행을 알아주어야 비로소 만족하려 들 것이다.

이에 대해 "하지만 나는 여전히 은혜를 입은 사람이 누구로부터 은혜를 입었는지 알기를 원한다!"라고 반박할지 모르겠다. 그렇다면 그대는 채무자를 찾고 있는 것이다. "그래도 알아야 한다고 생각한다!" 왜? 모르는 게 오히려 낫고, 더 훌륭한 일이고, 더 큰 감사의 마음을 불러일으킨다고 해도, 그대의 생각을 바꿀 수 없다는 말인가? "나는 그가 알기를 원한다." 그대는 아무도 알아볼 수 없을 정도로 깜깜한 바깥에서는 위험에 빠진 사람의 목숨을 구하지 않겠다는 사람이다.

우리는 흔히 은혜를 입은 사람이 은혜에 대해 보이는 태도에 만족하곤 한다. 그 사실을 부정할 생각은 없다. 하지만 도움을 받을 수밖에 없는데 그 사실이 은혜를 입는 사람을 난처하게 한다면, 혹은 내가 베푼 은혜를 감추지 않는 한 그에게 상처를 입힌다면, 나는 은혜를 베풀었다고 공개적으로 떠벌리고 싶지 않다. 그렇게 할 수는 없다! 내가 선물을 주었다고 그 사람에게 얘기하지도 않으련다. 은혜에 관한 나의 기본적이고 핵심적인 지침은 결코 상대편을 질책하거나 은혜를 입은 사실을 떠올리도록 강요하지 말라는 것이다. 은혜를 베풀고 입는 원리는 다음과 같다. 은혜를 베푼 사람은 은혜를 베푼 일을 즉시 잊어야 하고, 은혜를 입은 사람은 은혜를 입었음을 절대로 잊어서는 안 된다.

## 지난 은혜를 떠올리게 하지 마라

말과 행동으로 자신이 베푼 은혜를 끊임없이 환기하는 것은 은혜를 입은 사람을 성나게 하거나 우울하게 만든다. 이들의 마음은, 친구의 도움을 받아 삼두 집정관[3]의 처벌로부터 도망칠 수 있었던 사람이 그 친구의 잘난 척하는 태도를 견디다 못해 다음과 같이 외치는 심정과 매한가지다. "나를 차라리 카이사르[4]에게 돌려보내 주게! '내가 너를 구해주었고 죽음의 이빨로부터 너를 낚아채 왔지.'라는 말을 언제까지 계속하려는 건가? 나 스스로 이 일을 마음에 새긴다면 자네의 도움은 나에게 생명과도 같은 것이네. 하지만 자네가 계속 환기해서 이 일을 기억해야 한다면 자네의 도움은 나에게 죽음과도 같은 것이 되네. 단지 자랑거리로 삼기 위해

---

3   삼두 집정관은 기원전 43년 11월에 법으로 임명되었다. 이때 옥타비아누스(율리우스 카이사르의 양자로 후에 아우구스투스 황제가 된 인물), 안토니우스, 레피두스가 5년간 독재적 권력을 부여받았다. 수백 명을 치외법권 자로 만들고 그들의 재산을 몰수한 처벌은 많은 도덕적인 논란을 불러일으킨 사건이다.

4   후에 아우구스투스 황제가 된 카이사르 옥타비아누스를 말한다.

나를 구해준 것이라면 나는 자네에게 아무것도 빚진 것이 없네. 언제까지 나를 끌고 다니면서 과시하려고 하는가? 내가 자네에게 받았던 행운을 잊어버릴 수 있도록 나를 놔둘 수는 없는가? 내가 진작 붙잡혔으면 삼두 집정관이 벌이는 행렬에 끌려다니는 것으로 그쳤을 텐데 말이지!" 우리가 어떤 은혜를 베풀었는지 말해서는 안 된다. 그것을 환기하는 사람은 보답하기를 요구하는 것이다. 두번째 선물로 앞서의 선물을 떠오르게 할 수는 있지만, 은혜를 베풀었음을 말로 강조하고 끊임없이 그 기억을 되살리려고 해서는 안 된다. 다른 사람들에게 자신이 은혜를 베풀었다는 얘기를 하고 다녀서도 안 된다. 은혜를 베푼 사람은 침묵해야 하며 은혜를 입은 사람이 그가 할 말을 대신해야 한다. 그렇지 않다면, 은혜를 베풀었다고 끊임없이 떠벌리고 다니는 사람이 듣게 되는 얘기를 그대도 들을 수밖에 없을 것이다. "당신은 이미 보상을 받았어요. 물론 부정하지는 않겠지요?"라고 그대의 수혜자가 묻는다면, 그대는 "내가 언제?"라고 응답할 것이다. 그 수혜자는 "아주 자주, 그리고 온 사방에서 그랬지요. 그대가 이 얘기를 사람들에게 퍼뜨리고 다닐 때마다."라고 되받아칠 것이다.

자신이 베푼 은혜를 스스로 얘기함으로써 은혜를 입은 사람이 해야 할 의무를 빼앗아 갈 필요가 어디 있겠는가? 그런 얘기를 영예롭게 퍼뜨릴 사람은 따로 있다. 은혜를 입은 사람 자신이다. 그로부터 얘기를 들은 사람들은 그대가 그동안 이 얘기를 하지 않았던 것에 경의를 표할 것이다. 은혜를 입은 사람마저 입을 다물어 내가 스스로 얘기를 꺼내지 않는 이상 아무도 나의 선행을 알아주지 않을 거라는 생각이 들면, 그대는 은혜를 입은 사람이 감사할 줄 모른다고 여길 것이다. 자신의 선행을 스스로 언급해서는 안 될 뿐만 아니라, 만약 다른 사람이 자신이 있는 데에서 그 얘기를 꺼내면 다음과 같이 말해야 한다. "그 사람은 더 큰 은혜를 입을 만한 자격이 있었지요. 그 사람이 마땅히 받을 만한 모든 것을 베풀어야 겠다는 생각이 지금 더 분명하게 듭니다." 이런 얘기를 아양 부리듯이 해 서는 안 된다. 사실은 가장 원하는 물건을 짐짓 거부하는 투로 얘기해서 도 안 된다.

또한 자신이 베푼 은혜에 정중함과 예의를 더해야 한다. 농부가 씨앗을 뿌린 뒤 더 노력을 안 한다면 자신이 심은 것을 잃게 된다. 작물이 결실을 맺기 위해서는 많은 보살핌이 필요한 법이다. 처음부터 끝까지 쉼 없이 경 작하는 노고를 다해야 열매를 거둘 수 있다. 은혜를 베푸는 일도 이치는 똑같다. 부모가 자식에게 베푸는 은혜보다 더 큰 은혜가 없다는 것은 분 명하지만, 부모가 갓난아기인 자식을 방치했다면 그를 낳아준 은혜는 헛 된 것이 된다. 끊임없는 관심과 애정으로 자식을 양육하지 않으면 그 은 혜는 사라진다. 다른 은혜도 이와 마찬가지여서 지속적으로 그 은혜를 돌보지 않으면 그것을 잃게 된다. 선물을 주는 것만으로는 충분치 않으 며 그 선물을 길러야 한다. 그대에게 은혜를 입은 사람이 감사하기를 원 한다면, 은혜를 베푸는 것 이상을 해야 하고 그 은혜를 사랑할 줄 알아야 한다. 앞에서 여러 번 언급했듯이, 은혜를 입은 사람들의 귀를 괴롭히지 않는 것이 무엇보다 중요하다. 은혜를 자꾸만 환기한다면 그들은 피곤해 할 것이고, 꾸짖는 말을 한다면 그들은 그대를 미워하고 말 것이다. 은혜 를 베풀 때 교만한 태도를 버리는 것이 가장 중요하다. 건방진 태도나 잘 난 척하는 말투가 도대체 무슨 소용이겠는가? 어떻게 행동하느냐에 따라

명망이 달라지는 법이다. 쓸데없이 뽐내려 하지 마라. 입을 다물고 있어도 우리가 하는 행동 그 자체가 말을 대신한다. 그대가 교만한 태도로 베푼 은혜는 고맙게 여겨지지 않을 뿐 아니라 혐오감마저 불러일으킨다.

# 은혜의 금기

**5**

## 교만한 태도로 베푸는 은혜는 원한이 된다

칼리굴라 황제는 폼페이우스 페누스의 목숨을 살려주는 은혜를 베풀었다. 목숨을 빼앗지 않는 것만도 은혜를 베푼 것이라고 여긴다면 말이다. 폼페이우스가 자기 목숨을 살려준 것에 대해 감사하려 했을 때, 칼리굴라는 왼발을 길게 내뻗으며 거기에다 입을 맞추라고 명령했다. 칼리굴라의 이런 행동이 무례한 것은 아니라고 변호하는 사람들도 있다. 이들의 주장에 따르면, 칼리굴라가 진주로 장식된 황금 슬리퍼(실제로 단단한 금으로 만들어져 있다.)를 자랑하려고 그랬다는 것이다. 전前 집정관인 고매한 폼페이우스가 금과 진주에 입을 맞춘 것이 모욕적인 일이라고 할 수 있는지, 칼리굴라의 몸에서 입을 맞출 만한 더 깨끗한 부위가 과연 있는지 이들은 묻는다. 로마의 자유도시 전통을 페르시아 제국의 전제주의 체제로 바꾸려고 평생을 노력해온 칼리굴라는 최고의 영예를 누려왔던 원로 상원의원 폼페이우스가 귀족들이 보는 앞에서 마치 전쟁에서 패한 사람처럼 자신에게 꿇어 엎드려 있는 것만으로는 충분치 않다고 생각했다. 그는 자신의 무릎 아래에서 우리의 자유를 떠밀쳐 버릴 곳을 찾아낸 것이다. 동의하지 않는 사람도 있겠지만, 이런 행동은 그의 왼발**로 우리 공화국을 짓밟은 것이 아닌가? 탁월한 집정관이었던 사람의 소송을 듣는 자리에서 슬리퍼를 신고 앉아 있는 것만으로는 비열하고 광기 어린 분노를 다 풀 수 없어서, 칼리굴라는 폼페이우스의 면전에 징을 박은 신발을 들이민 것이다.[6]

교만함이여! 그대는 큰 행운에 붙어 다니면서 가장 어리석은 해를 끼친다. 그대로부터는 아무것도 받지 않는 편이 현명한 일이다. 그대는 행운의 여신이 베푼 선물을 상처로 바꾸어놓는다. 사람들은 모두 그대를 나쁘게 여긴다. 그대가 더 높이 올라가면 갈수록 더 밑으로 가라앉는다. 그대가 그토록 득의양양해했던 그 좋은 것들을 그대의 것이라고 주장해서는 안 된다. 그대는 그대가 베푼 모든 것을 망쳐버린다. 나는 묻고 싶다. 은혜를 베푼 사람들이 왜 그렇게 거만하게 구는지, 차라리 가면을 쓰는 편이 나을 정도로 왜 그렇게 얼굴을 찡그리는지? 친절한 태도로, 아니면 적어도 평온한 마음으로 베푼 은혜가 즐거움을 가져다주는 은혜이다. 높은 지위에 있다 할지라도 상대를 압도하려 들지 말고, 상대와 대등한 위치에 서서 최대한 친절하려고 하며, 큰 구경거리를 만드는 것을 피하고, 상대가 절박한 지경에 이르기를 기다리기보다는 그가 기꺼이 받을 수 있는 적절한 시점을 택할 줄 아는 사람이 베푸는 은혜가 즐거움을 가져다주는 은혜이다. 교만 때문에 은혜를 망쳐버리지 않도록 거만한 사람들을 설득하는 유일한 방법은 다음과 같다. 상대가 곤경에 빠져 있는 상황에서 은혜를 베

---

**5** 왼발은 유해한 것으로, 심지어 비도덕적인 것으로 여겨졌다.

**6** 이 사례는 칼리굴라가 군화를 신는 것을 무척 좋아했음을 시사한다. 칼리굴라라는 이름은 그가 젊었을 때 로마군 군화인 칼리굴라를 신고 다닌 데서 유래했다. 징에 대한 언급은 칼리굴라가 신고 있는 슬리퍼에 박혀 있는 진주를 지칭한다.

풀었다는 이유만으로 그 은혜가 더 크게 느껴지지도, 은혜를 베푼 사람이 더 위대해지지도 않는다는 점을 그들에게 분명하게 보여주는 것이다. 과다한 교만은 허망하며, 고맙게 느꼈어야 할 은혜를 미워하게 만든다.

## 해가 될 선물은 베풀지 마라

자신에게 해가 될 선물을 부탁하는 사람도 있다. 그런 경우에는 부탁을 들어주기보다는 거부하는 쪽이 실질적으로 도움이 된다. 그들의 요구를 그대로 따르기보다는 그것이 그 사람에게 이익을 가져다줄 수 있는지 따져봐야 한다. 왜냐하면 우리는 종종 자신에게 해가 될 물건을 바라기도 하며, 감정이 우리의 판단을 흐리게 해서 그것이 끼칠 상처가 얼마나 큰지 미처 깨닫지 못하기 때문이다. 욕망이 가라앉고 분별 있는 사고를 가로막았던 심리적 요동이 사그라지면, 우리 자신을 파멸로 이끌고 간 해로운 선물을 베풀었던 사람에게 원망을 돌리게 된다. 고열에 시달리는 환자에게 차가운 물을 주지 않는 법이며, 슬픔과 자기혐오가 가득 찬 사람에게 무기를 주지 않는 법이며, 화가 나 있는 미친 사람에게 자해에 쓸지도 모를 물건을 주지 않는 법이다. 마찬가지로 아무리 열렬하게, 심지어 비굴하고 불쌍하게 여겨질 정도로 무엇을 요구하더라도, 그 물건이 그 사람에게 해가 된다고 생각하면 그 요구를 꿋꿋이 거부해야 한다. 선물의 최초 효과뿐 아니라 궁극적인 결과도 고려하는 것이 현명하다. 즉, 선물을 받았을 당시만이 아니라 그 후에도 은혜를 입은 사람이 기쁘게 느낄 수 있는 그런 은혜를 베풀어야 한다.

다음과 같이 말할 사람도 많을 것이다. "이 선물이 그에게 좋지 않을 것이라는 점은 나도 안다. 하지만 내가 어떻게 할 수 있겠나? 그 사람이 줄 곧 요구해왔고, 그의 간절한 부탁을 도저히 모른 척할 수가 없다. 그 결과 는 그 사람 몫이다. 그 사람이 나무랄 사람은 내가 아닌 자기 자신이다." 하지만 일은 꼭 그런 식으로 되지 않는다. 그 사람은 그대를 비난할 것이 며, 그것은 당연하기까지 하다. 그 사람이 제정신을 차리고 그의 마음을 불태웠던 욕망의 경련이 잠잠해지면, 자신을 위험과 해악에 빠지게 하는 데 일조했던 사람을 자연스레 미워하기 시작한다. 스스로를 파멸로 이끌 요구를 할 때 그것을 들어주는 것은 잔인한 형태의 친절이다. 상대가 요구 한다고 해서 그에게 파멸을 초래할 선물을 아낌없이 베푸는 일은 그때에 는 은혜를 입은 사람이 매력적으로 느낄지 몰라도 실은 예의를 가장한 적 대감의 표현일 뿐이다. 베풀수록 더 큰 만족을 가져오고, 결코 나쁜 결과 를 초래하지 않을 그런 선물을 주도록 하라. 숨겨둔 애첩에게 쓸 것이 뻔 하다면 나는 거기에 쓸 돈을 선물로 주지는 않을 것이며, 그런 불명예스러 운 일에 연루되고 싶지도 않다. 할 수만 있다면 나는 그 사람이 그 일에서 빠져나오도록 얘기할 것이다. 그럴 수가 없다면 적어도 그런 범죄를 부추 기는 짓은 피할 것이다. 사람들은 화가 나서 해서는 안 될 일을 하거나, 야 심이 지나쳐서 어리석은 위험을 선택하기도 한다. 어떤 경우든, 나는 그런 잘못된 일을 위해서 도움을 주지는 않을 것이며 "그대의 친절 때문에 내 가 망했다."라는 불평을 들을 일은 결코 하지 않으련다. 친구에게 받은 선 물과 적에게 받은 저주 사이에 아무런 차이가 없는 경우가 종종 있다. 친 구의 분별없는 관대함이 적이 원하던 바와 똑같은 결과를 초래할 수 있 다. 항상 발생하는 일이긴 하지만, 친절함과 적대감의 차이가 사라져 버리는 것보다 더 수치스러운 일이 어디 있겠는가?

## 서로의 격에 맞지 않는 은혜는 베풀지 마라

창피스러운 상황을 초래할지도 모를 선물은 결코 베풀지 않도록 하자. 친구 관계를 유지할 수 있는 핵심은 서로 대등한 위치에 있어야 하는 것이기에, 자기 자신과 친구의 상황을 동시에 고려해야 한다. 친구가 필요로 할 때는 도와야 하지만, 이 때문에 자기 자신이 곤궁한 상태에 빠져서는 안 된다. 친구가 목숨이 위급한 상황에 빠진다면 그를 구해야겠지만, 그렇다고 자신의 생명까지 걸어서는 안 된다. 그렇게 해서 위대한 인물을 살려내거나, 숭고한 대의를 위한 경우가 아니라면 말이다.

내가 요청하기 부끄러운 은혜는 나 역시 베풀지 않으련다. 작은 은혜의 가치를 과하게 부풀리지도 않을 것이며, 큰 은혜를 마치 사소한 것처럼 만들지도 않을 것이다. 은혜를 되갚아야 할 빚처럼 베푸는 사람은 은혜를 입은 사람이 감사하는 마음을 느끼지 못하게 한다. 은혜를 입은 사람에게 수치가 되게 하기보다는 그 은혜의 진정한 가치가 제대로 발현될 수 있도록 해야 한다.

자신이 할 수 있는 것보다 더 많게도, 더 적게도 베푸는 일이 없도록 자기 능력에 세밀한 관심을 기울여야 하며, 은혜를 입는 사람의 사회적 지위도 고려해야 한다.[7] 지위가 높은 사람이 베풀기에는 너무 보잘것없어 보이는 선물도 있고, 은혜를 입는 사람의 지위에 어울리지 않게 너무 과한

---

7    스토아학파 학자들은 의무나 책무는 그 사람의 사회적 역할personae, 즉 남편, 자식, 주인 등의 역할에 따라 상대적이라고 간주한다.

선물도 있다. 따라서 선물을 베풀고자 할 때에는 자신과 은혜를 입을 사람의 위치를 비교해서 선물을 베푸는 사람이나 받는 사람 모두에게 그선물이 너무 크거나 너무 작지 않도록 해야 한다. 선물이 너무 보잘것없어서 수혜자가 얼굴을 돌려버리거나 반대로 선물이 너무 과해서 수혜자가어쩔 줄 모르게 해서는 안 된다.

영웅을 기리는 서사시에나 나올 법한 엄청난 일을 벌이기 좋아했던 미치광이 알렉산드로스 대왕이 한번은 어떤 사람에게 도시 하나를 기증하려 했다. 그 사람은 이 일을 심사숙고한 뒤에, 이런 엄청난 선물이 초래할다른 사람들의 질투를 피해야겠다는 생각에서 그 선물이 자신의 지위에어울리지 않는다며 사양했다. 이에 대해 알렉산드로스 대왕은 "자네가받기에 무엇이 적합한지 내가 알 바 아니다. 내가 베풀기에 어울리는 선물이 무엇인지만을 고려할 뿐이다."라고 답했다. 이 대답은 황제나 할 수 있는 당당한 반론처럼 들릴 수 있겠지만 사실은 너무나 어리석은 이야기다. 그 어떤 것도 그 자체로 모든 사람에게 적합한 것은 없다. 은혜를 제대로베풀기 위해서는 반드시 고려해야 할 요소들, 즉 은혜를 베푸는 사람이누구인지, 은혜를 입는 사람이 누구인지, 언제, 왜, 어디에서 주어야 하는지에 따라서 그 평가는 달라지게 마련이다.

알렉산드로스 대왕이여, 그대는 건방진 야수 같구나! 받는 사람에게적절치 않은 선물이라면 그것은 주는 사람에게도 적절치 않은 선물인 셈이다. 선물을 주고받는 사람의 사회적 역할과 지위를 함께 고려해야만 한다. 덕행은 항상 중용을 지키는 데 있으며, 따라서 과함이란 부족함과 마찬가지로 큰 잘못을 저지르는 것이다. 알렉산드로스 대왕, 그대가 그런 선물을 베푸는 것이 당신에게는 적절하며, 도시를 공개적인 선물로 기증할 수 있을 만큼 운명의 여신이 그대를 드높은 지위에 올려놓았다고 해보자(그렇게 제멋대로 도시를 나누어주기보다는 그 도시를 강압적으로 탈취하지 않았던 편이 더 훌륭한 인품의 표시였겠지만). 설사 그렇다 치더라도, 그 선물을 덥석 자기 주머니에 받아 넣을 만큼 높은 지위에 있게 못한 사람이 있게 마련이다.

어느 견유학자大儒學者, Cynic가 안티고노스 왕에게 로마 금화인 탤런트talent를 요청한 적이 있었다. 왕이 답하기를 청빈해야 할 견유학자가 그런 큰돈을 요청하는 것은 적절치 못하다고 말했다. 이렇게 반박을 당하자 그 사람은 대신에 작은 로마 은화인 데나리온denarius을 청했다. 안티고노스는 그런 돈은 왕이 주기에는 너무나 작다고 답했다. 이 일에 대해 그대는 아마 다음과 같이 얘기할 것이다. "안티고노스의 궤변은 단지 부끄러운 일일 뿐이다! 그 왕은 어떻게든 돈을 주지 않으려고 구실을 찾으려 한 것이다. 데나리온을 요청받았을 때는 왕의 입장에서만, 탤런트를 요청받았을 때는 견유학자의 입장에서만 초점을 맞추어 핑계를 댄 것이다. 견유학자의 입장에서는 데나리온을 받아도 되고, 왕의 입장에서는 탤런트를 줄 수 있는데도 말이다. 탤런트는 견유학자가 받기에는 너무 큰돈일 수도 있겠지만, 아무리 작은 돈이라 할지라도 왕이 그것을 베풀었다고 해서 부끄럽게 여길 이유는 없다."

만약 그대가 내 견해를 묻는다면 왕이 올바른 행동을 했다고 말할 것이다. 평소에 돈을 경멸한다고 하면서 돈을 요청하는 행위는 참으로 터무니없는 짓이다. 견유학자여, 당신들은 돈을 혐오한다고 선언하지 않았는가? 그것이 당신들의 입장이며, 스스로 자처한 역할이기도 하다. 그러하니 그 역할에 충실하도록 하라! 청빈함을 자랑하면서 돈을 얻으려 하는 것은 참으로 부당하다.[8] 모든 사람은 삶에서 자기 자신의 역할이 무엇인지 먼저 생각해야만 한다.

스토아학파의 학자인 크리시포스가 제시했던 공놀이의 비유를 생각해보자. 공놀이를 하던 중에 공이 땅바닥에 떨어졌다면, 이는 던지는 사람의 실수나 받는 사람의 실수 때문일 것이다. 두 사람이 적절한 방식으로 공을 주고받는다면 놀이는 계속될 수 있다. 훌륭한 선수는 상대편이 키가 큰지 작은지에 따라 공을 다르게 던질 것이다. 은혜를 베푸는 방식도 이와 마찬가지이다. 은혜를 베풀고 입은 사람 모두 자신의 사회적 역할에 적절한 방식이 아니라면, 선물을 제대로 베풀 수도, 제대로 받을 수도 없다. 노련한 선수와 공놀이를 할 때에 우리는 공을 좀 더 과감하게 던질 수 있다. 아무리 세게 던져도 그의 민첩한 손이 공을 잡아 다시 돌려보낼 것을 알기 때문이다. 익숙하지 못한 초심자와 공놀이를 할 때에는 보다 부드럽게, 그리고 그의 손에 공이 쏙 들어가게 던져야 하며, 되돌아오는 공을 받기 위해서는 힘들게 뛰어다녀야 한다. 은혜를 베푸는 경우도 마찬가지이다. 어떤 사람에게는 은혜를 베푸는 방식을 가르쳐주어야 하며, 이들이 그것을 시도했다는 것만으로, 그런 용기와 의지를 가졌다는 것만으로 만족할 수밖에 없다. 그런데 우리는 종종 보답하지 못할 정도로 베풀어야만 그 선물이 위대해지는 것처럼 행동함으로써, 상대가 감사하는 마

---

**8**  세네카는 「행복한 삶에 대하여De Vita Beata」에서 마찬가지로 견유학자들의 구걸 행위를 비난했다. 견유학자는 빈곤을 감수하면서 자신이 자급자족하고 있음을 보여야 한다고 생각했다.

음을 가질 겨를조차 빼앗아버린다. 이는 비열한 선수가 계략을 써서 상대편을 속이는 것과 같은 짓이다. 이렇게 되면 놀이 자체가 깨지게 된다. 두 선수 모두 놀이를 하기 원해야 놀이가 지속될 수 있는 법이다.

자신이 선물을 준 대가로 무엇을 되돌려 받았다고 알려지기보다는 차라리 자신이 선물을 준 사실을 사람들이 잊어버렸으면 좋겠다고 생각할 정도로 마음이 비뚤어진 사람이 많다. 이들은 교만하며 다른 사람을 채무에 묶어두기를 원한다. 이보다 훨씬 훌륭하고 나은 방법은 은혜를 입은 사람도 자신의 역할을 할 수 있도록 만드는 것이다. 은혜를 입은 사람이 보답할 기회를 갖고, 은혜를 베푼 사람의 행위를 편견 없이 평가하고, 감사한다는 말만으로도 마치 은혜를 갚은 것처럼 느낄 수 있게 해야 한다. 이런 식으로 융통성 있게 대처함으로써 은혜를 입은 사람은 은혜를 베푼 사람이 실제로 자신이 "채무"로부터 벗어나기를 원한다고 느낄 수 있다.

고리대금업자는 채무자에게 가혹한 요구를 한다는 점에서 비난받곤 하지만, 돈을 갚는 일을 어렵게 만들어 채무의 청산을 지체시킨다는 점에서도 그 악랄함이 드러난다. 은혜에 보답을 요구해서는 안 되지만 그 보답을 기꺼이 받아들이는 태도도 마찬가지로 중요하다. 이상적으로 은혜를 베푸는 사람이란 기꺼이 은혜를 베풀고 어떤 대가도 결코 요구하지 않으며, 일단 보답이 돌아오면 이에 대해 즐거워하며 자신이 과거에 베풀었던 은혜는 완전히 잊어버리고 자기 스스로가 새로운 수혜자가 된 것처럼 그 보답을 받아들이는 사람이다.

어떤 사람들은 단지 은혜를 베풀 때에만 거만한 태도를 취하는 것이 아니라 보답을 받을 때에도 그런 태도를 취한다. 이는 결코 저질러서는 안 될 무례한 행동이다. 이제, 다른 주제로 넘어가 보도록 하자. 우리는 은혜를 입을 때 어떻게 행동해야만 하는가? 두 사람 사이의 호혜적 의무는 두 사람 모두에게 똑같은 정도의 노력을 요구한다. 아버지가 아들을 어떻게 대해야 하는지 생각할 때 아들은 아버지를 어떻게 대해야 하는지도 함께 생각해야 한다. 남편이 어떤 임무를 가지고 있다면, 부인의 임무도 이보다 작지 않다. 이들은 그들의 임무를 상대편이 원하는 방식대로 호혜적으로 수행한다. 이들이 추구하는 바는 공평하고 공정한 지침인데, 헤카톤이 지적했듯이 이는 성취하기 어려운 것이기도 하다. 덕이 높은 행동은 말할 것도 없고, 덕행에 가까운 행동도 실천하기 힘들다.

우리에게 필요한 것은 단순한 행동이 아니라, 이성적 판단에 기초한 행동이다. 우리는 이성의 인도를 받아서 삶을 살아야 하며, 그것을 참조해서 모든 대소사를 해결해야 한다. 은혜를 주고받을 때에도 이성이 권고하는 바에 따라야 한다.[9] 이성이 권하는 첫번째 지침은 아무에게나 은혜를 입어서는 안 된다는 것이다. 그렇다면 누구에게 은혜를 입어야 하는가? 이에 대한 간략한 답변은, 우리가 은혜를 베풀고 싶은 그런 사람으로부터 은혜를 입어야 한다는 것이다. 우리가 은혜를 베풀고자 하는 사람을 찾을 때보다 우리가 은혜를 입게 될 사람을 찾을 때 더 주의 깊게 조심해야 하는 것은 아닌지 생각해보자. 특별히 불리할 것은 없다고 가정한다 할지라도(실은 약간의 불리함이 있게 마련이지만), 그대가 빚지기를 원하지 않는

---

**9** 부모와 자식, 부부 사이의 호혜적 의무는 고정된 사회적 역할에 기초하고 있다. 여기서 은혜를 베푼 사람과 입은 사람은 최초의 은혜의 결과라고 할 수 있는 친애의 감정에 의해 묶여 있다.

사람에게 빚을 지는 것은 지극히 고통스러운 일이다. 반면, 나중에 그대에게 뭔가를 잘못하더라도 여전히 좋아할 수 있는 사람으로부터 은혜를 입는 것은 대단히 즐거운 일이다. 똑바르고 훌륭한 사람이라면 불편한 사람을 친구처럼 대해야만 할 때 가장 참담한 심정을 가질 것이다.

다시 반복하지만, 나는 현자에 대해 말하는 것이 아니다. 자신이 행하는 모든 것을 다 즐겁게 생각하고, 자신의 태도를 완벽하게 통제할 수 있으며, 자신이 펼치고 싶은 법규를 스스로에게 부과해서 이를 충실히 수행하는 그런 현자를 염두에 두고 하는 말이 아니다. 그보다는 덕행의 길을 가고자 하며 종종 반항적인 충동에 빠지긴 하지만 공손한 마음을 지니고 있는 불완전한 사람을 두고 말하는 것이다. 따라서 누구에게 은혜를 입을지 선택해야 한다. 돈을 빌릴 사람을 찾을 때보다 은혜를 베풀어줄 사람을 찾을 때 더 신중해야 한다. 돈을 빌려준 채권자에게는 빌린 돈만큼만 갚으면 되며, 빚을 갚는 순간 나는 자유로워지고 그 관계는 깨끗이 청산된다. 하지만 은혜를 베푼 사람에게는 더 많이 갚아야 하며, 보답을 하더라도 여전히 서로 연결되어 있다. 친구 관계가 지속되려면 빚을 되갚은 후에도 새로운 빚을 다시 시작해야 하기 때문이다. 나는 존경할 가치가 없는 사람을 친구로 받아들이지 않을 것이며, 우정의 원천이라고 할 수 있는 은혜의 신성한 유대에 그런 사람을 끌어들이지도 않을 것이다.

그대는 다음과 같이 반박할지 모른다. "하지만 거부한다는 말을 언제나 할 수 있는 것은 아니지 않는가? 때로는 원치 않아도 선물을 받을 수밖에 없다. 잔인하고 쉽게 성을 내는 독재자가 선물을 주면서, 그것을 받지 않는 것은 자신에 대한 모욕으로 간주한다고 선언했다고 치자. 안 받을 수 있을까? 왕 대신에 강도나 해적이 그랬다고 해보자. 아니, 강도나 해적 같은 심보를 가진 왕이 그랬다고 해보자. 내가 어떻게 안 받을 수 있을까? 그런 자들은 그대의 말대로 내가 빚을 질 만한 가치가 없는 사람들인데."

누구로부터 은혜를 입을지 선택해야 한다고 했지만, 무력이나 협박이 개입된 경우는 예외에 해당한다. 그런 경우 진정한 의미에서의 선택이 가능하지 않기 때문이다. 그대가 자유롭게 결정할 수 있는 위치에 있다면, 선물을 받아들일지 말지는 자기 자신이 판단하려 할 것이다. 하지만 강요에 의해 선택의 여지가 없는 상황에서 선물을 받게 되었다면 은혜를 입은 것이 아니라 단지 복종했을 뿐이라는 점을 확실히 해둘 필요가 있다. 거절할 수 없는 선물을 받았다면 그것은 빚을 진 것이 아니다. 내가 기꺼이 선물을 받기 원하는지 알고 싶다면 내가 거부할 수도 있는 상황을 만들어달라.

"그 독재자가 당신의 목숨을 살려준 경우라면?"이라고 반박할 수도 있다. 자발적으로 주고받는 은혜가 아니라면 그 은혜의 내용이 무엇인지는 중요치 않다. 그대가 내 목숨을 구해주었다고 꼭 생명의 은인이 되는 것은 아니다. 때로는 독이 병을 치유하지만 그렇다고 그 독을 약이라고 간주하지는 않듯이, 이로움을 가져다주지만 이로 인해 어떤 의무를 초래하지는 않는 것들이 있다. 어떤 사람이 독재자를 살해할 마음으로 찾아와서는 칼을 휘둘러 그 독재자가 앓고 있던 종양을 우연히 베었다고 하자. 의사들도 치료하기 겁내던 질환이 그 공격으로 고쳐졌다고 해서 독재자가 그 자객에게 감사를 표하겠는가?[10]

행위 그 자체는 그다지 중요하지 않다. 나쁜 의도를 가지고 있었는데 결과적으로 도움이 되는 행동을 한 사람이 은혜를 베풀었다고는 할 수 없다. 위의 사례에서 그 자객은 해를 끼치려 했는데 운명의 여신이 우연히 도와주었을 뿐이다.

로마의 원형경기장에서 사자 한 마리가 어떤 검투사를 다른 야수들의 공격으로부터 보호하는 광경을 목격한 적이 있다. 그 사자는 검투사가 과거 자신의 조련사임을 알아챘던 것이다. 하지만 그 사자가 베푼 도움을 은혜라고 할 수는 없다. 왜냐하면 그 사자가 그렇게 하려는 의도를 가지고 한 것이 아니기 때문이다.[11] 사자의 이야기를 앞서의 독재자에게도 똑같이 적용할 수 있다. 독재자와 사자 모두 어떤 사람의 목숨을 구해주었지만, 이들이 은혜를 베푼 것은 아니다. 어쩔 수 없이 받아들일 수밖에 없다면, 그리고 원하지 않는 사람에게 빚을 진다면 그것은 은혜가 아니다. 상대에게 선택할 권리를 먼저 주고 나서 은혜를 베풀라.

카이사르가 죽어 마땅하다고 믿는 브루투스가 과거에 카이사르가 자신의 목숨을 구제하는 사면을 내렸을 때 이를 받아들였어야 했는지 논란이 있어왔다.[12] 카이사르를 살해해야 할 이유로 제시한 그의 논거는 다른 곳에서 다룰 것이다. 내 견해로는 브루투스가 어떤 측면에서는 위대한 인물이었지만, 카이사르를 시해하는 문제와 관련해서는 크게 빗나갔으며 스토아 철학의 가르침도 따르지 못했다고 생각한다. 첫째, 국가가 운영되

---

**10** 그 독재자의 이름은 페라이의 이아손이다.

**11** 사자가 자신의 의지로 행동할 수 없다는 이러한 견해는 아리스토텔레스로부터 이어받은 스토아학파의 교리, 즉 동물은 비이성적인 존재이기 때문에 도덕적 행동을 할 수 없다는 관점을 따른 것이다.

**12** 기원전 48년에 파르살루스에서 폼페이의 편을 들어 싸웠던 브루투스는 그 일에 대해 카이사르로부터 용서를 받았는데, 기원전 44년에는 카이사르의 암살자 중의 한 사람이 되었다.

기 위해서는 정의로운 왕의 지배가 꼭 필요함에도 불구하고 그는 왕이라는 단어 자체에 공포감을 느꼈으며, 둘째, 주인이 되거나 노예가 됨으로써 큰 이익을 얻을 수 있는 상황에서도 자유가 존재할 수 있다는 희망을 가졌으며, 셋째, 고대의 관행이 타락해버렸음에도 불구하고 원래의 상태를 복원할 수 있다고 믿었고, 수많은 사람들이 노예가 될지 자유인이 될지를 둘러싸고 싸우는 것이 아니라 어떤 주인에게 봉사해야 할지를 두고 다투는 상황을 목격하면서도 안정된 법치 아래에 평등한 시민권이 성립할 수 있으리라고 생각했기 때문이다. 그는 세상의 자연적 질서와 자신이 살던 도시의 역사에 대해 심각한 기억상실에 빠져 있었음이 분명하다. 많은 왕들이 반역자의 칼에 의해, 신이 내린 번개에 의해 살해된 후에 또 다른 독재자인 타르퀴니우스가 지배하게 되었듯이, 한 독재자를 제거하면 그와 똑같은 기질을 가진 다른 독재자가 출현한다는 것을 그는 미처 깨닫지 못한 것 같다. 어쨌든, 브루투스가 과거에 카이사르로부터 목숨의 사면을 받아들였던 것은 정당하나, 그 이유로 카이사르를 아버지처럼 대할 필요는 없었다. 카이사르는 브루투스를 죽이지 않았지만, 그것이 브루투스의 생명을 구해주었다는 것을 뜻하지는 않는다. 브루투스에게 은혜를 베푼 것이 아니고, 단지 목숨을 빼앗지 않은 것뿐이다.

악명 높은 남성 매춘부가 보석금을 지불해주겠다고 약속했을 때, 그 제안을 받은 죄수는 어떻게 해야 할 것인가? 그렇게 혐오스러운 사람의 도움을 받아들여야 할 것인가? 그 도움을 받아 석방되었다면 그 사람에게 어떻게 갚아야 할 것인가? 성도착자와 삶을 함께해야 하는가? 그러지 않아도 되는가? 이 문제에 관한 내 의견을 말해보겠다. 그런 종류의 사람에게서라도 돈을 받아서 내 몸값으로 사용하겠다. 단, 그 돈을 융자로 간주하지 은혜로 여기지는 않겠다. 그 돈을 상환할 것이며, 그가 곤경에 빠지면 그땐 내가 구해줄 것이다. 비슷한 사람끼리 어울리는 관계인 친구 사이가 되고 싶지는 않다. 그 사람을 나의 구원자라고 생각하지는 않을 것이며, 내가 반드시 되갚아야 할 빚을 진 대금업자로 간주할 것이다.

은혜를 입어도 무방한 사람이지만 그 사람이 나에게 은혜를 베풂으로써 해를 입는다고 가정해보자. 그런 경우라면 은혜를 입지 않겠다. 자기 자신에게 닥칠 불편함이나 위험을 감수하면서 나에게 도움을 제공하는 것이기 때문이다. 어떤 변호인이 내가 소송당한 재판에서 변호를 맡아 왕과 적대적인 사이가 되었다고 가정해보자. 그 변호인은 나 때문에 위험을 감수하는 것인데, 나라면 내 스스로 변호를 해 좀 더 부담을 줄이고자 하겠다. 그렇게 하지 않는다면 나는 그 사람의 적이 될 것이다. 어리석고 사소한 사례이긴 하지만 헤카톤은 아르케실라오스와 관련된 얘기를 한 적이 있다. 법적으로 여전히 아버지의 통제 아래에 있는 어떤 사람이 돈을 기부하겠다고 했는데 아르케실라오스는 이를 거절했다. 그 이유는 그 사람의 인색한 아버지를 화나게 하는 일이라고 생각했기 때문이다. 아르케실라오스의 행동에서 무엇이 그렇게 칭찬받을 만한 일이라는 것인가? 그가 한 일이라고는 아버지로부터 훔친 돈을 받기를 거절하고, 그 돈을 나중에 그 사람의 아버지에게 되돌려주기보다는 받지 않는 편을 택한 것뿐이다. 다른 사람에게 속한 재산을 받지 않는 행위가 그렇게 훌륭한 자제력을 보여주는 것일까?[13] 정말로 위대한 인물의 예를 알기 원한다면, 율리우스 그래시누스에 대한 얘기를 들려주도록 하겠다. 그는 칼리굴라 황제에 의해 살해되었는데, 독재자 칼리굴라가 자신의 주변에 두기에는 그가 너무 훌륭한 인물이었다는 것이 그 이유였다. 그래시누스가 시민들을 위한 운동경기에 필요한 자금을 대려고 했을 때 그의 친구들이 이를 돕기 위해 돈을 모았는데, 그는 친구들의 기부는 받아들였지만 파비우스 페르시쿠스가 보내온 큰돈은 거절했다. 기부한 사람이 누구인지보다는 무엇을 기부했는지가 중요하다고 생각하는 사람들은 그가 페르시쿠스의 기부를 거절한 것을 비난했다. 이에 대해 그래시누스는 "내가 함께 건배를 들기조차 원하지 않는 그런 사람으로부터 은혜를 입어야 한다는 말입니까?"라고 반문했다. 전 집정관이며 페르시쿠스만큼이나 악명 높았던 레빌루스가 이보다 더 큰돈을 그래시누스에게 보내면서 이를 받으라고 압력을 가했을 때, 그는 "죄송합니다. 페르시쿠스의 돈도 받지 않았습니다."라고 답했다.[14] 이 두 사례에서 그래시누스는 선물을 받을지 안 받을지를 판단했는가, 아니면 상원에 들어갈 사람을 고르고 있었던 것일까?

---

13 세네카는 로마법의 규정에 기초해서 헤카톤의 예를 비판하고 있다. 아버지가 아직 살아 있는 경우 로마 시민은 독자적인 재산을 보유할 수 없다. 페쿨리움peculium이라고 불리는 특유재산을 관리할 수 있을 뿐이다. 여기서 문제가 된 선물은 아버지의 재산으로부터 나온 것이기 때문에 훔친 물건이라고 할 수 있다. 아버지가 이를 알게 되면, 그 선물은 바로 되돌려줘야 했을 것이다. 헤카톤이 살던 도시인 로도스에서는 어떤 규범이 존재했는지 알려져 있지 않다. 아테네의 법에서는 아들이 18세에 이르면 아버지가 아들의 재산을 통제할 수 없으며, 아들이 그보다 어리다고 할지라도 아버지의 권한은 로마의 가부장적 권한에 견줄 만한 것은 되지 못한다.

14 레빌루스는 서기 37년에 집정관이었으며, 타키투스가 「연대기」에서 언급한 57년에 자살한 완고하고 부유한 법률가와 동일 인물로 보인다. 여기에 언급된 일화는 칼리굴라가 군주였던 서기 37년이나 38년에 일어났던 일로 추정된다. 레빌루스가 37년에 집정관이었으며, 그래시누스는 39년이나 40년에 죽었기 때문이다. 페르시쿠스는 34년에 집정관이었으며, 두 사람 모두 가장 높은 지위의 상원의원이었다.

# 은혜의 보답

**6**

## 감사는 공개적으로 표현해야 한다

일단 선물을 받기로 했다면 즐거운 마음으로 흔쾌히 받아야 한다. 선물을 주는 사람이 즉각적으로 만족할 수 있도록 그 마음이 겉으로 분명하게 드러나야 한다. 친구가 행복해하는 모습을 보는 것만으로도 자기 자신이 행복해질 수 있는데, 내가 친구를 행복하게 해줄 수 있다면 더더욱 기쁜 일이다. 자신의 감정을 억누르지 않고 표현함으로써 감사하는 마음을 분명하게 보여주어야 한다. 선물을 베푼 사람의 면전에서 뿐만 아니라 어디를 가더라도 그 느낌을 표현해야 한다. 감사하는 마음으로 선물을 받는 것이 첫번째로 은혜를 갚는 것이다.

어떤 사람들은 아무도 보는 사람이 없는 곳에서 비밀스럽게 선물 받기를 원한다. 그런 사람들에게는 좋지 않은 의도가 있다고 생각한다. 은혜를 베푸는 사람은 선물을 널리 알리는 것이 은혜 입은 사람에게 기쁨을 줄 수 있을 때만 공개적으로 선물을 줘야 한다. 반면, 은혜를 입는 사람은 항상 공개적으로 선물을 받으려고 해야 한다. 누구로부터 어떤 은혜를 입는 것이 부끄럽다면 그 은혜는 받지 않도록 하라! 어떤 사람들은 감사하는 마음을 비밀스럽게 표현하려고 한다. 남들이 안 보는 구석으로 가서 은혜를 베푼 사람의 귀에다 대고 속삭이는 식으로 말이다. 그것은 수줍은 것이 아니다. 은혜 입은 것을 부정하는 행위이다. 감사의 표현을 아무도 못 보게 하려는 사람은 실제로는 감사하는 마음이 없는 사람이다. 대출받은 사실을 회계장부에 기록하지 못하도록 하는 사람들도 있는데, 이런 사람들은 중개인이나 증인이 개입하는 것을 원치 않으며 문서에 서명하려고도 하지 않는다. 은혜를 입었다는 사실이 가능한 한 알려지지 않기를 원하는 사람들은 이들과 똑같은 짓을 하는 것이다. 이들이 공개하기를 꺼리는 이유는, 다른 사람의 도움을 받지 않고 자기 스스로의 노력으로 무엇을 성취했다고 사람들에게 평가받고 싶기 때문이다. 자신의 목숨을 구해준 사람이나 현재의 사회적 지위를 얻는 데 도움을 준 사람들에게 이들은 절대 공개적으로 존경을 표하려 하지 않는다. 어떤 사람에게 예속되어 있다는 평판을 피하고 싶은 것이다. 하지만 이로 인해 감사할 줄 모르는 사람이라는 평판을 얻게 될 것이며, 그런 평판은 훨씬 더 나쁜 것이다.

자신에게 가장 큰 은혜를 베푼 이를 가장 심하게 비난하는 사람도 있다. 자신이 빚지지 않았다는 것을 증명하기 위해 모욕적인 언사도 마다하지 않는다. 이런 사람에게는 도움을 주기보다 그들과 맞서는 편이 더 안전하다. 하지만 우리가 가장 신경을 써서 노력해야 할 일은 우리가 입은 은혜를 결코 잊지 않고 있음을 보여주는 것이다. 기억하지 못하면 은혜를 갚으려 하지 않을 것이며, 기억하는 사람은 갚으려 하게 마련이기에 무엇보다 끊임없이 기억을 환기하는 노력이 필요하다. 은혜를 받아들일 때 까다로운 태도를 취해서도 안 되지만 비굴한 모습을 보여서도 안 된다. 선물을 받는 순간에도 어떤 식으로 받아야 하는지 아무런 생각을 하지 않는다면, 최초의 기쁨이 사그라졌을 때 어떻게 행동할지 너무나 뻔하지 않은 가? "나는 사실 이 선물이 필요 없네. 자네가 주겠다고 하도 우기니까 하는 수 없이 받는 것뿐이네." 이처럼 경멸하는 듯한 태도를 보이면서 선물을 받는 사람도 있다. 그런가 하면, 미적지근한 태도로 선물을 받아서 과연 그 사람이 선물을 받았다고 생각하는지조차 의문스러운 경우도 있다. 어떤 사람은 간신히 입술을 움직여서 고맙다는 말을 웅얼거릴 뿐인데, 차라리 아무 말도 안 하고 조용히 있는 게 덜 기분 나쁠 것이다. 선물의 의미에 맞게 열렬하게 감사의 마음을 표현해야 한다. 다음과 같은 말들을 덧붙인다면 더욱 좋다. "당신이 생각하는 것보다 더 많은 사람들이 당신에게 빚을 지고 있군요."(자신의 베풂이 더 큰 영향을 끼쳤다는 얘기를 듣게 되면 즐거워지게 마련이다.) "당신이 베푼 것이 나에게 어떤 의미를 갖는지 아마 모를 겁니다. 당신이 상상하는 것보다 훨씬 더 큰 의미가 있다는 점은 알아주길 바랍니다."(당신의 친절에 압도되었다고 말하는 것 자체가 감사의 표현이다.) "나는 결코 당신의 은혜를 충분히 갚을 수 없을 겁니다. 그리고 내가 그럴 수 없다는 것을 계속해서 생각하겠습니다."

푸르니우스는 아우구스투스 황제를 기쁘게 해서 청을 할 수 있게 되었는데, 안토니우스 편에 섰던 자신의 아버지를 용서해달라고 했다.[15] 아버지의 용서를 얻은 후 그는 이렇게 말했다. "아우구스투스여, 당신에게 불만이 있다면 단 한 가지, 당신이 베푼 은혜가 너무나 커서 이에 걸맞은 감

---

[15] 가이우스 푸르니우스는 기원전 31년의 악티움 전쟁 이후에 아버지의 용서를 얻을 수 있었다. 그는 후에 상원의원이 되었으며, 스페인에서 아우구스투스 황제를 위해 칸타브리안과 벌인 전쟁에서 지휘관으로 활약해 승리를 거두었다.

사를 표현할 수 없이 평생을 살아야 한다는 것뿐입니다." 감사의 표현만으로는 부족하다는 이 말, 아니 그 은혜에 맞먹는 보답을 할 희망조차 없다는 이 말은 진정 감사할 줄 아는 마음의 표시이다. 좋은 의도가 감춰지지 않고 모든 사람이 보는 앞에서 빛나기 위해서는 위와 같은 표현들을 사용해야 한다. 어쩌면 말이 필요 없을지도 모른다. 우리가 그런 감정을 느끼고 있으면 얼굴 표정에 자연스레 드러날 것이기 때문이다. 감사할 줄 아는 사람은 은혜를 입자마자 그것을 어떻게 갚을지 생각하기 시작해야 한다. 크리시포스는 감사하는 사람을 달리기 경기에 나선 운동선수에 비유했다.[16] 출발선에 서서 신호가 떨어지자마자 바로 뛰쳐나갈 순간을 기다리는 달리기 선수와 같다는 것이다. 또한 앞서 가는 사람을 따라잡기 위해 경쟁하고자 하는 열정과 빠른 속도를 갖춰야 한다는 점도 분명하다.

## 배은망덕의 원인은 자만심, 탐욕, 질투이다

이제 은혜를 저버리는 주된 원인이 무엇인지 생각해보자. 그것은 지나친 자만심(자기 자신과 자신의 업적을 과장해서 생각하는 인간 본성의 뿌리 깊은 오류)이거나 탐욕이거나 질투이다. 첫번째 원인부터 시작해보자. 자기 자신에 대해 평가할 때는 누구나 관대해지기 쉽다. 그래서 자신이 소유하고 있는 모든 것은 자기 스스로 벌었으며, 자신의 노력에 대한 보상일 뿐이라고 생각하며, 다른 사람들이 자신의 진정한 가치를 제대로 인정해주지 않는다고 불평한다. "그 사람이 나에게 이 선물을 보냈지만 그것을 받기까

---

[16] 크리시포스는 철학자가 되기 이전에 장거리 주자였다.

지 정말 오래 걸렸고, 내가 그토록 많은 노력을 들여야만 했지 않았는가! 다른 사람에게 그런 노력을 기울였다면 이보다 훨씬 더 많은 것을 얻을 수 있었으리라! 군중 속에 집어 던지듯이 선물을 주는 이런 취급을 받으리라고는 예상 못 했다. 내가 그 정도로 보잘것없는 사람이라고 생각했단 말인가? 차라리 나를 아예 무시하는 편이 덜 모욕적이었을 것이다."

그나이우스 렌툴루스는 매우 부유했던 인물이다. 비록 황제에 속한 해방노예에 비하면 가난했다고 할 수 있지만.[17] 그는 4억 세스테르티우스 sestertius에 달하는 엄청난 돈을 소유하고 있었지만 지적으로는 형편없고 말하는 능력도 떨어지는 사람이었다. 욕심이 많은 사람이었지만, 연설이 서툴렀기 때문에 말보다는 돈을 베푸는 편을 더 쉽게 생각했다. 오래된 귀족 가문의 이름만 지녔을 뿐 가난뱅이였던 그는 아우구스투스 황제의 도움으로 그 모든 번영을 누릴 수 있게 되었다. 돈과 정치적 영향력에 있어서 로마의 유력한 시민의 위치에 오르게 되자 그는 아우구스투스에 대해서 끊임없이 불평하기 시작했다. 아우구스투스 때문에 학업을 중단해야 했으며 웅변술을 배우기를 포기했기 때문에 금전적인 성공보다 더 많은 것을 잃었다는 이유였다. 사실은 결코 성공할 수 없었던 일에 쓸데없는 노력을 해서 사람들의 조롱거리가 될 상황으로부터 벗어나게 했다는 점에서도 아우구스투스는 그에게 또 다른 은혜를 베푼 셈이다.

---

**17** 그나이우스 렌툴루스는 아우구스투스 황제로부터 재정적인 지원을 받아서 발칸 반도를 통치했으며, 다뉴브 강 유역의 게테 부족을 점령하고 기원전 2~3년에 아시아 지역의 집정관이 되었다. 그는 티베리우스 황제의 친구였으며, 서기 25년에 사망했을 때 그의 전 재산을 티베리우스에게 상속했다. 세네카는 렌툴루스의 부유함을 황제에게 소속된 해방노예의 부유함과 비교하고 있다. 특히, 클라우디우스와 네로 황제 시절에 이들 황실의 해방노예는 군주에 버금가는 재산을 축적해서 지배계급의 원성을 샀다.

탐욕도 배은망덕의 원인이다. 아무리 얻는다 해도 자제할 줄 모르는 욕망을 충족할 수는 없으므로 얻으면 얻을수록 더 많이 요구한다. 탐욕이 큰 재물 위에 걸터앉으면 그 탐욕은 더욱 커진다. 이는 마치 불꽃과 같다. 큰불에서 솟아오른 불꽃일수록 더욱 맹렬하고 예측하기 힘든 법이다. 마찬가지로, 한때는 실현 불가능하다고 생각했던 지위에 올랐다 하더라도 야심 때문에 마음의 평온을 얻지 못한다. 호민관이 된 것에 감사할 줄 모르고 치안관의 자리에 더 빨리 오르지 못한 것을 불평한다. 치안관이 되었다고 해도 이번에는 집정관이 되지 못한 것을 불평한다. 집정관 자리도 오직 한 사람만이 차지하는 것이 아니라면 만족하지 않을 것이다! 욕망은 끝없이 뻗어 나가려 하며, 성공을 인정할 줄 모른다. 그런 사람은 자신이 출발했던 지점을 결코 되돌아보려 하지 않고 앞으로 나가고자 하는 곳만 바라본다.

질투는 이 모든 것들보다 더욱 난폭하고 심각한 악덕이다. 다른 사람과 비교하는 일은 마음을 혼란스럽게 만든다. "그 사람이 나에게 이것을 주었지만, 다른 사람에게는 이보다 더 많은 것을 더 빨리 주지 않았는가?" 우리는 다른 사람의 상황이 어땠는지에는 관심 없고 항상 자기 이익만을 먼저 내세우게 마련이다. 자신이 받은 은혜의 가치를 무엇보다 소중하게 여기고 모든 사람이 자기 스스로에게 더 관대하기 마련이라는 사실을 깨닫는다면 이보다 더 솔직하고 현명한 일이 어디 있겠는가? "당연히 내가 더 많이 받았어야 하지만 그 사람이 그렇게 베풀기는 쉽지 않았을 것이다. 그 사람은 여러 사람에게 관대함을 베풀어야 했을 테니까. 이번 선물은 시작에 불과한 것이리라. 그러니 밝은 면을 보고 감사하는 마음으로 받아서 선물을 베풀고 싶어 하는 그 사람의 마음을 북돋워주자. 그 사람이 아직까지는 나에게 별로 많이 베풀지 않았지만, 앞으로는 더 자주 선물을 줄 것이다. 그가 어떤 사람은 나보다 더 우선적으로 생각하고 있지만 다른 많은 사람보다는 나를 우선적으로 여기고 있다는 것도 사실이지 않은가? 나보다 선물을 더 많이 받은 그 사람은 은혜를 베푼 사람에게 나보다 적게 봉사했을 수 있지만 그 사람 나름의 어떤 매력이 있었으리라. 불평한다고 더 큰 선물을 받을 자격이 생기는 것은 아니지 않은가? 오히려 불평은 이미 받은 선물도 받을 만한 자격이 없다는 것을 보여줄 뿐이다. 정말 못된 사람들도 큰 선물을 받곤 한다. 그래서 어쨌단 말인가? 운명의 여신이 세심하게 사람을 판단하는 경우는 매우 드물다. 우리는 악한 사람들이 오히려 번영을 누리고 있다고 매일 불평한다. 폭풍우가 사악한 주인의 농장은 지나쳐버리고, 가장 선량한 사람의 작물을 망쳐버리는 경우가 종종 있다. 다른 일과 마찬가지로 친구 관계에서도 우리는 각자 자신의 운명을 견뎌내야 한다." 질투의 시선이 갈기갈기 찢을 수 없을 만큼 완벽한 은혜란 없다. 반면, 우호적인 해석이 영향을 끼치지 못할 만큼 하찮은 은혜도 없다. 부정적인 시각으로 은혜를 바라본다면 불평할 소지는 항상 찾을 수 있기 마련이다.

## 신이 베푼 은혜에 우선 감사하라

그렇게 많은 사람들이, 심지어 철학자들까지도 신이 베푼 은혜를 평가하는 데 얼마나 부당한 태도를 취하는지 살펴보자. 인간은 코끼리처럼 큰 몸집을 가지지 못했다고, 수사슴처럼 민첩하지 못하다고, 새처럼 가볍지 않다고, 황소처럼 힘이 세지 못하다고 이들은 불평한다. 이뿐만 아니다. 야생의 동물은 단단한 가죽을 지녔고, 사슴은 우아하며, 곰은 덩치가 크며, 비버는 부드럽고, 개는 냄새를 잘 맡으며, 독수리는 빼어난 눈을 가졌고, 까마귀는 오래 살며, 우리보다 헤엄을 잘 치는 동물도 많다. 큰 몸집에 힘이 센 짐승이 빨리 달릴 수 없듯이, 자연에서 어떤 성질들은 함께 양립할 수 없다. 그럼에도 사람들은 자신의 신체가 모든 특질들을 갖추지 못한 것을 신들의 부당한 처사라고 불평한다. 또한 나쁜 습관으로도 손상되지 않는 완벽한 건강이나, 미래를 내다볼 수 있는 능력이 없다는 이유로 신들이 우리를 돌보지 않는다고 불평한다![18] 이들은 우리가 신들의 동료가 되지 못하고 열등하다는 이유로 자연을 원망할 만큼 건방지고 뻔뻔하다. 이렇게 불평을 늘어놓기보다는 신들로부터 입은 그 많고 훌륭한 축복에 대해 깊이 생각하는 것이 훨씬 더 현명한 일이다. 지고의 아름다움을 지닌 이 세상에서 신들은 우리에게 신 다음의 두번째로 높은 지위를 부여하고 이 땅을 관리하도록 맡겼다. 이런 신들에게 감사의 마음을 표하는 것이 마땅하다. 인간의 권위 아래에 있는 동물과 우리를 같은 수준에 놓을 수 있겠는가?

인간의 본성상 어쩔 수 없이 가질 수 없었던 것 말고는 모든 것이 우리에게 베풀어졌다. 인간의 조건을 부당하게 평가하는 일은 그만두고 신들이 우리에게 내린 축복을 생각하라. 우리보다 훨씬 힘이 센 동물에게 멍에를 씌우고, 우리보다 훨씬 빠른 동물을 앞지르고, 모든 살아 있는 생명

---

**18** 여기서 언급된 감사할 줄 모르는 철학자들은 아마도 에피쿠로스학파에 해당할 것이다.

을 우리의 통제 아래에 둘 수 있지 않은가! 우리는 탁월함과 수많은 재능들, 그리고 원하기만 하면 어디든지 파고들 수 있는 마음을 부여받았다. 그 마음은 별보다 더 빠르다. 별이 수백 년이 걸려서야 도착할 수 있는 지점을 마음은 미리 예측할 수 있으니까. 우리가 받은 식량과 재물, 그 외의 모든 것들이 산더미같이 쌓여 있다. 세상의 모든 것을 훑어보라. 모든 자질을 갖춘 완벽한 피조물을 발견할 순 없겠지만, 그대가 원하는 어떤 특질들을 각각의 개체로부터 끄집어낼 수는 있을 것이다. 자연의 관대함을 올바르게 바라보면, 그대가 자연의 총애를 받는 존재임을 인정할 수밖에 없을 것이다. 이는 진실이다! 영원불멸의 신들은 우리를 그 어떤 존재보다 소중하게 여겼고 지금도 그러하다. 신들은 우리에게 가장 큰 영예를, 그들에 이어 두번째로 높은 지위를 부여했다. 우리는 크나큰 선물을 받은 것이다. 이보다 더 큰 선물은 우리가 다룰 수 없을 테지만.

나의 벗 리베랄리스여! 내가 이 주제를 들고 나온 이유는 우리가 인간들 사이의 사소한 은혜들에 대해 지금 토론하고 있지만 신들이 베푼 위대한 은혜에 대해서도 무언가 얘기할 필요가 있다는 생각에서였고, 파렴치한 배은망덕이 신에 대한 영역에서 인간에 대한 영역으로 이어지고 있다고 판단했기 때문이다. 가장 위대한 은혜조차 업신여기는 사람이 그 누구에게 감사하는 마음을 갖겠는가? 그런 사람이 갚을 만한 가치가 있다고 여길 은혜가 있겠는가? 매일 신에게 도와달라고 기도하면서도 자신의 삶이 신에게 빚지고 있음을 부정하는 이가 자신의 안전과 생활이 다른 사람 덕분이라고 인정하려 하겠는가? 따라서, 감사하는 마음을 가르칠 때는 인간과 신 모두에게 감사하는 마음을 가져야 한다고 가르쳐야 할 것이다. 신들은 아무것도 필요로 하지 않고, 모든 욕망을 넘어서 있다. 그럼에도 우리는 신들이 베푼 은혜를 갚아야 한다. 가난과 허약함이 배은망덕한 태도의 핑계가 될 수 없다. "내가 무엇을 할 수 있단 말인가? 어떻게? 이 세상 모든 것의 주인인 위대한 신에게 언제 갚을 수 있단 말인가?" 이런 말도 구실에 불과하다. 은혜를 갚는 것은 쉬운 일이다. 구두쇠라면 돈을 들이지 않고도 갚을 수 있으며, 게으른 사람이라면 노력을 들이지 않고도 갚을 수 있다. 은혜를 입는 바로 그 순간에 그대가 원하기만 한다면 다른 사람들과 마찬가지로 은혜를 갚을 수 있다. 기꺼이 은혜를 입는 것이 곧 은혜를 갚는 것이기 때문이다.

## 은혜에 대해 감사한다면, 그것만으로도 은혜를 갚은 것이다

기꺼운 마음으로 은혜를 입는다면 그것이 바로 은혜를 갚는 것이다. 내 생각에 이러한 주장은 스토아학파가 제기했던 여러 패러독스 중에서 가장 풀기 쉽고 답이 분명한 문제이다. 모든 일을 마음의 관점에서 본다면 우리는 의도하는 만큼 성취하는 것이라고 할 수 있다. 실제로는 손가락 하나도 들어 올릴 수 없을지라도 경건, 충실, 정의 그리고 모든 덕성은 그 자체로 완전한 것이다. 단지 감사하고자 하는 뜻만으로도 감사하는 사람이 될 수 있다. 의도하는 바를 성취할 때마다 노력의 결실을 얻는 것이다. 선물을 베푸는 사람의 의도는 무엇인가? 그 선물이 은혜를 입은 사람에게 유용하고 선물을 받은 사람이 기쁨을 느끼게끔 하는 것이 아니겠는가? 이 목적을 달성한다면 그 의도가 수혜자에게 전달된 것이고, 그래서 서로 간에 행복을 느낄 수 있다면 은혜를 베푸는 사람도 자신이 원했던 바를 얻게 된다. 교환을 통해 다른 물건을 얻고자 했던 것이 아니기 때문이다. 그러길 원했다면, 은혜를 베푼 것이 아니라 상업적 거래를 한 셈이다. 목표로 했던 항구에 도달한 사람은 성공적으로 항해를 수행한 것이다. 전문가가 던진 창이 목표로 한 지점에 꽂혔을 때 그 창은 자기 임무를 다한 것이다. 은혜를 베푸는 사람은 자신의 선물이 감사하는 마음으로 받아들여지기를 기대한다. 그렇게 받아들여진다면, 그의 목적은 달성된 것이다. "그 대가로 어떤 이익을 얻으려 하지 않았겠는가?"라고 그대가 묻는다면, 그것은 결코 은혜를 베푸는 것이 아니라고 답하겠다. 보답에 대해 생각조차 하지 않는 것이 은혜의 표시이기 때문이다. 은혜를 베푼 사람이 나에게 은혜를 베풀 때 갖는 마음과 똑같은 심정으로 나는 은혜를 받아들일 것이다. 그럼으로써 나는 은혜를 갚은 것이다. 그렇지 않다면 은혜를 주고받는 훌륭한 일이 비참해지고 만다. 감사하는 마음을 갖는 것은 운명의 여신이 결정지을 사항이며, 운명의 여신이 도와주지 않으면 은혜를 갚을 수 없다고 생각하기도 한다. 하지만 그렇게 생각할 필요가 없다. 나의 선의만으로도 은혜를 베푼 사람의 선의에 보답하는 것이니까.

"뭐라고? 내가 할 수 있는 한 무엇으로든 갚아야 하고, 은혜를 갚을 적절한 시기와 상황이 언제인지 주의 깊게 지켜봐야 하고, 은혜를 베풀어준 사람의 주머니를 채워주려고 애써야 하는 것 아닌가?"라고 그대는 반문할 수도 있다. 맞는 말이다. 하지만 빈손으로도 감사할 수 없다면, 은혜를 주고받는 것은 힘들고 성가신 일이 될 것이다.

그대는 또 다음과 같이 반박할지 모른다. "은혜를 받는 사람이 아무리 좋은 태도를 취한다 해도 아직 그가 의무를 다한 것은 아니다. 무엇인가로 갚아야 하는 일이 남아 있기 때문이다. 이는 경기를 할 때와 마찬가지이다. 솜씨 있게, 그리고 조심스럽게 공을 받는 것이 전부가 아니다. 잡은 공을 재빠르고 민첩하게 되돌려 보내지 않는다면 좋은 선수라고 할 수 없다." 이 비유는 잘못된 것이다. 왜냐고? 이 경우에는 칭찬받을 만한 일이 신체의 능숙한 움직임에 있지 마음에 있는 것이 아니기 때문이다. 경기를 할 때는 눈으로 판단해야 하기 때문에 공이 오가는 전 과정을 살펴봐야 한다. 만약 공을 제대로 잘 받았지만 자신의 잘못이 아닌 다른 문제로 그 공을 되돌려 보내는 데 지체했다면 그를 훌륭한 선수라고 부르는 데 주저하지 않을 것이다.

그대는 여전히 이에 대해 반박할 것이다. "그 선수의 기술에는 부족한 점이 없다고 할지라도, 다시 말해 그가 어떤 역할을 수행했고 그가 수행하지 않은 다른 부분도 수행할 능력을 실제로 가졌다고 할지라도, 경기 그 자체는 불완전한 것이다. 그 경기는 공이 오고 가는 것에 의해서만 완전해질 수 있으니까." 이 점에 대해서는 더는 논의하고 싶지 않다. 경기 자체에 무언가 결핍된 것이 있다고 치자. 하지만 선수까지 그런 것은 아니다. 마찬가지로 우리가 논의해왔던 은혜와 관련해서 볼 때 보답의 대응물이 없는 선물은 물건 자체로 보아서는 무언가가 부족한 것이지만, 이에 연루된 사람들의 마음의 측면에서 보자면 그렇게 말할 수 없다. 베푸는 마음과 받는 마음이 같다면 의도했던 바를 성취하는 것이기 때문이다.

어떤 사람이 나에게 은혜를 베풀 때 나는 그 사람이 원하는 방식으로 그 은혜를 받는다. 그럼으로써 그는 자신이 원했던 것, 아니 그가 원했던 유일한 것을 얻게 된다. 그리고 나는 감사할 줄 아는 사람이 된다. 약간 더 고려해야 할 문제가 남아 있다. 은혜를 입은 사람으로부터 추가적으로 얻을 수 있는 이익에 관한 것이다. 이는 은혜를 입은 사람이 미처 다 수행하지 못한 남은 의무가 아니다. 완전하게 수행한 의무 위에 덧붙여진 보너스와 같은 것이다. 페이디아스가 조각상을 만들었던 예를 들어보자. 그의 예술적 행위로부터 얻는 보상과 그의 작품으로부터 얻는 보상은 다르다. 조각상을 완성한 것은 그의 예술적 행위로부터 얻는 보상이며, 이윤을 남기는 것은 그의 작품으로부터 얻는 보상이다. 페이디아스가 그 작품을 팔지 않았다 할지라도 작품을 완성했다는 사실 자체에는 변함이 없다. 그의 작업으로부터 생기는 보상에는 세 가지 종류가 있다. 첫번째는 작품을 완성했을 때 갖는 성취감이다. 두번째는 그 작품으로부터 얻게 되는 명성이다. 세번째는 선물로 기증하거나 판매했을 때 받게 되는 실질적인 이익이다. 마찬가지로 은혜를 베풂으로써 얻는 일차적인 보상은 자신이 선택한 사람에게 선물을 주었을 때 갖게 되는 의식, 즉 은혜를 베풀었다는 사실 자체에 대한 자각이다. 그 선물에 대한 보답으로 제공되는 명예와 답례품은 이차적인 보상이다. 받는 사람이 자신의 선물을 호의적으로 받아들였다면, 베푼 사람은 베푼 은혜 전부를 보상받은 것은 아니지만 이미 감사를 받은 셈이다. 물론 아직 갚아야 할 외적인 빚은 남아 있다. 하지만 은혜를 적절한 태도로 받음으로써 은혜 그 자체는 갚은 것이다.

"뭐라고? 아무것도 안 하고도 은혜를 갚았단 말인가?"라고 그대는 반박할 것이다. 먼저 분명히 해둘 점은 그가 무엇인가를 했다는 것이다. 은혜를 베푼 선의에 대한 보답으로 은혜를 입은 사람도 좋은 마음을 가지려 했으며, 친구 사이의 표시라고 할 수 있는 평등한 자세로 이에 임했다. 둘째, 은혜를 갚는 방식은 빌려 쓴 돈을 갚는 것과는 다르다. 은혜를 베풀었을 때 언제 어떻게 갚으라고 지시하지는 않는다. 은혜는 마음과 마음 사이의 거래이다.

내가 하는 얘기가 처음에는 그대의 견해와 충돌한다고 느끼겠지만, 내 주장에 충분히 관심을 갖고 언어가 제대로 표현하지 못하는 그 무엇인가가 있게 마련이라는 점을 고려한다면 그렇게 이해하기 어려운 얘기는 아닐 것이다. 세상에는 고유한 이름이 없는 것들이 무척 많다. 이런 것들은 빌려 온 명칭이나 은유적 명칭을 써서 지칭하곤 한다. 우리는 다리라는 단어를 신체, 의자, 돛, 시와 관련해서 사용한다. 사냥개, 물개, 개 별자리 같은 표현도 쓴다. 모든 개별적인 사물과 일대일로 대응하는 단어가 충분하지 않기 때문에 필요할 때마다 다른 단어를 차용해 올 수밖에 없다. 용기는 위험을 무시하는 것이거나, 그것을 물리칠 지혜를 갖는 것이거나, 모험을 감수하는 것을 뜻한다. 하지만 우리는 검투사를 용기 있는 사람이라고 칭하지만, 무모하고 자포자기해서 죽음을 우습게 여기는 사악한 노예도 용기 있는 사람이라고 부른다. 검약은 쓸데없는 지출을 피할 줄 아는 지혜를 뜻하거나 자신의 재산을 절제 있게 관리할 줄 아는 기술을 뜻한다. 하지만 우리는 소심한 사람과 지독한 깍쟁이 모두를 검약한 사람이라고 부른다. 절제와 인색함 사이에는 엄청난 차이가 있음에도 불구하고. 그 본질에 있어서 서로 다른 것인데도, 우리가 가진 언어의 한계 때문에 이 두 사람을 "검약하다."라고 표현할 수밖에 없다. 운명의 여신의 일격을 당당하게 경멸하는 검투사나 어리석게 위험 속으로 뛰어드는 노예를 함께 "용감한" 사람이라고 부르는 것도 이와 같다. 마찬가지로, 은혜도 두 가지 다른 것을 뜻한다. 은혜로운 행위를 가리키기도 하고, 그러한 행위를 통해서 주어지는 사물, 예를 들어 돈, 집, 관직과 같은 것을 가리키기도 한다. 명칭은 같지만, 그 의미는 사뭇 다르다.

내 말에 주의 깊게 관심을 기울이면, 내가 얘기하는 것 중 어떤 것도 그대의 견해와 충돌하지 않는다는 것을 깨달을 것이다. 감사하는 마음으로 은혜를 입는다면, 행위로서의 은혜를 갚는 것이다. 하지만 아직 사물로서의 은혜를 갚은 것은 아니다. 우리의 의도만으로도 은혜를 베푼 사람의 의도에 부응할 수 있다. 하지만 사물을 사물로 되갚는 일에는 여전히 빚을 지고 있다. 따라서 기꺼운 마음으로 은혜를 입은 사람은 그로써 그 은혜를 갚았다고 말할 수는 있지만, 받았던 물건과 유사한 물건을 은혜를 베푼 사람에게 보낼 것을 권한다. 내가 지금까지 해왔던 얘기의 어떤 부분은 상식적인 생각과 동떨어져 있는 것처럼 여겨졌을 테지만, 다시 돌아와 상식과 부합하게 되었다. 현자에게 상처를 입힐 수 없다고 우리는 말하지만, 어떤 사람이 그를 주먹으로 때리면 그 사람을 가해자로 고소할 것이다. 바보는 아무것도 소유할 수 없다고 하지만, 누군가가 그에게서 무언가를 훔친다면 그 사람을 도둑으로 고소할 것이다. 우리는 모든 사람이 미쳤다고 말하지만, 이들 모두를 약초로 치료하려 하지는 않는다. 우리가 미쳤다고 하는 바로 그 사람들이 투표장에 가거나 판사석에 앉도록 허용하고 있지 않는가?

좋은 의도로 은혜를 받은 사람은 그 자체로 은혜를 갚은 것이라고 말하면서도, 그 사람이 여전히 빚을 지고 있으며 앞으로 은혜를 더 갚아야 한다는 것은 위와 같은 의미에서이다. 이 얘기는 은혜와 인연을 끊으라는 것이 아니고, 은혜를 받는 것을 두려워하지 말고 견딜 수 없는 채무의 무게에 짓눌려 절망할 필요가 없다는 것이다.

"재물을 선물로 받았다. 그 선물 덕분에 내 명성을 지킬 수 있었고 빈곤이라는 불명예스러운 상태에 빠지는 것을 피할 수 있었다. 내 생명이 구원을 얻었고, 생명보다 더 소중한 자유를 지킬 수 있었다. 어떻게 하면 그 은혜를 갚을 수 있을까? 내가 감사하고 있다는 것을 그에게 언제쯤 보여줄 수 있을까?" 이렇게 말할 때 그날은 이미 온 것이다. 은혜를 받고, 그것을 품에 안고 그리고 즐거워하라. 은혜를 받아서가 아니라 그 은혜에 빚을 졌고 앞으로 갚고자 한다는 점에서 즐거워하라. 운명의 우연이 그대를 배은망덕한 사람으로 만들지도 모르지만 그런 마음을 가지면 이런 불확실한 상황에서 벗어날 수 있다. 나는 그대에게 엄청나게 힘든 일을 하라고 권하는 것이 아니다. 그러니 갚아야 할 일이 힘들고 오래 계속될 거라 예상하고 절망에 빠지거나 나약해질 필요는 없다. 은혜를 천천히 갚으라고 말하는 것이 아니다. 현재 이 순간에 모든 것이 이루어지고 있다. 선물을 받는 즉시 감사할 줄 모른다면 앞으로도 결코 감사하지 않을 것이다. 그 때 가서 무엇을 하겠는가? 은혜를 입었다고 지금 당장 무기를 들고 도우러 나설 필요는 없다. 언젠가는 그래야 할지 모르지만. 지금 당장 바다를 건너 전쟁터에 나서야 할 필요는 없다. 언젠가는 바람이 거세도 그래야 할지 모르지만. 은혜를 갚기 원하는가? 그러면 감사하는 마음으로 그것을 받아들여라. 그것으로 그대는 은혜를 갚은 것이다. 부채를 다 갚았다고 생각하기 위해서가 아니라, 보다 편안한 마음으로 여전히 빚을 지고 있음을 잊지 않기 위해서 그런 태도를 지녀야 한다.

제

# 3

권

# 은혜의 배반

## 은혜를 잊어버리는 것이 가장 큰 배은망덕이다

리베랄리스여! 누구나 알고 있듯이 은혜를 갚지 않는 것은 부끄러운 일이다. 심지어 배은망덕한 사람조차 다른 배은망덕한 사람들을 비난하곤 한다. 우리는 배은망덕한 사람들을 그렇게 비난하면서도 우리 자신도 배은망덕해지는 것을 막지 못한다. 우리는 때로 극단적인 지경까지 가기도 한다. 은혜를 입은 뒤에 그 사실을 인정하기 싫어서 은혜를 베푼 사람을 원수처럼 대하기도 한다. 원래 심성이 못돼서 은혜를 저버리기도 하지만, 대부분의 경우는 시간이 흘러 기억이 희미해져서 은혜를 잊어버리곤 한다. 은혜를 입을 당시에는 마음에 생생하던 기억도 얼마 지나지 않아 곧 사라지는 법이다. 우리는 앞에서 이런 사람들에 대해 논의한 바 있다. 그때 그대는 이들을 배은망덕한 사람이라기보다는 단지 잘 잊어버리는 사람으로 봐야 한다고 말했다. 그대의 얘기는 망각으로 인해 은혜를 저버렸다면 그 망각이 배은망덕을 용서해주는 구실이 될 수 있다고 주장하는 셈이다.

도둑과 살인자에도 여러 부류가 있듯이, 배은망덕한 사람들도 여러 부류가 있다. 은혜를 입었으면서도 이를 부정하는 사람은 배은망덕하다. 은혜를 입지 않은 척하는 사람도 배은망덕하다. 또한 은혜를 갚지 않는 사람도 배은망덕하다. 하지만 가장 배은망덕한 사람은 은혜를 입은 것 자체를 잊어버리는 사람이다. 후자를 제외한 다른 사람들은 비록 깊지는 않았을망정 적어도 자신이 빚지고 있음은 알고 있을 것이다. 이들 마음 깊숙이에는 은혜의 흔적이 어슬렁거리고 있을 것이 분명하다. 그러다 어떤 상황이 되면 결국 그들은 은혜를 갚을 수도 있다. 수치심 때문에 은혜를 입었던 사실이 떠올랐을 수도 있고, 옳은 일을 해야겠다는 고상한 욕망이 갑자기 생겼거나(때때로 나쁜 사람도 그런 욕망을 가지는 법이다.) 좋은 기회가 온 덕분일 수도 있다. 하지만 기억하지 못하는 사람은 결코 감사할 줄 모른다. 은혜를 입었다는 사실이 의식에서 완전히 소멸되었기 때문이다. 어떤 사람이 더 나쁘다고 생각하는가? 은혜를 감사하는 마음을 잃어버린 사람인가, 아니면 이를 기억조차 못 하는 사람인가? 강렬한 불빛을 보기 힘들다면 눈이 병든 것이다. 볼 수조차 없다면 눈이 먼 것이다. 부모를 사랑하지 않는 것은 불효이다. 부모를 인정조차 하지 않는 것은 미친 짓이다.

항상 가장 먼저 마음에 떠올려야 할 일을 깨끗이 잊어버리는 사람보다 더 배은망덕한 사람이 이 세상에 어디 있겠는가? 망각에 빠져버린 사람이 보은을 생각하지 않으리라는 것은 뻔한 일이다. 물질적으로 은혜를 갚기 위해서는 좋은 성품, 시간, 자원, 행운이 뒤따라야 한다. 하지만 은혜입은 것을 항상 생각하는 사람은 비용을 들이지 않고도 이미 감사를 표한 것이다. 기억하는 일은 노력이나 돈이나 출세가 필요 없는데 이마저도 못 하는 사람은 변명의 여지가 없다. 은혜를 마음으로부터 멀리 떼어버린 사람은 감사하기를 결코 원하지 않는 사람이다. 매일매일 만지고 늘 사용하는 물건은 부식할 우려가 없다. 하지만 쓸모없다고 저만치 방치해두고 신경을 쓰지 않는 물건은 시간이 지남에 따라 더러워지고 녹슬게 마련이다. 마찬가지로 우리가 끊임없이 생각하고 활용하며 새롭게 만드는 것은 기억에서 사라지지 않는다. 틈날 때마다 자주 생각하지 않는다면 그 기억을 잃어버리게 된다.

　이외에도 몇몇 다른 원인들로 인해 우리는 큰 은혜를 종종 잊어버리곤 한다. 가장 중요한 원인 중 하나는 끊임없이 새로운 욕망에 사로잡혀서 이미 수중에 갖고 있는 것보다 얻고 싶은 것에만 관심을 기울이기 때문이다. 우리는 새롭게 열망하는 것에만 정신이 팔려서 현재 소유하고 있는 것은 우습게 여기는 경향이 있다. 새것에 욕심을 가지면 이미 받은 것은 그다지 중요치 않게 여기게 마련이다. 이런 상황에서 은혜를 베푼 사람을 제대로 평가하지 않으리라는 것은 충분히 짐작할 수 있다. 그에게서 얻은 것에 만족하는 만큼만 그를 사랑하고 존경하며 그의 도움을 인정한다. 그러고는 또 다른 기대에 마음을 빼앗겨서 그것을 쫓아다닌다. 언제든 더 크고 더 많은 것을 얻으려고 욕심 부리는 것이 인간의 본성이기 때문이다. 우리가 은혜라고 여겼던 모든 것을 바로 잊어버린다. 남들보다 우월한 위치에 설 수 있게 도와준 것은 더 생각하지 않고 자기보다 앞서 나가는 사람들의 행운에만 관심을 기울인다. 질투와 감사를 동시에 느끼는 것은 불가능하다. 질투란 불평불만에 가득 찬 사람이 느끼는 우울한 감정이며, 감사는 기쁨을 동반하는 감정이다.

　마지막으로, 은혜를 잊어버리는 또 다른 원인은 순식간에 지나가 버리는 현재 외의 다른 시간을 의식할 겨를이 없어서 과거를 되돌아볼 마음이 생기지 않기 때문이다. 자신의 어린 시절을 그저 지나가 버린 한때 정도로 여기니 스승이 베푼 은혜 따위는 잊고 마는 것이다. 청춘의 시절을 되돌아보려 하지 않으니 그때 입었던 은혜는 안중에서 사라진다. 앞서 있었던 사건들을 기억해야 할 과거의 일로 생각하지 않고 이미 지나가 버려 상관없는 일쯤으로 여긴다. 미래에만 관심이 있는 사람은 과거에 대해서는 빈약한 기억을 가지고 있을 뿐이다.

나는 에피쿠로스의 다음 견해에 동의한다. 그는 우리가 과거에 대해 감사할 줄 모르고, 좋은 경험들을 기억하지 못하며, 그 경험을 자신의 즐거움으로 받아들일 줄 모른다고 비판했다. 그러한 경험은 빼앗아 갈 수 없는 것이기에 가장 믿을 만한 즐거움인데도. 현재의 좋은 일은 아직 완전하게 단단히 자리 잡지 못했다. 앞으로 닥칠지 모를 불운이 이를 망가뜨릴 수 있기 때문이다. 미래의 좋은 일이란 불확실하며 우연에 좌우된다. 반면 과거에 일어난 일은 안전하게 보존되어 있다. 오로지 현재와 미래에만 전념해서 평생 달려가는 사람이 은혜에 감사할 수 있겠는가? 기억은 사람을 감사할 줄 알게 만든다. 기대하는 바에 마음이 더 쏠릴수록 기억할 힘은 덜 남게 되는 법이다.

친애하는 리베랄리스여! 어떤 것들은 배우자마자 우리 마음속에 확실하게 자리 잡지만, 그대도 알다시피 어떤 것들은 배우는 것만으로는 결코 충분치 않다(지키기 위해 계속 노력하지 않으면 그 지식은 소멸된다). 기하학이나 천문학과 같이 너무 복잡해서 기억하기 힘든 학문들을 생각해보라. 이와 마찬가지로 크게 베풀었기 때문에 잊히지 않는 은혜가 있는가 하면, 많은 사람이 조금씩 오랜 기간에 걸쳐서 베풀었기 때문에 쉽게 잊히는 은혜가 있다. 그 이유는 우리가 이런 작은 은혜들에 대해서는 끊임없이 생각하지 않고, 은혜를 베푼 많은 사람들에게 빚지고 있음을 기꺼이 인정하려 들지 않기 때문이다.

사람들이 무엇을 요청할 때 어떤 말을 하는지 들어보자. 모두 다 그 은혜가 자신의 마음속에 영원히 남아 있을 거라고 얘기한다. 당신에게 앞으로 "헌신"하겠다고 단언하기도 한다. 깊은 의무감을 표현하는 단어라면 무엇이든지, 심지어 비굴하기까지 한 단어도 서슴지 않고 사용한다. 하지만 얼마 지나지 않아 자신들이 내뱉었던 그런 말들을 굴욕적이라고 생각하며 더는 쓰지 않으려 한다. 그러고는 그다음 단계, 내 생각에는 가장 배은망덕한 최악의 사람들이 도달하는 단계에 이르게 된다. 완전히 잊어버리는 것이다. 은혜를 입었다는 생각이 어쩌다 마음에 스쳐 지나가는 것만도 다행이라고 할 정도로, 망각하는 사람은 심각하게 은혜를 저버리는 것이다.

## 은혜를 저버린 사람을 법적으로 처벌해서는 안 된다

비난받아 마땅한 악덕인 배은망덕이 처벌받지 않아도 되는 것인지, 아니면 배은망덕에 대해 법적 제재를 가해야 한다는 변론술 교습소의 주장을 실제로 시행해야 하는지는 논란거리이다.[1] 모든 사람들은 그러한 법률이 일리가 있다고 생각한다. "당연하다! 은혜를 베풀었던 도시는 은혜를 갚지 않는다고 다른 도시를 비난하며, 그 은혜에 대한 대가를 그 도시의 후손에게 요구하지 않는가?" 우리의 위대한 선조들은 적에게만 대가를 받으려 했으며, 적이 아니라면 큰 아량으로 은혜를 베풀고 아무런 대가도 요

---

[1]    세네카의 아버지는 그의 저서에서 배은망덕을 처벌해야 한다는 가상의 법적 논쟁을 펼쳤다.

구하지 않았다. 배은망덕한 자를 재판에 회부할 수 있는 국가는 마케도니아뿐이다.[2] 이 점은 배은망덕을 법으로 처벌해서는 안 된다는 것을 강력히 시사한다. 물론, 우리는 모든 부정한 행위를 반대한다. 살인, 독살, 반역, 신성모독은 지역에 따라 서로 다르게 처벌되지만, 어떤 형태로든 처벌 규정이 있다는 공통점이 있다. 하지만 가장 흔히 저지르는 배은망덕의 죄는 한결같이 비난받으면서도 어디에서도 처벌받지 않는다. 배은망덕을 용서하자는 얘기가 아니다. 이처럼 애매모호한 일은 판결을 내리기 어렵기 때문에 혐오하는 것만이 유일한 처벌 방식인 것 같다. 신들이 재판할 범죄 목록에 배은망덕을 올려놓는 것으로 그칠 수밖에 없다.

배은망덕을 법적으로 제재해서는 안 되는 다른 이유들을 들어보겠다. 첫째, 대출이나 임대 또는 고용의 경우와 같이 배은망덕에 대해 법적 소송을 허용한다면 은혜의 가장 훌륭한 측면이 소실된다. 은혜를 고귀한 행동으로 여기는 이유는, 대가가 없을지도 모를 위험을 무릅쓰고 베풀며 모든 것을 은혜 입은 사람의 손에 맡겨두기 때문이다. 은혜 입은 사람을 소환해서 판사 앞에 세운다면 자신이 베풀었던 것이 은혜라기보다는 융자였다고 하는 셈이 된다. 둘째, 은혜를 갚는 것은 가장 영예로운 행동이지만 강요된 것이라면 더는 영예롭다고 할 수 없다. 강요받아서 은혜를 갚는 사람은 법적 제재가 무서워서 부채를 갚는 일반 채무자와 별반 다를 바 없으며, 따라서 이들을 특별히 칭찬할 필요도 없다. 이렇게 되면 인간

---

**2** 배은망덕의 죄를 진 군인에게 마케도니아의 필리포스 왕이 가한 처벌은 법적 제재라기보다는 군사적 훈육이라고 보는 것이 적절하다. 따라서 마케도니아에서 배은망덕한 자를 법적으로 처벌한다는 위의 진술은 이 사례를 과장해서 표현한 것이라고 볼 수 있다.

의 삶에서 가장 아름다운 두 가지, 즉 은혜 베풂과 이에 대해 감사하는 태도를 모두 망쳐버리는 꼴이 된다. 은혜를 베푼 것이 아니라 빌려준 것이라면, 또는 원해서가 아니라 불가피해서 갚는다고 한다면 이를 어찌 멋진 일이라 하겠는가? 은혜를 저버리더라도 처벌받지 않아야 감사하는 행위가 훌륭한 공덕으로 남을 수 있다.

이 점도 생각해보자. 배은망덕을 처벌하는 법이 있다면 이와 관련된 소송만을 처리하기에도 현재의 법정 수로는 턱도 없을 것이다. 소송하지 않을 사람이 어디 있겠는가? 또한 누가 소송당할 위험이 없겠는가? 누구나 자신이 베푼 은혜는 과장하는 법이다. 아주 사소한 은혜조차도 대단한 것처럼 떠벌린다. 법정에서 다루어야 할 일들은 판사들이 제멋대로 판결을 내릴 수 없도록 법적으로 명확하게 규정되어 있는 사항이어야 한다. 시시비비가 명백한 사건은 중재자보다는 판사 앞에 놓이는 것이 더 적절하다.[3] 판사는 넘어서는 안 될 한계를 명시한 법률 조문에 따라 판결하기 때문이다. 반면, 중재자는 자유롭게 판단할 수 있고, 얼마나 성실히 임하느냐에 따라 결과가 달라지며, 중재를 맡은 사건에서 무엇인가를 더하거나 뺄 수도 있다. 그는 법과 정의에 기초한 주장을 따라 판단을 내리지 않고, 관대한 마음이나 동정에 끌려서 어떤 결정에 이를 수도 있다. 배은망덕과 관련된 소송은 판사에게 엄격한 제약을 가할 수가 없으므로 거의 무한정한 권한을 부여하는 결과를 초래할 것이다. 은혜가 얼마나 중요한지에 대한 평가는 고사하고 은혜가 무엇인지조차 합의하기 힘들기 때문이다. 따

---

**3**  세네카의 시절에 중재자arbiter는 치안관에 의해 임명된 특별한 종류의 판사를 의미했다. 분쟁 당사자들은 어떤 중재자를 선택할 것인지 서로 합의할 수 있었다.

라서 판결은 판사가 해석하는 재량에 따라 달라진다. 배은망덕한 자를 명확하게 규정하고 있는 법률은 없다. 보답을 했음에도 배은망덕한 사람으로 간주될 수 있고, 보답을 하지 않았음에도 감사할 줄 아는 사람으로 간주될 수 있다. 어떤 일을 저질렀는지 혹은 저지르지 않았는지만 판단해서 결정을 내릴 수 있는 사건, 증빙 문서로 분쟁을 해결할 수 있는 사건, 또는 일반적 원칙을 적용하는 것만으로 충분한 사건, 이런 사건들이라면 경험이 부족한 초보 판사도 판결을 내릴 수 있다. 하지만 당사자들의 동기와 심리가 어떠했는지 추론해야 하거나 빼어난 지혜가 있는 사람만이 해결할 수 있는 분쟁이라면, 재산과 세습된 지위만을 따져서 "선발된 판사들" 중 무작위로 뽑힌 사람에게 재판을 맡길 수는 없는 법이다.[4]

## 배은망덕에 대해 판결하기 어려운 이유들이 있다

배은망덕은 재판에 부치기에 부적절한 문제일 뿐 아니라 이를 다룰 적절한 판사도 찾을 수 없다. 이 점은 놀랄 만한 일이 아니다. 배은망덕과 관련된 소송을 맡은 판사가 어떤 종류의 어려움과 도전에 직면할지 생각해보라. 어떤 사람이 큰돈을 선물로 주었는데 그가 대단한 부자여서 그 비용을 대수롭지 않게 여긴다고 하자. 반면 자신의 전 재산을 걸고 같은 액수의 돈을 기증한 사람이 있다고 하자. 금액은 같지만 이들이 베푼 은혜는 같은 것이 아니다. 다음과 같은 경우도 생각해보자. 부채를 상환하라는 판결을 받은 채무자를 대신해서 자신의 돈으로 그 부채를 변제한 사

---

4  판사는 자유인의 신분을 가지고 있고 기사 집단의 신분(40만 세스테르티우스를 상속한)을 가진 시민에서 선발한다. 이들의 이름은 공식적인 인명록에 기재되어 있다.

람이 있다고 치자.[5] 반면 그 부채를 대신 변제해주기 위해 다른 사람으로부터 융자를 얻어 자신도 큰 빚을 지게 된 사람이 있다고 하자. 융자를 얻어 부채를 변제해준 사람과 자신의 돈으로 별 어려움 없이 그렇게 한 사람이 같은 입장에 있다고 할 수 있겠는가? 돈의 액수 자체가 아니라 은혜를 주고받는 당사자들이 처한 상황이 그 은혜를 더 값지게 만드는 경우가 있다. 시장의 곡물 가격을 떨어뜨릴 수 있을 만큼 엄청난 규모의 비옥한 농지를 기증하는 행위는 은혜임에 틀림없다. 하지만 배고픈 사람에게 빵 한 조각을 주는 것도 은혜이다. 배가 다닐 수 있을 정도로 큰 강이 흐르는 광활한 토지를 기증하는 행위, 이것은 분명 은혜이다. 하지만 숨 쉬기조차 힘들 정도로 목이 마른 사람을 샘물로 인도하는 것도 은혜이다. 누가 이 일들을 비교해서 각각의 가치를 정해줄 수 있겠는가? 단순히 사실 자체만이 아니라 그 의미를 살펴봐야 하기에 이에 대한 결정을 내리기는 무척 힘들다. 같은 일이라 하더라도 다른 상황에 놓인다면 그 의미가 달라지는 법이다. 어떤 사람이 나에게 은혜를 베풀었지만, 기꺼이 베푼 것이 아니었다고 해보자. 그가 은혜를 베풀었던 것을 불평하면서 그 후로 나를 전보다 더 거만하게 대했다고 해보자. 또는 차라리 안 주는 것이 나을 정도로 너무 오래 질질 끌다 은혜를 베푼 경우를 생각해보자. 툭 던진 말들, 망설이는 태도, 심지어 얼굴 표정 하나가 은혜의 고마움을 전부 망쳐버릴 수 있는 상황에서 판사가 어떻게 그 모든 측면들을 전부 고려해서 판결을 내릴 수 있겠는가?

---

**5**  채무자가 채권자의 노예가 되는 것을 구해준 것이다.

사람들이 몹시 탐한다는 이유에서 어떤 것들은 은혜라고 불리고, 실제로는 더 중요한 것인데도 사람들이 탐하는 것이 아니라는 이유에서 은혜로 간주되지 않는 것도 있다. 번성한 도시에 거주할 수 있는 시민권을 부여하는 것, 좌석을 확보해주는 것,[6] 목숨이 걸린 재판에서 변호해주는 것, 사람들은 이런 것들을 모두 은혜라고 부른다. 훌륭한 조언을 해주거나 범죄에 뛰어드는 사람을 막는 것은 은혜가 아닌가? 자살하려는 사람에게서 칼을 빼앗거나, 슬픔에 못 이겨 사랑하는 연인을 따라 죽으려는 사람에게 살고자 하는 의욕을 북돋워주는 위안의 말을 건네는 것은 은혜가 아닌가? 환자의 병석 옆에 앉아서 건강이 조금씩 회복되는 데 따라 적절한 시점에 음식을 먹여주거나, 쇠약해진 맥박을 포도주 한 모금으로 보충해주거나, 그가 죽어갈 때 옆에서 보살펴달라고 의사를 부르는 것은 은혜가 아닌가? 누가 이런 은혜들을 평가할 수 있겠는가? 이렇게 서로 다른 은혜들을 비교할 수 있는 사람은 누구인가? "당신에게 집을 선사했지."라고 어떤 이가 말한다. 그렇다. 하지만 나는 당신 집이 무너질지 모른다고 미리 경고해 도움을 주었다. "당신에게 농장을 선사했지."라고 어떤 이가 말한다. 그렇다. 하지만 당신이 탄 배가 침몰했을 때 내가 널빤지를 던져주어 당신을 살렸다. "당신을 위해 싸움에 나서서 부상을 입었지."라고 어떤 이가 말한다. 그렇다. 하지만 내가 비밀을 누설하지 않은 덕분에 당신은 살아남을 수 있었다. 은혜는 서로 다른 형태로 주고받는 것이어서 그것들 사이에 균형을 잡는 것은 매우 어려운 일이다.

---

6  극장에서 기사 집단에게 배정되어 있는, 앞에서 열넷째 줄까지의 좌석에 앉을 수 있는 권리를 확보해주는 것으로, 곧 귀족의 지위로 올려주는 것을 말한다.

대출을 받았을 때처럼 은혜를 갚는 데 상환 시점을 정해둘 수는 없다. 아직 갚지 않은 사람이라도 앞으로 갚을 가능성이 있다. 정확히 어느 시점이 지나야 배은망덕하다고 책망할 수 있는지 말해보라. 위대한 은혜들은 증거로 확인할 수 없다. 그것들은 종종 은혜를 베푼 사람과 은혜를 입은 사람만이 아는 상태로 조용히 감춰져 있다. 증인 없이 은혜를 베풀어서는 안 된다는 규정이라도 만들어야겠는가? 끝으로, 배은망덕한 행위에 대해 어떤 처벌 규칙을 세울 수 있겠는가? 배은망덕의 내용이 서로 다른데도 동일한 처벌을 가할 것인가? 아니면 은혜를 입은 정도에 따라 상이한 처벌을 가할 것인가? 처벌은 단지 벌금 형식이 되어야 할 것인가? 생명만큼 중요한 은혜나 그보다도 더 소중한 은혜에 대해서는 어떻게 할 것인가? 이런 은혜를 갚지 않는다면 어떤 처벌을 내릴 것인가? 그 은혜의 가치보다는 덜한 처벌? 그것은 공평치 않다. 그러면 이와 맞먹는 처벌, 즉 죽음? 은혜가 이런 잔인한 결과를 초래하는 것보다 더 야만적인 일이 어디 있겠는가?

그대는 아마 이렇게 반박할지 모른다. "부모에게는 어떤 법적 특권이 있다.[7] 부모를 특별히 배려하는 것과 마찬가지로 은혜를 베푼 다른 사람들도 특별히 배려해야 할 것이다." 그렇지 않다. 부모의 지위에 신성함을 부여하는 이유는 부모가 자녀를 양육하는 것이 이롭기 때문이다. 그들도 불확실한 일을 감수하는 것이기에 그 일을 떠맡도록 유인할 필요가 있다. 은혜를 베푸는 다른 사람들에게 말하듯이 부모에게 다음과 같이 말할

---

**7**   로마법에서 그렇다는 것이다. 그리스의 법과 규범은 부모의 의무와 관련해서 자식에게 더 많은 자율권을 허용했다.

수는 없다. "누구에게 은혜를 베풀지 선택하라. 나중에 실망하게 된다면 이는 당신 탓이다. 오직 도움 받을 만한 자를 도우라." 자식을 양육하는 일에서는 부모가 선택할 여지가 없다. 기껏해야 희망하고 기도하는 일 말고는. 따라서 이들이 불안감을 덜 가지고 이러한 도박을 하게 하려면, 부모에게 어떤 권위가 주어져야만 한다.

부모가 처한 상황은 특별하다. 부모는 어떤 상황에 닥치더라도 계속 베풀려고 하며, 은혜를 베풀었다고 거짓 주장할 위험도 없다. 다른 경우라면 정말로 은혜를 입었는지 뿐만 아니라 정말로 은혜를 베풀었는지도 따져보아야 한다. 부모의 경우에는 은혜를 베풀었음이 명백하다. 젊은이들은 통제가 필요하기에 가정의 치안판사인 부모에게 복종해야 하고 부모의 보호 아래에 두어야 한다. 부모는 누구나 같은 은혜를 베푼다. 따라서 그 은혜는 명확하게 평가될 수 있다. 반면 다른 은혜들은 가지각색이다. 그것들은 서로 다르며 그 차이는 엄청나다. 그래서 통상적인 은혜들을 하나의 일반적인 규칙 아래에 둘 수가 없다. 그 모든 은혜들을 동일한 것으로 취급하기보다는 규제하지 않은 채 놔두는 편이 더 공정하다고 하겠다.

은혜를 베푼 사람에게 큰 의미가 있는 은혜가 있는가 하면, 은혜를 입은 사람에게는 중요하지만 은혜를 베푼 사람에게는 부담이 안 되는 은혜도 있다. 친구에게 베푼 은혜가 있는가 하면, 낯선 사람에게 베푼 은혜가 있다. 이제 처음 알기 시작한 사람에게 베푼 은혜는 더 값질 수 있다. 물질적인 도움을 주는 사람이 있는가 하면, 명예나 위안을 주는 사람도 있다. 다른 사람이 자신의 불행을 함께 겪어주는 것보다 더 중요하고 위안이 되는 것은 없다고 생각하는 사람도 있다. 자신을 안전하게 구해준 사람보다 자신의 사회적 지위를 높이는 데 도움을 준 사람에게 더 큰 빚을 졌다고 생각하는 사람이 있는가 하면, 이와는 반대로 생각하는 사람도 있다. 평가하는 사람의 기질에 따라 은혜의 가치는 더 크게 느껴질 수도 더 작게 느껴질 수도 있다. 보통 은혜를 베풀어줄 사람을 자기 스스로 고르지만, 종종 원치 않는 사람에게서 은혜를 입기도 한다. 때로는 나 자신도 모르는 채 은혜를 입기도 한다. 이와 같은 경우는 어떻게 평가해야 하는가? 자신도 모르게 은혜를 입게 된 사람, 은혜를 베푸는 사람이 누군지 알았다면 받기를 거절했을 사람에게도 배은망덕이라는 딱지를 붙일 수 있는가? 어떤 연유로 받게 되었는지는 불문하고 은혜를 갚지 않는다고 "배은망덕한 자"라고 부를 것인가? 은혜를 베풀었던 사람이 나중에 나에게 상해를 가했다고 해보자. 예전에 입었던 은혜를 생각해서 어떤 상해를 입든 참아야 하는가? 아니면 상해를 입어 은혜가 취소된 셈이니까 은혜를 갚았다고 생각할 것인가? 은혜와 상해 중에 어떤 것이 더 크다고 평가해야 하는가? 이런 문제들을 따져 들어가 보자면 하루 온종일 얘기해도 시간이 부족하다.

그대는 여전히 이렇게 반박할지 모른다. "은혜의 가치를 보호하지 않고 배은망덕한 사람을 처벌하지 않음으로써 우리는 은혜를 베풀고자 하는 행위를 사실상 억제하는 셈이다." 하지만 그대가 제안하는 그런 정책은 사람들로 하여금 은혜 입기를 더욱더 꺼리게 만들 뿐이다. 은혜를 입는다면, 소송당할 위험에 노출되고 자신의 명성이 위태로워질 수도 있기 때문이다. 은혜 입기를 꺼리는 사람에게 베풀고 싶은 마음은 생기지 않는 법이기에, 이렇게 되면 사람들은 점점 더 은혜 베풀기를 주저하게 된다. 이와는 반대로 관대하고 고상한 심정에 이끌려 은혜를 베풀고자 하는 사람은 즐거운 마음으로 은혜를 베풀 것이다. 이들로부터 은혜를 입은 사람도 기꺼이 빚지고자 했던 것에 대해서만 빚을 지게 되는 셈이다. 아무리 좋은 선행이라도 지나치게 보호하는 장치를 만들어두면 그 가치가 크게 훼손된다.

그대가 또 다른 반박을 들고 나올지 모르겠다. "은혜를 베푸는 일이 그런 정책 때문에 줄어들었다고 치자. 그래도 더 신중하게 은혜를 베풀게 되지 않겠는가? 은혜를 분별없이 베푸는 것을 억제하자는 데 무슨 잘못이 있겠는가?" 바로 이 점은 나를 포함해서 은혜를 관장하는 법률을 제정해서는 안 된다고 생각하는 사람들이 주장해왔던 바이다. 우리 역시 은혜를 좀 더 사려 깊게 베풀어야 하며, 은혜 입는 사람을 선택할 때 좀 더 신중해야 한다고 주장한다. 누구를 선택할지 거듭 생각하라. 법에 호소해서 보상을 요구할 수 있는 일이 아니다. 판사가 도와줄 수 있다고 생각하면 오산이다. 어떤 법도 충분한 보상을 보장해줄 수 없기 때문이다. 오직 은혜를 입는 사람의 성실함만 고려하라. 그것만이 은혜가 신뢰와 탁월함을 유지할 수 있는 방책이다. 은혜를 법적 행위의 대상으로 만든다면 은혜의 진정한 가치를 망쳐버리게 된다.

"빚을 갚아라." 이 외침은 분명히 정당하며, 세상 어디에서든 받아들여질 정의의 원칙이라고 주장할 만하다. 하지만 이를 은혜에 적용하는 것은 분명코 부끄러운 일이다. "갚아라!" 무엇을 갚으라는 얘기인가? 그대가 빚진 목숨을? 사회적 지위를? 개인의 안전을? 건강을? 삶에서 가장 소중한 것들은 갚을 수 없는 법이다. "동등한 가치를 가진 것으로 갚아야 한다."라고 그대는 덧붙일지 모르겠다. 바로 그 점은 내가 얘기해왔던 바와 다르지 않다. 은혜를 상품처럼 취급한다면 매우 소중한 가치가 파괴된다고 하지 않았던가? 탐욕, 말다툼, 분쟁에 휘말리게끔 고무하는 짓을 해서는 안 된다. 사람들은 본능적으로 그 길로 치닫곤 한다. 그러니 최대한 그 본능을 억누르고, 그런 기회를 사전에 제거해야 한다.

갚을 의사가 있는 채무자로부터만 상환금을 받도록 대출자를 설득할 수 있다면! 매도자와 매수자가 공식적인 절차 없이도 거래를 성사하고, 그 합의를 밀랍으로 봉인한 인증으로 보장하지 않아도 된다면! 그럴 수 있다면 신뢰와 정의감이 안전장치의 역할을 하는 편이 나을 것이다. 그러나 사람들은 이상적인 방식을 택하기보다는 현실적인 요구 조건을 갖추려고 하며, 상대편의 성실함을 믿고 기다려주기보다는 신용을 확실히 해두려 한다. 채권자와 채무자 모두 자기편의 증인을 내세운다. 대출을 해줄 때 보증인을 추가로 요구하고 대출 건을 여러 개의 장부에 기록으로 남길 것을 요구하는 사람도 있다. 구두 계약만으로는 만족하지 못하고 보증인이 문서에 서명하도록 요구하는 사람도 있다. 이는 참으로 수치스러운 일이다. 인간이 사기꾼이며, 부정직한 행위가 팽배해 있다는 것을 인정하는 셈이니까. 우리는 사람의 영혼보다 도장을 더 신뢰한다. 지위 높은 고귀한 사람들을 불러들이는 까닭은 무엇인가? 계약서에 그들의 서명을 찍으려 하는 이유는 무엇인가? 그 이유는 명백하다. 채무자가 실제로 받은 것을 부인하지 못하도록 하기 위해서다. 진실을 위해 불려 온 그 고귀한 자들이 진정 올바르고 믿을 만한 사람이라고 생각하는가? 글쎄. 이 사람들도 융자를 받으려 할 때에는 위와 똑같은 조건을 적용받을 것이다. 그렇다면, 모든 사람을 부정직하다고 의심하기보다는 차라리 몇 사람에게 속임을 당하는 편이 더 영예로운 일이 아닐까? 우리의 탐욕이 아직 저지르지 않은 유일한 일은 은혜를 베풀 때 보증인을 요구하지 않는다는 것뿐이다. 고귀하고 고상한 영혼은 다른 사람들을 도우려 한다. 은혜를 베푸는 사람은 신처럼 행동하는 것이며, 상환을 요구하는 사람은 악독한 대금업자처럼 행동하는 것이다. 은혜를 베푼 사람의 권리를 보호함으로써 이들을 대금업자처럼 만들어야 할 이유가 어디에 있는가?

## 법적으로 처벌하면 배은망덕이 더욱 만연해진다

이런 반론을 제기할 수도 있다. "배은망덕한 사람을 법적으로 처벌할 수 없다면, 은혜를 저버리는 자들이 더욱더 많아질 것이다." 그렇지 않다. 훨씬 더 신중하게 은혜를 베풀게 되기 때문에 그런 자들이 줄어들 것이다. 또한 배은망덕한 자가 얼마나 많은지 공개적으로 알리는 것은 현명한 일이 아니다. 범죄자의 숫자가 많다는 것이 알려지면 그 범죄 행위는 덜 부끄러운 짓으로 여겨지고, 배은망덕에 대한 불평이 모든 사람에게 다 적용되는 상황이 되면 배은망덕은 더는 잘못된 일로 간주되지 않을 것이다. 오늘날 여전히 이혼을 부끄럽게 생각하는 여성이 있을까? 유명한 귀족 부인들은 집정관들의 재임 기간보다는 자신이 결혼했던 남편들의 숫자로 세월이 얼마나 흘렀는지 계산한다.[8] 이들은 결혼하기 위해 집을 떠나는 것이 아니라 이혼하기 위해 결혼한다. 이혼에 대한 두려움은 그것이 드문

---

8   로마에서는 어떤 연도를 법적으로 표기할 때 그 해에 부임했던 집정관의 이름을 사용했다.

일일 때에나 느끼는 법이다. 오늘날 이혼은 매일 접하게 되는 소식이다. 사람들은 자주 들리는 얘기를 따라하게 된다.

간통도 이제 더는 추문으로 여겨지지 않는다. 이제는 단지 정부情婦의 질투를 불러일으키려고 남편을 갖는 지경에 이르렀다. 순결하게 지내는 것은 그녀가 못생겼다는 증거로 여겨진다. 매시간 새로운 연인을 구하지 않고 한 남성에 만족하는 여성을 이제는 비참하다고 여기지 않는가? 연인들 모두를 하루에 다 만나기 위해서는 낮에는 한 남성과 마차를 타다가 밤에는 다른 남성과 잠자리를 같이 하는 식으로 바쁘게 움직여야 할 것이다. 정부 한 명하고만 관계 맺는 것도 "결혼"이라고 불리게 된 현실을 깨닫지 못하는 여성은 어리석고 시대에 뒤떨어진 사람으로 간주된다. 이런 잘못된 관행들이 널리 퍼져서 이에 대한 수치심이 사라진 지 이미 오래다. 마찬가지로, 배은망덕한 자들의 수를 헤아릴 기회가 생긴다면 그러한 자들이 더 많아지고 더 비열한 짓을 마다하지 않을 것이다.

"그렇다면 배은망덕은 처벌받지 않아도 된다는 말인가?"라고 그대가 묻는다면, 이와 비슷한 질문들을 들어 이 문제를 얘기해보겠다. 불효는 처벌받지 않는가? 비열함은? 탐욕은? 무모함은? 잔인함은? 우리는 이 모든 것들을 혐오한다. 이것들이 처벌받지 않는다고 생각하는가? 대중의 혐오를 받는 것보다 더 심한 처벌이 있다고 생각하는가? 배은망덕한 자가 감히 은혜를 베풀거나 입을 엄두를 내지 못하고, 다른 사람의 주시를 받고 있다고 생각하며, 진정한 기쁨을 가져다주는 그 무엇을 잃어버렸다고 느끼는 것, 바로 이런 상태가 처벌이 아니고 무엇이겠는가? 질병 때문에 장님이 되거나 귀머거리가 된 사람들을 불쌍하다고 말한다. 마찬가지로 은혜를 느낄 능력을 상실한 사람을 비참하다고 부르지 않겠는가? 그는 자신의 모든 배은망덕한 행동을 목격한 신을 두려워하고 있을 것이다. 그가 망쳐버린 은혜를 생각하며 고통 받고 있을 것이다. 가장 큰 기쁨을 가져다주는 것을 누리지 못하게 되었다는 단순한 사실만으로도 충분히 큰 처벌이 된다.

은혜 입는 것을 즐기는 사람은 늘 한없는 기쁨을 누린다. 그는 물건 그 자체보다는 은혜 베푼 사람의 좋은 의도를 느끼며 즐거워한다. 감사할 줄 아는 사람은 그 은혜로부터 끊임없이 즐거움을 얻는다. 반면 배은망덕한 자는 단 한번, 선물을 받는 순간에만 즐거움을 느낄 뿐이다. 이들의 삶은 너무 달라 비교조차 힘들 정도이다. 한쪽은 거짓을 일삼고 부모도 스승도 존경할 줄 모르는 사람들이 흔히 그렇듯이 우울하고 근심에 차 있다. 다른 쪽은 행복하고 쾌활하며, 은혜를 갚을 기회를 찾으며, 바로 그런 생각에서 더 큰 기쁨을 느낀다. 이들은 파산할 위험을 무릅쓰고 크게 갚으려는 것이 아니다. 단지 더 관대하고 충분한 보답을 부모와 친구, 뿐만 아니라 자신보다 지위가 낮은 사람에게도 행할 방법을 찾는 것이다. 이들은 노예로부터 은혜를 입었다 할지라도 그것을 부끄러워하지 않고 자신이 입은 은혜에 대해서만 생각한다.

# 노예의 은혜

8

## 노예가 주인에게 은혜를 베풀 수 있는가?

헤카톤을 위시한 몇몇 철학자들은 과연 노예가 주인에게 은혜를 베풀 수 있는가 하는 문제를 제기했다. 이 논의에서 은혜와 의무와 사역은 다음과 같이 서로 구별해서 다루어야 한다는 의견도 제시되었다. 은혜는 외부인이 베푸는 것이며 그 사람은 은혜를 계속 베풀지 않는다고 해서 비난받지 않는다면, 의무는 아들이나 부인 또는 자신이 맺고 있는 관계상 도울 수밖에 없는 위치에 있는 사람들에게 부과되는 것이다. 사역은 노예에게 적용된다. 노예가 처한 법적 상황을 고려할 때, 그는 자신이 제공한 것에 대한 어떤 요구도 주인에게 할 수 없다.

만약 노예가 주인에게 은혜를 베풀 수 없다면, 마찬가지로 신하가 왕에게, 또는 병사가 장군에게 은혜를 베풀 수 없다는 얘기가 된다. 자신에게 절대적인 권력을 행사할 수 있는 윗사람에게 종속되어 있는 경우라면, 그 권위의 구체적인 성격이 무엇인지는 중요치 않다. 강제에 의해, 또는 극심한 처벌이 두려워 행한 것이기에 노예의 사역을 "은혜"라고 부를 수 없듯이, 왕이나 장군에게 종속된 사람이 행한 사역도 마찬가지로 은혜라고 부를 수 없을 것이다. 왕, 장군, 주인은 서로 다른 직함을 가졌지만, 이들은 아랫사람들에게 동일한 권위를 행사한다. 하지만 실제로는 신하가 왕에게, 병사가 장군에게 은혜를 베풀기도 하지 않는가? 따라서 노예도 주인에게 은혜를 베풀 수 있다.

노예도 때때로 주인에게 은혜를 베푼다는 사실을 부인하는 사람은 노예가 인간으로서 갖고 있는 권리를 무시하는 것이다. 우리가 염두에 두어야 할 중요한 점은 무언가를 제공하는 사람의 법적 지위가 아니라 그 사람의 마음 상태이다. 덕은 누구한테도 그 문을 닫아두지 않는다. 덕은 모든 사람에게 열려 있고, 누구든 들여보내며 초대한다. 자유인이든, 해방 노예든, 노예든, 왕이든, 유배자든 따지지 않고, 가문이나 재산도 고려하지 않는다. 덕은 사람 그 자체만을 따질 뿐이다. 덕이 믿을 만한 것이 못 된다면, 운명에 의해 빼앗길 수도 있는 것이라면, 위기 상황에서 우리가 기댈 수 있는 안전한 곳이 어디에 있으며 마음속으로 어떤 위대한 약속을 할 수 있겠는가? 노예도 정의롭고 용감하며 훌륭한 심성을 지닐 수 있다. 따라서 노예도 은혜를 베풀 수 있다. 은혜를 베푸는 것은 덕 있는 사람이 실천하는 선행의 일부이기 때문이다. 분명히 노예가 주인에게 은혜를 베풀 수 있다. 노예 덕분에 주인이 목숨을 구한 경우도 종종 있다.

노예가 누구에게라도 은혜를 베풀 수 있다는 점에 의문의 여지가 없다면, 그의 주인에게는 그러지 못할 이유가 어디 있겠는가? 그대는 이렇게 주장할 것이다. "주인에게 돈을 주었다고 해서 노예가 채권자처럼 굴 수는 없는 노릇이다. 어떻게 생각하면 주인은 노예에게 매일매일 빚을 지고 있는 셈이다. 노예는 주인의 여행을 따라다니면서 시중을 들고, 아플 때는 간호하며, 주인의 농장에서 땀을 흘리지 않는가? 이 모든 일들을 다른 사람이 제공했다면 당연히 은혜라고 해야겠지만, 노예가 제공했다면 사역이라고 해야 한다. 은혜란 마음만 먹으면 베풀지 않을 수도 있는데도 베푸는 행위를 뜻하기 때문이다. 그런데 노예는 거부할 권리를 갖고 있지 못하므로 이러한 일들을 은혜로 베푸는 것이 아니다. 단지 복종했을 뿐이다. 어쩔 수 없이 해야만 했던 일을 했다고 해서 그것을 자랑할 수는 없는 법이다."

이런 주장이 설득력 있어 보이지만, 그래도 내가 이 논쟁에서 이길 수 있음을 보여주겠다. 그렇게 함으로써 노예가 여러 측면에서 자유로운 존재가 될 수 있도록 해보겠다. 자신의 목숨에 연연치 않고 주인을 구하기 위해 끝까지 싸운 노예가 있다고 하자. 그 노예는 이미 여러 차례 칼에 찔렸음에도 불구하고 마지막 핏방울을 흘리면서까지 싸웠고, 이렇게 목숨을 걸고 싸운 덕분에 주인이 도망칠 시간을 벌었다고 하자. 그래도 단지 노예라는 이유만으로 그가 주인에게 은혜를 베풀었음을 부인하겠는가?

또 다른 예를 들어보겠다. 주인을 구하기 위해서 그의 비밀을 끝까지 지킨 노예가 있다고 해보자. 그 노예는 뇌물의 유혹을 물리치고 위협과 고문에도 굴하지 않으며 심문자의 의혹을 피하기 위한 모든 일을 다 했고, 충성심을 지키기 위해 목숨까지 바쳤다고 하자. 그래도 단지 노예라는 이유만으로 그가 주인에게 은혜를 베풀었음을 부인하겠는가? 노예가 덕행을 실천하는 경우가 상대적으로 드물다는 점이 오히려 그런 덕행을 더 의미 있는 행위로 만든다고 할 수 있지 않겠는가? 일반적으로 말해, 어떤 사람의 구속과 통제 아래에 놓여 있다는 것은 혐오스럽고 불쾌한 일이다. 하지만 어떤 노예들은 주인에 대한 애정으로 이런 보편적인 혐오감을 극복한다. 따라서 노예가 베풀었다고 해서 은혜가 아닌 것이 아니라, 노예임에도 불구하고 베풀었다는 점에서 더 큰 은혜로 대해야 마땅하다.

노예근성이 인간의 가장 깊은 마음속까지 파고 들어갔을 것으로 생각하는 것은 오류이다. 비록 노예의 신체는 주인에게 예속되어 있고 명령을 따라야 하지만, 그의 마음은 자율적이고 자유롭고 독립적이다. 신체라는 감옥도 마음이 훌륭한 행위를 기획하고 천체天體의 동반을 받으면서 무한의 경지로 오르려는 것을 막을 수 없다. 운명의 여신은 단지 노예의 신체를 주인에게 넘겨주었을 뿐이다. 주인이 사고파는 것은 그 신체일 뿐이지, 인간의 내면은 다른 사람에 의해 소유될 수 없다. 이 내면으로부터 나오는 모든 것은 자유롭다. 노예에게 요구할 수 없는 것이 있으며, 마찬가지로 노예가 모든 명령에 복종해야만 하는 것도 아니다. 이들은 반역 음모에 가담하라는 명령을 따르지 않을 수 있으며, 범죄를 돕지 않을 수도 있다.

법에 의거해 노예에게 명령하거나 강요할 수 없는 일들도 있다. 노예가 주인에게 은혜를 베푸는 일이 이에 해당한다. 노예가 관행적으로 요구되는 일을 했다면 그것은 사역이지만, 노예가 강요되는 것 이상의 일을 했다면 그것은 은혜이다. 또한 친구 사이에서 볼 수 있는 친애의 감정으로 한 일이라면 그것을 사역이라고 불러서는 안 된다. 주인은 노예에게 음식이나 옷 같은 것을 어느 정도 제공해줘야 한다. 아무도 이를 은혜라고 부르지는 않는다. 하지만 주인이 노예를 관대하게 대하고, 자유인처럼 대우하며 자유인에게나 적합한 기술을 가르쳤다고 해보자. 이것은 은혜이다. 마찬가지 논리를 노예에게도 적용할 수 있다. 노예가 감당해야 할 의무의 기준치를 넘어서는 봉사, 명령에 의해서가 아니라 자발적으로 베푼 일은 은혜이다. 다른 어떤 사람이 베풀었어도 은혜라고 불릴 만한 의미 있는 일이라면 노예가 베풀어도 은혜라고 해야 한다.

스토아학파 학자인 크리시포스는 노예란 장기 계약을 맺은 고용인이라고 주장했다.[9] 고용주와 계약한 내용 이상을 제공한다면 은혜를 베푼 것이 되듯이, 노예도 해야 하는 일 이상의 것을 제공한다면 마찬가지로 은혜라고 할 수 있다. 노예 신분에 의해 정해진 경계를 넘어서 주인에 대한 선의를 느낀다면, 운 좋게 태어난 사람들조차 자랑거리로 삼을 만한 일을 해서 주인의 기대를 뛰어넘었다면, 노예가 주인에게 은혜를 베푼 경우이다. 노예가 당연히 해야 할 일보다 적게 했을 때는 화를 내면서도 그가 관행적 의무보다 더 많은 일을 했을 때 감사하는 태도를 취하지 않는다면 그것을 정당하다고 할 수 있겠는가? 은혜가 아닌 경우가 언제인지 알고 싶은가? "그 일을 거부하면 어떻게 되지?" 하고 걱정을 하는 경우이다. 거부할 권리가 있는데도 주인에게 베푼다면, 이는 자발적 행위이며 칭찬받을 만한 일이다.

은혜를 베푸는 일과 해를 입히는 일은 서로 반대편에 서 있다. 노예가 주인에게서 해를 입을 수 있다고 한다면, 마찬가지로 노예가 주인에게 은혜를 베풀 수도 있는 것이다. 오늘날에는 주인이 노예에게 피해를 입힌 사건들을 담당하는 관리가 있다. 주인이 노예에게 생활필수품을 제공하는 데 잔인하고 인색했으며 탐욕을 부렸다면 그를 처벌하는 것이 관리의 임무이다.

이제 어떤 결론을 내려야 할까? 주인이 노예로부터 은혜를 입을 수 있

---

**9**    스토아학파의 교리에 의하면 태생적으로 노예인 사람은 없다. 키케로의 『의무론De Officiis』을 참조할 것.

는가? 아니다. 그보다는 차라리 어떤 한 인간이 다른 인간으로부터 은혜를 입는다고 해야 할 것이다. 마지막으로, 노예가 주인에게 은혜를 베푸는 것은 자신의 권한이고, 노예로부터 은혜를 받을지 안 받을지는 그대의 권한이다.[10] 하지만 이처럼 가장 하찮은 신분의 사람의 도움은 전혀 필요치 않다고 단정 지어 말할 수 있는가? 운명의 여신이 미리 점지해준 것 같은 이런 위대하고 권세 있는 사람이 세상에 과연 있을까?

## 노예는 주인에게 다양한 은혜를 베푼다

노예가 베푼 은혜의 다양한 사례들, 심지어 서로 상반되기까지 한 사례들을 살펴보도록 하자. 주인의 목숨을 구했거나, 자신의 목숨을 바쳐 주인을 살린 노예도 있다. 주인의 죽음을 도와준 노예가 있는가 하면, 계책을 써서 죽음으로부터 벗어나게 해준 노예도 있다. 역사학자 클라우디우스 콰드리가리우스는 그의 연대기 18권에 다음 사건을 기록했다. 그루멘툼[11]이 포위당해 매우 절박한 상황에 처해 있을 때, 노예 두 명이 도망쳐서 적군에 봉사했다. 그 도시가 함락되고 정복자들이 약탈을 자행하고 있을 때, 이 노예들은 자신들이 잘 아는 길을 통해 주인의 집으로 앞서 달려갔다. 그러고는 주인의 부인을 붙잡아 거리로 끌고 다녔다. 사람들이 그 포로가 누구냐고 물으면 자신들을 매우 잔인하게 대했던 옛 여주인이라고 하면서 처형하려고 끌고 가는 중이라고 답했다. 그러고는 그녀를 도시

---

**10** 즉, 주인은 노예가 베푸는 은혜를 거부하거나, 그 은혜를 받기 전에 그 노예를 해방할 수 있다.

**11** 그루멘툼은 로마 남부 지역에 있는 루카니아 지방에 위치했는데, 이 지역의 이탈리아인들은 로마 시민권이 부여되지 않은 데 반발해 강력한 저항운동을 전개했다.

성벽 밖으로 데리고 가서는, 적군의 광적인 약탈이 잦아들 때까지 그녀의 행방을 감추는 데 무진 애를 썼다. 적군의 흥분이 가라앉고 정상적인 상태가 되자, 이 노예들은 옛 여주인에게 복종의 자세를 취했다. 그녀는 그 자리에서 이들을 해방하고, 한때 자신이 생사권을 쥐고 있었던 이들로부터 생명의 은혜를 입었다는 사실을 부끄럽게 생각하지 않았다. 상황이 이렇게 전개된 것에 오히려 큰 기쁨을 느꼈을지도 모른다. 만약 다른 방식으로 목숨을 부지할 수 있었다면 그녀는 익숙하고 평범한 형태의 은혜를 입은 것에 불과했을 것이다. 극적인 구출 방식 덕분에 그녀는 승리한 도시와 패배한 도시 모두에서 유명인이 되었고 이 사건은 모범적인 사례로 칭송을 받게 되었다.

도시가 함락되어 큰 소동이 벌어졌을 때, 도시의 모든 이들은 자신의 안전을 꾀하는 데에만 온통 정신이 팔려 있었고, 배신자처럼 보였던 이 두 노예 말고는 아무도 그 여주인에게 관심을 갖지 않았다. 이 노예들은 이전에 적진으로 도망쳤던 의도를 증명이라도 하듯이, 그녀를 처형할 것처럼 짐짓 가장하다가 이번에는 승리자를 배신하고 포로가 된 여주인에게로 돌아온 것이다. 이들의 행동에서 가장 인상적인 부분은 여주인의 목숨만 구할 수 있다면 자신들이 그녀를 처형할 거라는 소문이 나도 상관없다고 여겼다는 점이다. 나를 믿어달라. 범죄를 저지른다는 오명을 무릅쓰고 고귀한 행동을 수행한 것은 결코 노예적 심성에서 기대할 수 있는 일이 아니다.

마르시의 치안관인 베티우스가 붙잡혀서 로마의 장군 앞으로 끌려 나온 적이 있었다.[12] 그의 노예가 베티우스를 붙잡고 있던 병사의 칼을 빼앗아 주인의 목을 단칼에 벤 후에 다음과 같이 말했다. "이제 내 차례다. 나는 이미 주인을 해방했다." 그러고는 그 칼로 자신의 목숨을 끊었다. 이보다 더 훌륭하게 주인을 구원한 사람이 있는지 어디 얘기해보라!

카이사르가 코르피니움을 포위했을 때, 도미티우스는 그 도시 안에 갇혔다.[13] 도미티우스는 그의 노예이기도 한 의사에게 독약을 처방해달라고 명령했다. 그가 망설이자 도미티우스는 "왜 꿈지럭대는가? 자네에게 권한이 있는 상황이라고 생각하는가? 나는 죽음을 원하고 이를 위한 수단이 필요할 뿐이다."라고 말했다. 그러자 그 노예는 그렇게 하겠다고 약속을 하고는 해가 없는 약물을 주었다. 이 약물을 먹고 도미티우스가 잠이 들자, 그 노예는 도미티우스의 아들에게 가서 "내가 당신의 아버지에게 독약을 주었는지 여부를 알게 될 때까지 나를 구금하라는 명령을 내려주십시오."라고 말했다. 도미티우스는 죽지 않았고, 카이사르는 나중에 그의 목숨을 살려주었다. 하지만 그의 목숨을 먼저 구해준 것은 그 노예 의사였다.

어떤 내전 중에 한 노예가 적군에게 쫓기고 있던 주인을 숨겨주었다. 그는 주인의 반지를 끼고 그의 옷을 입고는, 주인을 찾고 있던 적군에게 가서 그들의 임무를 수행하라고 하면서 자신의 목을 내놓았다. 이 얼마나

---

**12** 여기에 등장하는 로마의 장군은 폼페이우스 스트라보이며, 그는 카이사르, 크라수스와 함께 삼두정치를 했던 폼페이우스의 아버지이다. 이 사건은 기원전 89년의 일이다.

**13** 이 사건(대략 기원전 54년)은 네로 황제의 조상인 도미티우스 아헤노바르부스에 관한 이야기다. 도미티우스는 코르피니움에서 카이사르에게 항복했고 사면을 받았다. 세네카는 플리니우스의 「자연사Naturalis Historia」, 플루타르코스의 「카이사르Vitae Parallelae」, 수에토니우스의 「네로의 생애 2」에 나오는 동일한 이야기에 비해 도미티우스를 보다 당당하게 묘사하고 있다. 이는 아마도 도미티우스에게 존경을 표하기 위해서일 것이다. 도미티우스는 마실리아와 파르살루스에서 다시 카이사르와 싸웠고, 그곳에서 죽임을 당했다.

영웅적인 행동인가. 주인이 살아 있기를 원하는 것만으로도 보기 드문 충성심의 표현이라고 여기던 당시에 주인을 대신해 목숨을 내놓다니! 이 사례는 야만과 배신이 사회 전반에 팽배해 있는 상황에서 보살핌과 충성심이 여전히 살아 있음을 보여준다. 주인을 배신하면 큰 보상금을 받을 수 있었음에도 이 노예는 충성에 대한 대가로 죽음을 택했다.

　우리 시대의 일들로 눈을 돌려보자. 티베리우스 황제가 통치하던 시절에 다른 사람을 고자질하는 행위가 거의 집착증처럼 만연했다. 내전보다도 이러한 관행이 시민사회 전체를 더 위태롭게 할 지경이었다. 주정뱅이의 말이나 어릿광대의 농담까지도 똑같이 정부에 보고되는 상황이었다. 어디에도 안전한 곳은 없었다. 모든 구실을 이용해 잔인하게 처벌되었으며, 고발당한 사람의 운명이 어떻게 될지 궁금해할 필요도 없었다. 결과는 항상 똑같았으니까. 전 치안관인 파울루스가 티베리우스 황제의 초상이 새겨진 보석 반지를 끼고 연회 만찬에 참석한 적이 있었다. 파울루스가 요강(이를 대신할 더 세련된 말을 도저히 찾을 수가 없다.)을 드는 바로 그 순간에, 당대의 악명 높은 밀고자인 마로가 그 반지를 눈치챘다. 동시에 파울루스의 노예도 이를 알아챘다. 그 노예는 만취한 주인의 손가락에서 반지를 뽑았다. 마로가 손님들의 시선을 끌어서 파울루스가 티베리우스 황제의 초상을 모욕한 사실을 목격하도록 부추기고 있을 때, 그 노예는 자신이 그 반지를 끼고 참석한 모든 사람에게 보여주었다. 이 사람을 단지 노예라고 부르는 자가 있다면, 아무 의심 없이 마로 또한 진정한 손님이었다고 간주하는 사람이리라.

　아우구스투스 황제의 집정기에는 사람들의 말이 생명을 위태롭게 할 정도는 아니었지만 여전히 곤경을 초래할 수는 있었다. 루푸스란 이름을 가진 어떤 상원의원급의 사람이 어느 저녁 파티에서 아우구스투스 황제가 곧 떠날 여행에서 안전하게 돌아오지 못했으면 좋겠다고 하면서, 소나 말도 그러길 바랄 거라는 말을 덧붙였다.[14] 그 자리에는 이 얘기를 주의 깊게 들은 사람들이 있었다. 다음 날 아침 일찍, 만찬에서 루푸스의 시중을 들었던 노예는 주인이 취중에 어떤 말을 했는지 알려주고, 황제를 먼저 찾아가 스스로 고백하는 편이 낫겠다고 성심껏 권했다. 루푸스가 이 충고를 받아들여서 황제가 여행을 떠나려 할 때 그를 만날 수 있었다. 루푸스는 전날 자신이 제정신이 아니었음을 고백하고, 여행에서 무사히 돌아오지 못하기를 원했던 그 소원이 차라리 자기 자신과 자식들에게 떨어졌으면 한다고 말했다. 그러고는 자신을 용서해주고 다시 총애를 받게 해달라고 간청했다. 아우구스투스가 그렇게 하겠다고 말하자 루푸스는 "당신이 나에게 어떤 용서의 징표를 내리지 않는다면, 내가 당신의 총애를 다시 받게 되었다고 아무도 믿지 않을 것입니다."라고 하면서 재차 간청했다. 그는 이렇게 요청해서 아우구스투스의 총애를 받아오던 사람들조차 적지 않게 느낄 금액의 돈을 받을 수 있었다. 아우구스투스는 이에 덧붙여 "나 스스로 자네에게 결코 화를 내지 않도록 조심하겠네!"라고 말했다.

아우구스투스의 행위는 널리 칭송받을 만하다. 용서해주었을 뿐 아니라 도량이 넓은 관대함을 보여주었으니까. 하지만 이 일화에서 아우구스

---

**14** 황제가 여행에서 귀환할 때마다 신에게 감사하기 위해 동물을 희생해 제의를 행했다. 그래서 루푸스는 소나 말도 황제가 무사히 귀환하지 않기를 바랄 것이라고 비아냥거린 것이다.

투스를 청송하기 이전에 그 노예를 먼저 칭송해야 한다. 그 후 어떤 일이 일어났는지 궁금해할 필요는 없다. 루푸스는 그 노예를 해방했다. 해방노예의 신분을 얻기 위해서는 세금을 내야 하는데, 아우구스투스가 여기에 필요한 돈을 이미 지불해준 셈이다.

이처럼 많은 사례들을 검토해볼 때, 주인이 노예로부터 은혜를 입는 경우가 있다는 것에는 의문의 여지가 없다. 선행이 행위자의 사회적 지위를 고귀하게 만들지언정, 그의 사회적 지위가 선행의 격을 낮춘다고 주장할 근거가 어디 있는가? 우리는 모두 동일한 기원을 갖고 태어났다. 어떤 사람도 다른 사람보다 더 고귀하게 태어난 것은 아니다. 단지 더 올바르고 훌륭한 심성을 갖춘 사람이 있다는 점을 제외하고는 말이다.

현관의 홀에 조상의 밀랍 두상頭像들을 진열하고, 역사가 오래되고 복잡하게 얽힌 족보 그림을 궁전 같은 집의 입구 정면에 걸어놓는 사람들이 있다. 이들을 고귀하다고 하기보다는 악명 높다고 해야 하지 않을까? 우주가 우리 모두의 유일한 부모이며, 모든 사람의 계통은 영광스러운 길을 통해서든 비천한 길을 통해서든 그 기원으로 거슬러 올라간다. 조상들의 계보를 열거하면서 유명한 인물들의 이름이 이어지기 어려우면 신의 이름을 슬쩍 끼워 넣는 사람들에게 속지 말자. 과거의 영광이 사라지고 더는 운명의 여신의 총애를 받지 못하는 가문이라 할지라도 그 가문 사람들을 업신여기지 말자. 가문의 역사 속에 해방노예, 노예 또는 외국인이 숨겨져 있다고 할지라도, 고개를 당당하게 높이 들고 불명예스러운 조상들의 이름을 훌쩍 뛰어넘으라. 그 정상에서 위대한 원천, 즉 우주를 만나게 될 것이다. 노예로부터 은혜를 입기에는 자신이 너무 훌륭하다고 잘난

체하는 사람들도 있다. 그런 자만심은 어디서 생기는 것일까? 노예들의 신분만 생각하고 이들이 베푼 선행은 무시해버리는 자만심은 어디서 생기는 것일까? 당신 자신이 욕망과 탐욕과 매춘부의 노예이면서 다른 사람을 어떻게 감히 노예라고 부를 수 있는가?

좀 더 정확히 말하자면 그런 사람은 매춘부 여러 명이 가진 공동재산이다. 가마꾼은 그를 안을 들여다볼 수 없는 가마에 태워서 어디로 모시고 가는가? 군인처럼 멋진 제복을 빼입은 가마꾼이 어디로 데리고 가는가? 수위가 지키고 있는 문으로 향하거나, 아무런 직함도 없는 사람의 정원으로 가고 있는 것은 아닌가? 다른 사람의 노예가 하는 인사는 감사해하면서 자신의 노예로부터는 은혜를 입을 수 없다고 주장하는가? 왜 이렇게 지적으로 일관되지 못한 태도를 취하는가? 그는 노예를 경멸하면서 동시에 이들의 비위를 맞추려 하고 있다. 집에서는 폭군이면서 밖에 나가서는 온순하기만 하며 노예를 경멸하는 만큼 경멸을 받는다. 부당한 자부심을 갖는 사람보다 더 비열한 사람은 없으며, 모욕을 견뎌냄으로써 모욕을 가하는 법을 아는 사람은 누구보다도 다른 사람을 짓밟을 태세가 되어 있는 자이다.

# 자식의 은혜

**9**

## 자식도 부모에게 은혜를 베풀 수 있다

운이 좋아 주인이 된 자들의 교만함을 납작하게 만들고 노예도 은혜를 베풀 수 있다는 주장을 떠받치기 위해 이 모든 얘기를 해야만 했다. 동일한 주장을 자식들에 대해서도 할 수 있다. 부모로부터 받은 은혜보다 더 큰 은혜를 자식이 부모에게 베풀 수 있는지는 또 다른 논쟁거리이다. 부모보다 더 권세 있는 자리에 오른 아들들이 많다는 것은 분명한 사실이다. 또한 부모보다 더 훌륭한 인품을 지닌 아들들도 많다. 이에 동의한다면, 사회적 지위도 더 높고 인품도 더 훌륭한 아들들이 그들의 부모에게 더 큰 은혜를 베풀 수 있다고 해야 할 것이다.

그대는 이렇게 반박할 것이다. "아들이 아버지에게 무엇을 베풀든 간에 그것은 아버지가 베푼 것에 비하면 작다. 베풀 수 있는 능력 자체를 아버지에게 빚지고 있기 때문이다. 은혜를 베푸는 것에서 아들이 아버지를 결코 능가할 수는 없다. 아버지를 능가할 수 있는 능력 그 자체가 아버지에게서 물려받은 것이기 때문이다." 이에 대한 내 대답은 이렇다. 먼저 어떤 것에서 기원했지만 그것보다 더 위대해지는 수도 있다. 시초가 없으면 그 후의 진전도 있을 수 없다는 사실이 시초보다 더 위대해질 수 없다는 것을 뜻하지는 않는다.

모든 것은 그 시초를 훨씬 넘어서게 마련이다. 씨앗은 모든 식물의 시초이지만, 성장한 식물의 가장 작은 부분에 불과하다. 라인 강, 유프라테스 강, 그 밖의 모든 유명한 강들을 생각해보라. 그 강들이 시작되는 수원지는 너무나 미미하지 않은가? 그 강들을 거대하고 유명하게 만든 것은 그 강들이 흘러가면서 얻은 결과이다. 가장 키가 큰 나무나 가장 굵은 몸통을 가진 나무를 생각해보라. 이 나무들의 몸통과 비교하면 뿌리의 잔 가닥은 빈약하기만 하다. 그 뿌리를 뽑으면 나무가 자랄 수 없으며 거대한 산도 숲으로 덮이지 못했을 것이다. 도시의 우뚝 솟은 신전들도 전체 건물을 떠받치고 있는 토대는 감추어져 있지만 그 토대에 의지해 서 있다.

　다른 경우도 이와 마찬가지이다. 모든 것의 시초는 이후의 성장한 모습에 의해서 가려진다. 부모로부터 일찍이 은혜를 입지 못했다면 나는 아무것도 성취할 수 없었을 것이다. 하지만 내가 성취한 모든 것이 그 성취의 필요조건인 부모의 은혜보다 반드시 더 작다는 논리는 성립하지 않는다. 내가 갓난아기일 때 유모가 젖을 먹여주지 않았다면 나의 지성과 노동을 바쳐 수행한 이 모든 일을 성취할 수는 없었을 것이며, 정치 활동과 군대 생활을 열심히 하며 얻게 된 명성도 없었을 것이다. 그런 이유로 유모의 봉사가 내가 성취한 이 모든 뛰어난 업적보다 더 가치 있다고 주장하려 하는가? 유모도 아버지만큼 중요하다고 할 수 있다. 이들 각각으로부터 도움을 받지 않았다면 내가 나중에 어떤 일도 성취할 수 없었을 테니까. 내가 지금 갖고 있는 모든 능력을 나의 기원에 빚지고 있다고 한다면, 그 기원은 나의 아버지도 나의 할아버지도 아니라는 점을 상기할 필요가 있다. 모든 기원에는 항상 그보다 앞선 기원이 있기 마련이다. 자신의 아버지보다 시간의 안개 속으로 사라진 희미한 조상들에게 더 큰 빚을 졌다고 주장하는 사람은 아마도 없을 것이다. 하지만 실제로는 조상들에게 더 큰 빚을 졌을 수도 있다. 아버지가 나를 낳아주었다는 사실 자체가 조상들로부터 아버지가 입은 은혜라면 말이다.

그대의 주장은 이러하다. "내가 아버지에게 아무리 큰 은혜를 베푼다 해도 아버지의 은혜보다 더 클 수는 없다. 아버지가 나를 낳아주시지 않았다면 내가 은혜를 베풀 수는 없는 노릇이니까." 이 논리에 따르면, 어떤 의사가 생명이 위태로운 내 아버지를 치유해주었다면 그 의사가 베푼 은혜에 맞먹는 은혜를 내가 갚을 수 없다. 아버지가 치유되지 못했다면 내가 세상에 태어날 수도 없었을 테니까. 하지만 생각해보라. 내 능력과 행위가 나 스스로의 노력과 의지의 산물이라고 간주하는 것이 더 의미 있는 평가가 아닐까. 그리고 나의 출생이 그 자체로 무엇을 의미하는지 생각해보라. 그것은 사소하고, 모호하며, 좋은 결과가 나올 수도 있고 나쁜 결과가 생길 수도 있는 원재료에 불과하다. 분명히 출생은 다른 모든 것을 위한 첫걸음이다. 하지만 첫걸음이라는 이유만으로 다른 모든 것보다 우월하다고 할 수는 없다.

내가 아버지의 목숨을 구했고, 또한 아버지가 높은 지위에 오르고 명망 있는 지도자가 되는 데 도움을 주었다고 가정해보자. 또는 내가 성취한 업적 덕택에 아버지가 영예를 얻었고, 아버지 스스로 큰일을 성취할 수 있는 기회를 얻었다고 해보자. 아버지에게 명예와 재물, 사람들이 탐내는 모든 것을 한껏 베풀었다고 해보자. 다른 모든 사람보다 높은 지위에 올라섰으면서도 아버지보다는 낮은 지위에 머무르고자 했다고 해보자.

그래도 그대는 이렇게 말할 것이다. "이 모든 것을 행할 수 있는 능력이란 바로 아버지에게서 입은 은혜에 다름 아니다." 나는 이렇게 답하겠다. "물론 맞는 말이다. 이 모든 것이 단지 태어나는 것만으로 충분히 이룰 수 있는 것이라면. 하지만 출생 자체가 행복한 삶을 누리는 데 기여하는 바는 매우 적으며, 야생의 동물들, 심지어 보잘것없이 작고 혐오스럽기까지 한 생물들도 부모로부터 생명을 얻기는 마찬가지이다. 그렇다면 부모들이여! 당신들이 베푼 은혜의 직접적 결과가 아닌 것을 자기 덕분이라고 주장하지 마라."

나를 낳아준 데 대한 보답으로 아버지의 목숨을 구했다고 가정해보자. 이 경우 내가 베푼 은혜가 아버지의 은혜를 능가한다. 내가 베푼 은혜는 무슨 도움을 받고 있는지를 의식할 수 있는 사람에게 베푼 것이며, 나 역시 자신이 무엇을 하는지 의식하면서 은혜를 베풀었기 때문이다. 또한 나 자신의 쾌락을 위해서 생명을 선사한 것이 아니기 때문이다. 나는 삶을 즐길 줄 아는 사람에게 생명의 은혜를 베푼 것이고, 아버지는 살아 있다는 사실조차 모르는 이에게 생명의 은혜를 베푼 것이다. 나는 죽음을 두려워하는 아버지에게 생명의 은혜를 베푼 반면, 아버지가 베푼 생명의 은혜는 나의 죽음을 가능하게 했을 뿐이다. 나는 아버지에게 완벽하고 온전한 생명을 베푼 데 반해, 아버지는 나를 지성을 갖추지 못한 아이로, 다른 사람에게 부담이 되는 아이로 태어나게 했을 뿐이다. 출생의 은혜 자체가 실제로는 그렇게 대단한 은혜가 아니라는 점을 깨닫길 바란다. 어떤 아버지는 아이를 집 밖에 갖다버릴 수도 있다.[15] 이런 경우, 아이를 낳았다는 것은 그 아이에게 해를 끼친 것에 불과하다. 이런 점들을 고려해볼 때 어떤 결론을 내릴 수 있을까? 부모가 동침해 아이를 낳았다는 것은 하찮은 은혜에 불과하다. 이 최초의 은혜에 이어 지속적으로 아이들에게 은혜와 봉사를 베풀지 않는다면 말이다.

살아 있다는 것이 좋은 게 아니고 잘 산다는 것이 좋은 것이다. 나는 지금 잘 살고 있다. 하지만 나는 잘못 살 수도 있었다. 아버지가 한 일이라고는 나를 태어나게 했다는 것뿐이다. 아무런 대책 없이 벌거벗은 생명 그 자체로 태어난 것이 내가 빚진 것이라고 주장한다면, 이를 대단한 공덕이라고 뽐낸다면, 그 은혜란 내가 파리나 벌레와도 함께하는 그런 은혜에 불과하다는 점을 기억하라. 내가 높은 수준의 교육을 받는 데 전념했고 평생 올바르고 진실한 삶을 살기 위해 노력했다는 점을 언급하는 것만으로도, 아버지가 베푼 은혜보다 더 큰 은혜를 베풀었다고 밝힐 수 있다. 아버지는 배우지 못하고 무지한 사람으로 나를 낳았지만, 나는 아버지가 자랑스러워하는 아들로 성장해서 보답했기 때문이다.

## 부모의 은혜보다 더 큰 자식의 은혜도 있다

아버지는 나를 먹여 길러주셨다. 이제 내가 마찬가지 일을 한다면, 나의 보답은 아버지의 은혜보다 더 크다고 할 수 있다. 아들로부터 부양받는다는 것에 아버지는 즐거워할 것이기 때문이다. 아버지는 음식 자체보다 나의 효심에서 더 큰 기쁨을 느낄 것이다. 반면 아버지가 베푼 음식은 단지

---

**15** 가장patria potestas으로서의 아버지는 자신이 낳은 자식을 자식으로 인정하거나 거부할 권한을 갖고 있었다. 후자의 경우 그 아이는 보통 시골에 버려지는데, 거기에서 죽거나 다른 사람에 의해 키워지게 된다. 따라서 출생의 은혜는 아버지가 공식적으로 자식으로 인정해야 성립한다고 말할 수 있다.

나의 신체에 영향을 미쳤을 뿐이다. 다음과 같은 경우는 어떠한가? 어떤 사람이 웅변술이나 정의로운 태도, 또는 뛰어난 전투력으로 국제적 명성을 얻었고, 이로써 미천한 출신이었던 아버지를 주목받는 인물로 만들었다면, 그는 아버지에게 더없이 소중한 은혜를 베푼 것이 아니겠는가? 크세노폰과 플라톤이 아니라면 그들의 아버지인 그릴루스와 아리스톤이라는 이름을 사람들이 들어보기라도 했겠는가? 소크라테스는 그의 아버지인 소프로니스코스의 이름을 영원히 남게 했다. 오로지 아들의 위대한 업적 덕분에 그들의 이름이 영원히 회자되는 사람들의 목록을 들자면 끝이 없을 것이다. 마르쿠스 아그리파는 아버지로부터 더 큰 은혜를 받았는가, 아니면 그가 아버지에게 더 큰 은혜를 베풀었는가? 아그리파가 전쟁에서 탁월한 무공을 세워 해군 제독이 되고, 과거의 어떤 건물도, 그리고 아마 미래의 어떤 건물도 비견할 수 없는 훌륭한 건물들을 로마에 세웠을 때 아버지에게 더 큰 은혜를 베푼 것이 아닌가?[16] 아우구스투스 황제는 그의 아버지인 옥타비우스에게서 더 큰 은혜를 받았는가, 아니면 그가 아버지에게 더 큰 은혜를 베풀었는가? 비록 그의 양부인 카이사르의 이름 때문에 생부인 옥타비우스의 존재가 가려지긴 했지만.[17] 옥타비우스는 그의 아들이 내전을 끝내고 안정되고 평화롭게 나라를 다스리는 모습을 바라보면서 얼마나 큰 기쁨을 느꼈겠는가? 그는 자기 자신이 아들에

---

**16** 아그리파는 아우구스투스 황제의 위대한 장수이자 보좌관이었으며, 나중에는 사위가 되었다. 그는 상원의원 가문에서 태어나지 않았으며, 그래서 가족 이름을 사용하려 하지 않았다. 기원전 36년에 섹스투스 폼페이우스와 벌인 해전에서 승리하고 해군 제독이 되었다. 기원전 31년의 악티움 해전에서도 아우구스투스가 승리하는 데 혁혁한 공헌을 했다. 그가 자신의 재산을 아낌없이 써서 지은 로마의 건축물로는 판테온, 공중목욕탕, 다리, 율리아Aqua Julia와 비르고Aqua Virgo로 불리는 두 개의 수도교水道橋가 있다.

게 베푼 은혜는 인식조차 하지 못했을 것이고, 자신의 처지를 생각할 때 자기 집에서 그렇게 위대한 인물이 나왔다는 것을 믿기 어려웠을 것이다! 자식의 영광이 어둠 속에 묻혀 있던 자들을 끄집어내어 환한 빛 속에 머무르도록 한 것이다. 그러지 않았으면 완전히 잊혔을 사람들의 목록을 계속 들어야 하겠는가?

끝으로 지금까지 제시했던 질문은 어떤 아들이 아버지에게서 입은 은혜보다 더 큰 은혜를 베풀었는가를 따지기 위한 것이 아니라, 단지 아들도 은혜를 베풀 수 있다는 점을 말하려는 것이다. 내가 들었던 예들이 여전히 충분치 않고 자식이 베푼 은혜가 부모가 베푼 은혜를 능가하는 실재적인 예를 어떤 시대에서도 찾을 수 없다고 하더라도 사물의 이치상 그럴 수 있다는 가능성은 인정했으면 한다. 한 아들의 은혜만으로는 아버지의 은혜를 넘어설 수 없다면 아들 여러 명의 은혜를 합치면 아버지의 은혜를 능가할 수 있을 것이다.

스키피오는 전쟁터에서 아버지를 구출하기 위해 젊은 나이임에도 적진을 향해 말을 몰았다.[18] 위대한 군인들도 두려워하는 모든 위험을 아랑곳하지 않고 많은 장애와 부닥뜨렸던 그의 행동을 사소한 일로 치부할 수

---

**17** 아우구스투스의 생부는 가이우스 옥타비우스이다. 그는 기원전 60년에 치안관이 되었으며, 집정관이 되기 전에 죽었다. 아우구스투스는 독재자 율리우스 카이사르의 양자가 되었는데, 그의 어머니인 아티아는 카이사르의 외조카이다. 그래서 그의 이름이 가이우스 율리우스 카이사르 옥타비아누스가 되었다. 기원전 27년 이후 그는 카이사르 아우구스투스 황제로 알려지게 된다. 그는 사후 신성화되면서 "신성한 아우구스투스 Divus Augustus"로 불리게 된다. 세네카가 주장하는 바는 아우구스투스의 정치적 경력에 있어서 생부보다 양부의 역할이 더 중요했다는 것이다.

**18** 리비우스에 의하면 기원전 218년의 티키누스 전투에서 스키피오가 아버지의 목숨을 구했다. 당시에 그는 아마도 열일곱 살쯤 되었을 것이다.

있겠는가? 전쟁에는 신참이었던 그가 고참병들의 시체가 즐비한 길을 뚫고 나갔으며, 그의 나이에 걸맞은 용기를 훨씬 뛰어넘는 용맹함을 보였는데 말이다. 이에 더해, 그는 법정에서 아버지를 변호했고 권세 있는 자들의 모함으로부터 그를 지켜냈다. 또한 아버지가 세 번씩이나 집정관이 되는 것을 도왔으며, 집정관들도 탐내는 또 다른 지위를 부여했다. 그뿐만이 아니다. 적에게서 뺏은 전리품을 선사하여 가난했던 아버지를 부유하게 만들었다. 이는 군인들이 가장 영광스러운 명예로 여기는 일이다. 이것만으로도 여전히 충분치 않다면 다음의 사실들도 덧붙여야겠다. 스키피오는 아버지가 주지사의 지위에 계속 머물러 있도록 도와주었다. 또한 수많은 전쟁을 치른 후에 로마제국의 기반을 닦아 세상 천지에 견줄 상대가 없는 위대한 제국의 창설자가 되었으며, 그럼으로써 귀족 출신이었던 아버지에게 더 큰 명예, 즉 "스키피오의 아버지"라고 후대에 칭송될 수 있는 기회를 주었다. 그의 모범적인 효심과 국가에 영광을 가져다준 용맹함이 출산의 평범한 은혜를 넘어선다는 것에 의문의 여지가 있겠는가?

그래도 충분치 않다면, 아버지를 고문으로부터 구하기 위해 대신 고문을 받은 아들의 경우를 상상해보라. 아들이 베푸는 은혜는 원하는 만큼 충분하게 받을 수 있다. 하지만 아버지의 낳아준 은혜는 단순하고 쉬운 일이며, 은혜를 베푸는 사람에게 즐거운 일이기도 하다. 많은 자식들이 그 은혜를 받았으며, 심지어 아버지가 모르는 자식조차 그 은혜를 받은 것이다. 이런 은혜를 베푸는 데는 배우자가 필요했을 것이며, 법, 애국심, 부권父權에 주어지는 보상,[19] 가정과 가문의 존속을 고려했을 것이다. 자신이 은혜를 베푸는 바로 그 사람, 즉 자식만 빼고 다른 모든 것을 고려했을 것이다. 지혜를 배워서 아버지에게 가르쳐준 사람이 있다고 치자. 단지 생명만을 받았음에도 아버지에게 행복한 삶에 대한 지혜로 보답했다면 그가 더 큰 은혜를 베풀었다는 점에 더 논쟁할 거리가 남아 있는가?

그대는 이렇게 주장해왔다. "아버지에게 은혜를 베풀 수 있다고 하더라도, 그것은 모두 아버지에게서 온 은혜이다." 내가 지식을 배우는 데 진전을 이루었다면 이는 나의 선생으로부터 온 은혜이다. 하지만 우리는 지식의 깊이에서 선생을 넘어설 수 있다. 특히 기본적인 글 읽기 정도를 가르쳐준 선생을 생각해보라. 선생이 없이는 아무것도 성취할 수 없었겠지만, 그렇다고 아무리 많은 지식을 배워도 선생보다 열등한 위치에 머무를 수밖에 없다는 논리는 성립하지 않는다. 기본적인 지식과 가장 훌륭한 지식 사이에는 큰 간극이 있다. 기본적인 지식 없이는 가장 훌륭한 지식도 없다는 이유만으로 기본적인 지식이 가장 훌륭한 지식과 대등하다고 할 수는 없다.

내 주장을 조금 다르게 꾸며서 제시해보겠다. 자신이 베푼 은혜보다 더 훌륭한 은혜가 존재하는 한 그 은혜를 베풀었던 사람을 추월할 수 있다. 아버지가 자식에게 생명을 부여했지만 세상에는 생명보다 더 소중한 것이 있다고 한다면, 아버지가 베푼 은혜보다 더 나은 은혜가 있는 것이기에 아버지를 넘어설 수 있다. 어떤 이의 생명을 구해준 사람이 그의 도움을 받아 몇 차례나 죽음의 위험에서 벗어날 수 있었다면 자신이 베풀었던 은혜보다 더 큰 은혜를 입은 것이다. 아버지는 아들에게 생명을 주었

---

**19** 로마 사회는 아버지에게 법적으로 큰 권한을 부여했다. 카이사르와 아우구스투스는 출산율을 높이기 위해서 아버지에게 추가적인 특혜를 부여하기도 했다.

지만, 그가 아들의 도움을 받아 여러 번 목숨을 구할 수 있었다면 자신이 베풀었던 은혜보다 더 큰 은혜를 입은 것이다. 은혜를 입은 사람이 은혜를 필요로 할수록 그 은혜의 가치는 더 크게 느껴지는 법이다. 살아 있는 사람은 아직 태어나지 않은 사람보다 생명에 대한 필요를 더 크게 느낀다. 태어나지 않은 사람은 그런 필요를 갖지도 않을 테니까. 따라서 아들 덕분에 목숨을 구한 아버지가 입은 은혜가 아들이 부모에게 입은 출생의 은혜보다 더 크다고 할 수 있다.

다시 한 번 반복하지만 그대의 주장은 이러했다. "아들의 은혜는 아버지의 은혜를 능가할 수 없다. 왜냐하면 아들은 아버지로부터 생명을 받았으며, 그렇지 못했다면 어떤 은혜도 베풀 수 없었을 것이기 때문이다." 이런 논지는 누군가에게 생명의 은혜를 입은 모든 사람에게 적용된다. 생명의 은혜를 입은 사람이 애당초 그 은혜를 입지 않았다면 그 빚을 갚을 수 없기 때문이다. 목숨을 살려준 의사나 조난된 사람을 구해준 선원에게 더 큰 은혜를 갚을 수는 없단 말인가? 아니다. 다양한 방식으로 자신을 살려준 사람이 베푼 은혜보다 더 큰 은혜를 갚을 수 있다. 아버지가 베푼 은혜도 마찬가지이다.

어떤 사람이 베푼 은혜는 다른 많은 사람들의 도움이 필요하지만, 나는 그런 도움이 필요 없는 은혜로 이를 갚았다고 하자. 이 경우 나는 입은 은혜보다 더 큰 은혜를 베푼 것이다. 아버지가 베푼 생명의 은혜는 다른 많은 사람들의 추가적인 도움이 없었다면 유지되기 힘들었을 것이다. 반면, 아버지의 목숨을 구한 아들은 다른 사람의 도움 없이도 유지될 수 있는 생명을 준 것이다. 따라서 아들 덕분에 목숨을 구한 아버지는 아들에게 베풀었던 은혜보다 더 큰 은혜를 입은 것이다.

## 부모와 자식 간에 은혜 경쟁을 벌이자

부모에 대한 존경심을 훼손하거나 자식들이 부모에게 못되게 구는 것을 정당화하려고 이런 주장을 펴는 것이 아니다. 그럴 의도는 결코 없고, 오히려 부모보다 더 훌륭한 자식이 되어야 한다고 권유하려는 것이다. 덕행은 더 높은 영광을 지향하며 자연스레 선행자를 뛰어넘으려 하기 때문이다. 부모의 은혜를 능가하는 보은을 목표로 할 때 더욱 간절한 효심에 사로잡힐 것이다. 부모 역시 이를 환영할 만한 즐거운 일로 여길 것이다. 다른 사람에게 추월당하는 것이 자신의 이해에 부합하는 일들도 많은 법이니까. 하지만 그 경쟁이 여기서만큼 바람직하게 여겨질 수 있을까? 부모들은 자신이 베푼 은혜가 자식으로부터 입은 은혜에 못 미친다는 것을 인정하는 데에서 큰 기쁨을 느낄 것이다. 이런 일이 다른 어디에서 가능하겠는가? 그렇지 않으면 자식들에게 핑계를 만들어주는 꼴이 되며, 자식들은 은혜 갚기를 게을리하게 될 것이다. 우리는 자식들에게 이렇게 얘기해야 한다.

나의 훌륭한 젊은이여, 주목하라! 누가 더 큰 은혜를 주고받는지 부모와 자식이 명예로운 경쟁을 시작했다. 부모가 시합장에 먼저 나왔다고 해서 그들이 이긴 것은 아니다. 너에게 어울리는 용기를 가지고 포기하지 마라. 네가 이길 수 있고, 바로 그것이 부모가 원하는 바이기도 하다. 이 영광스러운 시합에서 너보다 앞서 있었던 훌륭한 인물들이 가르침을 줄 것이다. 그들의 걸음걸이를 따라가면 과거에도 흔히 그랬던 것처럼 부모를 이길 수 있으리라.

아이네이아스는 그의 아버지를 뛰어넘었다. 그는 어렸을 때 무척이나 몸이 야위었다. 하지만 그는 무너져 내리는 도시의 폐허 속에서 적진을 뚫으며 늙고 무거운 아버지를 업고 나왔다. 아이네이아스가 도망칠 때 그를 짓누른 짐은 단지 아버지의 몸뚱이뿐만이 아니었다. 신앙심 깊은 노인이었던 아버지는 집에서 모시던 신들의 조상彫像과 신성한 물건들을 팔에 안고 있었다. 아이네이아스는 불꽃을 헤치고 나와 그를 안전한 곳으로 모셨으며, 그를 로마제국의 창설자 중 한 사람으로 숭배받게끔 만들었다. 효심이 할 수 있는 일에는 한계가 없는 것 같다. 시칠리아 섬의 젊은이들[20]도 그들의 부모들을 뛰어넘었다. 에트나 화산이 엄청난 위력으로 폭발해서 도시와 벌판을 온통 화염으로 뒤덮었을 때, 이들은 부모를 등에 업고 뛰었다. 전설에 의하면 불기둥이 양쪽으로 갈라지면서 이들이 지나갈 수 있는 길이 열렸다고 한다.

안티고노스[21]는 그의 아버지를 뛰어넘었다. 큰 전쟁에서 적을 정복한 후에 아버지에게 전리품을 주었으며 아버지를 키프로스 섬의 통치자로 세웠다. 진정한 왕은 자신에게 통치 권력이 있는데도 이를 마다할 줄 아

---

**20** 이는 유명한 이야기이다. 암피노모스와 아나피아스라는 두 시칠리아 젊은이의 이야기는 기원전 4세기 중반에 카타니아 지역에서 있었던 전설적인 일화로 알려져 있으나, 로마 작가 아엘리아누스는 기원전 5세기 중반의 일로 추정하고 있다. 클라우디우스는 카타니아의 이 젊은이들을 칭송하고 있으며, 시칠리아와 로마의 동전에는 이들의 얼굴이 새겨져 있다.

**21** 여기서 세네카는 그의 저서 「화에 대하여」에서와 마찬가지로 디미트리오스를 그의 아버지인 마케도니아 왕 안티고노스로 잘못 쓰고 있다. 디미트리오스는 기원전 306년에 아버지를 위하여 프톨레마이오스로부터 키프로스 섬을 빼앗았다.

는 사람이다. 만리우스는 폭군 같았던 그의 아버지[22]를 뛰어넘었다. 만리우스는 젊었을 때 저질렀던 어리석은 행동 때문에 아버지에게 추방당한 상태였음에도 불구하고, 그의 아버지에게 소송을 제기한 평민 호민관을 방문해 면담을 요청했다. 그 호민관은 만리우스가 아버지를 배신할 것이라는 기대에서 면담을 허락했다. 또한 그를 추방했다는 사실을 주된 이유로 아버지를 고발한다면 만리우스가 감사해하리라 믿었다. 호민관과 단둘이 있게 되었을 때, 만리우스는 외투 속에 감춰두었던 칼을 뽑아서는 다음과 같이 말했다. "아버지에 대한 고소를 취하하지 않는다면 단칼에 그대의 목을 벨 것이다. 어떻게 할지는 당신에게 달렸다. 어찌하든 아버지를 고발한 자는 없을 것이다." 그 호민관은 맹세를 하고 약속을 지켰다. 그는 사람들이 모인 집회 장소에서 고소를 취하하는 이유를 밝혔다. 만리우스처럼 호민관을 모욕하고서도 벌 받지 않고 무사했던 경우는 한 번도 없었다.

부모를 위험으로부터 구하고, 낮은 지위에서 높은 지위로 승진시키고, 하찮은 평민의 위치에 있던 사람을 역사 속에 영원히 기억될 인물로 만든 아들들의 사례를 들자면 끝이 없다. 다음과 같이 말할 수 있다면 그것은 가장 훌륭하고 존경스러우며 인류의 기억 속에 영원히 새겨질 만한 일이 될 것이다. "나는 부모를 따르며 그들의 명령에 복종한다. 그 명령이 공정하든 불공평하든 가혹한 것이든 간에 나는 고분고분하게 순종하는 아

---

22 세네카는 만리우스의 아버지 이름인 만리우스 카피톨리니우스 임페리우스(폭력적인 사람)를 가지고 언어 유희를 하고 있다. 하지만 그가 기원전 363년에 실제로 폭군이었음을 지적하진 못하고 있다. 또한 세네카는 이 이야기에 등장하는 호민관의 이름도 언급하지 않고 있다. 그 호민관의 이름은 폼포니우스이고, 그는 만리우스의 아버지를 독재자로 몰아 소송을 제기했다.

들로 남을 것이다. 내가 반기를 드는 유일한 일은 은혜를 베푸는 데에 부모에게 뒤처지고 싶지 않다는 것뿐이다." 간청하건대 이 노력을 중단하지 마라. 지쳐 있을 때라도 이 싸움을 다시 시작하라. 승리자에게 축복이 내릴 것이며, 패배자에게도 역시 축복이 내릴 것이다. "은혜를 베푸는 데에서 아버지를 뛰어넘었다."라며 스스로에게 말할 수 있는 젊은이보다 더 멋진 사람이 어디 있겠는가? 은혜를 베푸는 데 아들에게 뒤처졌다고 모든 사람들에게 어디서나 얘기하고 다닐 수 있는 늙은이보다 더 성공한 사람이 이 세상에 또 있을까? 이런 식으로 경쟁에서 지는 것보다 더 축복받을 일이 무엇이겠는가?

제

# 4

권

# 은혜의 순수

**10**

## 은혜를 계산하는 것보다 수치스러운 일은 없다

리베랄리스여, 우리가 지금까지 다룬 모든 주제들 중에서 지금 다루고자 하는 주제, 즉 "은혜를 베풀거나 그에 대한 보답으로 호의를 베푸는 행위는 행위 자체에 가치를 두고 행해야 하는가?"라는 문제는 가장 주의 깊은 논의를 필요로 한다. 보상을 바라고서 고결한 행동을 하거나, 대가가 크지 않거나 어떠한 보상이 돌아오지 않는다고 덕을 베풀지 않는 사람들이 있다. 하지만 어떤 이익을 바라고서 덕을 베푼다면 그것은 고상하거나 위대한 일이 못 된다. 덕이 이익이나 손실로 우리를 유혹하거나 단념하게 하지 않고 이득에 대한 기대나 약속으로 우리를 부패시키기보다는 오히려 우리의 희생을 요구하고 재량을 더 자주 드러낸다면, 은혜를 두고 계산하는 일보다 수치스러운 일은 이 세상에 없을 것이다. 은혜를 베풀 때 우리 자신의 이해관계나 이득을 고려해서는 안 된다. 덕이 우리를 부르거나 보내는 곳 어디든지 우리의 운명에 상관없이, 심지어 우리 자신이 피를 흘리더라도 덕의 지시에 따라야 하며 덕이 요구하는 명령을 회피해서는 안 된다.

그대는 다음과 같이 이의를 제기할 수 있다. "감사하는 마음과 용기를 가지고 덕을 행할 때 내가 얻는 것은 과연 무엇인가?" 그대가 얻게 될 것은 덕을 행한다는 사실 자체일 뿐, 그 외에 아무것도 없다. 혹시 덕을 행해서 이익이 발생한다 하더라도 그대는 그것을 보너스로 여겨야 할 것이다. 고결한 행위에 대한 보상은 행위 그 자체로 충분하다. 고결한 것은 그 자체에 가치가 있으며 은혜를 베푸는 것 자체가 고결하다면, 그 속성은 같기 때문에 다른 법칙을 따라서는 안 된다. 고결한 행동은 다른 목적 없이 그 자체를 위해 이루어져야 한다.

이 점에서 우리는 에피쿠로스학파와 대립한다. 그들은 파티를 즐기면서 철학을 논하는 퇴폐적이고 근심 걱정 없이 살아가는 무리이다. 그들에게 덕은 그들 자신을 위해 복종하고 시중드는 쾌락의 하녀와 같다. 이에 대해 그대는 "덕이 없다면 쾌락도 없다."라고 이의를 제기할 수 있다. 하지만 어째서 덕을 쾌락과 함께 언급하는가? 그대는 이것이 그저 무엇이 앞서야 하는지에 대한 논쟁이라고만 생각하는가? 여기서 쟁점은 덕과 그것의 우월성 자체에 있을 뿐이다. 만약 덕이 쾌락과 함께 이야기된다면 그것은 이미 덕이 아니다. 덕의 역할은 주도하는 것이다. 덕은 이끌고 명령하고 최고의 지위를 차지해야만 한다. 하지만 그대는 덕을 명령과는 다른 것이라고 여기고 있는 듯하다.

"그 두 가지 주장에 어떤 차이가 있는가?"라고 묻는 사람이 있을 수 있다. "나도 덕 없는 삶이 결코 행복할 수 없다고 말한다. 만약 덕이 없다면 나는 내가 추구하는 쾌락을 거부하고 비판할 것이다. 이에 대해서는 오직 한 가지만을 문제 삼을 수 있다. 덕은 최고선의 원인인가, 아니면 그 자체로 최고선인가?" 그대는 이 질문에 답하는 것이 단지 우선순위가 변한 것에 불과하다고 생각하는가? 사실 이것은 혼란스러운 문제이고 마지막 것을 가장 맨 앞에 놓는 무지를 드러내는 일이다.

내가 개탄하는 것은 쾌락이 덕 뒤에 온다는 것이 아니라, 덕이 쾌락과 모종의 관계를 맺고 있다고 생각하는 태도이다. 덕은 쾌락을 경멸하고 쾌락을 적으로 여기기 때문에, 일종의 "선의" 또는 "선행"이라기보다는 보다 많은 수고와 고통 그리고 장애를 수반하는 것으로 봐야 할 것이다.

## 은혜를 위해서만 은혜를 베풀라

친애하는 나의 리베랄리스여! 나는 여기서 이 점을 분명히 해야겠다. 은혜를 베푸는 일은 선한 행위이며, 그 자체를 위해서가 아니라 다른 이유에서 은혜를 베푼다면 이는 매우 수치스러운 일이다. 보상을 바라고서 은혜를 베푼다면 은혜를 받아야 할 사람으로 가장 부유한 사람들을 택할 것이다. 그런데 나는 부유한 사람보다는 가난한 사람들에게 은혜를 베풀 것이다. 재산을 고려한다면 그것은 은혜가 아니기 때문이다. 게다가 자신의 이기심을 충족하고자 도움을 베풀려고 한다면, 도움을 가장 쉽게 베풀 수 있는 사람들은 자기 이익을 나눠야 한다는 의무감을 가장 적게 느껴도 될 것이다. 말하자면 부자, 권력자, 왕과 같은 이들은 다른 사람들의 도움을 필요로 하지 않는 법이다. 신들은 끊임없이 밤낮으로 수많은 선물을 쏟아내는 것처럼 그렇게 선물들을 베풀지는 않는다. 신들은 모든 면에서 자기 충족적이고 자기 안전을 보장받으며, 절대로 침범할 수 없는 특성을 지니고 있다. 그러므로 은혜를 베푸는 동기가 자기 이익에 있다면 신들은 은혜를 베풀 필요가 결코 없을 것이다. 만약 그대가 은혜를 적절한 곳에 베풀지 않고 최상의 이익을 얻어내고 가장 손쉽게 보상을 받을 수 있는 곳에 베푼다면, 그것은 은혜라기보다는 차라리 투자라고 해야 옳다. 신들이 이런 관심으로부터 멀리 떨어져 있다고 해서 그들이 관대하지 않다고 말할 수 있을까? 만약 은혜를 베푸는 이유가 자신의 이익 때문이고 신이 우리에게서 어떠한 이익도 기대할 수 없다고 한다면, 신이 은혜를 베풀 이유는 전혀 없다고 할 수 있다.

## 신도 은혜를 베푼다

나는 사람들이 보통 어떻게 답할지 알고 있다. "바로 그것이야말로 신이 은혜를 베풀지 않는다는 것을 보여주는 것이다. 신은 우리에게 무관심하다. 신은 세상에 등을 돌리고 다른 것(에피쿠로스학파에서 최고 행복과 같은 것)에 관심을 둔다. 신은 아무것도 하지 않는다. 은혜를 베푸는 일은 자신에게 피해를 줄 뿐이기 때문이다." 이렇게 말하는 사람들은 신의 선물에 보답하기 위해 기도하고 하늘을 향해 손을 들어 올리고 사적으로나 공적으로 맹세를 하는 사람들의 목소리를 듣지 못한 것이다. 신들은 때로는 우리의 기도에 응해주고 때로는 우리가 굳이 부탁하지 않아도 시의적절한 은혜를 베풀어 우리를 위험에서 구해낸다. 만약 우리가 이러한 신들의 은혜를 자각하지 못했다면, 분명 신들에게 기도하고 바라는 행위를 하지 않았을 것이고, 쓸모없는 귀머거리 신들을 위해 정신 나간 관행을 계속하지도 않았을 것이다.

신의 위대한 관대함을 한 번도 느껴보지 못한 그렇게 가엾고 비참하고 가혹한 운명을 타고난 사람이 이 세상에 과연 있을까? 자신의 운명을 한탄하고 푸념하는 사람들을 보라. 그대는 그 사람들이 신의 은혜로부터 완전히 동떨어져 있지도 않으며, 그 풍요로운 샘물의 혜택을 전혀 받지 못한 사람은 결코 없다는 사실을 알게 될 것이다. 우리가 이 세상에 태어날 때 동등하게 태어난 것으로 충분하지 않은가? 그 후에 자연이 우리에게 불균등하게 베푼 선물들을 한쪽으로 제쳐놓는다 할지라도, 자연은 이미 자신을 우리에게 베풀었는데 그것을 충분하게 베풀지 않았다고 할 수 있겠는가?

"신은 은혜를 베풀지 않는다."라고 말한다면 그대가 소유하고 베풀고 거절하고 저장하고 거머쥐는 모든 것들의 근원은 무엇인가? 그대의 눈과 귀와 마음을 즐겁게 해주는 그 모든 것들의 근원은 무엇인가? 수많은 호화로움의 근원은 무엇인가? 우리는 필요한 것들을 받았을 뿐 아니라 지나칠 만큼 많은 사랑도 받고 있다.

땅은 온갖 과일이 열리는 나무들을 자라게 하고 식물을 돋아나게 한다. 일 년 내내 다양한 음식들을 주고 심지어는 제멋대로 살면서 아무런 노력조차 하지 않는 자들에게까지 베푼다. 땅이 이렇게 베풀 수 있도록 해주는 만물의 근원은 과연 무엇인가? 자연은 땅이나 물속 혹은 하늘에서 태어나는 것들을 우리에게 공물로 바친다. 자연의 선물인 이 모든 동물들의 근원은 무엇인가? 강은 들판을 감싸며 흐르고, 배가 다니는 무역로를 만들어주며, 여름 한낮 대지가 이글거리는 하늘에 노출되어 바싹 말라 있을 때 기적적으로 불어 갑작스러운 홍수를 일으키기도 한다. 이런 모든 강들의 근원은 무엇인가? 바닷가 해안에서 온천수가 콸콸 솟아나는 것의 근원은 과연 무엇인가?

그대, 아주 훌륭한 라리우스여, 그리고 그대 베나쿠스여,

파도와 함께 넘실거리며, 바다처럼 울부짖는가?[1]

누군가 그대에게 몇 에이커의 땅을 준다면 그대는 은혜를 입었다고 말할 것이다. 그대는 그대 앞에 놓인 이 방대한 땅이 은혜라는 사실을 부인하는가? 누군가 그대에게 돈을 주고 그대의 보물 상자를 가득 채워준다면, 그대는 그것이 중요하다고 생각하기 때문에 은혜라고 부를 것이다. 신은 우리를 위해 수많은 광맥을 묻어두었고 금을 품은 땅 위를 지나갈 수 있도록 수많은 강들을 만들어주었다. 신은 엄청난 양으로 묻혀 있는 은, 구리, 철 등을 찾을 수 있는 능력을 우리에게 주었고, 땅의 표면에 숨겨진 보물들을 표시해두었다. 그래도 그대가 은혜를 입었다는 사실을 부인하겠는가?

만약 그대가 빛나는 대리석과 금으로 반짝이고 그림으로 장식된 천장이 있는 집을 얻는다면 그대는 그것이 결코 그저 그런 선물이라고 말하지 않을 것이다. 신은 그대를 위해 화재와 붕괴의 위험이 없는 훌륭한 집을 만들어주었다. 그 집에서는 허술한 나뭇조각 하나 결코 볼 수 없으며, 견고한 보석 덩어리들, 미세한 조각들에 놀랄 만큼 다양하고 복잡한 물질, 밤낮으로 반짝이는 천장을 볼 수 있다. 그대는 자신이 가진 것에 많은 가치를 부여함에도 불구하고 은혜를 모르는 것처럼 행동하거나 누군가로부터 은혜를 받은 적이 없다고 주장하는가? 그대가 숨 쉬는 근본적인 원

---

1   베르길리우스, 「농경시Georgica」.

인은 무엇인가? 그대가 생명 활동을 할 수 있도록 해주는 빛의 근원은 무엇인가? 몸속을 순환하면서 삶의 체온을 유지하게 해주는 피의 근원은 무엇인가? 음식을 충분히 먹었을 때조차 그대의 미각을 진귀한 맛으로 돋워주는 즐거움의 근원은 무엇인가? 그대가 싫증 나고 지칠 때 즐거움을 불러일으키는 자극의 근원은 무엇인가? 그대를 쇠약하게 만드는 무기력의 근원은 무엇인가? 그대가 감사할 줄 아는 사람이라면 다음과 같이 말하지 않을까?

> 우리에게 이와 같은 평화를 주시는 이는 신이다.
> 그는 항상 나에게 신이기 때문에, 그의 제단은
> 언제나 내 양떼 가운데 어린 양의 피로 얼룩져 있을 것이다.
> 그대가 볼 수 있듯이, 내 소들이 들판을 돌아다니고
> 내가 소박한 피리로 곡조를 연주할 수 있게 허락해주시는 이는 바로 신이다.[2]

신은 이 세상에 소 몇 마리가 아니라 수많은 가축을 보내주셨다. 신은 널리 그리고 멀리 배회하는 가축이나 새들에게 음식을 제공해준다. 신은 겨울의 초원을 여름의 초원으로 바꿔준다. 신은 피리에 맞추어 간단히 노래하는 방법과 비록 소박하고 꾸밈없지만 최소한의 규칙을 가진 음악을 작곡하는 법을 가르쳐주셨을 뿐 아니라, 우리의 호흡과 악기로 만들어져 멜로디를 낳는 수많은 소리와 예술, 그리고 다양한 형태의 목소리들을 만들

---

**2**   베르길리우스, 「전원시Bucolica」.

어냈다. 우리가 성장한다는 사실과 우리 몸이 삶의 일정한 단계에 따라 달라진다는 사실을 우리 행위의 결과라고 말할 수 없는 것과 마찬가지로, 우리가 발명한 것들을 우리 행위의 결과라고 말할 수는 없다. 첫번째 단계에서는 젖니가 빠지고 다음 단계에서는 왕성하게 성장함으로써 사춘기의 시작이 다가온다. 그리고 그다음에 청년기 발달의 끝을 나타내는 마지막 사랑니가 나온다. 모든 나이와 능력의 씨앗이 우리에게 내재되어 있다. 그리고 숨겨진 깊은 곳에서 우리의 재능을 이끌어내는 이가 바로 신이다.

이에 반대하여 다음과 같이 말하는 사람이 있을 수 있다. "나에게 이런 것들을 주는 것은 신이 아니라 자연이다." 이렇게 말할 때 자연은 단지 신의 다른 이름임을 이해하지 못하는가? 이 세상 모든 곳에 스며드는 것이 신과 신성이 아니라면 그 밖에 자연은 또 무엇이란 말인가? 창조주를 부를 때 다른 이름을 사용할 수도 있다. 그를 "가장 훌륭하고 가장 위대한 유피테르", "천둥의 신"이라고 부를 수도 있으며, (역사가들이 이야기하듯이) 로마의 전선戰線이 기도에 응답하여 그 자리에 머물러 있었던 것이 아니라 모든 것들이 신 덕분에 제자리에 있을 수 있었기 때문에 그를 "머무르게 하는 자"라고 부르는 것도 옳다. 그대가 그를 "운명"이라고 부르더라도 틀린 것은 아니다. 운명은 서로 연결된 원인들의 연쇄에 다름 아니며, 신은 다른 모든 원인들이 의존하는 최초의 원인이기 때문이다. 그대가 선택하는 이름들이 어떠하건, 만약 그것들이 천상의 힘과 결과를 암시한다면 그것은 적절히 적용된 것이다. 그 이름은 그 은혜만큼 다양할 수 있다.

## 신이 베푼 은혜의 영향은 지대하다

또한 우리 학파는 그를 아버지 신 리베르, 헤라클레스, 메르쿠리우스라고 생각한다. 아버지 신 리베르라고 하는 것은 그가 모든 것의 어버이이자 쾌락을 통해 생명을 제공하는 중대한 힘을 발견한 최초자이기 때문이다. 헤라클레스라고 하는 것은 그가 일에 지쳤을 때조차 다시 활활 타오를 만큼 그 힘이 무한하기 때문이며, 메르쿠리우스라고 하는 것은 이성과 숫자, 질서와 지식이 그에게 속해 있기 때문이다. 그대가 돌아서는 곳 어디든지 신이 너를 위해 찾아올 것이다. 신이 계시지 않는 곳은 없으며 그는 자신이 하는 모든 일에 고루 영향을 미친다. 그러므로 신 없는 자연은 없으며, 자연 없는 신도 없다. 그렇기 때문에 그대가 신이 아닌 자연에게 빚지고 있다고 말하는 것은 무의미하며 그렇게 말하는 것은 감사할 줄 모르는 것이다. 기능은 다를지라도 둘은 동일한 것이다. 그대가 세네카에게서 받은 것을 안나이우스 또는 루키우스에게 빚졌다고 말한다면 그대는 채권자 자체가 아닌 그의 이름만을 바꾼 것이 되는데, 첫번째 이름, 두번째 이름, 그리고 세번째 이름 중에 무엇을 사용하든지 그는 여전히 동일한 사람이기 때문이다. 그러니 이제 신을 "자연", "운명", "행운"이라고 불러보라. 모두 다른 방식으로 힘을 사용하는, 같은 신의 이름들이다. 이와 마찬가지로 정의, 정직, 신중, 용기, 검소는 모두 하나의 좋은 특성들이며 동일한 정신이다. 그대가 그것들 가운데 어떠한 것을 인정한다면 그것은 그 정신을 승인하는 것이 된다.

또 다른 논의로 방향을 돌리지는 않겠다. 신은 어떠한 보상도 기대하지 않으면서 우리에게 엄청난 양의 놀라운 은혜를 베풀어준다. 즉 신은 어떠한 선물도 필요로 하지 않을 뿐만 아니라 우리가 그에게 줄 수 있는 것도 없다. 따라서 은혜는 다른 목적 없이 오직 그 자체를 위해 베풀어야 한다는 결론이 성립한다. 은혜를 베풀 때는 오직 은혜를 입을 사람의 이익만을 고려해야 하므로, 우리는 우리 자신의 이익은 제쳐두고 이를 위해 노력해야 한다.

어떤 사람은 이렇게 반박할지도 모른다. "당신은 농부들조차 모래에 씨를 뿌리지는 않기 때문에 우리가 은혜를 베풀 사람들을 조심스럽게 선택해야 한다고 말하지 않았는가? 그것이 사실이라면 쟁기로 일구고 씨를 뿌리는 것처럼, 은혜를 베푸는 것도 우리가 이익을 추구하는 것이라고 말할 수 있다. 씨를 뿌리는 행위는 다른 목적 없이 그 자체만을 위해 행하는 것이 아니기 때문이다. 나아가 당신은 어디에, 그리고 어떻게 은혜를 베풀어야 할지 따져야 한다고 했다. 은혜를 베푸는 일이 그 자체를 위해서 해야 한다면, 그런 고민은 불필요한 것이 아닌가. 어떤 맥락에서 어떤 방식으로 은혜를 베풀든 간에, 그것은 여전히 은혜일 것이기 때문이다." 우리는 고결함 자체를 위해 고결한 것을 추구한다. 하지만 무언가를 추구하지 않더라도, 우리는 여전히 우리가 무엇을 해야 하는지, 그리고 언제 어떻게 그것을 해야 하는지 따져봐야 할 것이다. 사실 이것이 고결한 행위의 기준이다. 그래서 나는 은혜를 베풀 사람을 선택할 때 그것이 실제로 은혜로운 일이 될지를 확실히 고려해 선택한다. 만약 그 은혜가 불명예스러운 누군가에게 주어진다면 고결하거나 은혜로운 것이 될 수 없기 때문이다.

# 은혜의 결과

**11**

## 가난하더라도 도덕적인 사람에게 은혜를 베풀라

맡은 것을 되돌려주는 것은 그 행위 자체로 가치가 있지만, 그렇다고 나는 아무 때나 돌려주지는 않을 것이다. 때로는 내가 맡은 것을 부인하건, 혹은 공개적으로 그것을 돌려주건 별 차이가 없다. 나는 되돌려 받을 사람의 이익에 유념할 것이며 그에게 해를 끼칠 수도 있는 물건은 돌려주지 않을 것이다. 나는 은혜를 베푸는 일에도 이와 똑같이 할 것이다. 나는 누구에게, 언제, 어떻게, 왜 은혜를 베풀지를 명확하게 할 것이다. 어떤 것도 이유 없이 행하지 않을 것이다. 고결한 것은 항상 이성에 의해 수반되므로, 오직 이성적으로 베푼 것만이 은혜가 될 수 있다.

　사람들은 깊이 생각하지 않고 선물을 준 것을 자책하며 이렇게 말한다. "그에게 그것을 주느니 차라리 버렸어야 했는데." 가장 부끄러운 손실은 사려 없이 베푼 선물이며, 보상을 받지 않는 편보다 부도덕하게 은혜를 베푸는 편이 훨씬 더 나쁜 일이다. 우리가 보상을 받지 못한 것은 다른 누군가의 잘못이지만, 은혜를 입을 적절한 사람을 택하지 못한 것은 우리의 잘못이다. 은혜 입은 사람을 택하는 데 있어, 그가 과연 나에게 보상을 해줄 것인지 따지는 것은 고려의 대상이 아니다. 나는 감사할 줄 아는 사람을 택하지, 나에게 보답할 사람을 택하지는 않을 것이다. 그리고 종종 보답하지 않는 사람 중에 감사할 줄 아는 사람이 있고, 갚는 사람 중에도 감사할 줄 모르는 사람이 있다. 나는 사람들의 성격을 평가한다. 그러므로 나는 부유하지만 자격이 없는 사람은 제쳐놓을 것이고 가난하지만 도덕적인 사람에게는 은혜를 베풀 것이다. 극심한 가난 속에서도 감사할 줄 아는 사람은 가진 것이 하나도 없을 때조차 여전히 감사하는 마음을 간직한다.

나는 은혜를 베풀 때, 이익이나 쾌락, 영광을 바라지 않을 것이다. 다른 누군가를 기쁘게 하는 것에 만족하고 내가 마땅히 해야 할 일을 하기 위해 베풀 뿐이다. 그러나 은혜를 베풀 때 누구를 택해야 하는지 고려하지 않을 수 없다. 그대는 다음과 같이 물을 것이다. "어떤 사람을 택해야 하는가?" 나는 올바르고 솔직하고 의무를 잊지 않으며 감사할 줄 아는 사람, 다른 이의 재산에 손대지 않으며 자신의 재산을 탐욕스럽게 독점하려고 하지 않는 사람과 친절한 사람을 택할 것이다. 내가 그런 사람을 택했을 때, 비록 운명이 그로 하여금 호의에 보답하기 위해 쓸 만한 것은 아무것도 주지 않았을지라도 내 목적을 이룬 셈이다. 이기적이고 부정직한 계산으로 관대한 행동을 한다면, 그리고 보답받지 못하는 한 누구에게도 도움을 베풀지 않는다면, 먼 외국에 나가서 결코 보답하지 못할 사람에게는 은혜를 베풀지 않을 것이다. 병들어 회복할 가망성이 없어 보이는 사람에게도 은혜를 베풀지 않을 것이며, 내가 임종할 때는 보답받을 시간이 없으므로 은혜를 베풀지 않을 것이다.

그럼에도 은혜를 베푸는 것이 행위 그 자체로 의미가 있다는 것을 그대가 깨달았다면, 우리는 이제 막 항구에 도착하거나 떠날 예정인 외국인들에게도 은혜를 베풀어야 한다. 우리는 조난을 당한 낯선 사람에게 배를 주고 그가 집으로 안전하게 돌아갈 수 있도록 필요한 것들을 갖춰줘야 한다. 누가 자신을 구조했는지 모르고 은인과 다시 만나리라는 기대도 하지 않지만, 은혜를 입은 사람은 신들을 채무자로 정하고 신들에게 자신이 빚진 호의에 보답해달라고 기도한다. 은혜를 베푼 사람은 그동안 어떠한 보답도 돌아오지 않았더라도 자신이 베푼 은혜를 깨닫고 즐거워할 것이다. 삶의 막판에 이르러 유언장을 작성할 때 우리 자신에게 전혀 돌아오지 못할 은혜를 베풀지 않는가? 누구에게 얼마나 많이 베풀어야 할지 생각하는 데 얼마나 많은 시간을 소비하는가? 아무도 우리에게 보답하지 않을 거라면 누구에게 베푸는가가 뭐 그리 중요하겠는가? 그러나 우리는 이기심 없이 대가를 기대하지 않고 고결한 생각만으로 베풀기보다 더 신중히 베풀려고 하며 더 고통스러운 결정을 하게 된다. 우리의 의무가 희망, 두려움, 악덕과 쾌락의 허약함으로 일그러지게 되면, 우리는 우리의 의무를 잘못 판단하게 된다. 죽음이 이 모든 것들을 뒤로 하고 최후의 판결을 할 청렴한 판사를 보내 올 때, 우리는 부를 상속받을 만한 가장 가치 있는 사람을 찾기 위해 가장 세심한 주의를 기울인다. 그리고 마침내 어떤 한 사람이 떠오르면 미처 생각하지도 못한 엄청난 기쁨이 밀려오곤 한다. "나는 이 사람에게 부를 상속할 것이고 그의 지위에 부를 더함으로써 영광을 더할 것이다." 만약 보상이 머지않아 되돌아올 때에만 은혜를 베푼다면 우리는 유언장을 남기지 않고 죽을 것이다.

이에 대해서 이렇게 반박하는 사람도 있다. "당신은 은혜를 '갚을 수 없는 부채負債'라고 부른다. 그러나 부채는 그 자체로 선택된 것이 아니다." 여기서 "부채"라는 말은 비유, 즉 은유로 사용한 것이다. 이와 마찬가지로 우리는 법을 정당함과 부당함을 가늠하는 규칙이라고 부르며, 이때 "규칙"이란 단어는 그 자체를 위해 사용되는 것이 아니다. 우리는 설명을 하기 위해서 이런 단어들을 사용한다. 내가 "부채"라고 말할 때 "갚을 수 없는"이라는 표현을 덧붙였듯이, 이는 "부채 비슷한 것"으로 이해해야 한다. 갚을 수 없거나 갚아서는 안 되는 "부채"란 존재하지 않기 때문이다. 따라서 은혜를 베풀 때는 진실로 희생하는 마음으로 베풀어야 하며 이기심으로 베풀어서는 안 된다. 이와 마찬가지로 누군가가 강도들에게 둘러싸여 있는 것을 봤다면 비록 내가 무사히 지나갈 수 있다고 하더라도 나는 그 사람을 보호할 것이다. 나는 권세 있는 사람들에 대항하는 피고인을 보호할 것이며, 나 자신이 어려움에 빠지는 일이 있더라도 그를 고소인의 손으로부터 구해내기 위해 그 권세가들의 책략이 나에게 향하도록 할 것이다. 내가 다른 편에 설 수도 있고 나와 무관한 싸움인 양 먼발치에서 그저 지켜보기만 할 수도 있겠지만, 나는 채무자로 판결받은 친구의 보증을 설 것이다. 그리고 그 친구의 재산이 경매에 부쳐졌을 때 그의 채권자들이 나에게 채무 이행을 요구할 수 있도록 조치를 취할 것이다. 법률적 보호를 받을 권리를 박탈당한 누군가를 구하기 위해서 내 자신이 법률적 보호를 박탈당할 위험을 감수할 것이다. 투스쿨룸이나 티부르에 여름 별장을 구매하려는 사람은 그 비용을 되찾는 데 몇 해가 걸릴지 따지지 않는다. 별장을 구매하면 그것을 관리해야만 한다. 은혜에 관해서도 이와 마찬가지의 원칙이 적용된다. 은혜가 어떠한 보답을 주는지 그대가 묻는다면 나는 "양심"이라고 답할 것이다. 양심이 어떠한 보답을 주는지 묻는다면, 정의, 결백, 정신적 훌륭함, 겸손, 절제는 어떠한 보답을 주는지 되묻고 싶다. 만약 그대가 그 외에 다른 무언가를 추구한다면, 이런 가치들을 따르지 않는 셈이 된다.

계절은 왜 변화하는가? 어떤 이유로 낮은 길어졌다가 짧아졌다가 하는가? 이 모든 것들이 우리를 이롭게 하므로, 그것은 은혜다. 하늘의 의무가 만물의 순환을 유지하는 것이고, 태양의 의무가 뜨고 지는 위치를 바꾸면서 어떠한 보상도 없이 우리에게 매우 이로운 운동을 수행하는 것이듯이, 은혜를 베푸는 것은 인간의 의무이다. 그렇다면 어째서 인간은 은혜를 베푸는가? 베풀지 않는 상태를 피하기 위해, 덕을 행하기 위한 기회가 없어지는 것을 피하기 위해서다.

## 쾌락과 은혜 사이에는 밀접한 관계가 있다

그대는 쾌락을 그대의 경멸스러운 몸에 게으른 나태함을 주고, 잠에 버금가는 마음의 편안함을 추구하여 깊은 그늘로 숨게 하고, 마음의 무기력을 "평온"이라고 부르는 부드러운 생각들로 바꾸고, 게으름으로 핼쑥한 몸에 음식과 음료를 가득 채우는 것으로 생각한다. 하지만 나는 쾌락이란 은혜를 베푸는 것이라고 생각한다. 그것이 비록 수고스러울지라도 다른 사람의 수고를 덜어줄 수 있다면, 비록 그것이 위험을 수반하더라도 다른 사람을 위험에서 구해줄 수 있다면, 비록 그것이 재정적으로 부담을 줄지라도 다른 사람의 궁핍과 어려움을 덜어줄 수 있다면, 나는 은혜를 베풀 것이다. 은혜를 보상받을 수 있는지 여부가 어떤 차이를 가져오는가? 비록 은혜에 보상을 받는다 할지라도 그 보답은 누군가에게 다시 주어져야만 한다. 은혜는 우리 자신이 아닌 은혜를 입는 사람의 이익을 목적으로 해야 하는데, 그렇지 않으면 우리 자신을 위해 은혜를 베푸는 것과 같다. 어째서 다른 사람들에게 가장 큰 이익을 준 많은 것들이 감사의 마음을 얻지 못할까? 가격으로 계산했기 때문이다. 그것은 값을 가지게 마련이다. 도시는 상인을, 환자는 의사를, 노예는 중개인을 필요로 한다. 하지만 이 모든 것들은 자신의 이익을 추구하는 과정에서 다른 사람들에게 이익이 된 것이기 때문에, 도움을 받은 사람에게 어떤 의무감을 지우지는 않는다. 이익을 위해 베푸는 것은 은혜가 아니다. "이것은 내가 줄 것이고, 저것은 내가 돌려받을 것"이라고 말하는 것은 판매를 뜻한다.

애인의 욕정을 불러일으키기 위해 그의 요구를 거절하거나, 법이나 남편이 두려워 애인의 요구에 퇴짜를 놓은 여성을 순결하다거나 정숙하다고 부르지는 않는다. 오비디우스가 말했듯이, 성관계를 할 수 없는 상태에 있었기 때문에 성관계를 하지 않은 여성은 결국 성관계를 한 것이나 다름없다. 자신의 신념 때문이 아니라 단지 두렵다는 이유로 순결을 지켰다고 한다면 타락한 것으로 간주해야 마땅하다. 이와 마찬가지로 보답받기 위해 은혜를 베푼 사람은 결국 은혜를 베풀지 않은 사람이나 마찬가지다. 그렇지 않다면 일을 시키기 위해서든 먹기 위해서든 그런 목적으로 우리가 기르고 있는 동물들에게도 우리는 은혜를 베풀고 있는 것이다. 또한 우리가 기르는 나무가 가뭄에도 견딜 수 있도록 해주고, 경작되지 않은 채 땅에 방치되어 힘들게 자라지 않도록 한다면, 우리는 그 나무에도 은혜를 베풀고 있는 셈이다. 정의감으로 농사를 짓거나 보상이나 그와 같은 것을 바라고 농사를 짓는 경우는 없다. 탐욕스럽거나 비열한 생각이 우리로 하여금 은혜를 베풀도록 하는 것이 아니라, 인정스럽고 관대한 생각이야말로 은혜를 베풀도록 하는 것이다. 이러한 생각은 이미 한 번 은혜를 베풀었을 때조차 우리로 하여금 다시 한 번 더 은혜를 베풀도록 한다. 그렇게 은혜를 베푸는 것은 이전의 선물에 새로운 선물을 한 번 더 보태는 결과를 낳는다. 그렇게 하여 우리는 수혜자에게 가능한 한 많은 선행을 베풀 수 있다. 그렇지 않다면 은혜를 베푸는 것은 단지 쓸모가 있기 때문에만 유용한 행위가 되며, 찬사와 영광이 없으면 비천한 행위가 되고 만다. 자기 자신을 사랑하고 스스로를 보호하고 자신을 위해 재산을 축적하는 것이 뭐가 그리 훌륭한 일이란 말인가? 은혜를 베풀고자 하는 진실한 소망이 우리로 하여금 선행을 베푸는 최고의 즐거움을 위해 손실을 견뎌내고 이기심을 단념토록 한다.

은혜를 베푸는 일과 피해를 끼치는 일이 다른 것이라고 생각하는가? 피해를 끼치는 일을 그 자체로 피하고자 하는 것과 마찬가지로 은혜를 베푸는 것도 그 자체를 위해 행하고자 한다. 아무리 큰 보상이 있더라도 행위가 수치스럽다면 죄를 저지르는 것이다. 또 다른 경우에는, 우리는 오직 그것이 고결하다는 이유만으로 행하기도 한다. 자신이 베푼 은혜를 보고서 좋아하지 않거나, 자신이 은혜를 베푼 사람을 보고서 기뻐하지 않거나, 단지 한 번 베풀었기 때문에 이제 다시는 베풀지 않아도 된다고 생각할 사람은 이 세상에 없다. 그리고 우리가 베푼 은혜가 우리를 기쁘게 하지 않는 경우는 없다.

사람들이 다음과 같이 말하는 것을 종종 들을 수 있다. "어떤 사람의 생명을 구했고 위험에서 그를 구해냈지만 그렇다고 이번에 그를 돕지 않는다면 분명 이는 견디기 어려울 것이다. 그는 권세가들이 자기를 도와줄 수 있도록 해달라고 나에게 부탁한다. 나는 그러고 싶지 않은데 어찌하겠는가? 한 번도 아니고 두 번씩이나 그를 옹호했다." 베푸는 것 자체에 내재된 힘이 있다는 것을 모르겠는가? 처음에는 하는 수 없이 베풀었을지언정 그다음에는 이미 한 번 베풀었기 때문에 다시 베풀도록 하는 힘이 존재한다. 처음에는 그를 위해서 무언가 베풀어야 할 이유는 없었지만, 지금은 이전에 그렇게 했다는 이유 때문에 베풀 뿐이다. 은혜를 베풀도록 우리의 마음을 움직이는 것은 이기심이 아니다. 그것은 절대 아니다! 우리는 단지 은혜를 베푸는 즐거움 때문에 이득이 되지 않는 사람들을 보호하기도 하고 도와주기도 한다. 은혜를 베푼 결과가 좋지 않을 때조차 은혜를 베푸는 것에 관대한 것은, 우리 아이들이 나쁜 짓을 할 때조차 그들을 관대하게 대하는 것만큼이나 자연스럽다.

## 인간이 만물의 지배자가 된 것은 이성과 협력을 통해서이다

우리의 반대자들은 고결하기 때문이 아니라 이롭기 때문에 호의에 보답한다고 말한다. 이것이 거짓이라는 것은 우리의 앞선 논의에 의해 쉽게 입증된다. 우리는 은혜 그 자체에 가치를 두고 은혜를 베푼다는 것을 입증하지 않았는가? 이 사실을 뒷받침할 나머지 증거들은 이렇다. 고결한 것은 오직 그것이 고결하다는 이유로 존중된다. 과연 누가 감사할 줄 아는 것이 고결한지를 두고 논쟁하려 들겠는가? 감사할 줄 모르는 사람은 자기 자신에게조차 쓸모없다. 하물며 감사할 줄 모르는 사람을 혐오하지 않는 사람이 이 세상에 어디 있을까? 그렇다면 이것은 어떤가? 누군가 그대에게 "그 사람은 친구에게서 엄청난 은혜를 입었으면서도 스스로 친구의 은혜에 반하는 행동을 했다."라고 말했다면 그대는 어떻게 생각하겠는가? 그가 부끄러운 행위를 한 것인가? 친구에게 이롭고 이익을 줄 수 있는 행위를 등한시했는가? 그가 한 부끄러운 행위나 유리한 행위가 그에게 이익을 가져다줄 것인가? 나는 그대가 그 사람을 보호받아야 할 사람으로 간주하기보다는 어떤 처벌이 필요한 부도덕한 사람으로 간주할 것이라 믿는다.

어떤 특징들은 가치를 분명하게 드러내지 않으며 자신들의 고결함을 설명해줄 누군가를 필요로 한다. 다른 특징들은 보다 분명하게 드러나고 그 탁월함이 어둡고 흐릿하게 빛을 비추기에는 너무나 아름답게 보인다. 우리가 누군가로부터 좋은 대우를 받았다면, 우리의 마음에는 호의에 보답하고자 하는 훌륭한 무언가가 있기 마련이다.

무엇이 이러한 결론에 이르게 한 것인가? 이익일까? 그러나 그대가 이익을 경멸하지 않는 한 그대는 은혜가 무엇인지 모를 것이다. 이익이 아니라면 야망일까? 빚진 것을 갚았다고 자랑할 이유는 없다. 그렇다면 두려움 때문인가? 자연이 이미 충분한 역할을 하고 있기에 우리는 어떠한 법적 제재도 가하지 않는다. 그러므로 은혜를 모르는 사람이 두려워할 것은 전혀 없다. 꼭 부모를 사랑하고 자녀를 돌봐야 한다는 법이 없듯이, 강요하지 않아도 누구나 이 세상에 태어날 때 자기애를 갖고 태어나듯이, 고결한 것 자체를 추구해야 한다고 충고할 필요는 전혀 없다. 이것들은 바로 본능적으로 우리의 마음을 이끈다. 덕은 나쁜 사람들조차 본능적으로 좋다고 여길 만큼 매력적이다. 이 세상에 은혜를 베푸는 것을 바라지 않을 사람이 어디 있을까? 범죄를 저지르면서도 선량하다는 평판을 얻으려고 하지 않는가? 은혜를 베푸는 것처럼 보이기를 바라면서도, 은혜를 베푸는 것과 그 이상의 무모한 행동을 연관 지어 그럴듯하게 설명하려고 하지 않는가?

그들은 자신이 상처를 준 사람들로부터도 감사를 받기 원하지만, 실제로 그럴 수 없기 때문에 선량하고 관대한 척한다. 고결함을 사랑하고 고결함 자체를 추구함으로써 그것과 반대되는 명성을 얻지 않는 한, 그리고 그들이 사악함을 숨기려고 하지 않는 한, 그들은 결코 감사받지 못할 것이다. 그들은 악의 열매를 탐하고, 그것은 그 자체로 증오와 수치의 근원이 된다. 어느 누구도 자연의 법칙을 거스를 수 없으며, 단지 악에 대한 즐거움 때문에 악인이 될 만큼 인간성을 저버릴 사람은 없다. 강도질을 해서 먹고사는 사람에게 정직한 수단으로 재산을 얻는 것과 약탈이나 도둑질과 같은 부정한 방법으로 재산을 얻는 것 중 어느 것이 더 좋은지 물어보라. 행인을 폭행하고 쓰러뜨려서 이득을 본 사람이 있다면 그는 물건을 약탈해서 이득을 얻었다고 하기보다는 그 물건을 우연히 발견해 이득을 본 것뿐이라고 말할 것이다. 그대가 악인이 되지 않고서는 악의 열매를 탐하지 않는 사람을 결코 찾을 수 없을 것이다. 본성의 가장 큰 역할은 덕을 통해 우리 모두의 마음속에 본성의 빛이 비칠 수 있도록 해주는 것이다. 따라서 본성을 따르지 않는 사람들조차 빛을 볼 수 있다.

감사의 태도는 그 자체로 의미를 갖는다고 할 수 있다. 감사하지 않는 것은 일종의 악으로서 피해야 한다. 감사하지 않는 태도만큼 사람 사이의 화합을 막거나 해체할 수 있는 것은 없다. 서로 돕는 것 외에 우리의 안전을 지켜줄 수 있는 것은 무엇인가? 은혜를 주고받는 것, 그것만이 우리의 삶을 보호하고 갑작스러운 공격에 맞서 우리의 삶을 지켜준다. 하나씩 하나씩 곰곰이 생각해보자. 우리 인간은 과연 무엇인가? 최상의 선택을 받은 혈통을 지닌 존재일지 모르지만 짐승들의 먹잇감이나 그들의 희생물이거나 또는 가장 잡히기 쉬운 동물일 뿐이다. 다른 동물들에게는 스스로를 보호하기에 충분한 힘이 있다. 홀로 떠돌아다니거나 무리와 떨어져 독립적으로 살아가는 동물들은 무장이 잘된 몸체를 지니고 있다. 그러나 인간은 연약한 피부로 덮여 있다. 인간은 다른 존재에게 두려움을 느끼도록 할 만큼 강력한 발톱이나 이빨이 없다. 벌거벗고 연약한 존재인 인간을 보호해줄 수 있는 것은 오직 협력뿐이다. 신은 이 연약한 창조물이 가장 강력한 존재가 되도록 두 가지 선물을 주었다. 이성과 협력이 그것이다. 이를 통해 혼자서는 어떤 것에도 감히 맞설 수 없었던 존재가 이제는 만물의 지배자가 되었다. 협력은 인간에게 다른 모든 동물들을 지배할 수 있는 힘을 주었다. 협력으로 인해 인간은 다른 영역을 통제할 수 있게 되었고 심지어 바다를 다스릴 수 있게 되었다. 협력으로 질병의 침입을 저지하고 노인을 부양하며 고통 속에서 위안을 받을 수 있게 되었다. 또한 우리는 협력하여 운명에 맞서 도움을 요청할 수 있었고 용감할 수 있었다. 협력이 없었다면 인간의 삶의 기반이라고 할 수 있는 인류의 통합은 이미 파괴되고 없을 것이다. 만약 인간이 스스로 선택한 것이 아니라 두려움 때문에 감사함을 표하는 것이라면 그것은 협력이라고 할 수 없다. 많은 사람들이 별 탈이 없다면 굳이 감사하려 들지 않는다. 두려움 때문에 감사하는 사람은 사실상 감사할 줄 모르는 것과 다름없다.

## 감사하는 마음보다 더 고결한 것은 없다

정신이 온전한 사람이라면 결코 신을 두려워하지 않을 것이다. 행복을 두려워하는 사람은 정신이 이상한 사람이며, 자신이 두려워하는 자를 사랑할 사람은 이 세상에 없다. 에피쿠로스여, 그대는 인간이 다른 존재에게 두려움을 불어넣지 못하도록 인간에게서 무기와 힘을 빼앗았다. 신이 인간에게 선사한 무기를 없앰으로써 인간을 무방비 상태로 만든 것이다. 그대는 인간을 두려움의 영역 밖으로 내쫓았다. 극복할 수 없는 거대한 벽에 의해 신은 인간의 시야에서 분리되었다. 따라서 인간이 신을 두려워할 이유란 전혀 없다. 신에게는 도움을 베풀거나 해를 끼칠 만한 도구도 없다. 우주에서 동물과 인간으로부터 고립된 신은 주위에서 충돌하는 세상의 붕괴를 피해 인간의 기도 따위에는 귀 기울이지 않으며 인간에게 무관심하다. 그대는 마치 부모에게 감사하는 것과 같은 마음으로 신을 숭배하는 것처럼 보이기를 원한다. 만약 그대가 감사하는 것처럼 보이기 원치 않는다면, 그대는 신으로부터 어떠한 은혜도 받지 않았고 우연히 원자와 티끌로 만들어졌다고 생각해야 한다. 그렇다면 그대는 왜 신을 숭배하는가? 그대는 "신의 장엄함과 훌륭한 특성 때문에"라고 말할 것이다. 나는 그대가 어떠한 보상이나 기대 없이 신을 숭배하고 있다는 것을 잘 안다. 그것은 오직 그 자체를 위해 숭배하는 것이며, 그대를 설득할 수 있는 그 자체의 가치, 즉 고결함이 존재한다는 것을 보여준다. 감사하는 마음보다 더 고결한 것이 이 세상에 있을까? 덕이 베풀어지는 영역은 삶 그 자체만큼이나 넓다.

# 은혜의 덕성

**12**

## 덕에도 이익의 요소는 있다

에피쿠로스는 이렇게 이의를 제기할 수도 있다. "그러나 이런 덕에도 이익의 요소는 있다." 어떠한 미덕이 그렇지 않겠는가? 그러나 어느 정도 이익이 있더라도, 그것이 그 자체로 우리를 기쁘게 한다면 그 자체만의 무언가가 존재한다고 말할 수 있다. 그러한 이익은 감사의 마음에 보답하기 위한 것이기도 하지만, 나는 그 이득이 나에게 해를 끼칠 때조차 감사의 마음을 가질 것이다. 감사할 줄 아는 사람은 무엇을 추구하는가? 감사할 줄 아는 사람이 더 많은 친구가 있고 더 큰 은혜를 주는가? 만약 화를 내면 무엇인가 얻기보다는 이미 소유하고 있는 많은 것들을 잃는다는 것을 알고 있어도, 기꺼이 그 손해를 감수하면서도 화풀이를 할 수 있을까? 답례를 기대하면서 호의에 보답하는 것은 결과적으로 감사할 줄 모르는 것이나 다름없다. 그것은 보답하면서 무언가를 바라는 것이다. 내가 감사할 줄 모른다고 말하는 사람은 유언장을 작성하고 상속과 유산에 대해 생각할 시간을 주기 위해 아픈 사람 앞에 앉아 수수방관만 하는 사람이다. 선량한 친구들은 자신의 의무를 항상 의식하고 있다. 감사할 줄 모르는 사람도 반드시 이런 의무감이 있다. 마음속에 이익을 기대하는 마음이 있다면, 이는 유산을 노리고 이를 가로채려고 하는 것과 다름없다. 죽은 동물을 게걸스럽게 먹으면서 살아가는 새들이 질병으로 지쳐 빠진 무리 주위를 맴돌면서 하강할 준비를 하는 것처럼, 이익을 바라는 사람은 죽은 이에게 덤벼들고자 그 시체 주위를 맴돈다.

## 감사의 마음은 선에 이끌린다

감사의 마음은 선 그 자체에 이끌린다. 그대는 감사하는 마음이 선에 이끌리며 이기심에 의해 부패되지 않는다는 증거를 원하는가? 감사하는 마음을 갖는 사람에는 두 가지 유형이 있다. 첫번째 유형은 받은 것에 대한 보답으로 무언가 갚으려는 마음이 있는 사람이다. 그는 어쩌면 으스댈 수 있고 자랑하고 싶은 마음이 들 수도 있다. 두번째 유형은 올바른 마음으로 은혜를 입고 그런 마음을 마음속에 간직한 사람이다. 이런 감정을 숨김으로써 그가 얻을 수 있는 이익은 과연 무엇일까? 그 이상의 것을 할 수는 없어도 그에게는 감사하는 마음이 있다. 그는 애정을 느끼고 자신이 빚졌다는 것을 알고 그 호의에 보답하고자 한다. 그대가 부족하다고 생각하든 그렇지 않든, 그가 감사하기를 소홀히 한다 해도 그의 책임은 아니다.

예술적 능력을 발휘할 만한 도구가 부족하더라도 예술가는 여전히 예술가이다. 소란스러운 군중 때문에 가수 목소리가 들리지 않는다고 해서 기량이 없다고 할 수는 없는 것이다. 나는 호의에 보답하기를 원한다. 호의에 보답을 한 후에도 감사하는 마음을 보여주기 위해서가 아니라 빚을 갚기 위해 반드시 행해야 할 것이 남아 있다. 종종 호의에 보답하는 사람이 감사할 줄 모르는 사람이 되기도 하고, 그렇지 않은 사람이 감사할 줄 아는 사람으로 간주되기도 한다. 이러한 판단은 전적으로 감사하는 태도에 달려 있다. 침묵을 지킬 때조차 유창한 웅변가가 될 수 있고, 손이 꽁꽁 묶여 있더라도 용감한 사람이 될 수 있으며, 장애가 있음에도 전문적인 기술이 있을 수 있고, 조타수는 꼭 바다 위에 떠 있는 배 안에서만 필요한 것이 아니라 메마르고 건조한 땅 위에서도 필요할 수 있다. 마찬가지로 진정으로 감사할 줄 아는 사람은 상대방의 소망이 이루어지기를 진심으로 바랄 줄 알며, 그 마음을 다른 사람에게 내보이지 않고 오직 자기 자신만 간직할 줄 안다.

좀 더 나아가보자. 때로 겉으로는 감사할 줄 모르는 것처럼 보이기도 하고, 때로는 악의적인 소문으로 비뚤어져 보일지라도, 실제로는 마음 깊이 감사의 마음을 지닌 사람이 있다. 그런 사람은 다른 사람의 시선보다 자기 생각이 더 중요한 것이다. 자신의 마음 외에 달리 무엇을 신경 쓰겠는가? 비록 분명하게 드러나지 않을지라도 감사의 마음은 그 자신을 기쁘게 하고, 그는 감사하는 마음을 가지고 있다는 자체로 대중들의 의견에 맞선다. 아무리 많은 군중이 그와 다르게 생각할지라도 그는 감사의 마음 자체로 이길 수 있다. 선의가 음모에 의해 제대로 대우받지 못한다 해도 그는 굴하지 않는다. 그는 다음과 같이 말할 것이다. "나는 내가 원하고 추구하는 것이 있다. '내 자신에게 무엇을 바라는가? 아무리 내가 선한 의도를 갖고 있다 한들 무슨 소용이겠는가?'라고 말하는 것처럼 들릴 수도 있지만, 나는 어떠한 후회도, 여한도 없으며, 앞으로도 후회를 하거나 여한을 느끼는 일은 없을 것이다. 나는 어떠한 기회나 행운도 바라지 않을 것이다." 선한 의도는 한쪽 팔에 붙은 불꽃이 다른 팔로 옮겨 붙어 서서히 몸 전체를 둘러쌀 정도로 극도로 괴로울 때가 되어서야 비로소 가치가 있다. 내 마음이 피를 뚝뚝 흘릴지라도 선의는 완전히 깨달았을 것이다. 그리고 선한 믿음의 광채가 그 불꽃을 더욱 빛나게 할 것이다.

어째서 우리는 죽을 때 감사하는 것처럼 보이고 싶어 하는가? 어째서 우리는 개인의 수고를 저울질하는가? 어째서 우리는 누군가의 수고를 잊지 않은 것처럼 보이도록, 기억이 우리의 삶 전체를 통제하도록 하는가? 희망할 만한 것이 아무것도 남아 있지 않은 부정적인 상황에서 우리는 가능한 한 자신에게 감사함으로써 세상만사에서 벗어나길 원한다. 이러한 행위에는 보상이 관련되어 있고, 사람의 마음을 끄는 고결한 힘이 엄청나게 내재되어 있다는 것은 너무나도 명백해 보인다. 그 아름다움이 우리의 마음을 적시고 우리를 휘몰아치며 그 광휘와 영광의 놀라움으로 황홀하게 만든다.

"그러나 이득은 대부분 보상과 관련되어 있다. 선량한 사람들에게 삶은 더 안전하다. 그들은 사랑을 즐기고 선량한 사람을 존경한다. 그들의 하루하루는 정직과 감사가 함께할 때 더 안전하다." 자연이 이 위대한 선을 비참하고 위험하고 황량하게 만들었다면 자연은 가장 불공평한 존재일 것이다. 그러나 돌과 절벽, 짐승과 뱀 등이 그대가 덕으로 향하는 길을 방해하고 안전하고 쉬운 길로 가지 못하게 괴롭힌다 해도, 그 길을 그대로 가야 할지 깊이 생각해보라. 몇몇 관련 없는 이득들이 덕을 따라올지라도 무엇인가는 그 자체로 가치가 있을 수도 있다. 사실 아름다운 것들은 종종 또 다른 매력들을 동반하곤 한다. 하지만 역시 가장 아름다운 것은 다른 매력들을 이끌고 오는 가장 선두에 선 아름다움이다.

이 진술들 가운데 의심할 것이라고는 전혀 없다. 인류의 근거지인 이 땅은 궤도를 따라 회전하는 태양과 달에 의해 통제된다. 태양과 달의 열기는 우리 몸에 영양분을 공급하고 땅의 과도한 수분을 줄여줌으로써 땅을 건조하게 하고, 만물에 족쇄를 채우는 겨울의 혹독한 날씨를 녹인다. 아주 효과적이고 어디나 존재하는 따스함으로 농작물을 익게 한다. 달의 순환은 인간의 생식력과 연관이 있다. 태양은 일정한 주기로 회전함으로써 일 년을 감지할 수 있게 하고, 그보다 짧은 순환 주기를 가진 달은 한 달을 감지할 수 있게 한다. 만약 이 모든 것들이 없어진다고 상상해보라. 태양이 우리만을 위해 항해한다 해도 태양은 그 자체로 여전히 우리 눈에 장관이며 숭배할 만한 가치가 있지 않은가? 달이 게으른 별처럼 여행한다고 해서 볼 만한 가치가 없겠는가? 우주 그 자체는 밤에는 불을 뿜어내고, 수많은 별들이 변화무쌍하게 밝게 빛난다. 별들의 빛나는 광경을 우리가 경탄하면서 바라볼 때, 과연 별들은 자신들의 빛나는 모습이 쓸모가 있다고 생각이나 하겠는가?

별들이 우리 머리 위에서 웅장하게 행진하면서 미끄러지는 것을 보라. 어떻게 별들은 빠른 속도로 움직이면서도 우리 눈에는 고요하게 서 있는 것처럼 보이는가? 어떻게 그 많은 것들이 한밤중에 일어나는가! 얼마나 많은 사건들이 이 침묵 속에 계속해서 펼쳐지는가! 별이 움직이는 모습, 명확한 순환을 보여주는 이 운명의 사슬을 보라! 별들은 하늘을 장식하듯 하늘 위에 흩뿌려져 있는 것처럼 보인다. 다른 별들은 고정되어 있는 반면에, 일곱 개의 별들만이 유영하고 있다고 생각할 만한 근거는 전혀 없다. 우리는 몇몇 현상으로만 인식할 뿐이지만, 셀 수 없이 많은 신들이 우리의 시야 너머에 존재한다. 우리가 볼 수 있는 것들 중 많은 것들이 알 수 없을 속도로 나아간다.

　이 웅장한 우주가 그대를 감싸거나 보호하지도 않고, 그대를 소중히 기르거나 낳지도 않으며, 그 영혼으로 그대를 부양하지 않는다고 하더라도, 이 웅장한 구조물의 광경에 매혹되지 않는가? 우주는 우리에게 최고의 가치이고 필수적이며 생명을 주는 존재이다. 그러나 우리의 마음을 끄는 것은 우주의 장엄함이다. 마찬가지로 모든 선, 특히 감사하는 마음은 우리에게 많은 것을 주지만, 그 이유로 우리가 선을 추구하는 것은 아니다. 덕은 그 안에 더 많은 것을 포함한다. 단지 유용성의 관점만으로는 덕을 전혀 이해할 수 없을 것이다. 자신의 이익 때문에 감사한다면, 이익이 있을 때에만 그는 감사할 것이다. 덕은 인색함과 거리가 멀다. 덕이 있는 사람은 인색한 애인을 용납하지 않는다. 덕이 있는 사람은 두둑한 지갑을 갖고 애인에게 와야 한다. 은혜를 모르는 사람은 다음과 같이 핑계를 댄다. "나는 호의에 보답하기 원했다. 그러나 그 비용과 위험이 두렵고 잘못된 행위를 저지를까 봐 염려된다. 그래서 그 대신 나에게 이익 되는 일을 하기로 했다." 사람들은 그들의 목표만큼이나 다양하게 행동하기 때문에 사람들을 감사하는 마음으로 이끄는 근거들도 여러 가지이다. 어떤 이는 그래서는 안 됨에도 자신의 이익을 위해 감사를 표하지 않는다. 다른 이는 그에게 이익이 되지 않을지라도 그렇게 해야 하기 때문에 감사한다.

　우리의 목표는 자연에 따라 살고 신들을 본받는 데 있다. 그런데 신들은 우리의 본보기가 되는 것 외에 무엇을 얻고자 하는가? 신을 숭배하는 인간들은 신을 향한 내면의 열기를 담아 신에게 제사를 바친다. 그 연기와 향 내음을 맡으며 신들은 자신들의 일과 수고에 대한 보상을 얻는다고 생각할까? 신들이 나날이 얼마나 많은 일들을 하는지, 얼마나 많은 것들을 베푸는지 보라. 땅에 가득한 과일들이 얼마나 탐스러운지, 해안에 도달할 수 있도록 바다의 물결을 일게 하는 시기적절한 바람들이 얼마나 많이 부는지, 새로운 생명에게 숨은 영양분을 공급하도록 바싹 마른 샘물을 다시 가득 채울 만큼 대지를 부드럽게 해주는 방대하고 갑작스러운 소나기들이 얼마나 많이 오는지 보라. 신들은 어떠한 보상과 이익도 기대하지 않고서 이 모든 것들을 주관한다. 신들을 본받고자 하는 길에서 헤매지 않으려면, 인간의 이성은 대가를 따져 덕행을 행하지 않는다는 원리를 따라야 한다. 우리가 신 자체를 아무런 대가 없이 가질 수 있음에도 그 은혜에 가격을 책정하려 한다면 이는 부끄러운 일이다.

### 감사할 줄 모르는 사람에게도 은혜를 베풀라

"만약 그대가 신을 본받고자 한다면 감사할 줄 모르는 사람에게도 은혜를 베풀라. 태양은 범죄자들에게도 떠오르며 바다는 해적들에게도 열려 있다." 이 말은 진정 선량한 사람이라면 감사할 줄 모르는 사람에게도 은혜를 베풀어야 하는가란 의문에 대한 답변이다. 그러나 이런 심술궂은 의문에 빠지는 것을 피하기 위해 여기서 한 가지 요점을 설명하겠다. 스토아학파에 따르면, 신에게 감사하는 마음을 갖지 않는 인간에는 두 가지 부류가 있다. 한 부류는 바보 얼간이이기 때문에 감사하는 마음을 갖지 않는다. 만약 바보 얼간이라면 부도덕한 사람일 것이고, 다른 악덕들 중에서 가장 심각한 것이 부도덕이기 때문에 바보 얼간이는 가장 심각한 악덕이 있는 사람이다. 그러므로 그는 감사하는 마음이 없을 것이다. 이런 점에서 모든 부도덕한 사람들을 무절제하고 탐욕스럽고 음란하다고 말하는데, 그들이 개개인으로서 그 모든 악덕들을 현저하고 명백한 형태로 갖고 있는 것이 아니라 그것들을 잠재적인 형태로 갖고 있기 때문이다. 사실상 분명히 드러나지 않을지라도 그들은 확실히 그 악덕들이 있는 것이다. 또 다른 부류는 자연적 성향 때문에 감사할 줄 모르는 사람으로, 일반적으로 악덕을 자연스레 가지고 있다. 선량한 사람은 전자와 같은 유형의 감사할 줄 모르는 사람에게는 은혜를 베푼다. 만약 선량한 사람이 부도덕한 사람을 배제한다면 다른 사람에게도 은혜를 베풀 수 없을 것이다. 하지만 다른 사람들을 속여서 은혜를 빼앗고 자연스레 악덕을 행하는 후자와 같은 유형의 사람에게는, 아무리 선량한 사람이라도 은혜를 베풀지 않을 것이다. 이미 몇 번이고 돌려받지 못한 사람에게는 보증금을 맡기지 않고 파산자에게 돈을 빌려주지 않는 것처럼 이런 사람에게는 은혜를 베풀지 않을 것이다.

바보 얼간이는 겁이 많다고들 한다. 이런 바보 얼간이의 악덕은 예외 없이 악덕들에 둘러싸인 악인들 때문에 생긴다. 별스럽지 않은 소음에도 자연스레 놀란다면 겁이 많은 것이다. 바보 얼간이는 모든 악덕을 가지고 있지만, 모든 악한 성향을 타고난 것은 아니다. 탐욕으로 기우는 사람이 있는가 하면 방종이나 오만으로 기우는 사람도 있다. 그래서 스토아학파에게 이렇게 묻는 것은 잘못이다. "아킬레우스는 소심한가? 아리스티데스는 불공정한가? 지구전으로 승리한 파비우스는 무모한가? 데키우스는 죽음을 두려워하고, 무키우스는 반역자이며, 카밀루스는 도망자인가?"[3] 우리는 개개의 악덕이 특정한 사람에게 두드러진다는 의미에서 모든 악덕이 모든 사람에게 존재한다는 것을 주장하는 것이 아니라, 부도덕한 사람이나 바보 얼간이는 어떠한 악덕에서도 자유롭지 못하다고 주장하는 것이다. 우리는 용감한 사람에게 두려움이 많다고 하지 않으며, 검약한 사람을 탐욕스럽다고 여기지도 않는다.

인간에게는 오감이 있다. 그렇지만 천리안을 지닌 린케우스만큼 날카로운 시력을 갖기는 어려운 것 것처럼, 바보 얼간이 같은 이가 사람들이 어느 정도 지니고 있는 그 모든 악덕들을 가장 심각하게 지니고 있는 것은 아니다. 모든 악덕이 모든 인간에게 존재하지만 모든 악덕이 각각의 개개인에게 두드러지는 것은 아니다. 어떤 사람은 본성상 탐욕으로 기운다. 와인에 중독되거나 성욕에 중독되는 사람도 있다. 아직 중독되지는 않았지만 자신의 성격 때문에 타락하는 사람도 있다.

다시 요점으로 돌아가 보면, 악한 사람들은 모두 감사하는 마음이 없다. 그들은 자신 안에 모든 사악한 씨를 품고 있기 때문이다. 그러나 엄격한 의미에서 보면, 악한 성향이 있는 사람들만 감사하지 않는 사람이라고 부를 수 있다.

아버지가 자신의 딸을 몇 번 이혼한 전력이 있는 폭력적인 남성과 결혼시키려 한다면, 그는 딸의 이익은 상관하지 않는 것이다. 어떤 사람이 대수롭지 않게 생각해 평판이 안 좋은 이에게 자신의 재산을 관리하게 했

---

**3** 아리스티데스는 페르시아의 침략을 물리친 고대 아테네의 유명한 정치가로 별명이 "공정한 사람"이었다. 파비우스는 한니발과의 전쟁을 지구전을 통해 승리로 이끈 정치가이다. 데키우스는 삼니움 전쟁 때에 적진으로 뛰어들어 죽음으로써 로마군의 사기를 올린 집정관이다(279쪽 주석 14 참조). 무키우스는 에트루리아인과의 전쟁에서 홀로 적진에 뛰어든 군인이다(315쪽 주석 20 참조). 카밀루스는 망명 중에 홀로 돌아와 켈트인의 침략을 물리친 로마의 정치가이다. 여기에서는 모두 이 영웅들의 알려진 바의 반대를 말하고 있다.

다면 그는 곧 가난한 가장이 될 것이다. 어떤 사람이 아들을 자주 괴롭히는 사람을 자기 아들의 보호자로 지명하는 유언장을 작성한다면, 그는 제대로 행동한 것이 아니다. 만약 그가 지명한 사람이 감사할 줄 모르는 사람이라면, 그는 최악의 후원자를 선택한 것이다.

## 누구에게나 은혜를 베풀라

"신들은 감사할 줄 모르는 자들에게조차 많은 것을 주신다." 신들은 선량한 사람들을 위해 많은 것을 베풀지만, 부도덕한 사람들에게도 마찬가지로 베푼다. 신은 선량한 자와 부도덕한 자를 차별할 수 없기 때문이다. 그렇기는 하지만 부도덕한 사람 때문에 선량한 사람에게 베풀지 않기보다는, 선량한 사람 때문에 부도덕한 사람에게 베푸는 쪽을 택한다. 그래서 그대가 언급한 것들, 즉 낮, 태양, 겨울과 잇따라 오는 여름, 봄과 가을의 선선한 기후, 빗물과 샘물의 충전, 정기적으로 불어오는 바람 등은 신들이 모든 사람들 가운데 선량한 사람들을 위해 고안해낸 것들이다. 하지만 그것들을 그들에게만 베풀 수는 없다.

왕은 자격 있는 이에게 영예를 주지만, 자격이 없는 이에게조차 관대함을 베푼다. 자격이 있거나 자격이 없거나 명부에 있는 사람은 누구든지 영예를 받는 것처럼, 성격과 관계없이 위증자와 간통자뿐 아니라 도둑들조차 봉급을 받는다. 요컨대 시민으로서 누구라도 받아야 하는 것은 무엇이든지 선량한 사람과 부도덕한 사람에게 동일하게 주어진다. 신은 누군가를 배제하지 않고 인류 전체에 선물을 베푼다. 바람이 선량한 사람에게만 호의적이고, 부도덕한 사람에게는 불리하게 작용할 리 없다. 인류가 더 많은 곳을 지배하기 위해서는 모든 이들이 바다 위를 통행할 수 있어야 한다. 부도덕하고 사악한 사람의 땅이라고 해서 비가 내리지 않도록 할 수는 없다.

우리 모두에게 공통적으로 적용되는 것들이 있다. 도시는 선량한 사람과 부도덕한 사람 모두를 위해 세워진 것이다. 자격이 없는 사람들도 천재적인 작품들을 읽을 수 있다. 의학은 범죄자들에게조차 약을 제공하므로, 어느 누구도 자격이 없는 사람을 치료해서는 안 된다며 건강에 좋은 약을 조제하는 것을 거부하지는 않는다. 모든 사람에게 차별 없이 주어진 것들로 은혜를 받은 사람을 평가하지 말고, 어떤 미덕이나 장점에 의해 개별적으로 주어진 것들에 대해 평가하라. 누군가를 배제하지 않는 것과 누군가를 선택하는 것 사이에는 커다란 차이가 있다. 심지어 도둑조차 정당성을 주장하며, 살인자들도 평화를 즐긴다. 다른 이의 물건을 훔친 사람도 자신의 것을 되찾을 수 있고, 도시의 성벽은 암살자들과 성벽 안에서 칼을 휘두르는 사람 모두를 방어하며, 법을 위반한 사람도 법의 보호를 받는다. 어떤 것은 누구에게나 주어지지 않기 때문에 특정한 이들만 계속해서 받을 수는 없다. 그러므로 모든 사람이 연회에 초대받아야 한다고 주장할 필요는 없다. 그러나 나는 누군가에게 할당되어야 할 것을 감사한 마음을 갖지 않는 이에게는 주지 않을 것이다.

"그렇다면 당신은 정신착란에 빠져 감사할 줄 모르는 사람에게는 조언도 물 한잔도 주지 않을 것이며 그가 길을 잃었을 때 올바른 길을 알려주지도 않겠다는 것인가? 그에게 아무것도 베풀지 않겠다는 말인가?"라고 이의를 제기할 수 있다.

나는 여기서 작은 관용을 은혜와 구분할 것이며, 최소한 그렇게 하려고 노력할 것이다. 은혜는 유용한 수고이지만 몇몇 수고는 은혜라고 말하기에는 너무나 사소하기 때문에 유용한 수고가 모두 은혜인 것은 아니다. 은혜라고 규정되기 위해선 두 개의 요소가 결합되어야 한다. 첫째, 크기에 관한 것이다. 어떤 것들은 은혜라는 이름에 어울리지 않을 만큼 작다. 과연 누가 빵 한 조각이나 동전 한 닢 또는 불붙일 장작 하나를 허락하는 것을 가지고 은혜라고 부르겠는가? 이러한 것들이 가장 위대한 선물들보다 더 도움이 될 때도 있지만, 심지어 그것이 그 순간 꼭 필요하다고 해도 그 가치는 작다. 두번째이자 가장 중요한 요건은, 수혜자의 이익을 위해 행동해야 하고 그것을 가치 있게 판단해야만 하며 그가 선물로 인해 즐거움을 느끼도록 기꺼이 베풀어야 한다는 것이다. 우리는 앞서 이러한 상황들 모두를 논의한 바 있다. 은혜를 받을 만한 사람이기 때문에 가치가 있는 것이 아니라 무시해도 좋을 정도로 하찮은 은혜라도 우리가 사람들에게 베풀기 때문에 그 가치가 높아지는 것이다. 이런 점에서 우리는 특정한 사람에게만 은혜를 베푸는 것이 아니라 인류 모두에게 베푼다고 말할 수 있다.

## 선한 사람들의 덕행은 덕을 더욱 빛나게 한다

나는 귀족 신분을 좇는 사람들에게조차 은혜를 베풀 수 있다고 생각한다. 마치 태어날 때부터 그랬다는듯 귀족 신분을 좇는 사람이 가장 평판이 안 좋다. 그러한 사람들은 이성을 갖고 열심히 일하는 사람들보다 앞서서 그러한 것을 좇는 경향이 있다. 위대한 덕은 성스러운 기억으로 남아 있다. 선한 사람들은 덕을 지속적으로 베풂으로써 더 많은 사람들에게 덕을 베풀고 더욱 빛나게 한다. 키케로를 집정관으로 만든 것은 그의 아버지가 아니라면 누구일까? 누가 킨나를 데려왔으며, 누가 섹스투스 폼페이우스와 다른 폼페이 사람을 적진에서 집정관의 자리로 데려왔는가? 어떻게 한 위대한 인물의 실각으로 그의 모든 후임자들이 승진할 정도의 큰 영향력이 발휘되었을까? 적의 침략에 맞서기 위해 자기 가족을 앞세운 베루코시와 알로브로기치와 300명을 제외하고, 파렴치한도 그의 키스 인사를 불명예스럽다고 여기는 파비우스 페르시쿠스를 최근에 여러 집단의 제사장으로 만든 것은 누구인가?[4]

이러한 물음에 답하기 위해서는 미덕의 여러 사례들을 살펴보아야 한다. 우리는 미덕의 여러 사례들이 존재할 때뿐만 아니라 우리의 시야에서 사라졌을 때조차 경외한다. 여러 사례들에서 알 수 있듯이, 사람들은 한 세대에만 은혜를 베푼 것이 아니라 그 뒤의 세대에게도 은혜가 미치도록 궁리했다. 이처럼 우리도 우리 세대를 넘어 감사의 마음을 넓혀야 한다. 이런 마음을 가진 사람이 훌륭한 아들들의 아버지가 된다. 그의 아들은 우리의 은혜를 받을 자격이 있다. 그가 누구든, 그는 우리에게 은혜를 받을 자격이 있는 아들을 선물로 주었다. 이들에게는 저명한 선조들이 있다. 그가 누구든, 그 조상의 그늘에서 보호받도록 하라. 지저분한 장소들이 태양이 그곳을 비출 때 밝아지는 것과 마찬가지로, 보잘것없는 사람도

---

**4** 킨나는 로마 공화정의 정치가로 율리우스 카이사르가 그의 사위였다. 섹스투스 폼페이우스는 그나이우스 폼페이우스의 막내아들로 대대로 카이사르의 라이벌이었다. 파비우스 페르시쿠스는 아우구스투스의 이종 사촌으로 주로 아시아에서 활약한 인물이다.

그의 조상의 빛 아래에서 빛날 수 있다.

　나의 리베랄리스여! 이런 점에서 나는 그대에게 신의 보호를 베풀고자 소망한다. 이따금 우리는 다음과 같이 말하곤 한다. "아르히데우스[5]에게 왕국의 책임을 맡긴 신의 섭리는 무엇인가?" 그대는 그것이 그에게 주어졌다고 생각하는가? 그것은 그의 아버지와 형제들에게 주어졌던 것이다. "가이우스 카이사르[6], 자신의 눈앞에서 피가 뚝뚝 떨어지도록 지시한 인간, 인간의 피라도 마실 것처럼 피에 굶주린 인간에게 어째서 세상의 책임을 맡겼는가?" 그대는 정말로 그것이 그에게 주어졌다고 생각하는가? 그것은 그의 아버지인 게르마니쿠스, 그의 조부와 증조부, 그리고 다른 사람들과 동등한 지위에서 개인적인 삶을 살았지만 그럼에도 매우 유명해진 사람들보다 전에 살았던 이들에게 주어졌던 것이었다.

　그대가 마메르쿠스 스카우루스를 집정관으로 만들 때에 그가 노예의 월경혈月經血을 받아 먹으려고 입을 벌릴 것을 알지 못했는가? 그가 지금까지 그 사실을 숨겨왔단 말인가? 그가 지금까지 품위 있게 보이기를 원했단 말인가? 나는 그가 이 이야기를 하는 것을 여러 번 들었고 그의 면전에서 박수까지 쳤다. 그러므로 나는 그대가 그에게 왜 그런 권위를 줬는지 생각하지 않을 수 없다. 그는 비스듬히 누워 있던 아니우스 폴리오에게 음란한 언어로 자신이 원하는 것을 할 거라고 말했고, 폴리오가 얼굴을 찌푸리자 "만약 내가 말한 것이 나쁜 것이라면 그것이 내 머리 위로 떨어질 것이다."라고 말했다. 그렇게 노골적으로 외설을 내뱉는 자에게 그대

---

**5**　알렉산드로스의 이복동생으로 기원전 323년부터 317년까지 이집트를 통치했다.

**6**　칼리굴라를 가르킨다.

는 정말로 집정관의 권위와 조사위원회의 권한을 부여했는가? 물론 그대는 과거에 원로원의 지도자였던 그의 훌륭한 아버지 스카우루스를 생각했을 것이다. 그래서 무리였음에도 불구하고 그의 조상들의 힘을 빌려 그의 자식에게 관직을 맡겼던 것이다.

# 은혜의 윤리

**13**

## 진리일 가능성만으로도 은혜는 베풀어야 한다

신들은 우리의 부모와 조부모 때문에 우리를 더 너그럽게 대하고, 우리의 손자와 손녀, 증손자와 증손녀, 그 아래의 자손들의 재능 때문에 우리를 더 너그럽게 대한다고 생각할 수 있다. 이런 생각은 그럴듯한 면이 있다. 신들은 자신의 작품이 어떻게 펼쳐질지 잘 알기 때문에, 그들의 손을 거쳐 간 모든 것들에 관해 항상 분명한 지식을 갖고 있다. 반면에 그러한 지식들은 우리에게는 느닷없이 찾아온다. 우리가 예상치 못한 것들이 신들에게는 미리 예견되고 익숙한 것들이다.

나는 이렇게 말한다. "이러한 사람들이 왕이 되게 하라. 자신의 조상들은 왕이 아니었지만, 자신은 정의와 금욕에 관한 최고의 권한에 부합하고, 국민을 위해 자신을 헌신하지 국민이 자신을 위해 헌신하도록 하지 않는 사람이 왕이 되어야 한다. 이러한 사람들이 통치하도록 하라. 과거 조상들 가운데 누군가는 재산을 베푸는 훌륭한 마음을 가진 선량한 사람이었고, 사회적 갈등의 시기에는 이기는 것보다 지는 것이 국민을 위해 더 좋은 일이라는 것을 아는 사람이 통치해야 한다. 과거의 시간이 지난 뒤에는 이들의 호의에 보답할 수 없다. 국민들에게 경의를 표하는 사람이 통치하도록 하라. 이는 그 사람이 통치를 위한 지식과 능력을 지니고 있기 때문이 아니라, 그 사람이 통치할 수 있도록 다른 사람이 그에게 통치를 위한 지식과 능력을 부여했기 때문이다.

이런 사람은 겉으로는 못나고 흉측해서 그가 속한 집단의 명예를 훼손할 수도 있다. 사람들은 나를 탓할 것이고 위대하고 숭고한 사람에게 주어져야 할 것을 판단하는 데 내가 안목이 없고 경솔하고 무지하다고 말할 것이다. 그러나 나는 내가 왜 그 사람에게 은혜를 베풀고 그 사람에게 졌던 묵은 빚을 갚아야 하는지 알고 있다. 바로 이런 사람들이야말로 이전에 자신이 좇고자 한 영광에서 달아나고자 하는 사람일지, 다른 사람들은 위험에서 벗어나기 위해 짓는 표정을 위험에 뛰어들기 위해 짓는 사람일지, 그리고 사익과 공익을 전혀 구분하지 않는 사람일지 어떻게 알겠는가? '어디에 그런 사람들이 있는가? 그 사람이 누구인가?'라고 그대는 말한다. 하지만 결코 알 수 없을 것이다. 이 계좌의 인출액과 잔고를 비교하는 것은 그대를 위해서가 아니고 바로 나를 위해서이다. 나는 내가 그에게 무엇을 빚지고 있는지 알고 있다. 일부는 오랜 시간이 지난 후에 갚을 것이고, 다른 일부는 나의 공화국의 기회와 자원이 허락한다면 무엇보다 먼저 갚을 것이다." 그러므로 때가 왔을 때, 나는 은혜를 모르는 사람에게도 무엇이든 베풀 수 있을 것이다.

그대는 다음과 같이 반박할 수 있다. "그러나 만약 그가 감사하는 마음을 가진 사람인지 갖지 않은 사람인지 알 수 없다면, 그것을 알 때까지 기다릴 것인가? 아니면 은혜를 베풀 기회를 보류할 것인가? 기다림은 지루한 일이고(플라톤이 말하듯이, 인간의 특징에 대한 결론을 끌어내는 것은 어렵기 때문에) 기다리지 않는 것은 무모한 일이지 않은가?" 이에 대한 대답은, 진리를 발견하기가 매우 힘들지만, 진리일 가능성이 있는 것을 따르는 것뿐이지 완전히 확실한 것을 따르는 것은 결코 아니라는 점이다. 이것이 우리가 모든 과업을 성취하는 데 따르는 길이다. 이것이 우리가 씨를 뿌리고 항해하고 출정하고 혼약을 맺고 아이를 양육하는 방법이다. 모든 활동의 결과가 불확실하기 때문에, 우리는 희망이 성취될 가능성이 크다고 믿는 곳에 행동의 지침을 택한다. 누가 씨를 뿌릴 때 수확을, 항해할 때 도착할 항구를, 출정할 때 승리를 약속할 수 있는가? 결혼할 때 순결한 아내를, 아빠가 될 때에 순종적인 아이를 누가 약속할 수 있는가? 우리는 이성을 따른다. 만약 성공이 확실치 않다고 해서 아무것도 하지 않으며, 확실치 않은 진리라고 해서 주장하지 않는다면, 모든 활동들은 중단되고 삶은 멈춰 설 것이다. 확실한 진리는 아니지만 진리일 가능성이 있기 때문에, 나는 감사할 줄 아는 사람에게 은혜를 베풀 것이다.

이에 대해 반박이 있을 수 있다. "부도덕한 사람이 선량한 사람으로 알려져 있기도 하고, 부도덕한 사람이 아니라 선량한 사람이 신임을 잃는 일들이 흔히 일어난다. 사물의 겉모습이 우리를 현혹하기 때문에 우리는 사물을 겉모습으로 판단하곤 한다." 누가 이를 부인하겠는가? 하지만 나는 내 생각을 뒷받침할 근거를 쉽게 찾을 수 없다. 사실 더 믿고 따를 만한 것도 없기 때문에, 이것이야말로 진리를 추구하는 데 있어서 내가 따라야만 하는 길이라고 할 수 있다. 나는 가능한 한 부도덕한 사람이 선량한 사람으로 잘못 알려져 있지는 않은지, 부도덕한 사람이 아니라 선량한 사람이 신임을 잃지는 않았는지 주의 깊게 평가하는 데 수고를 아끼지 않을 것이고, 이러한 일들이 벌어지는 데 쉽게 찬사를 표하지도 않을 것이다.

이런 반박도 있을 수 있다. "만약 당신이 누군가에게 은혜를 베풀 것을 약속했지만 나중에 그가 은혜를 모르는 사람이라는 것을 알게 된다면, 그래도 그에게 은혜를 베풀 것인가? 만약 당신이 그것을 알면서도 베푼다면, 은혜를 베풀어서는 안 되는 사람에게 은혜를 베푸는 것이기 때문에 당신의 행동은 잘못된 것이고, 만약 은혜를 베풀지 않는다면, 약속한 사람에게 은혜를 베풀지 않는 것이기에 이 또한 잘못된 행동이다. 이런 점에서 당신은, 슬기로운 사람은 아무리 자신이 잘못된 행동을 했더라도 자신의 행동을 결코 후회하지 않고, 자신이 한 행위를 결코 바로잡지 않으며 마음을 바꾸지도 않는다고 오만한 주장을 할 수도 있을 것이다. 당신의 금욕주의적 확고함 때문에 이런 주장들은 모두 불안정해진다."

슬기로운 사람은 모든 상황이 처음 결심했을 때와 같은 상황일 때에는 자기 마음을 바꾸지 않는다. 그럴 때는 이미 행한 것보다 더 좋은 것은 없기 때문에, 다시 말해 처음 결심했을 때보다 더 나은 것은 없기 때문에, 슬기로운 사람은 처음 결심했던 것을 결코 후회하지 않고 앞으로도 후회하지 않는다. 그러나 그는 모든 것에 의구심을 갖고 접근한다. "물론 아무런 방해도 받지 않을 수 있다." 어떤 것이 자신이 본래 의도했던 것을 방해할 수도 있다고 미리 가정했다는 것만으로도, 우리는 슬기로운 자에게는 모든 것이 성공적이라고 말하며, 그의 예상과 반대되는 일은 결코 일어나지 않는다고 말할 수 있다.

아무 생각 없는 사람들만이 운명이 모든 것을 보증해준다고 믿겠지만, 슬기로운 사람은 두 가지를 항상 염두에 둔다. 슬기로운 사람은 오류로 인해 얼마나 많은 새로운 일이 생겨날 수 있는지, 세상만사가 얼마나 불확실한지, 우리의 계획에 얼마나 많은 장애가 있을 수 있는지 등을 알고 있다. 그는 사물의 불확실성과 어려운 기회를 매우 주의 깊게 살피거나 안전한 판단 기준에 따라 사건의 불안정함을 가늠한다. 슬기로운 사람은 이와 같이 자신의 모든 계획과 일에 의구심을 품기 때문에 불확실한 상황에서 좀 더 안전할 수 있다.

## 은혜를 베푸는 것은 일종의 의무이다

어떤 일로 인해 은혜를 베풀어야 하는 의무가 사라지지 않는 한, 나는 은혜를 약속했다. 만약 국가가 나로 하여금 어떤 사람에게 약속했던 것을 다른 사람에게 주라고 지시한다면 어떻게 해야 할까? 만약 내가 친구에게 약속했던 것을 하지 못하게 금지하는 법이 통과된다면 어떻게 해야 할까? 나는 내 딸을 어떤 사람에게 시집보내기로 약속했는데 나중에 그 사람이 외지인으로 드러났다. 나에게는 외지인과 혼인을 계약할 권리가 없으므로, 나는 외지인과의 혼인을 금지한다는 사실에 의해 모순적으로 제약될 수밖에 없다.

이런 불가피한 상황일 때에만 나는 약속을 깨뜨릴 것이다. 모든 상황이 내가 약속했던 때와 같음에도 불구하고 내가 이전에 약속했던 것을 이행하지 못했다면, 나는 약속 이행을 일관되게 하지 못한 데에 책임이 있다. 하지만 내가 새롭게 결정할 수 있는 상황이 생길 수도 있고, 나로 하여금 약속의 의무에서 자유로워지게 할 어떤 변화가 일어날 수도 있다. 나는 이런 상황의 변화를 인정한다. 재판이 끝나서야 내 아버지에 대한 판례가 조작된 것이었다는 사실을 알게 될 때도 있다. 해외로 나가기로 약속했지만 해외의 거리가 도둑들로 들끓고 있다는 소식을 들을 수도 있다. 막 떠나려는 참인데, 아들은 병이 들었고 아내는 출산하려고 해서 떠나지 못하고 머물러야 하는 경우도 있다.

모든 상황은 내가 약속했을 때와 같아야 할 것이다. 그러나 상대가 부도덕하고 감사할 줄 모르는 사람이라는 것을 알게 된 것보다 더 큰 변화가 있을 수 있을까? 나는 베풀 자격이 있는 사람에게 베풀기로 했다. 나는 자격이 없는 사람에게 베푸는 것을 거부할 것이다. 속임을 당한 사람은 속았다는 사실에 화를 낼 권리가 있는 것이다.

나는 물건의 가치를 고려할 것이다. 약속한 물건의 가격은 내가 물건의 가치를 결정하는 데 도움을 줄 것이다. 만약 물건이 하찮은 것이라면 그대가 그것을 받을 만해서가 아니라 내가 약속을 했기 때문에 베풀 것이다. 그것은 선물로서 베푸는 것이 아니라 내가 한 말을 이행한다는 의미로 베푸는 것이다. 그리고 다시는 그런 하찮은 물건을 베풀지 않도록 할 것이다. 손실이 있다면 내가 한 약속이 무모했기 때문에 손실이 발생한 것이므로, 그에 따라 배상할 것이다. "왜 손실이 생겼는지 따져보고, 다음번에는 더 신중하게 약속하는 법을 배워라." 속담에서 말하듯이 내 혀 때문에 벌금을 지불하게 된 셈이다. 마에케나스가 말했듯이, 만약 액수가 무려 1천만 세스테르티우스에 달한다 해도 나는 자책하지 않을 것이다. 나는 다음의 두 가지 조건을 비교할 것이다. 약속했던 것을 고집스럽게 끝까지 물고 늘어졌는지. 그리고 자격이 없는 사람에게 은혜를 베풀지는 않았는지. 그러나 은혜는 얼마나 대단한 것인가? 만약 그 은혜가 하찮은 것이라면 나는 못 본 체할 것이다. 그러나 만약 그 은혜가 나에게 큰 손실과 수치심을 안겨준다면 나는 그 은혜를 베풀기보다는 거절할 만한 이유를 생각해낼 것이다. 내가 말하고자 하는 바는, 내가 한 약속에 따라 그 가치가 달라진다는 것이다. 나는 성급하게 약속한 것을 멀리할 뿐 아니라 잘못 준 것은 무엇이든 다시 요구할 것이다. 잘못된 것에 약속을 지키는 것은 바보 같은 짓이기 때문이다.

## 감사할 줄 모르는 병사의 죄를 벌하라

마케도니아의 왕 필리포스는 용감한 전사였던 한 병사를 데리고 있었는데, 왕은 그 병사의 공로를 인정해 전리품의 일부를 그에게 주곤 했고, 계속 보상을 베풀어 그 병사의 탐욕스러운 마음을 부풀게 했다. 한번은 그 병사가 조난을 당해 어떤 마케도니아인의 소유지가 있는 해안으로 떠밀려 왔다. 그 땅의 주인은 이 소식을 듣자마자 달려와서 그를 자신의 집으로 데려와 침대에 눕혔고, 거의 죽어가고 있던 의식을 되찾게 해주었으며, 사비를 들여 한 달 동안 돌보고 그가 떠날 때는 돈까지 쥐여주었다. 하지만 그 병사는 다음과 같은 말만 되풀이했다. "내가 지휘관을 다시 만날 만큼 운이 좋다면 그대의 호의에 보답하겠소." 병사는 지휘관에게 그 조난 사고에 대해서 보고했으나 자신이 받은 도움에 대해서는 침묵한 채, 즉시 어떤 이의 토지를 자신에게 하사해줄 것을 청했다. 그 땅의 주인은 그를 환대하고 건강을 회복할 수 있도록 도와주었던 바로 그 사람이었다. 왕들은 때때로, 특히 전쟁 시에 엄청나게 많은 선물을 한다. 필리포스 왕은 그 병사가 요청한 재산의 소유권을 하사하면서 이렇게 말했다. "왕이 아니고서는 단지 한 사람이 그렇게 많은 사람의 욕망을 충족해줄 수 없다. 한 사람이 선량한 사람이자 동시에 좋은 장군일 수는 없다. 만족할 줄 모르는 그 많은 사람들에게 어떻게 만족을 안겨줄 수 있겠는가? 각자 자신의 것을 차지하기로 한다면 만족할 줄 모르는 사람들은 과연 무엇을 차지할 수 있을 것인가?"

자신의 땅에서 추방당한 주인은 그가 받은 피해에 대해 잠자코 있을 수 없어서 필리포스 왕에게 예리하면서도 솔직한 편지 한 통을 써 보냈다. 왕은 그 편지를 받고 매우 화가 났다. 왕은 즉시 파우사니아스 장군에게 이전 주인이 그 땅을 되찾을 수 있도록 하라고 지시했고, 그 병사에게는 가장 수치스러운 군인, 가장 감사할 줄 모르는 손님, 가장 탐욕스러운 조난자임을 표시하는 문신을 새기라고 지시했다. 자신을 구해준 은인을 자기 자신이 좌초되었던 그 해변으로 몰아넣은 그 남자는 감사할 줄 모르는 가장 탐욕스러운 조난자이다. 그에게는 단지 살 위에 간단히 새기는 문신이 아니라 피부 깊숙이 문신을 새겨 넣어야 마땅했다. 나중에 그에 대한 처벌이 얼마나 가혹했는지 고려해보겠지만, 좌우간 그는 악랄한 범죄로 빼앗았던 것을 모두 잃어야 했다. 그가 처벌받는 것에 누가 이의를 제기할 수 있었을까? 그는 연민이 가득한 사람도 연민을 느낄 수 없을 정도로 심한 죄를 저질렀다.

필리포스 왕은 땅을 하사한다는 약속을 했으니 그 약속을 지켜야 할까? 그것이 피해를 야기하는 것일지라도, 그리고 그것이 범죄를 저지르는 것일지라도 약속을 지켜야 할까? 이때는 실수를 인정하고 그러한 실수를 성토하고 규탄해야 한다. 이 상황에서 변덕이 문제가 되는 것은 아니다. 그럴 때는 정직하게 다음과 같이 말해야 한다. "나는 속임수에 넘어갔다." 하지만 "내가 이전에 말한 것은 그게 무엇이든지 변경할 수 없다."라고 말하는 것은 거만하고 완고한 어리석음이다.

상황이 바뀌었을 때 결정을 변경하는 것에 대해서 수치스러움을 느낄 필요는 없다. 만약 필리포스 왕이 그 병사를 그 땅의 주인으로 놔두었다면 땅의 주인이 되지 못한 많은 사람들을 불행한 무법자로 만들어버리는 것이 되지 않았겠는가? 나는 그 병사에게 다음과 같이 말할 것이다. "나는 그대의 이마에 새겨진 표시를 모든 사람들이 볼 수 있길 바란다. 식탁에 둘러앉은 사람들에게 환대를 받는 것이 얼마나 신성한 것인지 그대는 곧 알게 될 것이다. 그대의 얼굴에 공격당한 수도를 지켜낼 법령을 새겨 모든 사람이 읽을 수 있도록 하라. 이런 경우에, 그 법령은 그것을 청동에 새겼을 때보다 더 큰 효과를 발휘할 것이다."

혹자는 다음과 같이 반박할 수 있다. "제논은 어떤 이에게 500데나리온의 대금을 약속했으나 그가 부적합한 사람이라는 것을 알게 되었다. 하지만 친구들의 충고에도 불구하고 약속을 했기 때문에 이를 지켜야 한다고 고집하지 않았는가?" 부채는 은혜와는 다른 상황을 수반한다. 때로는 불쾌한 부채조차 받을 수도 있다. 나는 날을 잡아 채무자를 소환해 그가 파산하더라도 내 몫을 받을 것이다. 하지만 은혜는 한순간에 완전히 사라지고 만다. 그 밖에도 부채는 멍청한 가장이 지지만 은혜를 잃는 것은 형편없는 사람이 하는 짓이다. 만약 금액이 더 컸더라면 제논조차도 빌려주려고 계속 고집하지 않았을 것이다. 속담에서 말하듯이, 500데나리온이란 금액은 한번에 날아가 버릴 수도 있는 금액이다. 약속을 깰 정도의 가치가 있는지 그 금액을 잘 따져봐야 할 것이다.

저녁 약속을 했다면 밖이 춥더라도 나갈 것이지만, 눈이 온다면 그렇게 하지는 않을 것이다. 소화불량으로 속이 좋지 않더라도 약속을 했다면 파티에 가기 위해 일어날 것이지만, 열이 있다면 그렇게 하지 않을 것이다. 약속을 했다면 공공 계약에 보증인이 되기 위해 집회 광장에 갈 것이지만, 만약 상대가 불명확한 금액을 보증해달라고 요구하거나 나에게 황제의 금고에 대해 책임을 지운다면 나는 결코 그렇게 하지는 않을 것이다. 약속을 이행하는 데는 암묵적인 조건이 있다. "내가 할 수 있다면, 내가 해야 한다면, 모든 것이 현 상태 그대로라면." 그대가 나에게 무언가를 요구했고 내가 그것을 약속했다. 내가 약속을 했을 때와 상황이 동일할 수도 있지만 새로운 어떤 상황이 발생했다고 생각해보라. 그럴 때는 내가 약속했던 상황이 변했으니 내 목적도 변한 것이다. 그대는 어째서 그 사실에 그리도 크게 놀라는가? 같은 조건이라면 나는 똑같이 대처할 것이다. 모든 이들이 채무 불이행으로 피소되는 것은 아니며, 보석금을 약속하기도 하고, 체납자를 면제하는 불가항력의 상황도 존재한다.

**모든 상황에서 호의에 보답할 필요는 없다**

모든 상황에서 호의에 보답해야 하는지, 모든 경우에 은혜를 베풀어야 하는지에 대한 대답은 동일하니 제외하도록 하자. 나는 내 자신이 감사할 줄 아는 사람이라는 것을 보여주어야 할 의무가 있지만, 때로는 불운이, 또는 내가 빚을 진 사람의 행운이 나로 하여금 호의에 보답하지 못하도록 할 수 있다. 내가 가난하다면, 왕이나 부유한 사람에게 어떤 보답을 할 수 있을까? 특히 어떤 사람들은 은혜를 입는 것을 피해라고 여기기도 한다.

이런 경우에는 흔쾌히 은혜를 베푸는 일 말고 무엇을 할 수 있을까? 아직 예전의 은혜를 갚지 못했다는 이유로 새로운 은혜를 거부해서는 안 될 것이다. 나는 기꺼이 주는 만큼 받을 것이고 내 친구들에게 친절함을 드러낼 수 있는 충분한 기회를 줄 것이다. 새로운 은혜를 입는 것을 꺼리는 것은 이미 받은 은혜를 분하게 여기고 있음을 뜻한다.

　나는 호의에 보답하지 않는다. 그래서 뭐 어쨌다는 것인가? 만약 나에게 기회와 수단, 둘 중 어느 하나가 부족하다면 보답을 지연하는 것은 내 잘못이 아니다. 그는 기회와 수단을 모두 가지고 있었기에 나에게 은혜를 베풀었던 것이다. 그는 선량한 사람인가, 아니면 부도덕한 사람인가? 나는 선량한 사람에 대해서는 충분한 논거를 갖고 있다. 하지만 부도덕한 사람 앞에서는 항변조차 할 수 없다. 나는 받는 사람이 원하지 않는데도 호의에 보답하기 위해 서두르는 것, 상대가 보답을 피할 때에 억지로 보답을 하는 것에 찬성하지 않는다. 그대가 기꺼이 받았던 무언가를 받고자 하는 의지가 없는 시혜자에게 돌려주는 것은 호의에 보답하는 행위가 아니다. 소액의 돈을 받았을 때, 몇몇 사람들은 적절하지 않은 때에 돌려주고서는 자신들의 의무는 끝났다고 주장한다. 다른 무언가를 즉시 되돌려 보내고 선물을 다른 선물로 대체해 지워버리는 것은 은혜를 거절하는 행위이다. 은혜를 갚을 수 있을지라도 갚지 않을 때가 있다. 언제가 그러한가? 은혜를 갚음으로써 내가 받는 손실이 그가 얻는 것보다 더 크거나 그가 그것을 받고자 하는 마음이 없을 때이다. 보답이라는 견지에서 볼 때 이런 상황에서 은혜를 갚는다면 나에게는 훨씬 더 큰 손실이 될 것이다. 어쨌든 은혜를 갚으려고 서두르는 사람은 감사의 마음을 가져야 할 사람이 채무자처럼 행동하는 것이다. 다시 말해, 빚을 갚는 데 너무 열렬한 반응을 보이는 사람은 빚지는 것을 꺼리는 것이고 그러한 사람은 감사의 마음이 없는 사람이다.

제

# 5

권

# 은혜의 경쟁

# **14**

**배은망덕한 사람을 감사할 줄 아는 사람으로 만들라**

앞 장에서 은혜를 입고 베푸는 방법에 대해 논의하면서 내 목적은 어느 정도 달성된 것 같다. 사실상 여기까지가 내 책임이다. 하지만 나는 내가 제시한 주제에만 충실하려는 것이 아니라 그 이상을 해내려 한다. 나는 그 주제가 이끄는 지점이 아니라 그것이 결과적으로 이르는 지점을 따라야 할 의무감을 느낀다. 때로는 그 때문에 도전 정신이 발휘되곤 했는데, 그것은 쓸데없다기보다는 불필요한 것이다. 그러나 계속하길 원했던 것은 그대의 바람이었고 이 주제에 해당하는 논의는 끝마쳤으므로, 이 정도에 머물기보다는 주제를 확장해서 더 나아가보도록 하자. 여러 사항들을 주의 깊게 검토하는 작업은 노력한 만큼 성과는 없겠지만 그렇다고 낭비는 아니다.

선천적으로 탁월해 은혜를 잘 베푸는 리베랄리스 아에부티우스여! 그대에게는 어떤 칭찬도 충분치 않을 것이다. 나는 매우 하찮은 일도 엄격하게 평가한다. 그대는 다른 사람이 입은 은혜를 마치 자신이 입은 것으로 여길 만큼 선량한 마음이 있다. 누군가 은혜를 베푼 것을 후회하지 않도록, 그대는 감사할 줄 모르는 사람을 대신해 기꺼이 부채를 갚을 용의가 있음을 보였다. 자신을 뽐내지 않고 누군가에게 무엇을 베풀기보다는 보답하는 것처럼 보이게 함으로써 그대의 도움을 받은 사람들의 의무를 기꺼이 덜어주었다. 이 같은 마음으로 베풀 때, 베푼 것들은 그대에게 더 큰 몫으로 돌아올 것이다. 보답을 바라지 않는 사람에게 은혜가 따르고 영광을 거부하는 사람에게 영광이 따르듯이, 상대가 은혜를 입었다는 사실을 잊게 만드는 사람에게는 더 큰 은혜가 돌아올 것이다. 그대에게 은혜를 입은 사람은 다시 청하는 데 주저하지 않을 것이고, 그대 역시 자신이 은혜를 입은 사실을 은밀히 잘 간직하고 남에게 떠벌리지 않는 사람에게 더 큰 은혜를 베푸는 것을 거부하지 않을 것이다. 은혜를 모르는 사람을 감사할 줄 아는 사람으로 만들기 위해 참는 것은, 뛰어나고 훌륭한 정신을 지닌 사람만이 가질 수 있는 목표이다. 이런 목표는 그대를 기만하지 않을 것이다. 악을 혐오하는 데 지나치게 서두르지만 않는다면 악덕은 선에게 굴복하기 마련이다.

## 은혜를 베푸는 데 뒤처지는 것은 부끄러운 일이 아니다

"은혜를 베푸는 데 상대방에게 뒤처지는 것은 부끄러운 일이다." 이것은 훌륭한 속담처럼 강한 호소력이 있는 격언이다. 이 사실 여부에 대해서는 종종 의문이 제기되지만, 실은 그대가 상상한 것과는 전혀 딴판이다. 고결한 것을 두고 벌인 경기에서 지는 것은 결코 부끄러운 일이 아니다. 승리하기를 바라면서 무기를 들고 싸우지만, 졌다고 해서 부끄러워할 이유는 없다. 어떤 가치 있는 목표를 추구할 때 최선의 결과에 영향을 미칠 수 있는 능력과 자원, 행운이 누구에게나 항상 따르는 것은 결코 아니다. 옳은 것을 추구하고자 하는 바람과 그러한 마음을 갖고 있다면 걸음이 더 빠른 누군가에게 혹여 뒤처지더라도 이는 칭찬받을 만하다. 어떤 경기에서 실력이 부족한 참가자가 우승을 하는 경우가 있듯이, 실력이 더 나은 선수라고 해서 실력이 부족한 참가자를 누르고 반드시 승리를 얻는 것은 아니기 때문이다. 두 사람이 은혜를 베푸는 데 경쟁을 하고 있다고 치자. 그중 한 사람이 자신의 의도를 성취하는 데 수중에 더 많은 권력과 자원이 있다면, 운명이 그가 시도하는 모든 것을 허락하는 반면 같은 욕구가 있는 다른 이에게는 그러지 않는다면, 그리고 그가 자신이 받았던 것보다 더 적게 보답했거나 완전히 보답하지는 못했더라도 성심성의껏 보답하기를 소망한다면, 그는 무장한 채 죽을 수는 있어도 정복당할 수는 없다. 그를 없앨 수는 있어도 물리치기는 어렵기 때문이다. 그대가 부끄럽다고 생각하는 것, 즉 정복당하는 일은 선량한 사람에게는 결코 일어날 수 없다. 그는 절대 굴복하거나 포기하지 않을 것이다. 차라리 그는 삶의 끝에서 훌륭한 선물을 받았고 그것에 필적하기를 바랐다고 말하면서 죽을 것이다.

스파르타인들은 판크라티온[1]과 체급별 복싱처럼 한쪽이 항복해야만 승패가 결정되는 스포츠에 참여할 수 없었다. 어떤 달리기 선수가 결승선을 먼저 통과했다고 치자. 그는 속도의 차이로 이긴 것이지 정신력이 뛰어나 이긴 것은 아니다. 세 번 쓰러진 레슬링 선수는 승부에서 진 것이지 굴복한 것은 아니다. 스파르타는 그들의 시민이 굴복하지 않는 것이 중요하다고 생각했다. 그 때문에 심판과 결과 자체로 승자가 결정되는 것이 아니라 패자가 패배를 인정하고 굴복함으로써 승패가 결정되는 경기를 하지

---

[1] 고대 올림픽에서 행하던 스포츠로, 레슬링과 복싱을 혼합한 것이다. 한쪽이 항복할 때까지 계속했다.

않았던 것이다. 스파르타인들은 정복당하지 않기 위해 맞서 싸웠다. 그들의 의도는 정당했기에 상황이 호전되었을 때 그들의 마음은 정복되지 않았다. 그러므로 그 어느 누구도 300명의 전사가 정복당했다고 서술하지 않는다. 내적으로 굴복하지 않는 이가 잔혹한 운명의 힘에 의해 억압받았던 것처럼, 레굴루스는 카르타고인들에게 정복당했던 것이 아니라 포로로 잡혔던 것이다. 은혜도 이와 마찬가지다. 어떤 사람이 다른 사람에게 더 훌륭하고 큰 은혜를 입었다고 해서 그가 은혜에 정복당했다고 볼 수는 없다. 은혜를 베푼 사람과 은혜를 입은 사람을 단순 비교한다면, 둘 중 누군가에 의해서 다른 한쪽이 잠식당한 것이다. 하지만 은혜를 베푼 사람과 은혜를 입은 사람의 의도를 비교한다면(물론 그들의 의도는 그 자체로 평가되어야 한다.) 둘 중 어느 누구도 승리를 얻었다고 말할 수는 없을 것이다. 한 사람이 큰 부상을 당하고 다른 사람은 작은 부상을 당했을 때조차, 그들이 대등하게 경기를 했다고 말하는 것이 통례이다.

## 은혜를 베푸는 데 패배란 없다

어떻게 빚을 졌는지 알고 그것에 보답하고자 한다면, 은혜를 베푸는 데 그 어느 누구도 이기거나 진 것이 아니다. 실제로 누군가와 비교할 수 없을지라도 의도에 있어서만큼은 서로 대등하다. 은혜를 아는 사람은 자신이 하고 싶은 만큼 감사를 드러내는 법이다. 자질구레한 것들을 계산한다고 얼마나 차이가 나겠는가? 나는 받을 뿐이고, 그대는 더 많이 베풀 수 있다. 그대 쪽엔 행운이 있고 내 쪽엔 선한 의도가 있다. 그러나 무장하지 않았거나 가볍게 무장한 군대가 완전히 무장한 군대와 대등하게 겨룰 수 있듯이 나도 그대에게 맞설 수 있다. 사람은 의도에 있어서만큼은 감사할 줄 알기 때문에 어느 누구도 은혜를 베푸는 데 패배란 없다. 그러나 은혜를 베푸는 데 지는 것이 부끄럽다고 한다면, 그대가 호의에 보답할 수 없는 이들, 예컨대 권력자들에게서 은혜를 입어서는 안 된다. 나는 지배자나 왕을 말하는 것이다. 그들은 많은 선물을 베풀 수 있지만 내가 받을 수 있는 은혜는 매우 적을 뿐이고 내가 줄 수 있는 것 역시 적다.

그럼에도 왕과 지배자에게 봉사하는 것은 가능하다. 그들의 탁월한 힘은 그들보다 지위가 낮은 사람들이 동의하고 지원할 때에만 의미가 있다. 모든 탐욕으로부터 벗어난 사람들도 있다. 그들은 어떠한 인간의 욕구에도 거의 영향 받지 않으며, 운명 자체도 그들에게 줄 수 있는 것이 아무것도 없다. 나는 당연히 소크라테스와, 왕의 재산을 짓밟으면서 벌거벗은 채로 마케도니아를 지나간 디오게네스에 비하면 은혜를 베푸는 데 뒤처졌다고 할 수 있다. 진실을 알아보는 능력을 가진 사람들에게는 세상을 자신의 발아래 둔 사람보다 디오게네스가 훨씬 더 뛰어나 보였을 것이다. 디오게네스가 받지 않은 것이 알렉산드로스가 베풀 수 있었던 것보다 훨씬 더 대단하기 때문에 디오게네스는 당시 수중에 모든 것을 쥐고 있던 알렉산드로스보다 훨씬 더 강력하고 부유했다.

불에 잘 타지 않는 물질이 있다고 해서 불의 태우는 능력이 부족한 것은 아니다. 칼이 단단하고 강한 돌을 자를 수 없다고 해서 자르는 능력이 부족한 것은 아니다. 이처럼 내가 당해낼 수 없는 적과 상대하는 것이 내가 용감하지 못하다는 것을 뜻하지는 않는다. 그렇기 때문에 그러한 사람에게 뒤처진다고 해서 부끄러워할 필요는 없다. 그들은 큰 행운과 훌륭한 미덕 덕분에 은혜로 향하는 길을 열 수 있었기 때문이다.

대체로 우리는 부모에게 진다. 부모가 우리와 함께하는 한, 우리는 그들을 엄격하다고 생각하고 그들이 베푸는 은혜를 인정하지 않는다. 그러나 나이가 들어 지혜를 배우고 그들이 우리의 사랑을 받을 자격이 있다고 느낄 때면 부모는 우리의 곁을 떠나고 없다. 매우 일부의 부모만이 자녀에게서 참된 보답을 받을 만큼 오래 산다. 어떤 부모들은 자녀 때문에 부담을 겪기도 한다. 그러나 부모에게 지는 것은 부끄러운 일이 아니다. 누군가에게 지는 것이 부끄럽지 않을 때가 언제인가? 어떤 사람들과 동일한 의도를 가지고 있다면 지는 것이 부끄럽지 않다. 하지만 이와 달리 운명은 그렇지 못할 때가 있다. 운명이 호의에 보답하는 것을 저지한다면 졌다고 해서 얼굴을 붉힐 이유가 없다. 시도했지만 실패하는 것은 부끄러운 일이 아니다.

이따금 보답하기 전에 재차 은혜를 구해야만 하는 경우가 있다. 이때도 부끄러워 은혜를 구하기를 주저할 필요는 없다. 감사의 뜻을 아직도 전달하지 못한 것은 우리의 잘못이 아니라 외부의 힘이 개입되어 우리를 방해했기 때문이다. 보답하지 못할 빚을 구하는 것도 아니므로 부끄러워할 필요가 없다. 우리는 의도에 있어서만큼은 패배하지 않으며, 우리의 힘이 미치지 않는 것들에 의해 부득이하게 영향 받을 때 부끄러워하지 않을 것이다.

**은혜를 베푸는 데 승패란 없다**

마케도니아의 왕 알렉산드로스는 자신이 은혜를 베푸는 데 누구에게도 진 적이 없다고 뽐내곤 했다. 알렉산드로스가 마케도니아인, 그리스인, 카리아인, 페르시아인 그리고 그의 군대에 등록된 모든 국민들을 존중해야 할 이유는 없다. 트라키아의 한 모퉁이 이름 없는 해안의 왕국을 선물로 받았다고 여겨야 할 이유도 없다. 소크라테스와 디오게네스도 똑같이 뽐낼 수 있었지만, 알렉산드로스는 그 둘에게 뒤처졌다. 알렉산드로스가 누군가에게 아무것도 베풀 수 없게 되고 그에게서 아무것도 취할 수 없게 되었을 때 사실상 그는 패배한 것이다.

아르켈라오스 왕이 소크라테스를 초대했다. 소크라테스는 자신이 그에 걸맞은 보답을 해줄 수 없을 경우에는 누구에게도 은혜를 입지 않겠다고 말했다고 한다. 그는 일단 받지 않을 수 있었다. 자신이 무엇으로도 보답할 수 없는 것을 왕이 자신에게 베풀려고 했기 때문에 소크라테스는 그의 요청을 거절했고 다음에 자신이 먼저 은혜를 베풀고자 했다. 하지만 아르켈라오스는 다시 소크라테스에게 금과 은을 베풀었고, 그에게서는 금과 은만 받으려고 했다. 소크라테스가 왕의 호의에 보답할 수는 없었을까? 소크라테스가 왕에게 자신이 삶과 죽음, 그리고 그 끝에 대해 충분히 이해하고 있는 사람이라는 것을 보여주었더라면, 왕은 자신이 소크라테스에게 베푼 것만큼 훌륭한 것을 받은 셈이 되었을 것이다. 하지만 왕은 대낮에도 길을 잃고, 일식이 일어날 때는 마치 비탄과 재앙의 시기에 행하는 관습처럼 왕궁 문을 걸어 잠그고 아들의 머리를 깎을 만큼 무지했다. 이런 왕에게 소크라테스가 자연의 원리를 알려준다면 얼마나 멋진 은혜를 주는 셈인가? 소크라테스는 겁먹은 왕을 은신처에서 나오게 하고는 다음과 같이 말하면서 그를 설득하려고 했을 것이다. "이것은 태양이 사라진 것이 아니라 두 별의 위치가 우연히 일치한 것에 불과합니다. 달이 태양의 바로 앞을 지나면서 태양을 가려서 이런 일이 생기는 것입니다. 달이 태양을 스치듯 지나간다면 태양의 일부분이 가려질 것입니다. 만약 달이 태양의 더 큰 부분을 가로막는다면 태양은 더 많이 가려질 것입니다. 달이 태양과 땅 사이로 이동하여 일직선상에 놓인다면 태양의 빛은 완전히 차단될 것입니다."

곧 태양과 달은 제 갈 길을 가면서 갈라지고 땅은 곧 빛을 되찾을 것이다. 예전에도 이런 이들이 일정한 주기로 있어왔듯이 앞으로 수 세기 동안 이러한 순환은 계속될 것이다. 태양이 달의 방해를 받아 빛을 비추지 못한다. 하지만 잠시만 기다려보라. 곧 태양이 되돌아올 것이고 장애물에서 벗어남으로써 어둠을 물리치고 자유로이 빛을 비출 것이다.

소크라테스가 왕이 통치하는 것을 막았다면, 아르켈라오스에게 동등한 보답을 할 수 있지 않았을까? 틀림없이 왕은 소크라테스에게서 받은 은혜를 너무 작다고 여겼을 것이다. 그렇다면 어째서 소크라테스는 그렇게 말해야 했을까? 그는 완곡하게 말하는 영리한 사람으로, 반항적이거나 거만하게 거절하기보다는 재치 있게 거절하는 쪽을 선호했다. 소크라테스는 자신이 동등한 보답을 할 수 없는 사람에게서는 은혜 입고 싶지 않다고 말했다. 아마도 그는 자신이 원하지 않는 것과 소크라테스답지 않은 무언가를 받아야 하는 것이 두려웠을 것이다. 어떤 사람은 말한다. "그가 거절하고자 했으면 거절할 수 있었을 것이다." 그러나 그랬다면 거만한 왕은 그에게 적의를 가졌을 것이고, 소크라테스 또한 그의 모든 호의를 제대로 평가받지 못했을 것이다. 왕에게 은혜를 베푸는 것을 거절하거나 왕에게서 은혜를 입기를 거절하는 것은 완전히 같다. 왕은 둘 다 거부한다고 여길 것이고, 거만한 사람은 자신이 두려움의 대상이 되지 못하는 것보다 경멸의 대상이 되는 것을 더 고통스러워한다. 소크라테스가 정말로 의도한 것이 무언인지 알고 싶은가? 그는 자발적으로 노예와 같은 위치에 놓이는 것을 꺼렸다. 이 자유로운 도시조차 소크라테스의 자유를 제대로 품을 수 없지 않았는가!

이제 이 문제, 즉 은혜를 베푸는 데 지는 것이 부끄러운 일인가에 대해 충분히 논의했다고 생각한다. 이 문제는 사람들이 그들 자신에게 은혜를 베푸는 것에 익숙하지 않음을 시사한다. 자신에게 지는 것은 부끄러운 일이 아님이 명백하다. 그럼에도 자기 자신에게 은혜를 베풀 수 있는지, 자신의 호의에 보답해야 하는지, 이러한 의문들이 일부 스토아 철학자들 사이에서 논쟁이 되었다. 가치 있는 논의로 보이는 것은 다음과 같은 표현이다. "나는 나에게 감사한다.", "나는 나 자신 외에 다른 사람을 탓할 수 없다.", "나는 나에게 화가 난다.", "나는 내 자신을 벌할 것이다.", "나는 내가 싫다." 등 자신을 다른 사람인 것처럼 말하는 많은 표현들이 있다. 이에 대해 다음과 같은 논쟁을 할 수 있다. "만약 내가 나를 해칠 수 있다면, 어째서 내 자신에게 은혜를 베풀 수 없는가? 게다가 만약 내가 다른 누군가에게 베풀었던 것들을 은혜라고 한다면, 어째서 내가 나에게 베푼 것은 은혜라고 할 수 없단 말인가? 내가 다른 사람에게서 은혜를 입을 수 있는데, 어째서 내가 그것을 내 자신에게 베풀었을 때는 은혜를 입었다고 말할 수 없는가? 어째서 자신에게는 감사하면 안 되는가? 자신에게 인색한 것보다 더 부끄러운 것이 이 세상에 있는가? 어째서 자신에게는 가혹하고 소홀해야만 하는가? 매춘 알선업자는 다른 사람의 몸이나 자신의 몸을 매매함으로써 부정적인 평판을 얻는다. 다른 사람의 말에 동조하고 거짓말조차 칭송하기를 마다하지 않는 아첨꾼은 틀림없이 비난을 순순히 받아들일 것이다. 자기만족적이고 자기 스스로를 칭찬하는 사람, 다른 말로 자신에게 아첨하는 사람도 마찬가지다. 악은 밖에서 일어날 때뿐 아니라 안으로 향할 때에도 증오를 끌어들인다. 자기 자신을 관리하고 통제하는 사람보다 더 존경받아야 하는 사람이 누구인가? 스스로의 정신을 억제하고 억누르는 것보다 야만적이거나 도량이 좁은 사람을 통제하기가 더 쉬운 법이다. 플라톤은 소크라테스에게서 가르침을 받았기 때문에 소크라테스를 존경한다. 어째서 소크라테스는 그 자신에게 감사하지 않는가? 그는 자기 자신에게 배우지 않았는가? 마르쿠스 카토[2]는 이렇게 말했다. "그대가 필요한 것을 그대 자신에게서 받아라." 만약 내가 내 자신에게서 받을 수 있다면 어째서 내가 스스로에게 베풀 수는 없단 말인가? 일반적으로 우리 자신을 다른 사람처럼 표현하는 경우는 수없이 많다. 우리는 "내 자신과 이야기 좀 하고 싶다." 또는 "나에게 상기시키겠다."와 같이 말하는 데 익숙하다. 이러한 표현이 정확하다면, 자신에게 화가 날 수도 있듯이 자신에게 감사할 수도 있어야 한다. 자신을 책망하는 것처럼 자신에게 감사해야 한다. 자기 자신 때문에 손실을 입을 수 있는 것처럼 이익도 얻을 수 있다. 피해와 은혜는 서로 반대된다. 만약 우리가 누군가에 대해서 "그는 그 자신에게 피해를 입혔어."라고 말할 수 있다면, "그는 자신에

---

**2**　포에니 전쟁 당시의 정치가로 대*카토라 불린다. 그의 증손자가 카이사르와 대적한 공화정의 수호자 소小카토이다.

게 호의를 베풀었어."라고도 말할 수 있다.

　본래 사람은 빚을 지고난 뒤에 호의에 보답한다. 아내 없는 남편은 없고 자녀 없는 부모가 없듯이 채권자 없는 채무자도 없다. 받기 위해서는 줘야 한다. 왼손에서 오른손으로 무언가를 옮기는 것은 주고받는 것이 아니다. 몸을 움직이고 이동할 수 있다고 하더라도 자신의 몸을 들 수 있는 사람은 없다. 비록 자신의 이익에 대해서 이야기한다 할지라도, 어느 누구도 자신의 변호인이 되거나 스스로를 지지해 자신의 동상을 세우지는 못한다. 자기 몸을 돌봐 병에서 회복되었을 때 자신에게 치료비를 청구하는 사람은 없다. 모든 형태의 거래에서 스스로를 이롭게 하는 행위를 했을지라도, 그것에 대해 보답할 수 있는 사람이 존재하지 않기 때문에 자신에게 보답할 의무는 없다.

　자기 자신에게 은혜를 베풀 수 있다면, 이는 은혜를 베풀면서 받는 것이다. 자기 자신에게서 은혜를 입을 수 있다면, 이는 은혜를 입으면서 베푸는 것이다. "그대는 그대 자신에게서 받고 있다."라고 말할 때, 그것은 우스꽝스러운 방법으로 한쪽에서 다른 한쪽으로 옮겨진 것이다. 베풀고 받는 사람이 다르지 않고 같은 것이다. "빚진다"라는 말은 두 사람 사이에서 사용될 때에는 적절한 용어이다. 그렇다면 어떻게 그것이 단일한 사람에게 적용될 수 있겠는가? 자기 자신에게 의무를 부과함으로써 자기 자신을 면제하는 일이 가능하단 말인가? 구*에서는 움직임에 따라서 순서가 변한다. 뒤를 잇던 것이 앞으로 나오고 아래로 갔던 것이 위로 오고 지났던 모든 것이 같은 자리로 되돌아오기 때문에, 아래, 위, 끝, 시작이 없다. 인간에게도 이러한 방식이 적용된다고 상상해보라. 그대가 어떤 사람에게 다른 역할을 주었을지라도 그는 여전히 동일한 사람이다. 어떤 사람이 자기 자신을 때렸다고 하자. 그를 상해죄로 기소할 수는 없다. 어떤 사람이 자기 자신을 묶고 감금했다고 치자. 그는 폭행죄에 대한 법적 책임을 지지 않는다. 어떤 사람이 자기 자신에게 은혜를 베풀었다고 치자. 그는 베푸는 동시에 보답한 것이다. 자연에서는 죽은 것은 다시 자연으로 돌아가기 때문에 아무것도 잃는 것이 없으며, 달아날 곳 없이 왔던 곳으로 다시 돌아가기 때문에 아무것도 소멸되지 않는다. "이러한 예와 제기된 의문 사이에 무슨 관계가 있는가?" 그대가 감사할 줄 모르는 사람이라고 상상해보라. 은혜는 소멸되지 않는다. 은혜를 베푼 사람에게는 여전히 그것이 남아 있다. 그대가 보답받기를 원하지 않는다고 상상해보라. 은혜를 보답받기 전이라도 그대는 은혜를 소유하고 있다. 그대에게서 떠나가는 것이 무엇이든, 그럼에도 그대가 은혜를 얻었기 때문에 잃을 것은 아무것도 없다. 그대 안에서 순환이 일어난다. 받음으로써 베푸는 것이고, 베풂으로써 받는 것이다.

"자기 자신에게 은혜를 베풀어야 한다. 그러므로 그 호의에 보답해야 한다." 어느 누구도 자기 자신에게 은혜를 베풀 수 없다는 것이 아니다. 인간은 본능적으로 자신에게 해가 되는 것은 피하고 이익이 되는 것을 추구한다. 이런 이유로, 앞에서 말한 전제는 거짓이다. 자신에게 베푸는 사람은 너그러운 사람이 아니며, 자기를 용서하는 사람도 관대한 사람이 아니다. 자신의 병에 연민을 느끼는 사람도 동정심이 많은 사람이 아니다. 다른 사람에게 주어질 때는 너그러움, 관대함, 동정심으로 간주되는 것이 자신에게 주어질 때에는 그저 인간의 본능에 불과하다. 은혜는 자발적인 행위로 이뤄지지만, 자신의 이익을 돌보는 것은 그렇지 않다. 은혜를 더 많이 베풀수록 인정이 더 많은 사람이다. 그러나 누가 자기 자신에게 도움을 베풀었다고 하여 칭찬을 받겠는가? 도적들에게서 스스로를 구출했다고 칭찬을 받길 원하는가? 어느 누구도 자신에게 환대를 베풀지 않듯이 은혜도 베풀지 않는 것이다. 어느 누구도 자신에게 돈을 빌려주지 않듯이 자신에게 선물을 베풀지는 않는다.

만약 스스로에게 은혜를 베푼다면 멈추지 않고 매 시간마다 은혜를 베푸는 것이다. 그렇다면 은혜를 기록하는 것은 불가능할 것이다. 호의에 보답하여 은혜를 베푸는 일이 계속 반복되는데 언제 호의에 보답할 것인가? 동일한 사람 안에서 주고받는 일이 일어날 때, 은혜를 베풀고 있는지 은혜를 입고 있는지 어떻게 말할 수 있을까? 내가 내 자신을 위험에서 구했다고 해보자. 나는 나 자신에게 은혜를 베푼 것이다. 다시 한 번 내가 스스로를 위험에서 구했다고 해보자. 과연 나는 은혜를 베푼 것인가 아니면 은혜를 입은 것인가?

우리가 우리 자신에게 은혜를 베푼다고 인정할지라도, 나는 그 결론을 받아들이지 않을 것이다. 우리가 자신에게 베푼다고 하더라도 우리는 빚지지 않는다. 왜 그러한가? 즉시 보답을 받기 때문이다. 은혜를 입은 후에 빚을 지고 그다음에 은혜에 보답하는 것이 적절하다. 그러나 여기서는 지체 없이 보답을 받기 때문에 빚을 질 여지가 없다. 어느 누구도 다른 사람이 없이는 베풀지도 빚을 지지도 보답하지도 못한다. 두 사람이 필요한 행위는 한 사람에게서는 결코 일어날 수 없다.

# 은혜의 투쟁

15

**은혜를 베푸는 것과 은혜를 받는 것의 차이에 주목하라**

은혜란 사용 가능한 무언가를 베푸는 것이다. 그러나 "베풂"이라는 단어는 다른 사람과 관련된 것을 의미한다. 자신에게 무언가를 팔았다고 말하는 것은 터무니없는 일처럼 보인다. 판다는 것은 재산과 그것에 대한 권리를 다른 사람에게 양도한다는 것을 의미하기 때문이다. 그러나 파는 것과 마찬가지로 베푸는 것도 무언가에서 손을 떼고 지금까지 가지고 있었던 것을 다른 사람의 소유로 넘긴다는 것을 뜻한다. 만약 이것이 사실이라면 어느 누구도 자신에게 베풀지 못한다. 그렇기 때문에 자기 자신에게 은혜를 베푸는 사람은 없다고 하겠다. 그렇지 않다면 베푸는 것과 받는 것이 하나가 되도록 서로 다른 두 개의 행위가 하나의 행위로 결합되어야 한다. 베푸는 것과 받는 것 사이에는 커다란 차이가 있다. 이 단어들이 상반된 의미로 사용되는데 어떻게 둘 사이에 커다란 차이가 없을 수 있단 말인가? 그럼에도 만약 자기 자신에게 은혜를 베푼다면, 베푸는 것과 받는 것 사이에 차이가 없어지게 된다. 앞에서 나는 어떤 단어들은 다른 대상과의 관계를 함축하며 그 완전한 의미는 우리 바깥의 존재를 가리킨다고 말했다. 어느 누구도 혼자서는 형이나 동생이 될 수 없고 다른 사람과의 관계 속에서만 형이나 동생이 된다. 어느 누구도 혼자서는 누군가에 필적할 만한 사람이 될 수 없고 다른 사람과의 관계 속에서만 필적할 만한 사람이 될 수 있다. 비교하고 결합하며 베풀기 위해서는 다른 대상이 있어야 한다. 은혜가 존재하기 위해서는 다른 대상이 필요하다.

"……에게 선행을 베풀었다."라는 문장을 볼 때 이 사실은 분명해진다. 어느 누구도 자신에게 호의를 보이거나 자기편이 아닌 사람에게 덕행을 베풀지는 않는다. 이것에 대해 더 상세히 그리고 더 많은 사례들을 들어 논의할 수 있다. 본래 "은혜"는 타인을 필요로 하는 용어이기 때문에, 어떤 행위가 비록 영예롭고 지극히 고귀하고 완전히 선하다고 하더라도 타인 없이는 일어날 수 없다. 신뢰는 인간성의 가장 큰 축복 속에서 칭송과 숭배를 받는다. 그러나 과연 어느 누가 자기 자신과 신뢰를 지킨다고 말할 수 있을까?

이제 논의의 마지막 단계에 왔다. 빚을 갚는 사람이 돈을 쓰듯이 호의에 보답하는 사람도 무언가를 써야 한다. 마찬가지로 자기 자신에게서 은혜를 입은 사람이 아무것도 얻은 것이 없듯이 자기 자신의 호의에 보답하는 사람도 아무것도 쓰지 않는다. 은혜와 호의에 대한 보답은 서로 다른 방향으로 나아가야 한다. 한 사람만으로는 교환이 성립될 수 없다. 호의에 보답하는 사람은 자신에게 무언가를 베푼 사람에게 덕행을 베푸는 것이다. 그렇다면 자기 자신에게 보인 호의에 보답하는 사람은 누구에게 덕행을 베푸는 것인가? 바로 자기 자신이다. 과연 누가 호의에 보답하는 목적과 은혜를 위한 목적이 다르다고 생각하겠는가? 그러나 자기 자신의 호의에 보답하는 사람도 자신에게 덕행을 베푸는 것이다. 감사할 줄 모르는 어느 누가 이를 꺼리겠는가? 그렇다면 누가 감사할 줄 아는 사람이 되려고 하겠는가? 이에 반대 의견이 있다. "만약 우리가 우리 자신에게 감사해야 할 의무가 있다면, 우리 자신에게도 호의에 보답해야 할 의무가 있는 것이다. 그러나 우리는 이렇게 말하곤 한다. '나는 그 여자와 결혼하지 않은 것을, 그 남자와 관계를 갖지 않은 것을 내 자신에게 감사한다.'" 이렇게 말할 때 우리는 우리 자신을 지지하는 것이며, 우리가 한 일을 정당화하기 위해 감사라는 말을 잘못 사용하고 있는 것이다.

은혜는 일단 베풀고 나면 사라져 버릴 수도 있다. 하지만 자신에게 은혜를 베푼 사람은 베푼 것을 받지 못할 수가 없다. 그러므로 그것은 은혜가 아니다. 다시 말해, 은혜는 일단 베풀고 나서 나중에야 돌아오는 것이다. 은혜에는 이처럼 훌륭한 특성이 있다. 어떤 사람은 다른 사람에게 덕행을 베풀기 위해 잠시 자신의 이익을 내려놓는다. 그는 자신을 위해 준비한 것을 다른 이에게 베푼다. 자기 자신에게 은혜를 베푸는 사람은 이렇게 하지 않는다. 은혜를 베푸는 것은 다른 사람의 마음을 사로잡아 그에게 의무를 지우는 사회적 행위이다. 자기 자신에게 베푸는 것은 사회적 행위가 아니다. 그것은 누구의 마음도 사로잡지 못하고 누구에게도 의무를 지우지 않는다. 그것은 누군가로 하여금 "이 사람은 교양 있는 사람이야. 다른 사람에게 은혜를 베풀었으니 나에게도 곧 은혜를 베풀겠지."라고 말하게끔 기대를 주지도 못한다. 은혜는 자신의 이익을 위해서 베푸는 것이 아니라 다른 사람의 이익을 위한 것이다. 그러나 자기 자신에게 은혜를 베푸는 사람은 자신의 이익을 위해 그렇게 한다. 그러므로 그것은 은혜가 아니다.

## 부도덕한 사람에게도 은혜를 베풀 수 있다

처음에는 내가 그대에게 설명을 잘못했던 것 같다. 그대는 내가 노력에 보답하지 않는다고, 솔직히 말해 내가 모든 노력을 낭비하고 있다고 말한다. 그리고 그대는 내가 그대를 모호한 상태로 이끌었다고, 그래서 그대가 당장 닥친 어려움에서 벗어나는 것 외에는 아무것도 얻지 못할 것이라고 진실하게 말할 것이다.

그대가 스스로 풀고자 만들어놓은 매듭을 열심히 푼들 무슨 소용이 있겠는가? 뒤엉킨 매듭은 서툰 사람이 풀기에는 어렵겠지만 그 매듭을 얽어맨 사람에게는 하등 문제될 것이 없다. 교차점과 매듭이 어디에 놓여 있는지 알기 때문이다. 그럼에도 그러한 엉클어진 상황은 우리 마음의 예리함을 시험하고 우리의 정신을 깨워주기 때문에 즐거움을 준다. 같은 식으로, 교활하고 기만적인 것처럼 보이는 문제들은 우리 마음의 안일함과 나태함을 없애준다. 우리의 마음은 평소에는 마음대로 거닐 수 있는 아무것도 없이 텅 빈 땅을 필요로 하지만, 어떨 때에는 천천히 움직이고 조심스레 걸음을 떼야 하는 모호하고 고르지 못한 공간을 필요로 하기도 한다. 이렇듯 우리 마음의 안일함과 나태함을 없애주는 것은 바로 이러한 문제들이다.

감사할 줄 모르는 사람은 없다는 주장이 있다. "은혜는 덕행을 베푸는 것이다. 그러나 스토아 철학자들이 말하듯이, 어느 누구도 부도덕한 사람에게는 덕행을 베풀 수 없다. 그러므로 부도덕한 사람은 은혜를 입지 못한다. 따라서 부도덕한 사람은 은혜를 입지 못한 것뿐이지 감사할 줄 모르는 것은 아니다. 게다가 은혜는 영예롭고 훌륭한 것이다. 그러나 부도덕한 사람은 은혜 역시 베풀지 않는데, 그것은 영예롭고 훌륭한 것을 위한 여지를 주지 않기 때문이다. 부도덕한 사람이 은혜를 입을 수 없다면 그것에 보답해야 할 의무도 가질 수 없으며, 그렇기 때문에 감사할 줄 모르는 사람이 되지도 못한다. 게다가 그대가 주장하듯이, 선량한 사람은 항상 올바르게 행동한다. 만약 선량한 사람이 언제나 올바르게 행동한다면 감사할 줄 모르는 사람이 될 수 없다. 어느 누구도 부도덕한 사람에게는 은혜를 베풀 수 없다. 선량한 사람은 은혜에 보답하고 부도덕한 사람은 은혜를 입지 못한다. 그와 같다면, 선량한 사람이나 부도덕한 사람 모두 감사할 줄 모르는 사람이 되지 못한다. 그러므로 자연의 영역에서는 감사할 줄 모르는 사람이 없으며 이는 공허한 말과 같다."

우리에게는 오직 한 가지 선량함, 즉 고결함만이 있다. 이것은 부도덕한 사람은 쌓을 수 없지만, 만약 부도덕한 사람이 고결함을 가지게 된다면 부도덕한 일을 그만두게 된다는 뜻이다. 그러나 부도덕한 사람이 계속해서 부도덕하게 남는다면, 어느 누구도 그 사람에게는 은혜를 베풀지 않을 것이다. 부도덕한 사람과 선량한 사람은 양립할 수 없고 결합될 수도 없다. 그러므로 어느 누구도 부도덕한 사람에게는 은혜를 베풀 수 없다. 그런 사람에게는 무엇이든 잘못 전달되어 망가지기 때문이다. 질병으로 손상되고 분노로 가득 찬 위장에게 모든 음식물은 고통의 원인이 된다. 마찬가지로 뒤틀린 마음은 자신에게 맡겨진 모든 것을 짐이자 파괴적인 동인動因, 고통의 원인으로 바꿔버린다. 그리고 운이 좋고 부유한 사람들은 큰 걱정거리를 가지고 있기 때문에 불안으로 고통 받으며 자기 자신을 발견하지도 못한다. 그러므로 부도덕한 사람은 그들 자신을 이롭게 하는 것은 그 무엇도 축적할 수 없다. 실상은 그들 자신을 해롭게 하지 않는 것은 아무것도 축적할 수 없다. 부도덕한 사람은 자신에게 닿는 것은 무엇이든 그 자신의 성질로 변형시킨다. 선량한 사람에게 주어질 경우 이롭게 작용하는 매력적인 것들이 부도덕한 사람에게는 해롭게 작용한다. 그러한 이유로, 어느 누구도 자신이 가지지 않은 것을 베풀 수 없기 때문에 부도덕한 사람은 은혜를 베풀 수 없다. 그러한 사람은 기꺼이 은혜를 베풀 마음이 부족하다.

하지만 부도덕한 사람들조차 은혜 비슷한 것들을 입을 수는 있다. 그렇기 때문에 만약 그것들에 보답하지 않는다면 그들은 감사할 줄 모르는 사람이 될 것이다. 부도덕한 사람들에게도 정신, 육체, 행운 등과 같이 이로운 것들이 영향을 미칠 수 있다. 정신은 어리석고 부도덕한 사람에게는 영향을 미치지 않지만, 육체와 행운은 그렇지 않다. 부도덕한 사람들도 육체나 행운을 받을 수 있으므로 그들은 그것들에 보답해야 한다. 만약 그렇게 하지 않는다면 그는 감사할 줄 모르는 사람이 된다. 그리고 이것은 우리가 생각하기에 따라서만 참인 것은 아니다. 널리 행복을 퍼뜨리기 위해 이동하는 순례자들도, 부도덕한 사람도 작고 사소한 은혜를 받을 수 있다고 말하며, 그러한 은혜에 보답하지 않는 사람은 감사할 줄 모르는 사람이라고 말한다. 우리는 마음을 더 좋게 만드는 것을 은혜라고 인정하며, 그것이 이롭다는 것을 부인하지 않는다. 돈, 옷, 공직 등은 부도덕한 사람이 선량한 사람에게 베풀 수 있고 선량한 사람에게서 받을 수도 있다. 만약 선량한 사람이 그것에 보답하지 않는다면 은혜를 모르는 사람이라고 지탄받을 것이다. 그대는 이렇게 반론한다. "그러나 스스로 은혜가 아니라고 말한 것에 보답하지 않았다고 하여 누군가를 감사할 줄 모르는 사람이라고 말할 수 있겠는가?" 비슷한 특성을 가진 것들은 같은 용어로 표현되기도 한다. 따라서 우리는 금과 은을 "작은 상자"나 "보석 상자"라고 표현하고, 완전히 무지하지는 않지만 읽고 쓸 줄 아는 능력이 발달하지 못한 사람을 "문맹"이라고 부른다. 누추하게 옷을 입고 누더기를 걸친 사람을 보았다면 "벌거벗은" 사람을 보았다고 말한다. 우리가 의미하는 것들은 은혜는 아니지만 은혜의 모습을 갖추고 있다. 또 이렇게 반박할 수도 있다. "그러한 것들이 은혜와 비슷한 것처럼, 그러한 사람은 은혜 비슷한 것을 모르는 사람이지 은혜를 모르는 사람은 아니다." 그렇기 때문에 진짜 은혜와 유사한 것을 존중하지 않는 사람은 독임을 알고서 수면제를 섞는 사람만큼이나 은혜를 모르는 것이다.

클레안테스[3]는 이 점에 대해 더 강력하게 논쟁한다. "그가 받은 것이 은혜가 아닐지라도, 어쨌든 그것을 받았음에도 보답하지 않는다면 그는 여전히 감사할 줄 모르는 사람이다." 그렇기 때문에 누군가를 살해하려고 무기를 준비하거나 도적질 또는 살인을 저지르려고 하는 사람은 비록 손을 피로 더럽히기 전이라 할지라도 도적이 된다. 실제로 사람은 사악해지고 그러한 사악함이 행동으로 드러나기도 하지만, 사악함이 행동에서 시작된 것은 아니다. 어느 누구도 신을 찾아낼 수는 없지만, 신성모독죄는 처벌받는다.

"부도덕한 사람에게서 은혜를 입는 것이 불가능하다고 할 때, 어떻게

---

**3**　고대 그리스의 스토아학파 철학자로, 의지력을 중시하여 이를 모든 덕의 원천으로 삼았다.

부도덕한 사람에 대해 감사할 줄 모르는 사람이 있을 수 있을까?" 그가 받은 것이 비록 은혜는 아니지만 은혜라고 불리고 있다는 단순한 이유 때문이다. 우리가 나쁜 사람들이 좋은 물건을 소유하고 있다는 사실을 애써 무시하듯이, 부도덕한 사람에게서 존경을 받는 사람 역시 그에게 고마움을 느껴야 하고, 그에게 받았던 물건과 같은 물건으로 되돌려줘야 한다. 부도덕한 사람이 존경심을 표하는 것은 그들의 진짜 본성과는 아무 상관도 없는 일이다. 어떤 사람은 주화로 사용하는 금괴나 스파르타인들이 사용하는 것처럼 정부 직인이 찍힌 가죽을 빚지고 있음에도 돈을 빚지고 있다고 말한다. 어떠한 형태로 의무를 졌건 그 형태로 빚을 상환하라. 고귀한 이름이 비열하고 경멸스러운 방식으로 언급되어 빛이 바랠지언정 은혜가 된다는 것은 그다지 중대한 문제가 아니다. 덕을 배우고 덕이라는 이름을 뽐내는 동안에는, 덕과 유사한 것에도 그대의 마음을 맞추어야 한다.

이런 반론을 제기할 수 있다. "그대의 관점에서는 감사할 줄 모르는 사람이 없겠지만, 다른 관점에 보면 모든 이들이 감사할 줄 모른다." 어리석은 사람은 모두 부도덕하고, 한 가지 악을 지니고 있는 사람은 곧 악의 모든 것을 지니고 있는 것이다. 모든 사람이 어리석고 부도덕하므로 모든 사람이 감사할 줄 모른다. 그래서 어쨌다는 것인가? 이것은 인간에 대해서라면 어디서나 나오는 불평이 아닌가? 은혜가 내버려지기도 하고, 은혜를 입을 자격이 있는 사람에게 공정한 보답을 베푸는 일은 거의 제대로 이루어지지 않고 있다. 이것은 일종의 보편적인 불만이 아닐까? 스토아 철학자들은 정당한 행위의 기준에 미치지 못하는 것을 악이라고 보고 잘못된 것으로 간주한다. 하지만 이 불만이 스토아 철학자들만 토로하는 불만이라고 생각해서는 안 된다. 다음은 철학자들이 아니라 사람과 국가를 규탄하는 군중의 목소리이다.

> 어떠한 손님도 주인으로부터 안전하지 않다.
> 어떠한 아버지도 사위로부터 안전하지 않다. 형제 사이에 호의는 드물다.
> 남편은 아내를, 아내는 남편을 파괴하려고 계획한다.[4]

이것은 심지어 더 나아간다. 은혜는 범죄에 의해 대체되고, 자신 때문에 다른 사람이 피를 흘렸음에도 자신의 피를 덜어내 나눠주지 않는다. 우리는 은혜를 칼과 독으로 되갚는다. 조국을 유린하고 자신의 권좌로 짓밟는 것이 힘과 위신으로 간주된다. 조국을 짓밟은 자는 스스로 공화국보다 낮고 보잘것없는 위치에 있다고 생각한다. 나의 군대가 나에게 등을 돌리고, 장군은 장광설을 늘어놓는다. "네 아내와 싸워라. 네 자녀와 싸워라! 제단, 화덕과 아궁이, 집의 수호신들을 공격하라!" 그대는 원로원의 명령이 없이는 도시에 들어갈 수 없으며, 따라서 승리를 거두지도 못한다. 그대가 군대를 거느리고 돌아올 때 원로원이 성벽 밖에서 그대를 만난다. 이제 시민들을 살해한 후에 그대는 동족의 피로 흠뻑 젖은 깃발들을 높게 펄럭이며 도시에 들어온다. 군대의 휘장 한복판에서 자유가 침묵하도록 하라. 이제 전쟁이 멀리 있고 모든 위협이 진압되었으므로 정복자와 국

---

**4**  오비디우스, 「변신 이야기|Metamorphoses」.

민의 조정자들은 벽에 포위되어 독수리 문양의 휘장[5]에 몸서리치게 될 것이다.

## 감사할 줄 모르는 사람들과 싸우라

코리올라누스[6]는 범죄를 뉘우치고 나서 너무 늦게 성실한 사람이 되었다는 점에서 감사할 줄 모르는 사람이다. 그는 무기를 내려놓았지만 그것을 반역자들 가운데에 놓았다. 카틸리나[7]는 조국을 전복하는 것에 대해 충분히 생각하지 못했다는 점에서 감사할 줄 모르는 사람이다. 그는 알로브로게스의 지지자들을 타도하고 그들과 싸워야 했다. 알프스 산맥을 가로질러 온 적은 그 낡고 오래된 증오심을 충족할 수 있었으며, 카틸리나의 공격으로 죽임을 당한 로마 장군들은 갈리아 사람들의 무덤에서 희생 제의를 치러야 했다. 마리우스[8]는 평범한 군인으로 시작해 집정관직까지 올라갔으면서도 이러한 운명의 변화가 너무 작다고 생각했다. 킴브리족이 또다시 전쟁을 일으켜 수많은 로마인들을 죽이지 않는 한 지금의 지위를 지킬 수 없을 거라고 생각했고, 시민들에게 살인과 살육의 신호를 보내고 대규모 학살의 살아 있는 전설이 되고자 했다. 이런 점에서 그는 감사할 줄 모르는 사람이다. 술라[9]는 가혹한 방법으로 그의 국가를 바로잡

---

**5**  로마를 상징한다.

**6**  고대 로마의 장군으로, 적의 모함으로 로마에서 추방당하자 복수심에 불타 로마를 공격했다.

**7**  로마의 정치가로, 여러 차례 집정관 선거에서 낙선하자 국가 전복의 음모를 꾸미다가 발각되었다. 알프스 산맥을 넘어 갈리아로 도망가다가 로마군의 공격을 받아 전사했다.

**8**  로마의 장군이자 정치가로 일곱 차례나 집정관을 지냈다. 킴브리족 등 북방 민족이 남하하자 전쟁의 전권을 부여받아 킴브리족을 패퇴했다.

**9**  로마의 장군 겸 정치가. 반역자로 규정되었다가 다시 로마의 권력을 차지하자 반대파를 철저하게 처형했다.

으려고 했고, 프라이네스테의 요새에서 콜린 게이트까지 피의 행군을 감행한 후에 그 도시에서 전투와 살해를 다시 시작했다는 점에서 감사할줄 모르는 사람이다. 그는 두 군단을 구석으로 몰아넣고 승리한 후에, 약속대로 이들을 학살했다(얼마나 잔인하고 사악한가!). 그리고 그는 로마 시민을 살해하는 사람이 면책, 돈 등 모든 것을 받을 수 있도록 각종 면죄부와 위대한 신들을 만들어냈다. 폼페이우스는 세 번의 집정관직, 세 번의 승리, 그리고 성년이 되기 전에 많은 영예로운 자리들을 얻었고, 다른 이들을 국가의 행렬에 참여하도록 선동하여 자신의 연합국에 보답했다. 그러면 자신의 권력에 들러붙은 증오를 제거할 수 있을 것이라고 생각했다. 이런 점에서 볼 때, 그는 감사할 줄 모르는 사람이다. 높은 지휘권을 탐내고 자기 맘대로 지방을 분할하면서, 그리고 세 개의 몫 가운데 두 개의 몫이 그의 가족에게 돌아가도록 공화국을 분할하는 동안에, 그는 로마 사람들이 오직 노예 덕택에만 생존할 수 있도록 만들었다. 폼페이우스의 실질적인 적이자 정복자[10] 또한 감사할 줄 모르는 사람이다. 그는 갈리아와 게르마니아에서 전쟁을 일으켰고, 포르센나가 진을 친 도시와 가까운 키르쿠스 플라미니우스에 진을 쳤다. 그가 승리자들이 벌이는 잔혹한 특혜들을 완화한 것은 사실이다. 그는 무장하지 않은 사람은 죽이지 않겠다고 약속했고 그것을 실현했다. 그래서 어쨌단 말인가? 많은 사람들이 자신의 무기를 잔인하게 사용했지만 일단 만족하고 나면 그것들을 내려놓았다. 그러나 그는 신속히 그의 검을 칼집에 넣었지만 결코 그것을 내려놓지는 않

---

**10** 율리우스 카이사르를 말한다.

았다. 안토니우스는 그의 지배자에게 감사할 줄 몰랐다.[11] 안토니우스는 그가 정당하게 죽었다고 주장했고 여러 지방과 부대에 암살자들을 보냈다. 침략과 전쟁으로 나라가 분열되어 극심한 혼란을 겪었을 때, 그는 이런 혼란을 로마인들이 아닌 왕들[12]에게 처리하게 맡겼다. 따라서 아카이아와 로도스 그리고 자치권과 세금 면제의 자유가 있는 수많은 유명 도시들은 왕의 환관들에게 경의를 표해야만 했다.

자신의 나라를 완전히 파괴할 만큼 감사할 줄 모르는 사람이 얼마나 많은지 목록을 작성하자면 하루를 다 준다고 해도 부족하다. 마찬가지로 공화국이 가장 고귀하고 가장 헌신적인 사람들에게 얼마나 은혜를 모르는 행동을 했는지, 사람들이 공화국에 죄를 범할 때마다 공화국은 얼마나 많은 사람들에게 죄를 범했는지 이야기하자면 끝도 없을 것이다. 카밀루스는 추방당했고 스키피오는 망명을 가야 했다. 키케로는 카틸리나를 토벌한 뒤에 추방당했고 그의 집은 파괴당하고 재산은 도난당했으며 카틸리나가 승리하고 행한 모든 일들이 그에게 일어났다. 루틸리우스는 아시아에서의 모호한 행적에 대해 결백함으로 보상받았다. 로마인들은 카토가 법무관이 되는 것을 거부했으며, 그의 집정관직도 거부할 것을 주장했다.

우리는 모두 감사할 줄 모르는 존재들이다. 각자 자신에게 물어보라. 누군가 감사할 줄 모른다고 불평하지 않는 사람은 아무도 없다. 그러나 모

---

**11** 지배자는 율리우스 카이사르를 말한다. 하지만 안토니우스가 카이사르의 죽음을 정당화했다는 근거는 아무것도 없다.

**12** 클레오파트라와 그녀의 남동생 프톨레마이오스를 말한다.

든 이들이 불평의 대상이 되지 않는 한 모두가 불평한다는 것은 있을 수 없다. 그러므로 우리 모두는 감사할 줄 모른다. 단지 감사할 줄 모르기만 하는가? 특히 대담해 보이는 사람들은 모두 탐욕스럽고 악의적이며 지독하다. 게다가 그들은 모두 이기적이고 양심의 거리낌이 없다. 그러나 그들에게 화를 낼 이유는 없다. 그들을 용서하라. 단지 그들은 미쳐 있을 뿐이다. 나는 그대에게 관대함에 대해 언급하고 싶지는 않다. "젊은이들이 얼마나 감사할 줄 모르는지 보라! 아버지가 죽기를 바라지 않는 자가 있는가? 어느 누가 그것을 고대하지 않을까? 어느 누가 그것을 꿈꾸지 않을까? 단지 자기가 계산하기 싫어서 현명한 아내가 죽지 않기를 바라는 이가 얼마나 많은가?" 나는 이렇게 묻는다. "변론 이후에 얼마나 많은 소송 당사자들이 그토록 오랫동안 커다란 은혜의 기억을 간직하고 있었던가?" 우리는 "불평 없이 죽는 사람이 누가 있는가?"라는 물음에 모두 동의한다. 어느 누가 과연 자신의 죽음에 대해 터놓고 이야기할 만큼 용기가 있을까?

나는 일생을 보냈고 운명이 나에게 내준 길로 뛰어갔다.[13]

세상을 떠날 때 누가 저항하지 않거나 신음하지 않겠는가? 그러나 자신이 보낸 시간들에 만족하지 못하는 것은 감사할 줄 모르는 행동이다. 남은 일생을 세기 시작하면 언제나 얼마 남지 않은 것처럼 보일 것이다. 최

---

**13** 베르길리우스, 「아이네이스Aeneis」.

고선最高善은 시간이 많고 적음에 따라 정해지지 않는다. 기간이 어떻건 그것에 만족하라. 죽음을 연장하는 것은 그대의 행운에 아무런 기여도 하지 않는다. 목숨을 연장하는 것은 삶을 더 길게 만들 뿐이지 삶을 행복하게 만들지는 않는다. 자신이 즐긴 기쁨에 감사하고, 다른 사람에게 할당된 인생을 따지지 않고 자신의 인생을 소중하고 가치 있게 생각하며, 그것을 이득으로 간주하는 것은 얼마나 좋은 일인가. "신은 나를 이만큼 가치 있다고 판단했다. 이것으로 충분하다. 신은 나에게 더 줄 수 있었을 테지만 그럼에도 이것은 은혜이다." 신에게, 사람들에게, 우리를 위해 무언가를 베푸는 이들에게, 우리에게 소중한 사람들을 위해 무언가를 베푸는 사람들에게 감사하라.

**아들에게 은혜를 베푸는 것은 그의 아버지에게도 은혜를 베푸는 것이다**

다음과 같이 반대 의견을 제기할 수도 있다. "그대가 '우리에게 소중한 사람들'이라고 말하는 것은 나를 무한정의 의무에 구속하는 것이다. 그러므로 어떤 제한을 두어라. 그대의 주장에 따르면, 아들에게 은혜를 베푸는 사람은 또한 그의 아버지에게도 은혜를 베푸는 것이다. 이것이 내 질문의 첫번째 요지이다. 나는 이 문제를 더욱 명확하게 짚고 넘어가고 싶다. 만약 은혜가 그의 아버지에게도 주어진다면, 그것은 또한 그의 형제에게도 주어지는 것인가? 그렇다면 나아가 삼촌, 조부, 아내, 장인에게도 동일하게 적용되는가? 어디에서 내가 멈춰야 하는가? 얼마나 널리 그리고 많이 관련된 사람의 명단을 열거해야 하는가?"

만약 내가 그대의 밭을 대신 갈아준다면 나는 그대에게 은혜를 베푸는 것이다. 만약 그대의 집이 불에 탄다면 나는 그 불을 끌 것이다. 만약 내가 그대의 집이 무너지지 않도록 힘을 보탠다면 내가 그대에게 은혜를 베푸는 것이다. 만약 내가 그대의 노예를 치료한다면 그것은 그대에 대한 호의로 여겨야 할 것이다. 만약 내가 그대의 아들을 구해준다면, 그대가 나에게서 은혜를 입은 것이 아닌가?

다음과 같이 이의를 제기할 수도 있다. "내 밭을 일구는 사람은 그 밭이 아니라 나에게 은혜를 베푸는 것이므로 그대가 예로 든 내용은 모순된다. 그리고 내 집이 무너지지 않도록 지지해주는 사람은, 집은 그 은혜를 인지하지 못하므로 나에게 은혜를 베푸는 것이다. 그리고 내 밭을 일구는 사람은 그 밭이 아니라 나에게 인정을 받고자 한다는 점에서 나에게 은혜를 베푸는 것이다. 나는 노예에 대해서도 마찬가지로 말할 것이다. 노예의 행위는 내 재산과 관련이 있다. 노예는 나를 위해 존재한다. 그러므로 노예에게 배푼 은혜는 노예가 아니라 나에게 해당된다. 아들은 스스로 은혜를 입을 능력이 있으므로 은혜를 입는다. 나는 아들이 은혜를 입은 것에 기뻐하지만 내가 어떠한 은혜를 입은 것은 아니다." 그대가 아무리 은혜를 입은 것이 아니라고 생각할지라도 나는 그대가 이에 대해 답을 해주었으면 한다. 아버지는 아들을 잃는 것보다 아들이 잘되면 더 행복해한다. 따라서 아들의 건강, 행복, 상속권은 아버지와 관련이 있다. 그렇다면 내가 베푼 은혜로 인해 더 행복해지고 불행을 면하게 된 사람은 나에게 은혜를 입은 것이 아닌가?

그대는 이에 대해 "그렇지 않다."라고 대답한다. "다른 사람을 거쳐 주어지는 것들이 있기 때문이다. 그러나 돈을 빌리는 사람은 돈이 어떤 방법으로 상대의 손에 들어왔는지는 따지지 않고 그것을 요구하듯이, 보답은 그것을 받는 사람의 요구가 있어야 한다. 모든 은혜는 그 은혜를 받는 사람과 가까운 사람, 때로는 그렇게 가깝지 않은 사람에게도 영향을 미친다. 문제는 은혜가 은혜를 입은 사람에게서 어디로 옮겨 가는지가 아니라 그것이 처음 놓인 곳이 어디인가이다. 그곳은 그 호의를 되돌려줘야 하는 은혜를 입은 사람, 즉 처음 은혜를 받은 사람이다." 그러면 다음과 같이 물을 수도 있다. "만약 그대가 나에게 내 아들의 선물을 주었는데 아들이 죽었다면 나는 내 아들의 선물에 대한 은혜를 갚아야 할 것인가?" 나 자신의 삶보다 아들의 삶을 더 가치 있게 여기므로, 그 삶에 대한 가치만큼 빚지는 것이 아닌가? 내가 그대의 아들을 구했다고 가정해보자. 그대는 무릎을 꿇고 마치 그대가 구원받은 것처럼 신에게 맹세할 것이다. 그대는 아마 이렇게 말할 것이다. "그대가 구한 생명이 내 생명이 아니라도 상관없다. 그대는 특별히 나를 구한 것이 아니라 우리 둘 다 구했다." 은혜를 입은 것이 아니라면 어째서 이처럼 말하겠는가? "같은 이유로, 만약 내 아들이 빚을 진다면 나는 내가 빚을 진 것이 아님에도 아들의 채권자에게 빚을 갚을 것이다. 같은 이유로, 만약 내 아들이 간통죄로 붙잡힌다면 나는 간통자가 아님에도 얼굴을 붉힐 것이다. 나는 내 아들을 구해줘서 그대에게 감사하다고 말할 것이다. 내가 그대에게 빚을 진 것이 아니라 내 스스로 그대에게 빚을 갚기를 원하기 때문이다. 내 아들의 안전은 나에게 가장 큰 행복, 가장 큰 이익을 가져다주며, 그 아이를 잃는 것은 가장 비통한 피해를 입는 것이다. 동물, 돌, 식물이 유익하다고 해서 그것들이 은혜를 베푼 것은 결코 아니다. 그것들은 은혜를 베풀 의도가 없었기 때문이다. 그러나 그대는 아버지에게 베풀려고 한 것이 아니라 아들에게 베풀고자 한 것이다. 심지어 그대는 그 아버지를 잘 모를 수도 있다. 그대는 '그의 아들을 구함으로써 내가 그 아버지에게 은혜를 베푼 것은 아닐까?'라고 자문한다. 그러면 그 반대쪽을 고려해보라. '그럼 내가 알지도 못하고 염두에 두지도 않았던 그 아버지에게 은혜를 베푼 것인가?' 그대가 그 아버지를 싫어하지만 그 아들을 구한 경우는 어떻게 되는가? 그대는 극도로 적대시하는 사람에게 은혜를 베푼 것으로 생각할 것인가?"

　문답의 방식으로 논쟁하는 것은 그만두고 법률 전문가처럼 말해보자. 그러기 위해서는 은혜를 베푼 사람의 의도를 세심하게 살펴봐야 한다. 그는 자신이 베풀기 원했던 사람에게 은혜를 베풀었다. 만약 그가 그 아버지를 고려해 행동했다면 그 아버지는 은혜를 입은 것이다. 만약 그 아들을 염려해서 그렇게 한 것이라면 그 아버지는 그의 은혜로부터 이익을 얻을지라도 그 아들이 받은 은혜 때문에 은혜를 입은 것은 아니다. 그러나 만약 필요하다면, 그는 보답해야 할 필요성을 느껴서가 아니라 솔선해서 무언가를 주려고 할 것이다. 은혜는 그 아버지에게서 되돌려 받을 수 없다. 만약 아버지가 은혜에 대해 관대하게 행동한다면 그것은 공정한 것이지 감사할 줄 아는 것이 아니다. 이런 의무에는 제한이 없다. 만약 그의 아버지에게 은혜를 베푸는 것이라면 또한 그의 어머니, 조부, 삼촌, 자녀, 친척, 친구, 노예, 국가에게도 은혜를 베푸는 것이 된다. 그렇다면 은혜 베풀기가 시작되고 끝나는 지점은 어디인가? 이 과정은 서서히 발전하면서 중단되지 않기 때문에 제한을 두기가 어려운 끝없는 연쇄식 논법이 일어난다.

# 은혜의 의무

**16**

## 어떤 것을 은혜라 부를 것인가?

흔한 질문을 해보겠다. "형제 두 명이 다투는데, 두 명 중 한 명이 죽으면 다른 한쪽은 부도덕하게 이익을 얻게 된다. 만약 내가 그중 한 명을 구해 낸다면, 그가 부도덕하게 취할 은혜를 그에게 베푼 것인가?" 누군가에게 유익한 것이 그의 의지에 상관없이 은혜로 간주된다는 사실에는 의심의 여지가 없다. 반대 의견을 제시할 수 있다. "범죄를 초래하거나 고통을 가져다준다 할지라도 그대는 이를 은혜라고 부를 것인가?" 치료를 위해 자르고 태우기도 하는 것처럼 많은 은혜들이 불쾌하고 가혹한 모습으로 나타난다. 우리는 은혜를 베풀 때 은혜를 입는 사람이 그것에 비통해하는 지가 아니라 기뻐하는지를 고려한다. 야만인들은 동전에 대해 모르기 때문에 야만인들에게 동전이 해로울 리 없다. 사람은 만약 은혜가 자신에게 도움이 된다면, 만약 누군가가 자신에게 이익이 되는 것을 베푼다면 은혜가 싫더라도 받는다. 형제는 소중한 자산이지만 한 남자는 남자 형제 중한 명을 싫어한다. "나는 형제를 죽였다." 비록 그가 그렇게 말하며 기뻐할지라도 그것은 은혜가 아니다. 사람은 가장 기만적인 방법으로 해를 입히고 스스로 감사해할 때가 있지 않은가! "어떤 것은 도움을 주므로 은혜다. 어떤 것은 해를 입히므로 은혜가 아니다. 그러나 이것을 고려해보라.

나는 도움을 주지도 해를 입히지도 않는 것을 베풀 것이지만 그럼에도 그것은 은혜이다. 내가 사막에서 누군가의 아버지의 시체를 발견했고 그의 시신을 묻어주었다고 하자. 나는 그 아버지에게 도움을 준 것도 아니며(그의 시신을 묻어준다고 하여 그에게 뭐가 달라지겠는가?), 그의 아들에게 도움을 준 것도 아니다(이렇게 한다고 하여 그에게 어떠한 이익이 가겠는가?)." 내가 그대에게 그의 아들이 얻은 것이 무언지 말해주겠다. 나로 인해 그는 관습적이고 필수적인 의무를 수행할 수 있었다. 나는 그의 아버지를 위해서 그가 스스로 하고자 소망했고 해야만 했던 것을 해주었다. 그럼에도 내가 의무감에서 비롯된 자비심으로 시신을 묻은 것이 아니라, 그 시신을 알아보았거나 그 당시 그의 아들을 위해 시신을 묻는다는 생각을 하고 있었을 경우에만 그 행위는 은혜가 된다. 내가 모르는 시체를 흙으로 덮는 경우에는 이러한 행위가 누군가에게 은혜를 베푸는 것은 아니다. 나는 그저 공적으로 봤을 때 자비로웠던 것뿐이다.

혹자는 다음과 같이 말할 것이다. "어째서 그대는 그대가 은혜를 베풀 사람을 찾는 데 그렇게 많은 수고를 들이는가? 마치 그대가 언젠가 그것을 돌려받을 것처럼 말이다. 어떤 사람들은 은혜는 돌려받아서는 안 된다고 생각하며 다음과 같은 이유를 제시한다. 은혜를 받을 자격이 없는 사람은 부탁받았을 때조차 그것을 갚지 않을 것이다. 은혜를 받을 자격이 있는 사람은 자발적으로 보답할 것이다. 더욱이, 만약 그대가 선량한 사람에게 은혜를 베푼다면 독촉하지 말고 기다려라. 마치 그가 자발적으로 갚지 않을 것처럼 그를 압박한다면 그는 상처를 입을 것이다. 만약 그대가 부도덕한 사람에게 은혜를 베푼다면 그대는 벌을 받는 것이다. 그러나 은혜를 부채로 만듦으로써 은혜를 망치지는 마라. 게다가 법은 그것을 허용하지 않는다."

이것들은 단지 말에 불과하다. 어떠한 압력도 없고 운명이 나에게 강요하지 않는 한, 나는 은혜를 돌려받으려 하기보다는 차라리 잃을 것이다. 그러나 만약 내 자녀의 안전과 관계된 문제라면, 만약 내 아내가 위험에 직면해 있다면, 만약 내 조국의 안보와 자유를 지키기 위해 내가 가고 싶지 않은 곳으로 가야 한다면, 나는 수치심을 극복하고 은혜를 구할 것이다. 그러고는 감사할 줄 모르는 사람의 도움은 받지 않으려고 모든 노력을 했다고 증언할 것이다. 결국 은혜를 되찾고자 하는 필요가 그에 대한 저항을 이긴 것이다. 다시 말하겠다. 내가 선량한 사람에게 은혜를 베풀 때 나는 그것을 꼭 돌려받아야 하는 경우가 아닌 한은 결코 그것을 되찾고자 하는 의도를 가지지 않고서 은혜를 베풀 것이다.

"그러나 법은 보답을 강요하는 것을 인정하지 않는다."라는 주장이 있을 수 있다. 법으로 처리할 수 없거나, 법보다 관습이 더 강력한 수많은 사례가 있다. 어떠한 법도 우리에게 친구의 비밀을 누설하지 말라고 강요하지 않는다. 어떠한 법도 심지어 적과의 약속을 지키라고 강요하지 않는다. 그렇다면 어떠한 법이 우리로 하여금 누군가에게 약속한 것을 이행하라고 구속하는가? 어떤 법도 그러하지 않다. 하지만 나는 내 비밀을 지키지 않는 사람에게 충고할 것이고 약속을 지키지 않을 때는 분개할 것이다.

"그대는 은혜를 부채로 바꿔놓고 있다."라는 주장이 있을 수 있다. 그렇지 않다. 나는 강요하는 것이 아니라 요청하는 것이며, 심지어 요청하는 것이 아니라 상기시키는 것뿐이다. 심지어 은혜를 반드시 되찾아야 할 필요가 있을 때조차 오랫동안 투쟁해야만 하는 것일까? 만약 상대가 아무리 상기해도 소용없을 만큼 감사할 줄 모르는 사람이라면, 나는 그냥 그를 지나칠 뿐 그를 감사할 줄 아는 사람이 되도록 강요해야 한다고는 생각하지 않는다. 파산 선고를 받았거나 이미 모든 것을 잃어서 아무것도 남은 것이 없는 채무자에게 사채업자가 빚 독촉을 하지 않는 것처럼, 나는 뻔뻔하고 악착같이 감사할 줄 모르는 태도를 보이는 사람은 그냥 지나칠 것이고, 은혜를 입기보다는 강제적으로 은혜를 되찾고자 하는 사람이 되려 하지는 않을 것이다.

## 은혜는 부드럽게 상기시켜야 한다

자기들이 받았던 것을 부인하지도 되갚지도 않는 수많은 사람들이 있다. 그러한 사람들은 감사할 줄 아는 사람만큼 선량하지도, 감사할 줄 모르는 사람만큼 부도덕하지도 않다. 그들은 그저 게으르고 꾸물거리는 사람일 뿐이다. 나는 이런 사람들에게 독촉을 하지는 않고 그들의 의무를 상기시킬 것이다. 그들은 즉시 나에게 응답할 것이다. "미안합니다. 당신에게 그게 필요한 것인지는 미처 생각하지 못했어요. 알았더라면 진작 드렸을 거예요. 저를 감사할 줄 모르는 사람이라고 생각하지 않기를 간절히 바랍니다. 저는 당신이 베풀었던 것을 확실히 기억하고 있습니다." 어째서 내가 이러한 사람들을 깨우치는 일을 주저하겠는가? 누군가가 나쁜 행위를 하는 것을 막을 수 있다면 나는 그렇게 할 것이다. 무엇보다도 나에게 나쁜 행위를 할 경우에는 더욱더 막으려고 애쓸 것이다. 내가 그를 감사할 줄 모르는 사람이 되지 않도록 한다면 나는 그에게 두번째 은혜를 베푸는 셈이다. 가혹하게 그를 나무라지 않고 그에게 호의를 가지고 가능한 한 부드럽게 나무랄 것이다. 나는 그의 기억을 되살려 은혜를 요구함으로써 그에게 호의에 보답할 여지를 줄 것이다. 그는 내가 요구하는 것이 무엇인지 스스로 이해할 것이다.

그가 더 나아질 수 있다고 생각되면 때때로 나는 더욱 가혹한 말들을 사용할 것이다. 하지만 만약 그가 가망이 없다고 해도 그는 단순히 감사할 줄 모르는 사람일 뿐이다. 따라서 그를 적으로 돌려 화나게 할 필요는 없다. 만약 우리가 감사할 줄 모르는 사람을 꾸짖어 그들에게 마음의 상처를 입힌다면, 그들이 보다 더디게 은혜에 보답하게 만드는 것일 뿐이다. 아버지가 아들을 올바르게 지도하기 위해, 아내가 탈선한 남편을 제자리로 데려오기 위해, 실의에 빠진 친구를 다시 일깨우기 위해 우리는 잘못을 꾸짖고 나무라곤 한다. 약간만 비평을 가하면 사람들은 치료 가능하고 선량한 사람이 될 수 있다. 그들에게 이러한 견책을 베풀지 않는다면 결국 이들은 무너지고 말 것이다.

## 호의에 보답하는 의무감을 깨워라

어떤 사람들을 일깨우기 위해 폭력을 가할 필요는 없지만 충격을 줄 필요는 있다. 같은 방식으로, 호의에 보답하려는 의무감이 없는 것은 아니지만 그 의무감이 잠들어 있는 사람들이 가끔씩 있다. 그것을 꼬집어 깨워라! "그대의 선물이 피해가 되지 않도록 하라. 만약 그대가 보답을 요구하지 않아 내가 감사할 줄 모르는 사람이 되었다면 그대가 나에게 피해를 준 것이다. 그대가 무엇을 원하는지 내가 모를 경우에는 어떻게 하는가?

일에 휩쓸리고 다른 문제들에 주의를 빼앗겨 보답할 여지가 없었다면 어떻게 하는가? 내가 할 수 있는 것, 그대가 나에게 원하는 것이 무엇인지 알려달라. 어째서 그대는 시도도 해보기 전에 희망을 버리는가? 어째서 그대는 은혜와 친구 모두를 잃는 길을 서둘러 가는가? 내가 의지나 지각이 부족한지, 의도가 부족한지 그대가 어떻게 아는가? 나에게 말해달라." 하지만 나는 그를 신랄하게 비난하지 않을 것이며 사람들 앞에서 그 일을 상기시키지도 않을 것이다. 내가 일깨워 생각난 것이 아니라 자신이 기억해냈다고 믿도록 하는 것이 좋다.

　노병들 가운데 한 명이 천제天帝 율리우스 카이사르 앞에서 다소 공격적으로 자신의 동료가 연루된 사건을 변호했다. 하지만 사건은 안 좋은 방향으로 흘러갔다. 그가 말했다. "장군, 수크로 옆에서 그대가 발목을 삐었던 때를 기억하십니까?" 카이사르가 기억한다고 대답하자 노병이 계속해서 말했다. "햇볕이 내리쬐던 날 그늘이 거의 없는 어느 나무 아래에서 그대가 휴식을 취하려 했던 때를 기억하십니까? 뾰족한 바위들 가운데 나무 한 그루만 있었던 그 거칠었던 땅에, 그대의 동료 병사들 가운데 한 명이 그대를 위해 망토를 펼쳐주었던 것을 기억하십니까?" 카이사르가 대답했다. "물론 기억하고말고. 게다가 그때는 목이 너무 말라 죽을 지경이었고 거의 걸을 수조차 없었기 때문에 근처에 있는 샘물로 이를 악물고 가려 했지. 만약 강인하고 활동적이었던 내 동료 병사가 자신의 투구에 물을 담아 나에게 가져다주지 않았더라면……." 노병은 계속해서 말했다. "그렇다면 장군, 그대는 그 병사와 그 투구를 알아볼 수 있겠습니까?" 카이사르는 투구는 알아볼 수 없겠지만 그 병사는 확실히 기억할 수 있다고 말했다. 그리고 오래전 재판에서 그가 져서 매우 화가 났었다고 덧붙였다. "적어도 자네는 그 병사가 아니지 않은가?" 그가 대답했다. "그렇습니다, 장군. 그때는 제가 부상을 입기 전이라 저를 알아보지 못하는군요. 그 후 문다에서의 전투에서 저는 한쪽 눈과 머리뼈 일부를 잃었습니다. 투구에 관해 말씀드리자면, 스페인인들이 그것을 둘로 쪼개놨기 때문에 그대가 그 투구를 보더라도 알아보지 못할 것입니다." 카이사르는 그 남자를 괴롭히지 말 것을 명령했고, 자신이 그 병사에게 하사한 작은 토지(분쟁과 법정 소송을 일으켰던 공동의 길)에 대해서도 더는 이야기하지 말라고 했다.

## 은혜에 대한 보답을 요구하라

그다음에는 어떻게 되는가? 카이사르의 기억은 수많은 사건들로 인해 희미해졌고 거대한 군대의 감독자라는 행운만으로는 각각의 병사들에게 도움을 주기는 힘든 형편이었다. 그런 장군에게 노병은 은혜에 대한 보답을 구하지 말아야 하는가? 이것은 은혜에 대한 보답을 구하는 것이 아니라 준비되어 있던 것을 취하는 것이다. 비록 그것을 취하기 위해서는 팔을 뻗어야 하지만. 꼭 보답이 필요하거나 어떤 사람의 이익을 위해서 해야만 한다면, 나는 반드시 그에 대한 보답을 구할 것이다.

티베리우스 카이사르의 재위 초기, 누군가가 "그대는 그 일을 기억합니까?"라고 물었을 때, 그는 이와 관련된 증거가 더 제시되기도 전에 그의 목을 베어버렸다. "나는 내가 과거에 했던 일을 기억하지 못한다." 물론 그는 그러한 사람에게서 은혜의 보답을 구하지 말았어야 했다. 그는 차라리 티베리우스가 잊어버렸기를 바랐어야 했다. 티베리우스는 모든 친구와 동료들을 거부하고 현재의 행운만을 원했으며 그것만 생각하고 그것만 말하길 원했다. 그는 오래된 친구를 조사관으로 생각했다!

우선 은혜에 대한 보답을 요구하기 전에 그것을 요구하는 적절한 시기를 찾는 것이 중요하다. 감사할 줄 아는 사람이 난처해지지 않도록, 감사할 줄 모르는 사람이 모르는 척하지 않도록, 단어의 선택에서 절도를 지켜야 한다. 만약 우리가 현자들과 산다면 아무것도 말하지 않고 기다려야 할 것이다. 하지만 그럼에도 우리의 상황이 요구하는 것을 현자들에게 분명히 말하는 것이 더 좋다.

우리는 신들에게 부탁한다. 우리는 그들을 설득하려고 기도하는 것이 아니라 우리의 요구를 상기시키려고 기도한다. 호메로스의 작품에 등장하는 사제도 신들에게 자신의 수고와 제단의 경건함에 대해 낱낱이 말했다. 유순한 말馬은 가벼운 운동을 하며 다정하게 관리해주기만 하면 된다. 몇몇 사람들에게는 그들의 양심이야말로 최고의 안내자이다. 꾸지람을 들으면 올바른 길로 돌아오는 사람들이 있다. 이런 사람들은 항상 지도자의 자리를 지킨다. 눈을 감았을 때 사람은 여전히 시력을 갖고 있지만 그것을 이용하지는 못한다. 낮에 빛을 바라볼 때 빛이 지닌 힘을 깨닫는다. 장인이 일을 할 때 연장을 사용하지 않으면 연장은 가만히 놓여 있다. 우리 마음에 선량한 의도가 있더라도 그것은 때때로 허약함과 게으름으로, 때로는 의무에 대한 무지로 무기력해진다. 우리는 그것을 쓸모 있게 지켜야 하고 분한 마음에서 나쁜 행동에 이용해서는 안 된다. 제자가 배운 것을 기억하지 못한다면 스승은 참을성 있게 인내하며 몇몇 단어들을 던져

준다. 그러면 기억은 그 단어들이 사용된 문장을 떠올리곤 한다. 마찬가지로 우리가 호의에 대한 보답을 일깨운다면 선의는 계속 기억될 수 있을 것이다.

# 은혜의 불멸

가장 선한 사람 리베랄리스여, 우리 앞에 몇 가지 문제들이 놓여 있다! 그중에는 실생활과 무관하게 그저 우리의 정신을 단련하기 위해 따져보는 것들이 있는가 하면, 따져보는 것 자체가 즐겁고 또 일단 따져보고 나면 유용한 문제도 있다. 나는 이 두 가지를 아우르는 전체 목록에 따라 그대에게 이야기를 들려줄 것이다. 그것을 철두철미하게 따져볼 것인지, 아니면 그저 심심풀이로 읽고 넘어갈 것인지는 전적으로 그대에게 달려 있다. 하지만 그대가 가차 없이 일축해버릴 얘기더라도, 그것을 듣는 일이 결코 시간 낭비가 되지는 않을 것이다. 일부러 배울 필요까지는 없더라도 알아둘 만한 가치는 있는 일이기 때문이다. 그러니 나는 그대의 표정을 살피며 그에 따라 얘기를 풀어나가려 한다. 그대의 시선이 내게 붙들어 매져 있다면, 나는 얘기를 더 길게 끌고 가겠다. 그렇지 않다면 그 이야기는 당장 내팽개칠 것이다.

### 그대의 모든 것을 베풀어 은혜로 소유하라

은혜가 소멸하기도 하는가? 이것이 문제이다. 베푼다는 것은 물건이 아니라 행위라는 점을 들어 그런 일이 불가능하다고 하는 사람도 있다. 이는 은혜를 베푸는 일 자체와, 베풂을 통해 우리 각자의 소유가 된 물건을 동일시할 수 없다고 보는 입장이다. 선물과 그것을 주는 행동이 별개이듯이, 뱃사람과 그의 항해가 별개이듯이, 또 병든 사람과 그가 걸린 질병이 같지 않듯이. 마찬가지로 은혜 자체와, 어떤 은혜를 통해 우리 중 누군가의 소유가 된 물건은 서로 별개라는 것이다.

이에 따르면 은혜는 형태가 없지만, 그렇다고 인식할 수 없는 것은 아니다. 그러나 은혜로 베푼 물건은 한 사람에게서 다른 사람에게로 건네지고, 그에 따라 소유자도 바뀐다. 그러니 그대가 은혜로 베풀었던 물건을 다시 빼앗아 온다 해도, 베풀었던 은혜까지 빼앗아 올 수 있는 것은 아니다. 자연 자체는 자신이 베푼 것을 취소할 수 없다. 자연은 자신이 베푼 은혜의 흐름을 막을 뿐이지 은혜를 취소하는 것이 아니다. 죽는 사람은 그게 누구든 한때 살았던 사람이며, 시력을 잃은 사람은 어찌 되었거나 한때 시력이 있었던 사람이다. 한때 우리의 소유였던 것이 더는 우리의 소유물이 아니게 될 수는 있지만, 우리의 소유였다는 사실이 없어질 수는 없다. 사실 거기에 내내 존재해온 것은 은혜의 한 부분으로, 사실상 가장 확실한 부분인 것이다.

때로 우리는 이미 입은 은혜를 더 활용하지 못하도록 차단당하기도 한다. 그렇지만 그 은혜가 존재했던 사실까지 지워지지는 않는다. 자연은 온갖 힘을 동원해 스스로 베푼 것을 차단하지만, 그럼에도 베풀었던 일자체를 돌이킬 수는 없다. 집이든 돈이든 노예든, 그 밖에 다른 무엇이든, "은혜"라는 이름으로 흘러간 것을 누군가가 빼앗아 올 수는 있다. 그러나 은혜 자체는 고정되어 있는 것이라 움직이지 않는다. 세상 어떤 힘으로도, 이 사람이 주었고 저 사람이 받았다는 사실이 무효화되지는 않는다.

라비리우스가 지은 시에 나타난 마르쿠스 안토니우스의 외침은 존경심이 들 만큼이나 충격적이다.[1] 그는 자신이 쥐었던 행운이 다른 누군가에게 넘어가고 있고 자기에게는 죽을 권리 외에는 아무것도 남아 있지 않았던 그 순간에, 심지어 유일하게 남은 그 권리를 당장 행사해야만 하는 마당에도 이렇게 외쳤다. "그게 무엇이든, 내가 누군가에게 준 것만이 아직도 나의 소유로 남아 있다." (원하기만 했다면 그는 참으로 많은 것들을 가질 수 있었다!) 인간 운명의 변덕은 끝이 없지만, 베푼 것들은 일말의 흔들림도 없이 항시 그 자리를 지키는 재산이다. 이런 종류의 부는 커지면 커질수록 그로 인해 시샘을 사는 일이 줄어드는 특징이 있다. 왜 그것이 마치 그대의 소유라도 되는 양 재물을 차지하려 아귀다툼을 벌이는가? 그대는 그저 그것들을 잠시 맡고 있는 관리인에 불과하다.

사람은 어떤 물건을 갖고 있다는 것만으로도 자만심에 부풀기 쉽다. 그러다가 끝내 인간의 격을 벗어날 지경으로까지 부풀어 오르면, 결국 자신이 얼마나 나약한 존재인지 잊고 만다. 지켜내기 위해 쇠창살을 둘러치고 그 안에서 그대를 무장하게끔 만든 것들, 남의 피를 대가로 뺏어냈기에 기를 쓰고 수호하지 않으면 그대의 소유로 남아 있지 않을 것들, 바다를 피로 붉게 물들일 함대를 띄우게끔 하는 것들, 등 뒤에서 얼마나 많은 무기들이 겨누고 있는지도 모른 채 도시들을 파괴하고, 결혼과 우정, 동료애로 맺어진 유대 관계들을 거듭 파탄 내며, 두 경쟁 세력들이 서로 차지하려 다투다가 끝내 세계를 으스러뜨리고야 말 것들,[2] 이 모든 것들은 그

---

1   라비리우스는 아우구스투스 시대의 시인으로 악티움 해전에 대한 시를 썼으며, 클레오파트라와 연합한 안토니우스는 악티움 해전에서 옥타비아누스(훗날의 아우구스투스)에게 패배했다.

대의 것이 아니다. 그 물건들은 잠시 그대에게 맡겨졌고, 언젠가는 다른 주인을 찾아 떠나게 되어 있다. 그대의 적이든, 아니면 상속자든, 여하튼 그대를 일종의 적으로 여기는 자가 그 모든 것을 차지하게 될 것이다.

어떻게 하면 그것들이 그대의 소유가 될 수 있을까? 선물로 주면 된다. 그러니 그대가 지닌 것들을 곰곰이 생각해보고, 그것을 보다 안전할 뿐 아니라 더 명예로운 것으로 만들어 확고하면서 침탈 불가능한 존재로 남을 수 있도록 먼저 준비하라. 그대가 숭배하는 것, 그대를 부유하고 힘 있는 자로 만들어준다고 여겨지는 것, 그것들은 소유하려 매달리는 한 "집"이나 "노예", "돈"과 같은 불명예스러운 이름 아래 갇혀버린다. 그러나 누군가에게 주게 되면, 그것은 "은혜"가 된다.

## 은혜는 더럽혀질 뿐, 소멸되지 않는다

누군가는 말한다. "우리는 때로 은혜를 입은 사람에게 어떤 은혜도 빚지지 않는 경우가 있다. 이 경우를 보면 그대도 그 은혜가 지워 없어진 상태라는 점을 인정할 것이다."

우리가 더는 은혜를 빚지지 않게 된 데에는 여러 가지 이유가 있다. 그런데 그것은 은혜가 어딘가로 사라져버렸기 때문이 아니라 더럽혀졌기 때문이다. 누군가가 법정에서 나를 변호해주었지만 다른 한편 내 아내를 강제로 범했다고 치자. 그는 내게 베풀었던 은혜를 걷어가 버린 것이 아니라 그 은혜에 맞먹는 해를 끼침으로써 나로 하여금 그에게 진 빚에서 풀

---

**2** 안토니우스가 옥타비아누스의 누이인 옥타비아와의 결혼한 일을 말한다. 안토니우스와 옥타비아누스는 삼두정치를 함께 집행한 절친한 동료였지만, 후에 관계가 틀어져 전쟁까지 치르게 되었다.

려나게 한 것이다. 그리고 만일 베풀었던 것들보다 더 많은 해를 입혔다면, 그나마 있던 감사의 마음까지 없어질 뿐 아니라 그 해가 은혜를 넘어섰을 때 나는 자유로이 항의하고 보복할 수 있다. 그러니 은혜는 없어지는 것이 아니라 그것을 넘어선다.

너무나 잔인하고 그지없이 사악해서 자식들마저 치를 떨며 의절해야 했던 아버지들이 세상에 있지 않던가? 그 아버지들은 자신이 주었던 것을 앗아 간 것인가? 아니다. 그들은 자신의 의무를 명예롭게 수행하지 못함으로써 결국 이전에 베풀어서 얻었던 신망을 스스로 내다 버린 것이다. 없어진 것은 은혜가 아니라 은혜에 대한 감사이고, 그 결과 내가 은혜를 입지 않은 것이 아니라 그에게 빚을 지지 않게 된 것이다. 그것은 마치 누군가가 내게 돈을 빌려주었는데, 그런 다음 내 집에 불을 내서 가옥을 불태워 버린 경우와 다름없다. 융자는 손실에 의해 상쇄되었다. 나는 그에게 상환을 하지 않아도 된다. 그리고 더는 빚을 지고 있지도 않다.

역시 같은 식으로, 누군가 그전에는 나를 선의와 관대함으로 대하다가 나중에는 내게 모욕적인 언사를 일삼으며 오만하고 잔학하게 군다면, 나는 마치 아무것도 받은 적이 없는 것처럼 그자에 대해 자유로운 입장이 된다. 그가 자신이 베풀었던 은혜의 숨통을 끊어버렸기 때문이다.

어떤 지주와 소작인이 있다. 만일 지주가 그 소작지의 작물을 짓밟고 과수나무를 베어버렸다면, 그들 사이에 소작 계약이 살아 있더라도 소작인에게 소작료를 내놓으라고 주장할 수는 없다. 이는 소작료를 받기로 둘 사이에 합의를 했더라도, 자신의 행위로 인해 스스로 받지 못하게 되었기 때문이다. 마찬가지로 자신이 빌려준 것보다 더 많은 것들을 어떤 다른 계정으로 채무자에게서 빼앗아 갔다는 이유로, 어떤 채권자들은 종종 채무자에게 오히려 뭔가를 갚아야 하는 입장에 처하기도 한다.

법정에서 재판관은 이렇게 얘기할 것이다. "그대는 돈을 빌려주었다. 그래서 뭐가 어떻다는 것인가? 그대는 그의 양떼를 몰고 갔다. 그대는 그의 노예를 죽였고, 또 그대가 산 적도 없는 은을 빼앗았다. 모두 계산해보면, 그대는 이 법정에 채권자로 왔지만 나갈 때는 채무자가 되어 있을 것이다." 그런데 이런 일은 채무자와 채권자 사이에서만 일어나지는 않는다. 은혜와 손실 사이에서도 같은 방식으로 대차대조표를 만들 수 있다.

그리하여 나는 은혜가 남아 있지만 어떤 의무도 존재하지 않는 상황에 대해 자주 이야기한다. 만일 베푸는 행위 뒤에 후회가 따른다면, 만일 베푸는 자가 자신이 선물을 베풀었던 일이 잘못된 일이었다고 술회한다면, 만일 그가 내게 뭔가를 주면서 한숨짓고 인상을 쓰면서 자신이 무엇인가 잃었다고 생각한다면, 그가 만일 자기 자신을 위해서, 혹은 적어도 나를 위한 것이 아닌 목적으로 선물을 주었다면, 만일 그가 공격적인 태도를 보이면서 도처에서 자화자찬으로 자신을 부풀려서 그의 선물이 항상 부담으로 존재한다면, 은혜는 거기 남아 있지만 그것은 어떤 빚도 지게 할 수 없다. 채권자가 법적 권리를 주장할 수 없는 부채들처럼, 빚으로 주어진 적은 있지만 실제 청구할 수 없는 것이다.

또 그대가 먼저 내게 은혜를 베풀고 나중에 해를 입혔다고 치자. 은혜에 대해서는 감사의 마음을, 위해에 대해서는 보복을 빚으로 준 것이다. 그렇다면 나는 그대에게 감사를 빚지고 있지도 않고, 그대가 내게 징벌을 빚지고 있지도 않다. 하나의 빚이 다른 빚에 의해 효력이 없어진 것이다.

우리가 "나는 그에게 은혜를 갚았다."라고 할 때, 이 말은 우리가 전에 받았던 그 물건 그대로를 돌려주었다는 뜻이 아니라, 그것을 무언가로 대신했다는 의미이다. 갚는다는 것은 어떤 것에 대한 보답으로 다른 어떤 것을 주는 일이기 때문이다. 모든 지불 행위가 같은 물건이 아닌 등가의 물건을 돌려주는 행위로 이루어진다는 사실을 생각해보면 이 점은 명백하다. 우리는 금화를 은화로 헤아려서 내고도, 심지어 전혀 화폐를 사용하지 않고도 갚았다고 하기에, 그저 빚을 졌다고 말하는 것만으로도 지불 행위는 일정하게 그 영향을 받게 된다.

그대는 이렇게 말할지도 모른다. "시간을 허비하지 말자. 아무런 돌려줄 의무가 따르지 않는다면, 거기에 은혜가 남아 있는지 아닌지 내가 안들 무슨 소용이 있겠는가? 이 점에 대해서는 법률가들의 영리한 우언寓言이 있다. 유산은 오랜 세월 가지고 있었던 결과로 얻게 되는 것이 아니다. 개별 재물들과는 다르게 유산이란 오로지 유산 목록에 포함됨으로써만 유산이 되는 것이다. 이 문제는 좀 더 쓸모 있을 테니 나를 위해서 이 문제를 풀어주었으면 한다. 어떤 사람이 나에게 은혜를 베풀고 나서 나중에 내게 위해를 입혔을 때, 나는 그에게 은혜를 돌려주고, 은혜에도 불구하고 그에게 복수를 해야 하는가? 마치 두 가지 별도의 셈법에 따라 별도로 대응하는 것처럼? 아니면 하나를 다른 하나와 결부해 아무 일도 안 해야 하는가? 그러니까 은혜가 위해에 의해 지워 없어지고 위해가 은혜에 의해 지워 없어지는 것처럼? 전자의 방식이 여기 우리의 법정에서 우리가 보게 되는 일이다. (그대의 학파에서 법이 어떻게 작용하는지는 그대도 당연히 알 것이다.) 그 두 개의 절차는 별개로 처리되며, 거기에는 우리가 제기하는 행위와 우리에 맞서 제기되는 행위, 이 두 가지를 한꺼번에 제어해낼 어떤 환산 공식도 존재하지 않는다. 만일 어떤 사람이 나에게 일정 금액의 돈을 맡기고 뒷날 나에게서 무언가를 강탈해 갔다면, 나는 그를 절도 혐의로 고발할 것이고 그는 맡긴 돈을 갚도록 내게 소송을 제기할 것이다."

리베랄리스여, 그대가 제시한 사례는 지켜야만 하는 특수한 법률들로 가득하다. 하나의 법은 다른 법과 결부되어 있지 않고 각 법률들은 저마다의 경로를 따른다. 맡긴 돈을 상환할 때는 그만의 법 적용을 받고, 도둑질 역시 마찬가지다. 그러나 은혜는 어떤 법률에도 구애받지 않으며, 나 자신을 판관으로 삼는다. 그가 나를 얼마나 도와주었고 또 얼마나 해코지했는지 비교하는 일은 나의 자유재량에 달려 있다. 그가 내게서 입은 것보다 내가 그에게서 입은 은혜가 더 크다든지, 아니면 반대라든지, 그것을 평결하는 일 역시 나의 자유에 속한다.

그대가 제시한 사례에서, 우리의 권한 안에 있는 일은 아무것도 없고, 우리는 이끄는 대로 따라야만 한다. 은혜를 다루는 일에서 모든 권한은 내게 달려 있고, 내가 판정을 해야 한다. 그래서 나는 각 경우들을 별도로 다루지 않고, 나눌 생각조차 하지 않으며, 위해와 은혜를 같은 판관 앞에 보내는 것이다. 그렇지 않다면 그대는 내게 사랑하면서 증오하고 불평하면서 감사하라고 명하는 셈이니, 이는 본성상 불가능한 일이다. 그러지 말고 은혜와 위해를 비교해본다면, 나는 어느 쪽이 내게 더 깊은 것을 안겨줬는지 확신할 수 있다.

만일 누군가 내가 적어놓은 것 위에 글씨를 덧쓰면 그는 내가 먼저 적은 것들을 지우지는 못하지만 숨길 수는 있다. 마찬가지로 은혜의 위에 덧씌운 위해는 그 은혜가 보이지 않도록 가리는 것이다.

## 베풀 의도가 없었다면, 갚을 의무도 없다

잘 참아내는 것처럼 보이던 그대의 얼굴이 이제는 잔뜩 찌푸려져서, 내가 요점에서 너무 멀리 벗어났다고 얘기하는 듯하다. 그대는 이렇게 말하는 것처럼 보인다.

> 그리도 멀리 길을 벗어나, 대체 어디로 가는가? 이제라도 항로를 바로잡기를. 항해는 해안선을 따라서.[3]

나로서는 이 이상 더 잘 설명하지 못하겠다. 그러니 그대가 보기에 이 질문이 이미 충분히 다루어졌다면 새로운 것으로 나아가도록 하겠다. 그러려는 의도가 없는 상태에서 뭔가 편익을 제공해준 사람에게도 우리는 어떤 의무를 지게 되는가? 우리의 명제가 굳이 모호할 필요가 없다면, 나는 이 문제의 틀을 좀 더 분명하게 잡을 수도 있다. 그렇다면 다음의 두 가지로 구분해 두 가지의 질문으로 나타낼 수도 있을 것이다. 그러니까 첫째, 마지못해 우리를 도와준 누군가에게도 우리는 의무를 져야 하는지, 둘째, 자신도 모르게 우리를 도와준 누군가에게도 우리는 의무를 져야 하는지에 관한 물음이다.

　(만일 누군가가 강요에 의해 어떤 좋은 일을 했다면 그로 인해 우리가 어떤 의무

---

**3** 베르길리우스, 「아이네이스」.

상태에도 놓이지 않으리라는 사실은 아무런 논쟁거리도 되지 않을 정도로 명백하므로) 이 의문은 손쉽게 풀릴 것이고, 이와 유사한 어떤 질문이 제기되더라도 마찬가지다. 일어날 수 있는 모든 경우에 대해서 우리가 다음과 같은 핵심 지점들을 놓치지 않는다면 말이다. 첫째, 심사숙고를 통해 우리에게 주어진 것이 아닌 한 그 어떤 것도 은혜가 될 수 없다. 둘째, 그 심사숙고는 반드시 우호적이고 선의를 지닌 것이어야 한다.

그러므로 우리는 강들에게 고마워할 필요는 없다. 비록 강이 있어서 많은 배들이 오갈 수 있고, 또 많은 물이 끊이지 않고 흐르기에 짐을 운반할 수 있고, 물고기와 여러 탐스러운 것들을 가득 담은 채 풍요로운 들판을 적신다고 해도 말이다. 범람하는 물결이 둑을 터뜨리고 넘어 들어와서 좀처럼 빠지지 않는다고 해도 나일 강에게 원한을 품을 수는 없는 것처럼, 어느 누구도 그것에 호의를 빚졌다고는 생각하지 않을 것이다. 아무리 바람이 온화하고 알맞게 불어준다고 해도 거기에 은혜가 깃든 것은 아니며, 음식이 피가 되고 살이 된다 해도 역시 마찬가지다. 누가 되었든 내게 은혜를 베풀려고 한다면, 단지 결과적으로 내게 뭔가 좋은 일을 해주는 것만으로는 부족하고, 그렇게 하기를 소망하고 있어야 한다. 따라서 말이 빨리 달려준 덕분에 많은 사람들이 위험에서 벗어났다고 하더라도 우리가 말 못하는 짐승에게 빚을 진 것은 아니고, 그늘을 드리운 가지 덕분에 많은 사람들이 한낮의 열기를 피할 수 있었더라도, 역시 나무에게 빚을 진 것은 아니다.

그렇다면 베풀려는 소망을 지니지 않고 알지 못하는 채로 또는 알 수 없었던 채로 남을 도왔다면, 여기에 어떤 차이가 있을까? 그대가 내게 배나 짐이나 창에게 의무감을 갖도록 하는 것과, 은혜를 베풀 생각이 없다시피 했지만 우연히 나를 돕게 된 사람에게 의무감을 느끼도록 하는 것은 대체 어떤 차이가 있는가?

누구든 깨닫지 못한 채로 은혜를 입을 수 있지만, 은혜를 베푼다는 사실을 깨닫지 못하고 있는 사람으로부터 은혜를 입을 수는 없다. 아주 추운 날씨에 강물에 빠졌다가 건강을 회복하는 일도 있듯이, 많은 사람들이 약이 아닌 우발적인 일들로 병을 고친다. 매질을 당하다가 사일열四日熱이 낫는 경우처럼, 급박한 공포로 다른 문제에 주의를 뺏기는 바람에 정작 심각한 위기를 무심코 넘겨버리는 일도 있을 수 있다. 그러나 설사 그렇게 구제를 받았다 해도 이 중 어떤 것도 효과적인 대책이라고는 할 수 없다. 이와 마찬가지로 어떤 사람들이 자기 의도와 상관없이 우리에게 도움을 주었더라도, 자발적으로 한 일이 아니라는 점을 생각한다면 우리는 그들에게 은혜를 입었다고 할 수 없다. 사악한 의도가 선의로 바뀐 것은 그저 요행의 결과일 뿐이기 때문이다.

어떤 이가 나를 표적으로 삼았는데 잘못해서 나의 적을 쳤다면, 실수만 없었어도 필시 내게 상해를 입혔을 그자에게 내가 뭔가 빚을 지고 있다고 생각하는가? 흔히 있는 일이지만, 어떤 증인들은 대놓고 위증을 함으로써 믿을 만한 증인의 신뢰성조차 떨어뜨리고, 또 어떤 피고를 음모의 희생자처럼 꾸며 동정의 대상으로 여겨지게끔 하기도 한다.

또 어떤 사람들은 자신을 망가뜨리고 있던 바로 그 권력에 의해 구제를 받기도 하고, 유죄를 언도하려던 재판관들이 부적절한 영향 아래 그 선고를 거부하는 일도 있다. 그들이 해당 피고에게 도움이 되는 일을 한 것은 사실이지만, 그렇다고 은혜를 베푼 것은 아니다. 왜냐하면 문제는 그 무기가 어디를 겨눴는가 하는 점에 있지 실제 어디에 가서 맞았는지가 아니기 때문이다. 따라서 위해와 은혜를 구별하는 것은 결과가 아니라 그 의도이다.

나의 적들이 스스로 모순되는 증언을 하고 오만하게 판사를 공격하면서 증인 한 명에만 의지하여 소송을 하던 끝에 그 사건이 내게 유리하게 되었다. 나는 그들의 실수가 내게 이익이 되었는지 굳이 따져 묻지 않을 것이다. 그들은 내게 해코지를 하려던 것이기 때문이다.

고마워할 만한 일이 되려면, 상대가 분명히 원하고 있을 일을 내가 은혜를 베풀려는 의도를 가지고 하고 싶어 해야만 한다. 군중 속에서 내 발을 밟았거나, 나에게 물을 튀겼거나, 아니면 길을 걷다 나를 밀쳤다는 이유로 그 사람을 싫어하는 것보다 더 부당한 일이 어디 있겠는가. 위해를 끼쳤다는 이유로 비난을 받아야 한다면, 가해자 스스로 무엇을 했는지 모른다는 것만큼 비난의 면책 사유가 될 만한 일은 없다.

이 같은 상황은 은혜를 베푼 것도 아니고 그렇다고 손해를 끼친 것도 아니다. 그러니 친구를 만들기도 하고 적을 만들기도 하는 것은 다름 아닌 그의 의도이다. 전쟁터에 끌려갔다가 야전병원에서 지병을 치료받은 사람이 과연 몇이나 될까? 어떤 이는 정적의 공작으로 법정에 소환되어 집 밖으로 나섰다가 마침 자기 집이 무너지는 현장을 피했다. 어떤 이는 마침 배가 난파하는 바람에 그를 노리던 해적의 손아귀에서 벗어났다. 그렇다고 하더라도 우리는 이런 우발적인 사건들에게서 은혜를 입은 것이 아니다. 우연은 어떤 의무감을 느끼게 하기에는 너무나 낯선 상대다. 마찬가지로 우리를 고통으로 옥죄려 송사를 일으켰다가 우연히 내 목숨을 구하게 된 정적들에게 우리는 어떤 의무감도 느낄 필요가 없다.

선한 의도에서 나온 일이 아니라면, 혹은 베푸는 이가 그럴 생각으로 한 일이 아니라면, 어떤 의미에서도 은혜가 될 수 없다. 어떤 이가 자기도 모르는 사이에 내게 좋은 일을 해주었다. 나는 그에게 아무 빚도 없다. 어떤 이가 나를 해칠 마음으로 벌인 일이 내게 득이 되었다. 나는 그대로 따라 할 것이다.

이제 애초의 문제로 돌아가자. 내게 은혜를 베풀기 위해 그가 한 일이 아무것도 없을 때에도 내가 호의에 보답하기 위해 무언가를 해야 한다고 생각하는가? 다른 경우를 생각해보자. 내게 주려고 의도한 것이 아닌 것에도 기꺼이 대가를 지불하면서 상대에게 보답하고자 하는가? 세번째 경우에 대해서는 뭐라고 말해야 할까? 그러니까 해코지를 하려다가 우연히 은혜를 베풀게 된 사람에 대해서 말이다.[4]

은혜가 되려면 그대가 내게 베풀려고 했다는 것만으로는 충분치 않다. 한편 그대에게서 은혜를 입지 않은 것이 되기 위해서는, 그대가 그것을 주려고 하지 않았다는 것만으로도 충분하다. 그러니 의도가 언제나 저절로 은혜를 창출하는 것은 아니다. 오히려 이렇게 말해야 할 것이다. 운이 우리의 가장 관대한 의도를 저버렸더라면 은혜가 되지 못했을 어떤 일이 있다. 운이 나쁜 영향을 미치기 전에 앞질러 도달했기에 망정이지, 그렇지

---

**4** 앞에서 구분한 두 가지 범주, 즉 "도움이 될 줄 몰랐던 경우"와 "도움이 되기를 원한 것은 아닌 경우"에 더하여, 세네카는 앞에서는 후자의 하위 범주로 제시했던 "도움이 되지 않기를 원했던 경우"를 세번째 범주로서 추가하고 있다.

않았다면 그것은 은혜가 되지 못했을 것이다. 그러니 내가 그대에게 어떤 의무를 진 상태가 되려면, 내게 좋은 일을 그저 한 번 해주는 것으로는 부족하고 끊임없이 해주어야만 한다.

클레안테스는 이런 예를 든다. "나는 아카데미에서 플라톤을 찾아내 데려오라고 노예 둘을 보냈다. 한 명은 회랑에 줄지은 기둥들 사이를 이리 저리 찾아 헤매고 또 그가 있을 법한 다른 곳들까지 여기저기 돌아다니다 가 결국 실패한 채 녹초가 되어 집으로 돌아왔다. 다른 한 명은 근처 구경 거리에 빠져 앉아 있다가 다른 노예 친구들과 소일하며 즐기느라 플라톤 을 찾으려는 생각조차 없었음에도, 그렇게 의미 없이 떠돌다가 마침 길을 지나던 플라톤을 발견했다." 클레안테스의 말은 이렇게 이어진다. "첫번 째 노예는 명을 받은 바에 따라 자신의 능력껏 최선을 다해 일했으니, 칭 찬을 받을 것이다. 두번째는 게으른 와중에 그저 운이 좋았을 뿐이니, 이 에 따라 벌을 받을 것이다."

## 은혜는 의도뿐 아니라 결과도 살펴야 한다

우리가 논의한 바에 따르면, 편익을 만들어내는 것은 바로 의도다. 내게 의무감을 느끼게 하기 위해 갖추어야 할 덕목이 무엇인지 잘 새겨두기 바 란다. 실제 해내지 못했다면, 어떤 사람이 내게 좋은 일을 하고자 했다는 것만으로는 부족하며, 또 진정 원했던 일이 아니라면, 내게 좋은 일을 했 다는 것만으로는 충분하지 않다. 왜 그런지는 한번 상상만 해봐도 알 수 있다. 누군가 주고 싶어는 했지만 주지는 않았다면 어떻겠는가? 확실히 나는 그의 의도를 받았지만 베풂을 받지는 않았고, 그것이 온전한 것이 되려면 대상물과 의도 두 가지가 함께 결합되어야만 한다.

내게 돈을 보내고자 했지만 실제 건네주지는 않은 사람에게 나는 아무 빚도 지고 있지 않다. 마찬가지로 내게 베풀고자 했지만 그렇게 할 수 없었던 사람에 대하여 나는 친구는 되겠지만 그 밖에 어떤 의무를 짊어지고 있지는 않다. 나는 그에게 무언가를 주고 싶겠지만(그도 내게 같은 일을 하고 싶어 했기에), 만일 내가 그보다 더 운이 좋아서 실제로 무언가를 그에게 줄 수 있다면, 나는 은혜를 베푼 것이지 그에게 받은 호의를 갚은 것이 아니다. 그는 나의 호의에 보답할 빚을 지게 될 것이다. 나의 베풂은 그 과정의 출발점이 되고, 그에 대한 셈은 나로부터 시작한다.

나는 그대가 무엇을 묻고픈지 이미 알고 있다. 굳이 말할 필요도 없다. 그대의 얼굴이 모든 것을 말해주고 있다. "만일 어떤 사람이 자기 자신을 위해서 우리에게 좋은 일을 해주었다면, 그에게 아무것도 빚지지 않았다는 것인가?" 그리고 이렇게 덧붙일 것이다. "사람들은 종종 무언가를 제 욕심에 챙기고서 남을 위해 준 것처럼 장부에 적곤 한다. 나는 그대가 이에 대해 불평을 하는 것을 종종 들었다." 친애하는 나의 리베랄리스여, 대답하기에 앞서 우선 그 질문을 나누겠다. 불공정한 것과 공정한 것을 구분하는 일부터 시작하자.

어떤 사람이 우리에게 은혜를 베풀 때 그 자신만 위해서 하는지, 아니면 그 자신도 위해서 하는지, 이 두 가지에는 실은 큰 차이가 있다. 전자의 사람, 그러니까 전적으로 자기 이익만을 바라보면서, 그러지 않고는 스스로를 도울 수 없기 때문에 남을 돕는 경우를 보자. 이들이 제 가축에게 겨울철과 여름철 사료를 주는 사람, 높은 값을 받고 팔기 위해 노예들을 먹여서 토실토실한 황소처럼 살을 찌우고 반질반질하게 문질러 윤을 내는 사람, 자기의 검투사들이 잘 싸울 수 있도록 훈련하는 데 엄청난 노력을 들이는 교관들과 입장이 다른 것이 무엇이겠는가? 그러나 클레안테스가 말했듯이 자선과 장사 사이에는 어마어마한 차이가 있다.

그렇다면 다시 말하겠다. 나는 내게 쓸모가 있으면서 그 자신에게도 쓸모 있는 일을 한 사람에게 아무런 의무감도 느끼지 않을 정도로 그렇게 불공정한 사람은 아니다. 나는 그가 자신의 이해관계를 따지지 않고 오로지 나의 이익만을 위해 행동하도록 요구할 생각은 없다. 심지어 내게 베푼 은혜가 그것을 베푼 이에게 더 좋은 일이었기를 소망하기까지 한다. 그 사람이 나와 자기 자신 양쪽에서 모두 눈을 떼지 못했고, 그래서 그 자신과 나 양편으로 은혜를 나누어준 것이라면 말이다.

설사 그가 나보다 더 큰 몫을 챙겼더라도 내게 내 몫을 갖게 해준 거라면, 그래서 만일 그가 그와 나 모두를 배려한 결과라면, 내게 준 것으로부터 그가 이익을 얻어 가는 데에 내가 기뻐하지 않는 것은 부당할 뿐 아니라 배은망덕한 일이다. 베푼 이에게 고난이 따르지 않았다고 해서 그 일을 은혜라고 부르려 들지 않는다면 이는 인색하기 짝이 없는 짓이다.

한편 자기 자신을 위해서 남에게 은혜를 베푸는 사람들 중에는 이와 다른 유형도 있다. 그들에게 나는 이렇게 말할 것이다. "그대가 나를 이용한 것인데, 왜 내가 그대에게 좋은 일을 해준 것이 아니라 그대가 내게 좋은 일을 해준 것이라고 말해야 하는가?" 그는 말한다. "내가 집정관이 되려면 생포되어 노예가 된 수많은 시민 중 열 명의 몸값을 내서 풀려나게 해야만 했다. 그래서 내가 그대를 노예의 쇠사슬에서 자유롭게 했다면,

그래도 그대는 내게 빚진 것이 아닌가? 물론 나는 나 자신을 위해 한 일이지만 말이다."

이에 대해 나는 답할 것이다. "그 경우 그대는 자기 자신을 위한 일을 하면서 나를 위한 일을 했다. 그대는 자신을 위해 한 사람 몫의 몸값을 치르면서 나를 위해서는 나의 몸값을 치렀다. 그대의 이익에 위배되지 않는한, 그게 누구든 그대의 마음 가는 대로 골라서 풀어주기만 하면 그것으로 충분했기 때문이다. 그러니 나는 그대에게 빚을 진 것이 맞다. 그대가 내 몸값을 치러주었기 때문이 아니라, 그대가 나를 선택해주었기 때문이다. 다른 사람을 선택했더라도 그대는 내 몸값을 치른 것과 같은 결과를 얻었을 것이다. 그러니 그대는 이익을 나와 나누어 가졌고, 우리 둘 다에게 좋은 일이 되는 것을 베풀었다. 다른 사람들을 놔두고 나를 선택했다. 이것이야말로 전적으로 나를 위해 그대가 해준 일이다.

그러니 만일 포로 노예 열 명의 몸값을 대야 그대가 집정관이 될 수 있는데 붙들린 포로를 다 합해봐야 열 명밖에 되지 않는다면, 열 명을 해방한다 해도 그들은 그대에게 아무 빚도 지지 않았다. 그대는 상대가 누가 이익이 많고 적은지 따질 수 있는 그 어떤 이익도 희생하지 않았기 때문이다. 나를 무슨 인색한 손해 사정인처럼, 베풂을 받고도 그걸 인정 못 해 까탈을 부리는 사람으로 여기지는 말기 바란다. 그 은혜가 나에게만 오직 주어져야 한다는 것도 아니고, 그저 나에게도 역시 주어지기를 바랄 뿐이니 말이다.

그는 말한다. "그렇다면 어떤가? 만일 내가 제비뽑기 통 안에 그대 이름을 적어 넣었고 풀려날 노예 중 하나로 그대 이름을 뽑았다면, 그대는 내게 아무 빚도 지지 않은 것인가?"

아니다. 그와 반대로 나는 빚을 졌다. 그러나 아주 약간의 빚이다. 그 양이 어느 만큼인지 이제 내가 설명해주겠다. 그런 경우, 풀려날 수 있는 기회를 내게 주었다는 점에서 나는 빚을 졌다. 내 이름이 뽑힌 것에 대해 나는 제비뽑기 통에 빚을 졌다. 그리고 내 이름이 뽑히는 기회를 얻은 것에 대해서 나는 그대에게 빚을 졌다. 그대는 내게 그대가 베풀 은혜에 접근할 수 있게 해주었다. 그리고 내가 실제 입은 은혜의 대부분은 행운에 빚을 졌다. 그러나 내가 행운에 빚을 질 기회를 얻은 것, 이것만은 그대에게 빚을 진 것이다.

# 은혜의 중용

**18**

### 은혜를 입었다, 얼마로 갚아야 할까?

나는 돈을 목적으로 은혜를 베푸는 사람들은 더는 볼 것도 없이 그냥 지나칠 것이다. 이들은 누구에게 베푸는지가 아니라 얼마를 베푸는지에만 관심이 있고, 그 베풂 역시 어느 모로나 항시 자신만을 향한다. 누군가가 옥수수를 판다. 나는 그것을 사지 않고는 살아갈 도리가 없다. 그렇지만 나는 그 구매 행위로 그에게 아무런 빚도 진 일이 없다. 그것을 돈을 주고 샀기 때문이다.

게다가 나는 생존을 위해 없어서는 안 될 것이었다고 하더라도 그것이 얼마나 간절히 필요했는지 새삼 인정하지는 않을 것이다. 오히려 그것을 사지 않고는 버틸 수 없었으므로 그 일에 대해 내가 전혀 감사할 필요가 없다는 점을 인정할 것이다. 그리고 내게 얼마나 큰 도움이 될지가 아니라 자기에게 얼마나 큰 이익이 될지를 기준으로 장사치들이 그 물건을 들여왔다는 점을 인정할 것이다. 요는, 내가 대가를 지불한 무언가에 대해서 나는 아무런 빚도 지지 않았다.

이에 대한 반론은 다음과 같다. "그런 논리라면 그대는 이렇게 말하는 셈이다. 그대는 그대를 치료해준 의사에게 몇 푼 안 되는 치료비를 내는 것 말고는 아무런 빚도 지지 않았다. 스승에게도 이미 수업료를 냈으니

고마워할 필요가 전혀 없다. 그러나 그대의 논리와는 달리, 이 사람들에 대해 우리는 어떤 크나큰 감정, 다시 말해 대단한 존경심을 느낀다."

이에 대해서는 이렇게 답할 수 있다. 세상의 어떤 것들은 그대가 지불한 것보다 더 큰 가치가 있다. 그대는 헤아릴 수 없이 값진 것을 의사에게 돈을 주고 샀다. 생명이라든가 건강 같은 것들 말이다. 인문교양을 가르치는 선생님들로부터는 귀족의 덕목이라든가 마음을 다스리는 법과 같은 것들을 배운다. 그러니 그대는 그렇게 얻은 것들에 값을 치르는 것이 아니라, 그들이 한 일, 우리에게 기울인 헌신, 우리에게 신경 쓰느라 스스로에게 소홀했던 일에 값을 치르는 것이다. 그들이 받는 대가는 그들이 내게 준 것에 대한 것이 아니라, 그것을 주느라 겪은 그들의 고생에 대한 것이다.

더 진실하게 설명해보겠다. 일단 그대가 제기한 논점이 어떻게 논박될 수 있는지 먼저 보여주고, 그다음 진실한 설명을 들려주겠다. 그대의 얘기는 이런 것이다. "어떤 것들은 거래되는 가격보다 더 값어치가 있기 때문에, 설사 그대가 이미 값을 치렀더라도 그 나머지 몫에 대해서도 뭔가를 지불해야 한다."

그러나 우선, 구매자와 판매자가 어떤 가격에 이미 합의했다면, 그것이 실제 어떤 값어치가 있는지가 무슨 문제가 되겠는가? 또한 나는 그것을 진정한 값어치에 따라 산 것이 아니라 그대가 내건 가격으로 산 것이다. "그것은 거래되는 가격보다 더 값어치가 있다." 그렇지만 그보다 비싼 값으로는 팔릴 수 없다. 그리고 실상은 같은 물건도 결국 상황에 따라 다양한 가격으로 팔린다. 그대가 파는 물건들의 좋은 점을 아주 잘 내세운대도, 결국 그것들은 팔 수 있는 가격대 중에서 가장 높은 값을 받고 팔릴 뿐이다. 그것을 사들인 사람 역시 적절한 대가를 치른 것이지, 그 밖에 무언가를 판매자에게 빚진 것은 아니다.

그렇다면 다시 돌아와서, 그것들이 판매 가격보다 더 큰 가치를 지니더라도, 그대의 편에서 베푸는 어떤 관대함 같은 것이 거기에 개재해 있었다고는 할 수 없다. 왜냐하면 그 가격은 상품이 지닌 쓸모라든가 효험이 아니라 관례적인 시장 가격에 의해 결정되기 때문이다.

바다를 건너는 사람이 있다. 그는 뭍이 시야에서 아스라이 사라져 가는 가운데에도 최단 거리로 파도 한가운데를 가로지르고, 갑판 위의 그 누구도 다가오는 위험을 깨닫지 못할 때 앞날의 폭풍을 예견하면서 돛을 접고 도르래를 낮추도록 지휘하며, 급작스레 치달을 폭풍의 위력에 대비하도록 모두를 준비시킨다. 그대 같으면 그에게 얼마쯤을 사례비로 내놓겠는가? 그런데 이 사람이 자기가 한 일의 대가로 받는 것은 고작 여객 운임뿐이다.

거친 황야 한가운데 비를 피할 지붕 아래, 얼어붙은 몸을 녹일 더운 욕조와 난롯불이 마련된 곳에서 잠을 청할 수 있다면, 이를 두고 그대는 얼마의 값어치를 매기겠는가? 그러나 나는 내가 여관에 묵을 때 얼마를 지불해야 하는지 이미 알고 있다. 무너져 가는 집이 버틸 수 있게끔, 기초에 금이 간 가옥의 기반을 재시공해주는 사람은 우리에게 얼마나 큰 도움을 주는지! 그러나 그 보수 작업에 대해서는 이미 정해진 최소의 요금만을 지불할 뿐이다.

적들과 약탈자 무리로부터 우리를 안전하게 지켜주는 것은 바로 성벽이다. 그렇지만 망루가 달린 성채를 세워 공공의 안전을 보장해주는 건설

인부가 하루에 받는 일당은 잘 알려져 있는 그대로이다.

　이처럼 중요한 것을 받으면서 적은 대가만을 치르고 있는 예들을 늘어놓자면 아마 끝도 없을 것이다. 그렇다면 그다음 얘기는 무엇인가? 가격을 지불하는 것으로 부채 상환이 종결되지 않고, 의사나 교사에게 더 많은 것을 빚지는 이유는 대체 무엇인가? 그들은 의사나 교사가 됨으로써 우리의 친구가 될 수 있었다. 그리고 우리가 그들에게 어떤 의무감을 느끼는 것은, 그들이 팔고 있는 전문적인 기술 때문이 아니라 그들이 보여주는 친절과 우정 때문이다.

　그러니 내 지갑을 털어내고 왕진 고객 명단에 내 이름을 올려둔 뒤 아무런 감정의 기색도 없이 무엇을 하고 하지 말아야 하는지 설명하는 것 외에 해주는 것이라고는 없는 그런 의사에게 나는 아무것도 빚진 것이 없다. 왜냐하면 그는 나를 친구가 아니라 그저 의료 조치의 대가를 치른 사람으로만 여기고 있기 때문이다.

　마찬가지로 교사가 나를 수많은 학생들 중 한 명으로만 간주한다면, 나에게 특별하고 개인적인 도움을 줄 수 있다고 생각해본 적도 없다면, 아니, 나를 주목조차 한 적이 없다면, 그리고 학생들에게 자신의 지식을 쏟아붓는 동안 거기서 어떤 것을 골라내 습득하는 것 외에 내가 달리 할 일조차 없었다면, 내가 그 선생님에게 특별한 경의를 표해야 할 아무런 이유도 없다.

　그렇다면 우리가 선생님들에게 그토록 많은 빚을 지게 되는 이유는 무엇인가? 그것은 그들이 우리가 지불한 대가보다 더 많은 것을 팔았기 때문이 아니라, 어떤 특별한 것을 우리에게 주었기 때문이다. 그가 내게 준

것은 의사가 주는 것들과 비슷하다. 그가 두려워한 것은 자신의 명성이
아니라 내게 닥친 문제들이었다. 그는 내게 필요한 치료법이 무엇인지 지
시해주는 것만으로 만족하지 않고 그에 얽힌 일들 전체를 관리해주었다.
그는 나를 걱정하는 친구들과 함께 내 곁을 지켜주었고, 내가 위험해졌을
때 곧바로 달려와 주었다. 자기가 하는 어떤 의료 조치도 고역스러워하거
나 꺼리지 않았다.

그는 내가 내는 신음 하나하나 무관심하게 흘려듣는 일이 없었고, 그
의 도움을 필요로 하는 수많은 환자들 중에서 항상 나를 먼저 생각하고
관심을 쏟았다. 나의 질병을 돌보느라 그가 다른 환자들에게 쓸 수 있었
던 시간은 아주 조금밖에 없었다. 이 사람에게 나는 빚을 지고 있다. 의사
로서가 아니라 한 명의 친구로서 말이다.

## 좋은 일을 해주었다고 모두 은혜는 아니다

선생님은 나를 가르치는 일에 노고를 아끼지 않았으며, 지치지도 않고 그
일을 견뎌내셨다. 거기에는 선생님에 대해 누구나 이야기하는 그런 것들
외에도 내게 심어주고 또 전해준 다른 어떤 것이 있었다. 나를 훈계하면서
좋은 인성을 길러주셨고, 칭찬으로 나를 북돋우고 호통으로 내 게으름을
쫓아내기도 했다.

그러고는 내게 숨어 있던 내면의 지성을 말 그대로 "손수" 끄집어내셨
다. 자신의 쓸모를 유지하기 위해 마지못해 지식을 나누어준 것이 아니라,
할 수 있는 한 모든 것을 내게 불어넣어 주고자 하셨다. 그는 내가 가장 긴
밀한 감사를 표해야 할 사람으로, 내가 그분을 사랑하지 않는다면 나는

은혜를 모르는 사람이다.

상상도 못 했던 저렴한 가격으로 팔고 있다 해도 그 물건에 보통 있는 하자보다 더한 하자가 있다면, 우리는 동의할 수 없는 높은 값을 가게 주인에게 지불한 셈이다. 뱃사공이라든가 자질구레한 장신구를 만드는 사람, 날품팔이꾼에게도 우리는 팁을 준다. 하물며 삶을 지탱하는 힘을 주고 거기에 아름다움까지 더해주는 가장 고귀한 예술품을 거래하는 경우, 계약서에 적힌 금액 외에 아무 빚도 지지 않았다고 생각한다면 감사할 줄 모르는 사람으로 여겨질 것이다.

그런 지식의 전수는 마음들 사이의 만남을 포함한다는 점을 덧붙여두자. 지식을 전수받을 때, 교사에게서처럼 의사에게도 그가 수행한 작업의 대가를 지불하지만, 그럼에도 마음에 대한 대가는 여전히 빚진 채로 남게 되는 것이다.

예전에 플라톤이 나룻배를 타고 강을 건넜을 때 뱃사공이 그에게 삯을 요구하지 않았다. 그는 사공이 존경심을 표한 줄로 믿고는 사공이 그에게 외상을 주었다고 했다. 그런데 얼마 후 그 뱃사공이 다른 사람들도 계속 무료로 건네주는 것을 보고 플라톤은 사공에게 외상이 있다고 했던 말을 취소했다.

내게 있어서 그대가 준 무언가에 대해 빚을 진다는 것은, 그대가 내게 그저 물건을 건넸을 뿐 아니라 마음으로 나와 그 뜻을 나누는 것이어야 한다. 그대가 군중 속으로 내동댕이친 것에 대해 누군가에게 대가를 지불하라고 요구할 수는 없는 일이다. 그렇다면 그대는 보답을 받아낼 어떤 빚도 준 일이 없는 것인가? 어떤 개인에게도 아무것도 준 것이 없다. 나 역시 빚진 것에 대해서 남들처럼만 지불하면 될 것이다.

이런 반박이 있을 수 있다. "아무 대가도 없이 나룻배로 포 강을 건네준 사람은 은혜를 베푼 것이다. 이 점을 그대는 부인하려는 것인가?"

그는 내게 좋은 일을 해주었지만, 그렇다고 은혜를 베푼 것은 아니다. 왜냐하면 그는 자기 자신을 위해 그 일을 한 것이고, 적어도 나를 위해 한 일은 아니기 때문이다. 요컨대, 그는 내게 은혜를 베풀었다는 생각조차 하지 않는다. 공화국을 위해서, 혹은 이웃을 위해서, 그도 아니면 스스로의 야심을 위해서 그 일을 하고, 그 대가로 개인들에게 받는 뱃삯과는 다른 어떤 이익을 기대하는 것이다.

이렇게 반박하는 이가 있을 수도 있다. "그렇다면 로마 원수元首가 모든 갈리아 사람들에게 시민권을 부여하고, 스페인 사람들에게 면세 조치를 취한다면 어떠한가? 개인들은 여전히 그로 인한 어떤 은혜도 입은 것이 아닌가?" 물론 그들은 무언가를 빚졌다. 그렇지만 그것은 어떤 개인적인 은혜를 입은 것이 아니라 일종의 공적인 빚을 사람들과 함께 진 것이다.

이 갈리아 사람은 말한다. "로마 원수가 모든 이에게 은혜를 베풀었을 때, 그 시점에서 나에 대해서는 아무 생각도 갖고 있지 않았다. 그는 내게 개인적으로 시민권을 주려 한 것이 아니며, 내게 터럭만큼의 눈길조차 줘본 일이 없다. 이 시점에서 그가 내게 해준 일이 무엇이었는지 다시 되새겨보니, 이전에 그는 내게 아무 신경도 쓰지 않았다. 그런 사람에게 왜 내가 빚을 지고 있다는 말인가!"

무엇보다도 로마 원수는 모든 갈리아 사람에게 은혜가 되는 생각을 한 시점에 그에게도 역시 은혜가 되는 생각을 한 것이다. 그는 갈리아 사람이고, 그 개인의 이름을 떠올린 것은 아니지만 그래도 민족의 이름으로 그 사람을 그 안에 포함했기 때문이다. 그렇다면 다시, 그는 어떤 개인적인 봉사의 의무를 지지는 않았지만 어떤 공동적인 책임은 짊어질 것이다. 한 공동체의 일원으로서, 그 자신이 아니라 그 나라의 구성원으로서 기여해야 하는 바가 있는 것이다.

누군가가 이 나라에 돈을 빌려줬다고 해도 내가 그 사람한테 빚이 있다고 스스로 말할 리도 없고, 공직 후보로 나서거나 피고로 고발되었을 때 그 부채를 내 것으로 신고하지도 않을 것이다. 그러나 나는 그 부채를 해소하기 위한 나의 몫을 해야 할 것이다. 그러니 나는 모든 이에게 각각의 봉사 의무가 주어졌다 하더라도 그게 내가 짊어진 빚이라는 점은 부인한다. 상대가 내게 주기는 했지만 나를 생각해준 것은 아니기 때문이고, 내게 무언가를 주고 있다는 점을 전혀 깨닫지 못한 채 그것을 주었기 때문이다. 그럼에도 불구하고, 비록 에둘러 온 것이기는 해도 그 일의 효과가 내게도 닿아 있기 때문에 내가 무언가를 지불해야 한다는 사실은 알고 있다. 어떤 행위가 나 자신을 의무 상태에 놓이게 하려면, 그 일은 반드시 나를 위해 행해진 것이어야만 한다.

## 도움을 얻을 목적으로 베푼 은혜는 은혜가 아니다

누군가는 말한다. "그런 식이라면, 그대의 얘기는 해나 달에게 아무 은혜도 입은 바가 없다는 말이다. 그것들은 그대를 위해 움직이는 존재들이 아니기 때문이다." 그러나 해나 달이 우주를 유지하려는 목적으로 움직이고 있을 때, 그것들은 나를 위해서도 역시 움직인다. 내가 우주의 한 부분이기 때문이다.

여기에 더하여, 우리의 입장이 해나 달에 대한 것과 다른 점이 또 있다. 나를 통해 자기가 이익을 얻을 목적으로 내게 도움을 준 사람은 내게 은혜를 베푼 것이 전혀 아니다. 그가 나를 자기의 이익을 위한 수단으로 삼았기 때문이다. 그렇지만 이 점과 해와 달은 다르다. 해와 달은 자기 스스로 움직이면서 우리에게 도움을 주지만, 자기가 도움을 얻을 목적으로 우리를 돕는 것은 아니기 때문이다. 해와 달이 우리에게 바랄 것이 대체 무엇이 있겠는가?

그는 말한다. "만일 해와 달이 자신의 의지로 스스로 선택할 수 있는 존재라면, 그들이 스스로 우리를 도우려 한다는 말을 받아들일 수 있을 것이다. 그렇지만 그것들은 스스로 움직임을 멈출 수 있는 존재가 아니다. 한마디로 이렇다. 그것들을 멈춰 세워서 그들이 하는 일을 방해해보라." 이 주장이 얼마나 다양한 방식으로 논박될 수 있는지 한번 보자.

사람이란 원하지 않을 수 없다고 해서 덜 원하게 되는 존재가 아니다. 실은, 절대로 바꿀 수 없다는 점이야말로 불변의 의지가 존재한다는 가장 확실한 증거이기도 하다. 선한 사람은 자신이 행하던 선행을 그만둘 수가 없다. 선행을 하지 않는다면 그는 더는 선한 사람이 아니기 때문이다. 그러니 다음 두 가지는 모두 똑같이 참된 얘기이다. 선한 이가 자기가 하지 않을 수 없는 일을 하고 있다면 그것은 은혜를 베푸는 일이 아니다. 그러나 그로서는 그가 해야 하는 일을 하지 않기란 불가능하다.

게다가 강요를 당해서 "이 일을 하지 않을 수 없다."라고 하는 것과 "이 일 하기를 원치 않을 수 없다."라고 하는 것 사이에는 커다란 차이가 있다.

만일 그가 강요로 그 일을 해야만 했다면, 나는 그가 아니라 그에게 강제력을 행사한 이에게 은혜를 입은 것이다. 그가 스스로 원하지 않을 수 없어서 그 일을 해야만 했다면, 그는 스스로에게 강요한 것이다. 그러니 그 역시 강요당한 것이라는 점에서는 그에게 아무 빚도 지지 않은 셈이지만, 그 일을 강요한 것이 바로 그라는 점에서 나는 그에게 빚을 지고 있다.

그는 내게 반대하며 "그들이 그만 원하도록 하자."라고 말한다. 이 지점에서 그대에게 생각할 거리를 주겠다. 사라지거나 뒤집힐 위기에 처하지 않는 의도는 의도라고도 할 수 없다고 말하는 정신 나간 사람은 누구인가? 오히려 영원히 지속될 만큼 확고한 의도를 가진 사람이야말로 의도를 지녔다는 말에 그 누구보다도 가장 부합하는 사람임이 명백하지 않은가? 아니면 언제고 그 일을 기쁘게 받아들이지 않을 수 있을 사람조차 기꺼이 받아들이는 것으로 여기다 보니, 본성상 항상 기쁘게 받아들이려는 사람마저 마땅찮아하는 것처럼 보이는 것인가?

그는 "그렇다면 좋다. 할 수만 있다면 그들이 그 일을 멈추도록 해주자."라고 말한다. 실은 그는 이렇게 말하는 셈이다. "엄청나게 떨어진 곳에서 우주를 지키며 조화를 이루고 있는 하늘이 그 자리를 벗어날 수 있도록 해주자. 갑작스러운 혼돈 속에 별들이 다른 별과 충돌하고, 만물의 조화가 어지럽혀져 신성한 존재들이 파멸에 빠지도록 하자. 수세기 동안 정해진 궤적을 따르던 연쇄 작용을 제어하며 가장 신속히 반응해오던 운동 체계가 붕괴하도록, 번갈아 나타나며 세계의 균형을 회복하고 또 그것을 평형 상태로 유지해오던 존재들이 갑자기 불에 타 잿더미가 되도록, 엄청난 다양성 속에 존재하던 모든 것들이 녹아 하나로 덩어리지게끔 하자. 모든 것을 화마火魔가 집어삼키도록, 그리하여 두터운 어둠이 목청을 높이도록, 깊게 파인 골짜기가 모든 성스러운 존재들을 빨아들이도록, 그렇게 하자." 이 모든 것들을 망가뜨린다면 그대는 확신을 가질 것인가? 과연 그럴 가치가 있을까? 그것들은 그대의 뜻에 반할 때조차 그대에게 도움을 주고 있고, 더 근본적인 다른 논리에 따라 움직이는 순간에조차 그대의 이익에 부합하도록 작동하고 있는데도 말이다.

여기에 그런 외적 요인들이 신들을 강제하는 것은 아니라는 점, 그러나 그들의 영원한 의지가 그 요인들에 필요한 법칙의 자리를 대신한다는 점을 덧붙여두겠다. 신들은 그 요인들이 변하지 않게 하기 위해 따로 해결책을 마련해두었다. 그래서 원치 않지만 어쩔 수 없이 어떤 일에 손대는 것처럼 보이는 일이 없다. 이는 중단할 수 없는 일인 한 결코 중단할 생각조차 품지 않을 의지를 그들이 가졌기 때문이다. 그러니 신들은 자신이 내린 최초의 결정을 결코 후회하는 법이 없다.

그들이 하던 일을 중단하고 반대편으로 달아날 수 없다는 것은 말할 나위도 없다. 그러나 그것은 오직 그들이 지닌 힘으로 스스로 주어진 목적을 지켜낼 수 있기 때문이다. 그들이 힘이 없어서 자신이 설정한 경로에 머물러 있는 것이 아니다. 가장 바람직한 행동의 경로를 포기할 생각이 없고, 그 길로 나아가도록 이미 결정되어 있기 때문이다.

실은 최초의 결정을 내려 모든 것을 조화롭게 만들었을 때 신들은 우리의 일들을 염두에 두고 있었고 인간에 대해 심사숙고했다. 그러니 신들이 궤도를 돌듯 자신의 과업을 수행해나가는 일들은 결코 그들만을 위한 행동처럼 보이지 않는 것이다. 실질적으로 우리는 그 과업의 한 부분이다. 그러니 우리는 해와 달과 천체의 나머지 모든 것들에 대해 빚을 지고 있다. 그것들을 지평선 위로 떠오르게 하는 어쩔 수 없는 더 큰 이유가 있다 하더라도, 보다 위대한 것들로 향하는 도정에서 우리를 돕고 있기 때문이다.

이에 덧붙여서, 신들이 의도적으로 우리를 돕는다는 점, 그리고 우리가 아무것도 모르는 존재들로부터 우연하게 베풂을 받는 것이 아니라는 바로 그 점 때문에 우리는 의무 상태에 놓이게 된다는 점을 부기해두겠다. 오히려 신들은 그들이 베푸는 것을 우리가 받으리라는 점을 알고 있었다. 물론 그들은 언젠가 죽게 되어 있는 유한한 존재를 돕는 것보다는 더 위대한 목적을 가지고 있고, 또 그런 위대한 결실을 그들의 노력으로 이룰 것이다. 그럼에도 불구하고 그들의 마음은 만물이 비롯되던 처음부터 우리의 요구에 초점이 맞추어져 있었다. 우리에 대한 배려가 그들의 최소 관심사가 아닌 것은 분명하며, 이 세계 역시 그런 방식으로 질서가 유지된다.

많은 부부들이 아이를 낳으려는 의도로 결혼한 것은 아니지만, 우리는 부모에게 존경심을 갖는다. 모든 인간에게는 영양과 도움이 필요한데, 신들이 이런 일이 일어날지 알지 못했다는 것은 말이 되지 않는다. 그들이 우리에게 많은 것들을 제공해주는 세상의 존재들을 의식 없이 무심코 창조해냈다는 생각 역시 마찬가지이다. 자연은 우리를 창조하기 전에 이미 마음속에 우리를 품고 있었다. 우리는 쉽사리 잊힐 수 있을 만큼 그렇게 하찮은 존재가 아니다.

자연이 우리에게 허락해준 것이 얼마나 많은지 생각해보라. 인간 영역의 저 끄트머리가 결코 현생 인류에게 주어진 것들로 끝나지 않는다는 점을 생각해보면 알 수 있을 것이다. 인간이 그 육신으로 얼마나 멀리까지 돌아다니는지 한번 보라. 그들은 대지 위라는 한계를 벗어나 자연의 구석 구석 모든 곳으로 발을 뻗고 있다. 우리의 마음 또한 대담하게도 얼마나 먼 곳까지 뻗어 나가고 있는가. 신들을 이해하고 그들에게 간구하는 일, 또 저 높은 곳을 향해 생각을 뻗침으로써 다른 신성한 존재들과 벗이 되는 일, 이런 것들은 오직 인간 정신만이 해내는 일이다. 이 모든 점에 대해 생각하라. 인간이 아무렇게나 만들어진 우연한 창조물이 아니라는 점을 깨닫게 될 것이다.

스스로 최고로 위대한 업적들을 이루었음에도 자연은 무언가를 더 뽐내려 하지 않고, 적어도 확실히 누군가에게 더 뽐내려 들지 않는다. 신들을 상대로 그들이 준 선물을 두고 다투는 이런 미친 짓이 어디 있겠는가! 만일 어떤 사람이 가장 고귀한 것을 받아놓고도 그를 상대로 받았다는 사실 자체를 부인한다면, 그런데 그 상대가 항상 무언가를 주려고만 하지 답례를 챙길 생각조차 없는 존재라면, 갚지도 못할 호의를 대가도 안 치른 채 받아놓고 감사조차 하지 못하는 사람이 될 것이다.

그런데도 상대가 인정조차 못 받으면서도 관대함을 보인다는 이유로 그에게 빚을 지고 있지 않다고 한다면, 그리고 은혜가 이렇게 끝없이 이어지는 것이 상대가 자기 필요에 의해 베풀고 있는 증거라고 말한다면, 이 얼마나 해괴망측한 일인가! "나는 그것을 원치 않아! 그것을 그냥 가지고 있으라고 해! 누가 그것을 해달라고 했나?" 이 말에서 수치심이라고는 전혀 찾아볼 수가 없다. 여기에 덧붙여 다른 증거들을 언급해보겠다. 그의 관대함은 그대가 그것을 거부하는 동안에도 그대를 향해 확장되고 있었다. 그래서 그는 그대를 남보다 못하게 대하지 않았던 것이다. 그대가 투덜거리는 동안에도 그는 그대에게 베풀 것이다. 이 점이야말로 사실 그의 베풂이 지닌 가장 위대한 점이다.

유아기의 어린아이들이 부모들의 규율 아래에서 어떻게 모든 일들을 받아들이게 되는지 그대는 보지 못했는가? 애들이 울면서 뻗대도 부모들은 꼼꼼한 손길로 아기들의 몸을 돌보며, 아직 뼈가 굳지 않은 미숙한 팔다리가 자유롭게 움직이다가 행여 휘거나 하는 일이 없도록 포대기로 싸서 똑바로 자라게 한다. 그러고는 곧 뻗대는 애들의 고집을 꺾어가며 교육을 시작해서, 끝내는 앞뒤 모르고 날뛰던 아이들에게 절제, 염치, 좋은 습관 같은 것을 심어놓고야 만다. 반항할 때는 힘으로 눌러가면서 말이다.

그 애들이 자라 스스로를 통제할 수 있게 된 후에도, 두렵다는 이유나 규율이 없다는 이유로 주어진 해결책을 거부한다면 결국 강제와 억압이 따르게 된다. 그래서 우리가 깨닫지 못했거나 기꺼워하지 않았더라도, 세상에서 가장 큰 은혜가 곧 부모가 베푼 은혜인 것이다.

## 지나친 감사는 배은망덕과 다르지 않다

감사할 줄 모르고 은혜 입기를 거부하는 사람들과, 반대로 지나치게 고마워하는 사람들 사이에는 비슷한 점이 있다. 전자의 사람들이 은혜 자체를 원치 않아서가 아니라 의무를 지는 것이 싫어서 그러는 것이라면, 후자의 사람들은 은혜를 갚아야 하는 상대에게 무언가 바람직하지 않은 일이 일어나기를 바란다. 그러니까 그의 은혜를 잊지 않았음을 과시할 수 있도록 어떤 불행한 일이 일어나기를 기도하는 것이다.

문제는 그들이 의무감을 해소하고자 하는 욕망에서 벗어나 그 일을 올바로 처리할 수 있는가 하는 점이다. 그들의 태도는 비뚤어진 연심戀心으로 활활 타오르는 사람들과 매우 비슷하다. 세상에 버림받고 정처 없이 쫓겨날 때 길동무가 되어주기 위해 그녀가 추방형을 당하기를 바라고, 큰 어려움에 처했을 때 도움을 주기 위해 그녀가 가난해지기를 기원하며, 병상 곁을 지켜주기 위해 그녀가 아프기를 원하며, 무엇이든 적들이 아니고는 원하지 않을 만한 일들이 일어나도록 연심을 가지고 기도하는 사람 말이다. 그리하여 증오와 빗나간 사랑은 사실상 같은 결과를 가져오곤 한다.

　자기 친구들에게 바람직하지 않은 일이 일어나기를 바라고, 자신이 그 문제를 해결해줌으로써 위해를 통해 자선에 이르기를 바라는 사람들도 마찬가지다. 이 경우 나쁜 일을 통해서 도움을 줄 기회를 얻으려는 것보다는 차라리 아무것도 하지 않는 쪽이 당연히 낫다.

　위험을 이겨낼 수 있는 능력을 증명하고 자신의 평판을 더 높이기 위해 가장 위험한 폭풍우가 휘몰아치기를 신에게 기도하는 항해사가 있다면 어떻겠는가? 어떤 사령관이 신께 기도하기를, 적들이 막강한 전력으로 우리 부대의 숙영지를 둘러싸고, 아군이 두려움에 떨고 있을 때 기습적으로 공격해 해자를 메우고 성벽을 무너뜨리게 해달라고, 그래서 적들이 우리 숙영지 턱밑에 용맹스레 군기를 꽂게 해달라고 빈다면 어떻겠는가? 그런 파멸과 폐허 와중에 거대한 영광을 이룰 구원자로 스스로 나서려는 욕심 때문에 말이다.

　이들은 모두 자신이 돕고 싶은 사람들이 어려움에 처하도록 신들께서 힘써주기를 청하고, 자기가 부름을 받아 일어서기 전에 상대가 풀이 죽어 납작 엎드리기를 기원하면서 밉살스러운 방식으로 베풂을 전하는 자들이다. 그대 스스로 도움의 손길을 명예롭게 거두어들일 수 없어 상대에게 무언가 불운이 있기를 바란다면, 그것은 감사하는 마음으로서는 정상적인 감각을 벗어나 있는, 본질적으로 비인간의 심리 상태를 보여주는 일이다.

그대는 이렇게 답한다. "나의 기도는 그를 해치지 않는다. 나는 그를 위해 그가 위기와 도움을 동시에 맞게 되기를 기도할 뿐이다." 이런 말은 결국 잘못을 저지르지 않기를 원하는 것이 아니라, 잘못을 덜 저지르기를 원하는 것에 불과하다. 구제할 방도도 없이 상대를 위험에 빠트리려드는 자보다는 나은 사람이라고 스스로 여기겠지만, 물에 빠진 이를 건져주기 위해 그를 물에 빠트린다면, 넘어진 이를 일으켜 세워주기 위해 그를 내동댕이친다면, 어떤 이를 나중에 풀어주기 위해 우선 감옥에 집어넣는다면, 그것은 아주 사악한 짓이다. 상처 주기를 그만두는 것이 은혜를 베푸는 일일 수 없고, 한때 그에게 지웠던 짐을 이제 내려놓도록 한들 그것이 친절한 행동일 수도 없다.

나는 그대가 나를 치료해주기보다는 상처 주지 않는 편이 더 낫다고 생각한다. 다른 곳에서 입은 상처를 치료해주는 것이라면 나는 그대에게 감사하겠지만, 나를 치료해주기 위해 먼저 상해를 가한 것이라면 그대에게 감사할 수 없다. 상해를 당한 일 자체와 비교해서라면 모를까, 흉터가 져 있는 건 어떤 의미에서도 즐거운 일일 수 없다. 점차 나아지고 있다면 기쁘기는 하겠지만, 그 일이 일어나지 않았던 것보다는 결코 좋을 리 없으니 말이다. 그대에게 아무런 은혜도 베푼 일이 없는 사람에게 그런 일이 일어나기를 바란다면, 그것은 아주 비인간적인 바람일 것이다. 하물며 그대에게 은혜를 베푼 사람에게 그런 일이 일어나기를 바란다면, 그것은 더욱 비인간적인 짓이다.

그대는 말한다. "동시에 나는 그에게 도움을 줄 수 있게 해달라고 기도한다." 무엇보다도 우선 그 기도를 당장 멈춰야 한다. 그대의 배은망덕은 이미 그것으로 충분하다. 그대가 그에게 어떤 보답을 주려는지 아직 듣지 못했지만 그에게 어떤 고통을 줄 것인지는 알고 있다. 그대는 그에게 불안과 공포 그리고 더욱 큰 해악을 주려고 하고 있다. 그가 도움을 필요로 하게 되기를 기도하고 있다. 이는 그에게 해로운 일이다. 그대는 그가 그대의 도움을 필요로 했으면 하고 희망하니 그대에게는 이로울 것이다. 그대는 그를 돕기를 원하는 것이 아니고 그에게 지불하기를 원하는 것이다. 누구든 다급한 처지에 있는 사람들은 지불받기를 원하지 지불하기를 원하지는 않으니 말이다.

그리하여 그대의 기도 속에서 명예롭게 여겨지던 일이 그 자체로는 부끄럽고 감사할 줄 모르는 일인 것이다. 바꿔 말해서 그대는 빚을 지고 싶지 않을 뿐이다. 왜냐하면 그대는 은혜를 갚을 수단을 달라는 것이 아니라, 그가 불가피하게 그대의 도움을 애걸하는 처지에 놓이게 해달라고 청하는 것이기 때문이다. 그대는 자신을 그의 위에 놓고, 그대를 위해 힘을 써준 사람을 악랄하게도 그대 발치에 무릎 꿇리려고 하는 것이다. 악의로써 빚을 털어버리려는 것에 비기자면, 선의를 지닌 채무자로 남아 있는 것이 훨씬 더 나은 일이 아닌가?

그대가 만일 이미 받은 것들을 부정한다면, 그래도 그것은 악행으로서는 정도가 덜한 일이다. 그는 그대에게 준 것 외에는 아무것도 잃을 것이 없을 테니 말이다. 하지만 그대는 그가 굴복하기를 원하고, 그가 재산을 잃고 지위가 격하됨으로써 과거 은혜를 베풀었던 사람들 앞에서 비굴해 질 정도로 위축되기를 바라는 것이다. 그런데도 그대를 감사할 줄 아는 사람이라고 여겨야 하는가? 그대가 신들께 기도하는 내용을 그대가 돕기 바라는 그의 면전에서 읊어보라. 감사하는 사람과 적대적인 사람이 함께 할 수 있는 기도는 없다. 한 치의 주저도 없이 그 기도를 반대자와 적들 앞에서도 할 수 있다면, 거기에는 어떤 결정적인 부분이 빠진 것이 분명하다.

적들도 역시 우리를 사면해주기 위해 우리의 도시를 점령하게 해달라고 기도했고, 용서를 베풀 목적으로 사람들을 정복하게 해달라고 빌었을 것이다. 가장 자비로운 행동은 드높은 잔인함 속에서 나타나는 법이다. 따라서 이러한 기도들은 한 번도 적대적이지 않을 때가 없었다.

그대가 위하려는 사람조차 따라 하지 않으려는 그 기도는 대체 어떤 종류의 기도문인가? 신의 힘을 빌려 상처를 준 뒤 돕고자 하는 것은 대단히 못된 짓이다. 그리고 신이 이 기도를 들어준다면 신도 역시 잘못된 일을 하는 것이므로, 그대는 가장 잔인한 역할을 신들에게 돌리고 스스로는 가장 인간적인 역할을 자임하려 하는 것이다. 그대가 도울 수 있으려면, 결국 신들은 그에게 해를 입혀야 하지 않는가?

그대가 만일 어떤 사람을 물러나게 할 생각으로 그 사람에게 고소하도록 부추긴다면, 만일 법원에서 기각되도록 할 목적으로 누군가를 송사에 끌어들인다면, 그것이 죄를 짓는 일이라는 점을 아무도 의심하지 않을 것이다. 그대가 그것을 사기로 이루려 하든 기도로 이루려 하든, 거기에 대체 무슨 차이가 있는가? 후자의 경우가 더 강력한 적수를 데려다 놓는 것이라는 점을 제외한다면 말이다.

"그에게 내가 무슨 나쁜 짓을 했다는 말인가?"라고 말하지는 못할 것이다. 그대의 기도는 해로운 것이나 제대로 효과를 보지 못했을 뿐이다. 사실 쓸모가 없는 것도 해로운 것이다. 그대가 이루지 못한 것이 무엇이든 그것은 신의 선물이었지만, 그대가 기도한 것이 무엇이든 그것은 사실상 위해를 가한 것이었다. 그것으로 충분하다. 그대가 그 일을 이루었을 때보다 덜 분개해야 할 이유가 우리에게는 없다.

다음과 같은 반론도 있을 수 있다. "나의 기도가 성공했더라면, 그가 안전하기를 바라는 바람 역시 이뤄졌을 것이다." 무엇보다도 첫째, 그대는 불확실한 도움의 힘을 믿고 그에게 확실한 위험이 일어나기를 빌었다. 둘째, 양쪽 모두 확실히 일어날 일이었다고 해도, 먼저 일어나는 것은 위해였다.

게다가 그대는 그대가 올린 기도가 어떻게 하면 성사될지 알고 있었다. 항구에서 보호를 받을 수 있을지 확신할 수 없었을 때 폭풍이 나를 덮쳐왔다. 결국 도움을 받았을지라도 그 도움을 갈구하느라 내가 얼마나 몸부림쳤을지 생각해보라. 결국 구조를 받았을지라도 그동안은 두려움에 떨었을 것이다. 무죄방면을 받았을지라도 그러기 위해 스스로 변호하느라 겪었을 일들을 생각해보라. 위험이 사라진 것이 좋다고 한들, 애초에 굳건하고 흔들림 없이 안전했던 것보다 그 위험으로 인한 공포가 더 좋은 것일 수는 없다.

내가 필요로 할 때 내게 은혜를 갚을 수 있기를 빌도록 하라. 그렇지만 내가 그것을 필요로 하게 되기를 빌지는 마라. 그대가 바라는 바가 그대 수중에 들어온다면, 그 일을 일으킨 것은 다름 아닌 그대 자신이다.

이런 기도가 훨씬 더 영예롭지 않은가! "그가 언제까지고 은혜를 구하는 위치에 있지 않고 베푸는 위치에 있게 되기를 비나이다. 그가 그리도 관대하게 베푸는 증여와 도움의 수단들이 언제나 그와 함께하기를, 그가 베풀 은혜가 결코 마르는 일이 없고 또 그가 자신이 준 것을 후회하는 일이 없기를, 감사할 줄 아는 수많은 사람들에 의해 동정심과 친절함과 온화함이 가득한 그의 본성이 자극을 받기를, 그에게 충분한 행운이 깃들어 시험할 필요 없이 감사할 줄 아는 사람들을 찾아낼 수 있기를, 그가 누구에게도 무자비해지지 않고 또 누구에게도 자비를 청하지 않아도 되기를, 행운이 계속되어 그에게 관대함이 넘치기를, 그래서 모두가 그에게 감사하는 마음만 느끼고 그 마음을 물질로 드러낼 기회조차 없기를."

적절하기로 말한다면 이 기도문들이 얼마나 훨씬 더 나은가. 이 기도는 그대가 지닌 감사의 마음을 다른 일이 있을 때까지 미루지 말고 당장 보이라고 한다. 그렇다면 그가 번영을 구가하고 있을 때 그대가 그에게 은혜를 돌려주지 못할 까닭이 무엇인가? 심지어 행운에게 진 빚까지 포함해서 우리가 빚진 것들을 돌려줄 수 있는 방법이 세상에는 얼마나 많은가! 충직한 조언, 부단한 소통, 아첨은 빼고 상대를 기쁘게 하는 솔깃한 대화, 그가 상담을 청하고 싶을 정도로 좋긋 열려 있으면서 비밀을 털어놓고 싶을 정도로 안전한 귀, 그리고 친밀한 우정. 아무리 가진 것이 많다 해도 친구가 필요 없을 수는 없다. 없는 것이 없을수록 더욱더 친구는 필요한 법이다.

그대가 염원하는 그 기회는 잔인한 것이다. 그러므로 모든 기도문에서 삭제하여 완전히 사라지도록 하라. 감사하는 마음을 실현하기 위해 꼭 신의 분노가 필요한가? 그대가 배은망덕하게 구는 그 사람에게 사태가 오히려 유리하게 돌아가고 있는데, 이를 보고도 그대는 자신의 잘못을 깨닫지 못한단 말인가? 그대가 감옥이나 쇠사슬이나 불명예, 노예 상태, 전쟁, 궁핍 앞에 서 있다고 한번 생각해보라. 이런 게 아마 그대가 기도로 바라던 그 기회일 것이다. 그 상황에서 만일 누군가가 그대와 계약을 맺었다면, 그것은 그곳에서 벗어날 방도에 대한 것이리라.

왜 그런 기도 대신 그대가 가장 큰 빚을 진 그 사람이 더 강해지고 더 행복해지도록 기도하지 않는가? 내가 앞서 말한 대로, 그가 아주 큰 행복을 누리는 동안에도 그에게 은혜를 갚을 수 있는데, 그 길을 가로막는 것은 대체 무엇인가? 은혜를 갚으려고 마음만 먹으면 그대 앞에는 아주 풍부하고 다양한 길들이 있을 것이다. 뭐라고? 아무리 가진 게 많은 사람에게도 빚을 갚는 길이 있다는 점을 그대는 이해하지 못하겠다는 것인가?

나는 그대의 의지에 반해서 그대를 공격하지는 않을 것이다. 넘치는 행운이 모든 일을 지배하고 있다는 점을 감안하면서, 나는 그대에게 가장 높은 지위에 있는 사람들이 부족하다고 느끼는 것, 모든 것을 가진 이들에게 결여되어 있는 것이 무엇인지 알려주겠다. 그것은 거짓을 말하는 자들에 의해 감각이 마비되었을 때, 사실보다는 아첨에 귀 기울이는 버릇으로 진실에 몽매해졌을 때, 바로 그들에게 진실을 말해줄 사람, 조화로운 화음를 이룬 허위의 칭송으로부터 그들을 해방해줄 사람이다.

자유로운 발언을 억압당하고 충성심을 굴종의 아부로 변질시킨 자들이 어떻게 스스로를 파멸로 몰아가는지 그대는 보지 않았는가? 그 행보에 호응해도 좋고 반대해도 좋다. 아무도 정직하게 조언하지 않고 모든 친구들이 비굴하게 서로를 속이며 다투고 있으니, 그 속에는 조언 대신 경쟁적인 아첨과 허울뿐인 의무만이 난무할 뿐이다. 그러는 사이 그들은 자신의 진짜 힘이 어느 정도인지 잊고, 당장 들리는 평판 속의 아첨만큼 위대하다고 자만하면서, 모든 이들을 위험에 빠뜨릴 요령부득의 전쟁 속으로 걸어 들어간다. 유용하면서 필요하기도 했던 조화의 상태를 산산이 부수고, 아무도 말리지 않아 커져만 가는 분노에 이끌려, 수많은 이들의 피를 뿌린 것으로도 모자라 결국은 그 자신의 것마저 토해내고야 마는 것이다.

그들은 검증조차 받아본 적이 없는 생각을 확실한 것이라고 주장하며, 설득당해 단념하는 것을 마치 정복당하는 것만큼이나 수치스러운 일로 여긴다. 정점을 넘어 몰락을 향해 삐거덕거리며 가고 있는 일들이 영원히 지속되리라 믿는 사이, 거대한 왕국은 스스로 붕괴하여 그들 위로 무너져 내리고 있다. 찰나의 헛된 재물들로 번쩍이는 무대 위에 서서 진실한 말을 들을 수 없게 된 이래, 그가 얻게 될 것은 역경밖에는 없다는 점을 이해하지 못했던 것이다.

# 은혜의 위대

# 19

## 냉정한 조언은 은혜가 된다

크세르크세스가 그리스에 전쟁을 선포했을 때,[5] 그는 자긍심으로 부푼 나머지 자기가 믿는 것들이 얼마나 취약한 것들인지 잊은 채, 용기를 북돋는 말들 외에는 귀에 담지도 않았다. 어떤 사람은 적들이 선전포고만으로도 벌벌 떨다가 크세르크세스가 도착했다는 소식이 전해지면 바로 내뺄 것이라고 장담하기도 했다. 다른 이는 크세르크세스에게 말하기를, 그의 전능한 힘으로 인해 그리스는 단지 정복되는 것이 아니라 아예 궤멸되어 버릴 것이 틀림없다고 했다. 적들이 모두 도망가고 황폐화된 광대한 영역만 남아 있을까 봐, 그리하여 페르시아 군대가 버려진 빈 도시들만을 발견하고 페르시아인의 위대한 힘을 펼쳐보지도 못할까 봐 우려된다고도 했다. 또 다른 이도 얘기했다. 세계는 크세르크세스의 성정을 절대 만족시키지 못할 것이라고, 바다는 그의 함대에게, 숙영지는 그의 병사들에게, 평원은 진군하는 그의 기병대에게 좁을 것이라고, 그의 모든 궁수들이 저마다 활을 쏘아 올린다면 하늘조차 절대로 충분히 넓지는 않을 것이라고.

---

**5**   기원전 486년부터 465년까지 페르시아의 왕이었던 크세르크세스의 군대는, 해상에서는 기원전 480년의 살라미스 전투에서, 육지에서는 기원전 479년의 플라타에아 전투에서 패배했다.

사방에서 그렇게 많은 호언장담들이 쏟아질 때, 그 열띤 분위기를 견디지 못한 한 사람이 일어섰다. 예전에 같은 식으로 스스로를 과대평가했던 적이 있던 이였다. 그가 바로 스파르타 사람 데마라투스였으니, 그는 유일하게 냉정한 조언을 했다.[6] 원정대의 규모가 커서 한번 무너지면 좀처럼 다루기 쉽지 않을 것이라고, 그래서 왕이 자랑스러워하는 그 규모 자체가 지휘관들에게 두려움을 줄 것이라고, 그것은 강고함이 아니라 육중함을 지닌 것이라고. 과도한 대규모 병력은 통제되지 않을 수 있고, 통제될 수 없는 것은 길게 지속되지도 않는 법이라고.

　　"그 땅에 들어가 처음 만나는 산에서 스파르타인들은 페르시아의 왕을 맞이하여 그들이 무엇을 할 수 있는지 보여줄 것입니다. 300명의 병사로도 수천의 민족에서 나온 수천의 병사들을 막아낼 수 있겠지요. 저들은 자기 자리를 굳게 지키고 서서, 자신에게 맡겨진 길을 자신의 무기로 지키며 온몸으로 버텨낼 것입니다. 온 아시아가 달려든대도 그들을 자기 자리에서 밀어내지는 못하겠지요. 무시무시한 전쟁 위협과 함께 거의 전 인류가 공격한대도, 그들은 아주 작은 부대로 이를 멈춰 세울 것입니다. 자연이 법칙을 바꾸어 바다를 건너도록 허락해주었을 때, 왕께서는 그곳에서 발걸음을 멈추고 테르모필레의 협로에서 발생할 손실을 헤아려 미래의 인명 손상을 계산해두셔야 할 것입니다. 왕께서 더는 갈 수 없다는

---

6　에우리폰티드 왕조 스파르타의 왕인 데마라투스는 기원전 515년에서 491년까지 집권했는데, 아기아드 왕조 스파르타의 왕 클레오메네스의 책략에 의해 적통성 문제로 폐위되자 페르시아의 왕 다리우스에게로 달아났다. 그는 크세르크세스의 그리스 원정에 동행했는데, 헤로도토스에 따르면, 원정군이 트라키아 지방에 다다른 뒤 그리스가 정복에 저항할 것인지 여부를 두고 왕이 자문했을 때 이에 조언했다. 그런데 실제 크세르크세스의 페르시아인 참모들이 했던 조언들이 한결같이 군사 원정을 지지했던 것은 아니며, 왕 자신도 동요하고 있었다.

것을 알아차리셨을 때는 곧 패주할 수도 있다는 점까지 함께 깨달으실 것입니다. 마치 쏟아져 내리는 급류에 휩쓸리기라도 한 것처럼, 처음에 적들은 커다란 공포에 사로잡혀 많은 곳에서 물러날 것입니다. 그러고 나서 그들은 여기저기에서 항거할 것이고, 왕께서 지니신 힘 때문에 스스로 무너뜨릴 것입니다. 사람들이 말하는 것처럼 왕의 병기들이 적들을 압도한다는 것은 사실입니다. 그러나 이 점은 우리에게 불리하게 작용합니다. 바로 이 사실, 즉 왕만큼 가질 수 없다는 점 때문에 오히려 그리스인들이 승리를 얻어낼 것입니다. 왕께서는 가지고 계신 모든 것을 사용하시지 못할 것입니다. 게다가 첫 반격을 만났을 때 동요한 자들을 다시 북돋우고, 낙오한 자들을 버텨내도록 하는 일도 불가능할 것입니다. 왕께서는 전황에서 밀리고 있다는 사실을 깨닫기도 훨씬 전에 정복당하고 말 것입니다. 심지어 지휘관조차 우리 사병의 정확한 숫자를 모른다는 바로 그 점 때문에 적들이 왕의 군대를 막아낼 수도 있는 것입니다. 세상에 너무 커서 파괴될 수 없는 그런 존재는 없습니다. 만일 다른 요인들이 없다면, 그렇게 커져버린 규모로 인해 스스로 파괴되겠지요."

모든 일은 데마라투스가 예언한 대로 일어났다. 신성한 것과 인간적인 것들을 공격하고 자기 앞에 서 있는 모든 것들을 바꾸려고 했던 크세르크세스는 겨우 300명의 사람들에 의해 멈춰 서야 했다. 그가 그리스 전역에서 자기의 뜻을 굽혀야 했을 때, 페르시아인들은 군중과 군대가 얼마나 다른지 이해하게 되었다. 그렇게 해서 크세르크세스는 그가 입은 손실 때문이 아니라 부끄러움 때문에 더욱 낙담했고, 데마라투스에게 고마워했다. 오직 그만이 왕에게 진실을 말했기 때문이다. 그리고 크세르크세스는 데마라투스에게 원하는 것은 무엇이든 청하도록 허락했다.

그는 작은 왕관을 머리에 쓰고 이륜 전차를 타고서 아시아에서 가장 큰 도시인 사르디스에 들어가게 해달라고 청했다. 그것은 왕에게만 허락된 특권이었지만, 그는 그런 보답을 받을 만했다. 적어도 그가 그 일을 청하기 전까지는 말이다. 그렇지만 진실을 말하는 자라고는 없던 그 많은 무리는 얼마나 불쌍한가! 몇몇은 자기 스스로에게조차 진실을 말하지 않으니 말이다.

## 진정한 친구는 심장 한가운데에서 찾아라

신성한 아우구스투스는 딸을 쫓아냈다.[7] 그녀는 어떠한 비난도 모자랄 만큼 부도덕했고, 결국 궁정에서 벌인 비행이 만천하에 드러나고 말았다. 간부姦夫들을 떼거리로 궁 안에 들여놓고, 심야의 주연酒宴을 찾아다니느라 온 도시를 들쑤셔놓았으며, 간음할 때면 아버지가 법을 통과시킨[8] 바로 그 광장과 연단을 불륜의 현장으로 택했다. 간음만 아니라 매춘까지 시작하면서는, 이름 모를 매음객買淫客들의 품속에서 방탕의 나락에 떨어질 때마다 마르시아스의 동상[9]을 찾았다고 한다.

이런 죄상을 읽어내려 가면서 아우구스투스는 분을 참을 수 없었다. 벌을 받아 마땅한 죄들은 그만큼 숨겨야 하는 것들이기도 하지 않던가.

---

7  기원전 2년 아우구스투스는 스크리보니아와의 사이에서 낳은 유일한 자식인 딸 율리아를 판다테리아 섬에 있던 그의 장원으로 보내버렸다.

8  아우구스투스는 기원전 18년 또는 그 직후에 간통 행위 단속법lex de adulteriis coercendis을 통과시킨 바 있다.

9  마르시아스는 반인반수半人半獸의 정령 사타로스 중 하나이다. 사티로스는 술의 신 디오니소스를 따르며 주색에 빠진 무리인데, 그런 점에서 마르시아스의 동상은 매춘부가 고객을 유혹하는 장소로 자연스러웠다.

어떤 죄행에 따라붙는 수치스러움은 그 죄를 벌하는 사람에게까지 도로 튀기도 한다. 어느 정도 시간이 흐르고 수치심이 분노의 자리를 대신하게 되었을 때, 아우구스투스는 자기 입에 담음으로써 수치스러워지기 전까지는 모르고 있었던 그 일들에 대해 계속 침묵을 지키지 않았던 것을 후회하며 괴로워했다. 그리고 계속해서 울부짖었다. "만일 아그리파나 마에케나스가 살아 있었더라면 이런 일들은 없었을 것을!" 이 일이 이리도 쓰라렸던 것은, 그 두 사람을 대신할 수 있었던 수천 명의 사람이 그의 곁에 있었기 때문일 것이다.

사병은 살육을 당해도 바로 다시 충원할 수 있다. 함대 또한 난파되더라도 며칠이면 새로운 함대를 띄울 수 있다. 건물이 불에 타 무너져도 그 자리에 더 좋은 건물을 세울 수 있다. 그렇지만 아우구스투스의 남은 생애 동안, 아그리파와 마에케나스의 자리는 채워지지 않았다.[10] 그렇다면 어떻게 되는 것인가? 그 명단에 오를 만한 사람이 주변에 아무도 없었거나, 아니면 사람을 찾기보다는 골이나 부리고 있었다는 점에서 아우구스투스에게 잘못이 있었다고 생각해야 하는가? 아그리파나 마에케나스가 황제에게 늘 진실을 말했을 것으로 여길 만한 이유는 아무것도 없다. 그들이 살아 있었다면, 그들 역시 진실을 모른 체하는 무리에 속했을 것이다. 현재 있는 것을 모욕하며 사라진 것들을 칭송하는 것, 이제는 사라져

---

**10** 두 사람 모두 삼두정치 시절부터 아우구스투스와 절친했던 이들이다. 아우구스투스의 일등 장군이던 마르쿠스 비프사니우스 아그리파는 기원전 12년에 죽었다. 외교관이자 문예 분야의 조언자이던 클리니우스 마에케나스는 기원전 8년에 죽었다. 그러나 그들이 기원전 2년에 살아 있었다 하더라도, 둘 다 이 상황에서 조언하기가 대단히 어려웠을 것임이 틀림없다. 아그리파는 율리아의 남편이었으며, 마에케나스는 결혼제도의 열렬한 옹호자였기 때문이다.

더는 직언을 할 리가 없는 사람들이 진실을 말하는 미덕이 있었다고 여기는 것은 황실 사람들이 보이는 특징적인 태도다. 원래의 주제로 돌아가기로 하자. 이제 행운을 누리는 자와 인간 권력의 정점에 선 자들에게 은혜를 갚는 것이 얼마나 쉬운 일인지 알았을 것이다. 그들이 지금 듣기 원하는 말이 아니라, 그들이 훗날 바라게 될 이야기를 들려주도록 하라. 아첨의 말이 가득 차 있는 귀에 가끔은 진실한 목소리가 들어가게 하라. 뭔가 쓸모 있는 조언을 해주자는 말이다.

이미 행운을 쥔 사람에게 그대가 줄 수 있는 것이 무엇인지 궁금한가? 그가 자신의 행운을 불신하도록, 그 행운이 반드시 믿음 가는 사람들로 지탱되어야 한다는 점을 깨닫도록 해야 한다. 만일 그대가 권력이 영원히 지속되리라는 그의 어리석은 확신을 흔들어놓는다면, 우연히 주어진 것들은 덧없는 존재라는 점과, 그에게 온 것보다 훨씬 빠른 속도로 떠나가리라는 것과, 떨어질 때는 정상에 오르던 발걸음처럼 단계를 밟아가며 떨어지지는 않는다는 점과, 행운의 정점과 바닥 사이에는 어떤 시간적 간극도 없다는 것을 가르쳐준다면, 그래도 그대가 그에게 너무 적게 베푸는 것인가? 친구가 됨으로써 그에게 아주 많은 것을 줄 수 있다. 그대가 이 사실을 이해하지 못한다면, 그대는 우정의 가치가 얼마나 대단한지 아직 이해하지 못한 것이다. 친구는 궁정 안에서 극히 보기 힘들 뿐 아니라, 수세기 동안 그것이 가장 넘쳐난다고 생각되던 곳에서조차 더할 수 없이 부족했다.

그렇다면 어떤가? 연회의 손님 안내인[11]의 두 손으로도 감당이 안 되는

---

**11** 연회의 손님 안내인nomenclator은 주인을 따라다니면서 만나는 사람들의 이름을 떠올리도록 해주는 노예이다.

저 방명록에 과연 친구의 이름이 적혀 있겠는가? 길게 줄지어 서 있다가 그대 방의 출입문을 두드리는 일급 접견객과 이급 접견객들은 진정한 친구일 수 없다.[12] 접견객들을 여러 무리로 나누는 것은 왕들과 그 밑에서 일하는 자들의 오랜 관습이다. 그들은 방 문턱을 넘어서거나 심지어 거기에 가 닿는 것에조차 높은 가치를 매기고, 그 입구 곁에 앉는 것만 해도 명예로운 일이라 말한다. 심지어 수많은 문들이 닫혀 있는 거처에 남들보다 일찍 발을 들여놓도록 허락하는 것이 곧 명예를 부여하는 일이라고 생각한다. 이런 생각은 그들이 지닌 오만의 표지다. 무리 지어 찾아온 방문객들을 몇 개의 집단으로 나누고, 일부는 개인적으로 일부는 집단으로 접견하는 일을 처음으로 했던 사람은 가이우스 그라쿠스와 리비우스 드루수스였다. 그들은 일급의 친구들과 이급의 친구들은 가지고 있었지만, 진정한 친구를 둔 적은 없었다.

그대는 순서를 배정받아 인사하는 사람들을 친구라고 부르려는가? 인색하게만 열리는 그 문턱을, 들어온다기보다도 거의 스치듯 지나치는 사람들에게서는 겨우 충성심만 알아볼 수 있을 뿐이다. "안녕하십니까." 이 인사는 낯선 사람들 사이에서도 쓰이는 표준적이고 범용적인 표현이다. 그런데 이 말을 자기 차례가 돌아와야만 할 수 있다면, 이것이 과연 제약 없이 말의 자유를 누리는 것일까?

손님을 접견한다면서 온 도시를 난장판으로 만들어버리는 사람들이 있다. 그대도 그런 이들 중 하나를 방문할 것이다. 그것이 언제이든, 비록

---

**12** 하례<sup>賀禮</sup>에 많은 사람들이 참석했을 때는 접견객을 이와 같이 구분해서 입장 허가를 내렸다. 이는 내실<sup>內室</sup>에 접근이 허락된 사람들과 그렇지 않은 사람들을 나누어 관리하는 실무적인 체계의 하나이다.

거리에 거대한 군중이 밀려들고 도로가 오가는 인파로 미어터진다 해도, 그대는 사람으로 가득하지만 친구라고는 없는 곳으로 걸어가는 것이다. 친구를 찾는 일은 심장 한가운데에서 이루어지는 것이지, 현관 대기실에서 이루어질 수 없다. 한 사람의 마음 깊은 곳에 간직하고 아껴둔 자리, 그곳이 바로 친구가 환대를 받을 장소이다. 이 점을 가르쳐주도록 하라. 그것이 바로 감사하는 마음이다.

## 위대한 영혼이 위대하고, 하찮은 영혼이 하찮은 데는 그만한 이유가 있다

자신이 곤란에 빠진 사람들 말고는 아무에게도 쓸모가 없다면, 모든 일이 잘되어 가고 있는데 자기만 아무 도움이 되지 않는다면, 그대는 스스로를 좋게 생각하기 어려울 것이다. 의심스러운 상황은 세심함으로, 적대적인 상황은 용감함으로, 그리고 행복에 겨운 상황은 절제로 대하라. 그렇게 해서 그대가 의심 속에서도, 적대 속에서도, 그리고 행복 속에서도 현명하게 행동한다면, 그와 마찬가지로 어떤 환경 속에서도 그대는 친구에게 유용한 사람임을 보여줄 수 있을 것이다. 역경 속이라고 해도 그를 버리지 말고, 또 그가 역경을 겪게 되기를 바라지도 마라. 그러지 않아도 여러 다양한 조건 속에서 많은 상황들이 발생할 것이다. 그대가 굳이 그것을 바라지 않아도, 상황은 그대의 충심을 시험할 기회를 그대에게 내주고야 말 것이다.

자기에게 떨어질 떡고물로 한몫 단단히 챙길 요량으로 누군가에게 재물이 쏟아지기를 기도하는 사람이 있다고 치자. 그는 다른 누군가를 위해 기도하는 것처럼 보이겠지만, 그럼에도 사실상 그는 자기 자신을 보살

피고 있을 따름이다. 그와 마찬가지로 친구에게 어떤 필요가 생기기를 기도하는 사람이 있다면, 그는 도움과 충심으로 그 친구를 구원하겠지만, 자기 친구의 이익보다 자기 자신의 이익을 앞세우는 것이다. 이는 전혀 감사할 줄 모르는 사람이 하는 짓이다. 그는 자기 스스로가 감사할 줄 아는 사람으로 인정받기만 한다면 친구의 불행조차 대가로 치를 만하다고 생각한다. 그러나 바로 이런 이유 때문에 그는 감사의 마음이라고는 없는 사람임이 입증된다. 그는 짊어지고 있는 짐으로부터 자기 스스로를 구제하고, 그 막중한 무게에서 자유로워지려고 기도를 올리는 것이기 때문이다.

그대가 은혜를 갚으려 서두르는 것이 은혜의 대가를 치르려 함인지, 아니면 빚을 지지 않기 위해서인지, 이 둘 사이에는 큰 차이가 있다. 대가를 치르려는 사람은 베풀어준 이의 사정에 맞추려고 하고, 자기에게 적당한 기회가 오기를 빌며 기다린다. 부담에서 풀려나기만을 바라는 사람은 어떤 수단을 통해서든 그 목표를 이루려고만 욕심을 부리니, 이는 나쁜 의도를 가졌다는 징표이다.

누군가가 반대하며 말한다. "그렇게 많이 조급해하는 것, 그것이 감사의 마음이 없다는 징표인가?" 내가 앞서 말한 바를 되풀이하는 것보다 이 요점을 더 잘 표현할 수는 없을 것이다. 그대는 받은 은혜를 돌려주기 바라는 것이 아니라 그저 회피하려는 것이다. 그대는 이렇게 말할 것이다. "언제 내 빚을 청산할 수 있을까? 그 의무 상태에서 풀려나려면 나는 만방으로 분투해야만 한다." 만일 그대가 그의 주머니를 털어 그에게 갚고자 기도한다면, 감사의 마음으로부터는 한참 멀리 떨어진 것처럼 보일 것이다. 더욱이 그대가 바라는 바는 불공정하기까지 하다. 그대는 그에게 재앙을 부르고 있고, 이는 그대에게 성스러운 존재여야 할 사람의 머리 위에 저주를 퍼붓는 일이니 말이다.

만일 그대가 가난이나 투옥이나 굶주림이나 공포 같은 것을 공개적으로 그에게 불러들였다면, 누구라도 그대의 사악한 의도를 명백하게 알아차렸을 것이다. 그렇지만 그대가 기도를 하며 그것을 말하는 것과 내용적으로 뜻하는 것 사이에 대체 무슨 차이가 있단 말인가? 그대는 결국 이런저런 불행들 중 한 가지가 이루어지기를 기도한 것이다. 그러나 지금 당장은 그것이 증오로까지는 발전하지 않고 그저 은혜에 대한 평판을 얻으려는 데 그쳤다는 점을 고려하겠다. 그러니 감사를 모르는 자나 할 법한 일마저도 감사의 마음을 지닌 이의 행실일 것으로 간주하고 일단 넘어가 보기로 하자.

만일 아이네이아스가 포로로 붙들린 아버지를 구해내기 위해 모국 땅을 적의 손에 넘기려 했다면 누가 그를 "충직"하다 하겠는가? 만일 시실리아의 청년들이 타오르는 화염 한복판에 고립된 부모들을 구출해내 충직함을 입증하기 위해 연기를 뿜으며 내연하는 에트나 화산이 거대한 불꽃들을 억수같이 토해내도록 기도했다면, 누가 이 젊은이들을 좋은 모범이라고 꼽겠는가?

만일 스키피오가 포에니 전쟁을 끝내기 위해서 전쟁에 불을 지폈다면, 로마는 그에게 아무런 빚진 바가 없다.[13] 만일 데키우스 부자가 어떤 절박한 필요로 인해 대단히 용맹한 헌신의 때가 오기를 진작부터 기도하고 있

---

**13** 추정컨대 이는 2차 포에니 전쟁에서 한니발에게 승리한 푸블리우스 코르넬리우스 스키피오 아프리카누스를 말하는 것이다.

었다면, 그들이 죽음으로 조국을 구한 일에 대해서도 역시 아무런 빚이 없다.[14] 일거리를 억지로 만드는 관행은 의사들에게 실은 대단히 불명예스러운 일이다. 질병을 치료하여 커다란 명성을 얻으려던 것이 오히려 질병을 키우고 악화시키고 만다. 많은 의사들이 결국 질병을 쫓아내는 데 실패하고 불쌍한 환자들의 고통만 가중시킬 뿐이다.

이런 이야기가 있다. 방종에 이를 정도로 자유롭던 도시에 소요 사태가 일어나자 시민들을 추방하기 시작했다. 칼리스트라투스[15]는 함께 유배를 당한 많은 이들과 함께 막 길을 떠나려는 참이었다(적어도 헤카톤이 적은 바에 따르면 이렇다). 이때 사람들은 부디 아테네인들이 어떤 필요에 의해서든 유배객들을 다시 불러들이게 해달라고 빌었다. 그러나 칼리스트라투스는 그러한 상황으로 인해 돌아오는 일이 없도록 해달라고 빌었다고 한다.

우리의 루틸리우스[16]는 좀 더 대단한 영혼을 가지고 있었다. 누군가가 위로하며 말하기를, 곧 내란이 닥칠 것이라고, 그러면 머지않아 유배객들이 돌아갈 수 있을 것이라고 하자, 그는 이렇게 답했다. "추방보다 좋을 것이 없는 나의 귀환을 그대가 소망한다니, 내가 얼마나 큰 잘못을 저지르는 것인가? 온 나라가 울상을 짓는 일로 내가 돌아가기보다는, 차라리 내

---

**14** 아버지 데키우스 무스는 기원전 340년의 라틴 전쟁에서, 아들 데키우스 무스는 295년의 삼니움 전쟁에서 로마의 승전의 대가로 적들과 자기 자신을 신에게 제물로 바칠 것을 맹세했고, 전투 한복판에서 죽음으로 내달았다.

**15** 아테네의 연설가이자 정치가였던 칼리스트라투스는 기원전 361년에 유배에 올랐다.

**16** 스토아학파의 옹호자였던 푸블리우스 루틸리우스 루푸스는 정직한 인물로 널리 알려져 있었음에도 불구하고, 무분별한 세금 징수를 제한했던 아시아 총독 무키우스 스카이볼라에게 사절로 파견된 후, 기원전 92년 판사에 의해 추방형에 처해졌다.

가 유배 중에 있으면서 모두가 만면에 홍조를 띠는 편이 낫다!" 이 유배객을 보고 모두가 부끄러워해야 할 정도니, 그가 당한 것은 더는 유배도 아니다.

이 인물들은 모두 공공의 재난을 대가로 자기 집안을 복구하려고 하지는 않음으로써 선량한 시민의 의무를 지켜냈다. 모두를 구렁텅이에 빠뜨릴 공공의 재앙보다는, 자신들만이 불공정한 재앙으로 고통을 받는 편이 낫다고 보았던 것이다. 이와 마찬가지로, 이들은 은혜를 빚진 사람들이 그것을 베풀었던 자신에게 굳이 감사하는 마음을 가져야 한다고 주장하지도 않는다. 은혜를 갚기 위해 그들의 힘으로 걷어낼 수 있는 고난이 닥치기를 바라게 되고, 이때 그의 의도가 선하더라도 그의 기도는 악한 것일 수 있기 때문이다. 그대가 불을 내고 그대가 끄는 것이라면, 거기에는 영예는 물론 어떤 변명도 있을 수 없다.

몇몇 나라에서는 불경한 기도를 범죄로 간주해왔다. 아테네에서는 장례용품업자가 커다란 이익을 바라며 기도했음이 알려지자, 데마데스[17]는 그 업자에 대해 유죄 판결을 받아낼 수 있었다. 그 이익은 많은 이가 죽어야만 얻어지는 것이기 때문이다. 그러나 그가 받은 유죄 판결이 정당했는지에 대해서는 종종 논란이 일었다. 그는 많이 팔리도록 기도한 것이 아니라 많은 이윤이 남도록 기도했을 수도 있다. 즉, 그가 팔 물건을 보다 싸게 들여올 수 있게 해달라고 기도했을지도 모른다는 것이다.

그의 사업이 사기도 하고 팔기도 하는 것이라고 했을 때, 이윤은 양쪽

---

**17** 기원전 4세기 아테네의 중요한 정치가이자 웅변가이다.

에서 나오는 것인데 왜 한쪽의 활동과 관련해서만 기도한 것이라고 생각해야 할까? 게다가 우리는 그 사업에 관련된 모든 사람들에게 유죄 판결을 내릴 수 있을 것이다. 모두가 같은 일을 바랐을 테니까. 즉, 마음속으로 같은 기도를 했을 테니 말이다. 그대는 아주 많은 인간 집단들에게 유죄 판결을 내려야 할 것이다. 다른 누군가의 손해를 대가로 자기 이익을 챙기는 사람이 얼마나 많은가?

병사가 영광을 위해 기도한다면 그는 전쟁을 비는 셈이다. 곡물 가격이 오르면 농부들은 즐거워한다. 많은 송사訟事들은 유창한 언변의 가치를 부풀리고, 사람들의 건강이 나빠진 해에는 의사들의 벌이가 좋아진다. 젊은이들이 타락하면 사치품을 파는 장사치들이 한몫 잡고, 폭풍이나 화재로 집이 망가지지 않으면 건설업은 몰락한다. 한 남자의 기도가 폭로되었지만, 사실 다른 모든 이들도 속으로 비슷한 기도를 하고 있었을 것이다.

아룬티우스와 하테리우스, 또 그들처럼 유산을 노리던 모든 구혼자들이 그 장의업자와 수하들과 같은 기도를 하고 있었다는 점을 그대는 깨닫지 못했는가? 게다가 장의업자 무리는 그들의 기도가 누구의 죽음으로 이어질지 알지 못했던 반면, 아룬티우스 무리는 그들의 우정에 가장 큰 기대를 걸고 있던, 가장 가까운 관계에 있는 사람이 죽기를 바랐다. 장의업자는 그 누가 살아남아도 손해를 보았다며 괴로워할 일은 없지만, 아룬티우스 무리는 상대가 죽음을 모면할수록 피가 마르는 초조함을 느꼈을 것이다. 그들의 기도는 수치스러운 소망을 이루려는 것일 뿐만 아니라 공물의 부담을 벗어던지려는 일이기도 했다.

그게 누가 되었든 이 사람들에게 죽어서 이득이 될 만한 인물이란, 결국 살아 있어서는 해가 되는 존재일 수밖에 없었다. 따라서 이 사람들이 유죄 판결을 받았던 그 장의업자보다 더 극렬하게 기도했다는 점은 의심의 여지가 없다. 그렇지만 모두가 잘 알고 있듯이 이런 종류의 기도를 한다고 해서 모든 사람들이 처벌받지는 않는다. 그러니 마지막으로 모든 이들이 꼼꼼히 자기 자신을 돌아보고 심장 속 후미진 곳으로 물러앉아서 자신이 침묵 속에 어떤 기도를 올려왔는지 성찰해야만 할 것이다. 심지어 자기 자신조차 용납할 수 없을 부끄러운 기도들이 얼마나 많은지! 증언대에 내놓을 수 있을 만한 그런 기도는 얼마나 적은지!

## 베푸는 일도, 돌려주는 일도 모두 위대한 정신의 표현이다

그러나 개탄해야 할 모든 일들이 유죄 판결을 받아야 하는 것은 아니다. 가령, 우리가 지금 다루려는 사람, 자신이 갖고 있던 선의를 잘못 사용해서 피하려 애쓰던 바로 그 사악함에 빠지고 만 한 친구의 예를 들어보자. 그는 자신이 감사하고 있다는 것을 보여주려 애썼지만, 그는 감사할 줄 모르는 사람이었기 때문이다.

그는 이렇게 얘기한다. "그가 내 손아귀에 떨어지기를, 내 영향을 갈망하기를, 그가 나 없이 안전하거나 영예롭거나 안정을 찾는 일이 없기를. 그가 초라해지고, 내가 무엇으로 보은하든 그것을 은혜로 여기기를." 그의 바람은 신들에게 이렇게 들릴 것이다. "오직 나만이 막아낼 수 있도록 그의 식구들이 꾸민 음모가 그를 위험에 빠트리기를. 막강하면서 무시무시한 적들과 무기를 든 적대적인 군중이 그를 위협하기를. 채권자들이 호되게 그를 닦달하거나 누가 재판이라도 걸어서 그를 괴롭히기를."

이런 마음을 가진 자가 과연 공정한 사람인가! 상대가 그에게 은혜를 베풀지 않았더라면, 그는 이 중 어떤 기도도 하지 않았을 것이다. 이는 아주 선한 것을 아주 악한 것으로 갚는 심각한 잘못을 저지르는 것이며, 언젠가 오기 마련인 적절한 때를 기다리지 않는 죄를 범하는 것이기도 하다. 그때에 뒤처지는 사람과 미리 선수를 치는 사람은 잘못의 정도에서 차이가 없다. 무언가 베푼다고 해서 그것이 언제나 꼭 받아들여지는 것은 아니듯, 모든 경우에서 되돌려주는 일 역시 그러하다.

내가 필요로 하지 않을 때 그대가 내게 은혜를 갚으려고 한다면, 그대는 감사할 줄 모르는 사람이다. 내게 그것을 필요로 하도록 강요한다면, 더욱더 감사할 줄 모르는 사람이다. 왜 내가 준 선물이 그대와 함께 좀 더 머물기를 바라지 않는 것인가? 의무 상태에 놓이는 것을 왜 그리도 못 견뎌하며 진저리 치는 것인가? 상환을 재촉하는 가혹한 고리대금업자를 만난 것도 아닌데 왜 그리도 부채 청산을 서두르는 것인가? 왜 내게 문제가 일어나도록 바라는가? 왜 신들이 나를 적대적으로 대하기를 바라는가? 이런 식으로 갚으려 드는 사람이 어찌 내게 베풀도록 강요할 때는 그와 같을 수 있었단 말인가?

그렇다면 리베랄리스, 우리는 무엇보다도 이 교훈을 되새겨야 할 것이다. 은혜에 빚진 채로 있는 일에 대해서 어떤 불안도 갖지 말 것, 은혜에 보답할 기회를 찾되 절대로 그것을 일부러 만들어내지는 말 것. 한시라도 빨리 의무에서 자유로워지려는 욕망이야말로 배은망덕이라는 점을 기억하도록 하자. 자기 의사와 달리 진 빚을 갚는 것은 누구에게도 행복한 일일 리 없고, 받은 은혜를 그대로 지니고 있기를 원치 않는다는 것은 그것을 선물이 아니라 부담으로 여긴다는 뜻이다.

친구의 호의를 마음속에 생생히 간직하는 것, 그 보답을 강제로 밀어붙이지 않고 그저 넌지시 제안하는 것, 그리고 스스로를 처량한 빚쟁이로 여기지 않는 것, 이런 것들이 얼마나 더 나은 일이며 또 은혜의 본성에도 어울리는 일인가! 베푼다는 것은 두 사람을 하나로 묶는 공통의 끈이자 고리이기 때문이다. 그러니 이렇게 말하라. "나는 그대가 베푼 것을 돌려주는 데 지체하지는 않을 것이다. 그것을 기쁘게 받아주기 바란다. 만일 우리 중 하나에게 어떤 필요가 생겨서 그대가 베풀었던 것을 어떤 운명의 장난으로 돌려받아야 한다면, 또는 내가 그대에게 또 다른 무언가를 받아야만 한다면, 그것을 주는 쪽은 그저 습관처럼 베푸는 사람이 되자. 나는 그럴 준비가 되어 있다.

때를 미룸은 투르누스를 위한 일이 아니리니.[18]

이야말로 때가 되었을 때 곧바로 내가 보일 태도이다. 그때까지는 신들이 나의 증인이 될 것이다."

나의 친애하는 리베랄리스여, 나는 때때로 그대를 지켜본다. 그리고 그대가 의무를 수행하는 데 늦어지는 일이 없도록, 그대가 느끼는 혼란스러운 두려움에 대해 말 그대로 손가락으로 짚어가며 말해두도록 하겠다. 근

---

**18** 베르길리우스, 『아이네이스』.

심 걱정은 감사하는 마음으로 바뀌지 않는다. 따라서, 모든 걱정은 진실한 사랑을 굳게 믿고 깨우침으로써 제거해야만 한다. "보답을 받는다."는 것은 "빚을 진다."는 것만큼이나 불명예스러운 일이다. 그러니 이 점을 은혜를 베푸는 일에서 첫째 법칙으로 삼기로 하자. 되돌려주는 시점을 정하는 것은 먼저 베풀었던 사람이다.

"그렇지만 사람들이 나에 대해 나쁘게 말할까 봐 두렵다." 양심 때문이 아니라 평판 때문에 남에게 감사하는 사람은 잘못을 저지르는 것이다. 이 경우 그대는 두 명의 판관을 맞게 될 것이다. 우선 베풀어준 이. 그대는 이 판관을 두려워해서는 안 된다. 그리고 그대 자신. 이 또한 그대가 결코 두려워할 것 없는 판관이다. "그렇다면 뭔가? 만일 기회가 주어지지 않으면 나는 영원히 빚을 지고 있어야 하는 것인가?" 그대는 빚을 지고 있을 것이다. 그러나 열린 채로 빚을 지고 있을 것이고, 자유롭게 빚을 지고 있을 것이며, 그렇게 빚을 간직하는 가운데 그대에게 주어진 것을 크나큰 기쁨으로 여길 것이다. 아직 은혜를 갚지 않은 일로 초조해하는 사람은 은혜를 입은 사실을 후회하는 사람이다. 왜 그를 그대에게 은혜를 베풀 만한 사람이라고는 생각하면서, 아주 오랫동안 베푼 이로 남아 있을 만한 사람이라고는 생각하지 않는가?

베푸는 일을 가능하게 하는 것이 거대한 정신이 아니라 거대한 재물일 때, 그 재물로 많은 사람들의 주머니와 집들을 채우는 일이야말로 거대한 정신의 일부라고 믿는 사람은 심각한 오류에 빠지게 마련이다. 그들은 선물을 퍼붓는 일보다 그것을 받는 일이 얼마나 더 위대하고 또 더 어려운 일인지 모르고 있다. 미덕으로 행하는 것인 한, 그중 한쪽이 다른 쪽보다

가치가 떨어지는 일이 아니며 양쪽 모두에 동등한 가치가 있다. 은혜를 입는 일은 주는 일에 비해 약소한 정신의 표지가 결코 아니다. 우리가 받은 것들을 지키는 일은 우리가 줄 것들을 지키는 일보다 더 많은 부지런함을 필요로 한다. 그러므로 실은 받는 일이 주는 일에 비해 더 어려운 일이다.

그러니 우리는 빨리 대가를 치르려고 걱정할 필요가 없고, 부적절한 때에 그 일을 하려고 달려들 필요도 없다. 알맞은 때에 미처 호의를 갚을 준비가 안 된 사람과 안 맞는 때에 그 일을 서두르는 사람은 똑같이 잘못을 저지르는 것이기 때문이다. 그는 내게 그것을 맡겨둔 것이다. 나는 그의 장부도, 나 자신의 장부도 두려워할 것이 없다. 그는 아주 평안한 상태이다. 단지 앞으로 내가 하기에 따라 자신이 베푼 호의를 잃어버리게 될지도 모를 뿐이다. 실은 내가 앞으로 하기에 달린 문제도 아니다. 그가 베풀었을 때 나는 감사를 표시했고, 그러니 나는 이미 호의를 되돌려준 것이기 때문이다.

은혜를 갚는 일에 대해 너무 많은 것을 생각하는 사람은 상대 역시 보상을 받는 일에 대해 아주 많은 생각을 할 것이라 믿는다. 양쪽 모두 좀 더 편해져도 좋다. 만일 그가 베푼 것들을 돌려받기 원한다면 기꺼이 돌려주고 그 값을 지불하면 된다. 간직하고 있는 쪽을 그가 선호한다면 그가 묻어둔 보물을 우리가 굳이 파내야 할 까닭이 있을까? 어째서 가만히 간직하고 있기를 거부하는 것인가? 그는 자신의 방식을 용인받을 만한 가치가 있는 사람이다. 평판과 명예란 우리의 행위를 이끄는 동력이 아니라 거기에 따라오는 결과라고 여기도록 하자.

# 은혜의 명예

**20**

힘을 내라, 나의 친애하는 리베랄리스여.

> 대지가 눈앞에 있다. 긴 전주(前奏) 뒤에 이어지는 굽이굽이 흐르는 긴 노래로
> 그대를 붙들고 있지는 않으리.[1]

이 권에서는 남은 이야기들을 그러모으기로 한다. 이제 모든 이야깃거리
를 다루었으므로, 내가 말해야 했던 것들이 아니라 내가 말하지 않은 채
지나친 것들을 찾아 좀 둘러보려는 것이다. 이 권에 다소 과잉된 점이 있
더라도 좋은 쪽으로 받아들여 주기 바란다. 모두 그대를 위한 일이기 때
문이다.

　나 자신의 이익을 위해서라면, 이 작업은 점차적으로 고양되는 형세를
갖추고, 이미 만족한 독자들조차 여전히 굶주려할 만한 내용들을 뒤에
배치해야 했을 것이다. 그렇게 하는 대신 나는 처음부터 가장 중요한 주제
들을 가지고 글을 써나갔다. 그리고 지금은 내가 놓쳤을 어떤 것들을 모
아 담아보려 한다. 혹시 그대가 요청한다 하더라도 일단 이미 그 특징에

---

1　베르길리우스, 「농경시」.

따른 교훈들을 다룬 주제들은 더는 다루지 않기로 한다. 마음의 치유가 아니라 지성의 단련을 목적으로 그것들을 이 이상 추적하는 일은 우리의 이야기에 크게 기여하는 바가 없을 것이다.

## 자기 자신을 두려워하라

냉소적인 디미트리오스는 핵심을 잘 짚는다. 내 판단으로는, 가장 위대한 사람들과 비교해도 그는 위대한 인물임에 틀림없다. 그는 많이 배웠지만 그것들을 손쉽게 다루지 못하는 것보다는, 몇 가지 철학적 지식이라도 언제든 바로 써먹을 수 있는 편이 더 쓸모가 있다고 말했다. 이 또한 역시 핵심을 짚었다. 그는 다음과 같이 말한다.

"위대한 레슬링 선수는, 상대와 맞설 때 별 필요도 없는 온갖 동작과 버티기 기술에 통달한 사람이 아니다. 위대한 레슬링 선수란 오히려 한두 가지 동작을 제대로 그리고 완벽하게 익혀놓고, 그것을 사용할 기회를 조심스레 노리는 사람이다. (승리를 얻어내기에 충분한 만큼만 알고 있으면 되지, 얼마나 많은 기술을 아는지는 중요하지 않다.) 이와 유사하게, 철학적 연구에도 눈을 즐겁게 해줄 만한 다양한 방법들이 있지만, 그중 실제 성공하는 것은 얼마 되지 않는다.

그대가 조수 간만 현상의 원인을 모른다고 하더라도, 왜 7년에 한 번씩 인생은 새로운 단계로 접어드는지, 왜 줄지어 선 회랑의 돌기둥들은 멀리서 보았을 때 같은 간격을 두고 서 있는 것처럼 보이지 않으며 끝으로 갈수록 점점 좁아져서 마침내 기둥들 사이의 간격이 사라지는지, 어떻게 쌍둥이는 별도로 수정이 되어서 동시에 태어나는지(한 번의 교접이 두 개의 배아를 만드는 것인지 아니면 각각에 대해서 별도의 수정 행위가 있는 것인지.), 왜 같은 환경에서 태어난 사람들의 운명이 달라지고 태생이 극도로 비슷함에도 전혀 다른 결과에 이르게 되는지, 이 모든 것들을 모른다 해도, 그런 주제들을 무시하고 넘겨버린다고 해서 그대는 어떤 해도 입지 않을 것이다. 그것들은 알 수 없고, 또 알 필요도 없다. 진리는 저 깊은 곳에 숨겨진 채로 감춰져 있다.

그리고 이를 두고 자연이 우리에게 적대적이라며 불평할 수도 없다. 발견하기 어려운 이 모든 것들은, 그야말로 그것을 발견해낸다는 바로 그 점외에는 그 발견으로부터 아무런 이득도 얻을 수 없기 때문이다. 우리를 더 낫게 또는 행복하게 해줄 모든 것들은, 이미 만천하에 드러나 있거나 아니면 조만간에 드러날 것이다.

만일 우리의 마음이 우발적인 사건들을 하찮은 것으로 무시할 수 있게 된다면, 만일 이런 마음이 두려워하는 마음보다 커져서 무한한 것들에 대한 탐욕과 더는 씨름하지 않고, 그 대신 마음 자체에서 풍요를 추구하는 법을 배우게 된다면, 만일 그 마음이 신들과 사람들에 대한 두려움을 지워 없애고, 우리가 사람들을 두려워할 이유가 거의 없으며 신들을 두려워할 필요도 전혀 없다는 점을 알게 된다면, 만일 우리의 삶을 풍요롭게 하느라 그 삶에 고통을 가져오는 모든 일들을 무시하게 된다면, 그래서 죽음이 나쁜 일들의 기원이 아니라 오히려 많은 나쁜 일들에 종지부를 찍는 일이라고 생각하는 경지까지 이른다면, 만일 그가[2] 자신의 마음을

---

**2** 세네카는 주어가 마음이 아니라 사람 자체로 바뀌었다는 점에는 신경을 쓰지 않는다. 스토아학파가 흔히 사람과 그들의 이성적인 마음을 동일시한다는 점을 생각해보면 충분히 자연스러운 일이기도 하다.

선善에 바치고, 그래서 선의 가르침에 따라 나아가는 길이야말로 매끄럽고 평탄한 길이라고 여긴다면, 만일 이 세계를 모두를 위한 공동의 집으로 간주하면서(우리는 본성적으로 사회적 동물이며 또 공동선共同善을 위해 태어났기에) 자기 내면의 생각들을 신들에게 열어둔다면, 그래서 마치 항상 공공의 감시를 받고 있는 것처럼 여기면서 남들보다는 자기 스스로를 더 두려워하며 살아간다면, 이렇게 된다면 그때 이 사람은 폭풍을 벗어난 맑은 하늘 아래 대지에 굳건히 발을 딛고 서 있을 것이며, 모든 필요하고도 유용한 지식의 정점에 도달해 있을 것이다. 그에게는 세상의 모든 일이 여가를 즐기는 놀이에 불과할 것이다. 한번 마음이 안전한 곳으로 물러나 앉으면, 그때는 자신의 지성에 강력함보다는 세련됨을 가져다주는 공부에도 의지할 수 있게 된다."

내 친구 디미트리오스는 이 교훈이 어딘가로 달아나는 일이 없도록 선각자들[3]에게 그것을 좌우명으로 꼭 붙들고 있으라고 충고했다. 실은, 심지어 단단히 붙들어 매다 못해 몸의 한 부분처럼 만들어서, 매일 이를 실천함으로써 건전한 생각들이 절로 쏟아져 나올 만큼, 우리 욕망의 목표가 이에 따라 즉각 형성될 수 있을 만큼, 무엇이 부끄럽고 무엇이 명예로운지 그 차이를 바로 분간해내는 수준까지 이르러야 한다고 했다.

## 명예야말로 최상이다

사람은 수치가 최악의 일이며, 명예야말로 최상의 것이라는 사실을 알아

---

**3**  스토아학파의 이론에서, 미덕을 향하는 길로 나아가고 있는 사람이다.

야 한다. 또 이 기준에 따라 일상의 행위를 채워나가야 한다. 이 법칙을 참조하여 모든 일을 행하고 판단해야 하며, 스스로의 탐욕과 사치에 자신을 내던진 사람이나 마음이 게으른 타성 속에 침체되어 있는 사람은 아무리 빛나는 보물을 가지고 있더라도 결국 모든 생명체들 중에서 가장 비참한 존재임을 알아야 한다. 그는 자기 자신에게 말해야만 한다. "기쁨은 깨지기 쉬운 것이다. 오래가지 않고 싫증 나기 마련이다. 그것은 열정적으로 소비할수록 더 빨리 반대의 것으로 바뀌어버려, 곧바로 후회나 수치의 대상이 되고 만다. 기쁨에는 어떠한 위대한 면도 없고, 신들 다음에 자리한 인간 본성에 아무런 은혜도 비추지 못한다. 이런 기쁨은 우리 신체의 부끄럽거나 무가치한 것들에 눈을 돌리게 하며, 종국에는 구역질 나는 일만 남게 된다. 인간의 존재적인 면에서나 실재적인 면에서나 가치가 있는 기쁨이란, 육체를 가득 채우는 일도 아니고 거기에 뭔가를 쑤셔 넣는 일도 아니며, 그 욕망을 자극하는 일도 아니다. 그것은 홀로 조용히 남겨졌을 때 가장 안전한 것, 바로 어떤 방해도 받지 않는 자유이다. 즉, 신념은 신들의 이야기인 신화에 근거를 두면서 그 판단은 우리 자신의 악의를 기준으로 삼고, 인간 야욕을 건 투쟁으로부터 야기되는 곤경들과 저 높은 곳에서부터 밀어닥치는 견디기 어려운 혼란들, 이 양자로부터 동시에 자유로워지려는 것이다."

질리는 일이라고는 없을 이 균형 잡히고 지속적인 기쁨은, 우리가 방금 그려낸 것과 같은 사람, 신성하면서 인간적인 법의 전문가가 느끼는 것이다. 그는 현재를 누리고 미래에 기대지 않는 사람이다. 불확실한 것들에 의지하는 사람들 치고 굳건한 기반이 있는 이는 없다. 마음을 괴롭히는 큰 근심들로부터 자유로워짐으로써, 그는 아무것도 바라지 않고 어떤 것도 욕망하지 않는다. 믿을 수 없는 것들에 몸을 맡기지 않음으로써 자기 자신에 만족하는 것이다.

그렇게 하면서 그가 작은 일에 만족할 것으로 생각해서는 안 된다. 모든 것은 그에게 속해 있지만, 이는 모든 것이 알렉산드로스에게 속해 있다고 말하는 것과는 다른 의미에서 그러하다. 알렉산드로스는 인도양 기슭에 서 있지만, 경계를 넘어섰다기보다 경계 자체가 그에게는 존재하지 않았다는 것이 더 적절하다. 심지어 그가 지배했고 정복했던 것들조차 그에게 속해 있지 않았다. 개척자로서 먼저 파견된 오네시크리투스[4]가 바다를 돌아다니며 미답의 바다에서 전쟁 상대를 찾고 있을 때 그가 피폐해졌던 것은 분명하지 않은가? 탐욕에 눈이 멀어 가본 일도 없고 밑바닥도 없는 심연에 머리를 처박음으로써, 그는 자신의 군사들을 자연이 허락한 한계 너머로 끌고 가버렸다. 그가 얼마나 많은 왕국들을 약탈했든, 얼마나 많은 곳을 그저 지나쳤든, 또 공물을 강요하며 압제한 땅이 얼마만큼이든, 그게 무슨 차이가 있겠는가? 그는 갖고 있지 못한 것이라면 무엇이든 갖고자 했다.

이런 악행은 디오니소스와 헤라클레스가 밟았던 길을 따라 자기의 배짱과 행운의 힘을 타고 밀려갔던 알렉산드로스에게만 국한되지 않는다. 그것은 자신의 욕망을 채워나감으로써 더욱 많은 행운을 누리게 되었던 모든 이들에게도 해당한다. 키루스와 캄비세스 그리고 페르시아의 왕계

---

4　오네시크리투스는 알렉산드로스의 수석 조타수였다. 기원전 325년에서 324년까지 페르시아 만 항해에서 알렉산드로스를 위해 일했다.

를 이어온 모든 이들을 떠올려보라.[5] 그중 만족할 줄 알고, 제국을 더는 확장하지 않기로 한 이가 있었는가? 죽을 때까지 그 이상 나아가기 위한 계획들을 곱씹지 않았던 이가 있었는가? 이는 놀라운 일이 아니다. 그것이 무엇이든 욕망은 성취한 것들을 완전히 소모하고, 소모한 다음에는 저 멀리 후미진 곳에 치워놓는다. 바닥 모를 구덩이에 쏟아부은 것이 얼마 만큼인지는 아무 의미가 없다.

반면에 현자란 모든 것을 가지면서 그것을 어떤 어려움 없이 지켜내는 유일한 사람이다. 그는 바다를 건너 장군들을 보낼 필요가 없으며, 강 건너 적의 영역에 전초 기지를 세울 필요도 없고, 요새화한 수비 기지를 신중하게 지킬 필요도 없다. 기갑부대도, 분대들도 필요가 없다. 마치 불멸의 신들이 무기 없이도 자신의 영역을 지배하고, 자신이 가진 것을 고요한 정상에서 그저 내려다보기만 하면서도 안전하게 지켜내는 것과 마찬가지다. 그렇게 현자들 역시 아무리 광범위한 일이더라도 자신의 할 일을 문제없이 해내고, 가장 강하고 가장 훌륭한 부류일지라도 그들을 아래로 내려다보는 것이다.

원한다면 비웃기를. 그러나 이 세계를 동에서 서로 살피며 황무지를 사이에 두고 멀리 떨어진 땅도 꿰뚫어 보는 일, 관대한 자연이 빚어준 수많은 동물들과 거대한 축복들을 지켜보는 일, 그러고는 "이 모든 것이 내 것이로다!"라고 신과 같은 한마디를 발하는 일은, 위대한 영혼 없이는 가능

---

**5**  키루스(대제)와 그의 아들인 캄비세스는 기원전 6세기 중엽 페르시아의 왕으로, 메디아의 왕들에게 복속당했던 작은 왕국을 거대 제국으로 성장시켰다. 그 범위는 메디아, 리디아, 키프로스, 바빌로니아, 중앙아시아, 이집트까지 포괄했으며, 인상적인 법과 행정의 체계도 갖추고 있었다.

하지 않다. 이렇게 해서 현자는 아무것도 욕망하지 않게 된다. 모든 것 너머에는 아무것도 없기 때문이다.

# 은혜의 조건

21

## 공유하면서 개별적으로 소유할 수 있다

그대는 이렇게 말할 것이다. "그것이 내가 기다리던 말이다! 이제 그대는 꼼짝할 수 없다! 스스로 걸려든 그물에서 빠져나오기 위해 그대가 어떻게 몸부림칠지 보고 싶다. 내게 말하라. 모든 것이 현자에게 속한다면 어떻게 현자에게 선물을 줄 수 있는가? 누군가 그에게 주는 물건은 이미 그의 것일 테니 말이다. 그러니 현자는 은혜를 입을 수 없다. 그게 뭐든 그에게 주어지는 것은 그가 이미 소유하는 것들로부터 나오는 것이다. 그러나 그대들은 현자에게도 무언가를 줄 수 있다고 얘기한다. 내가 친구들과 관련해서도 같은 질문을 던지고 있다는 점에도 주의해주기 바란다. 그대 쪽 사람들[6]은 친구들이 모든 것을 공유한다고 말한다. 그러니 친구에게는 어떤 선물도 줄 수 없다. 그는 이미 상대와 공유하고 있는 것을 주는 셈이기 때문이다."

어떤 물건이 현자와 그것을 가진 사람, 다시 말해 그것을 이미 갖고 있는 사람과 그것을 분배받은 사람에게 동시에 속하지 못할 까닭은 없다. 민법 아래에서 모든 물건은 왕에게 속한다. 그럼에도 왕이 무제한적으로 소

---

**6**  여기에서 세네카의 가상의 논적인 대화 상대는 스토아학파를 지칭한다.

유하고 있는 모든 것들은 개별 소유자들에게 분배되어 있기도 하다. 모든 개별 사물들은 누군가 한 사람이 소유하고 있다. 그래서 우리는 왕에게 집이나 노예, 또는 약간의 돈을 줄 수 있고, 우리는 이를 두고 왕이 이미 가진 것을 그에게 준다고는 하지 않는다. 왕은 모든 것들에 대한 권한을 지니고 있지만, 개인들도 소유권을 가지고 있기 때문이다.

우리는 아테네인의 땅이나 캄파니아인의 땅이라고 말하지만, 이웃으로서 개별 주민들은 그들 사이에 각기 경계를 설정하여 각자의 땅을 나누어 가지고 있다. 그 전체 영역은 확실하게 공유재산에 속하지만, 그 안의 각 부분들은 특정한 소유자에게 속해 있다. 그리하여 우리는 그 땅들이 공유재산에 속해 있다고 말함에도 불구하고 그것을 공유재산에 증여할 수 있는 것이다. 그것들이 서로 다른 의미에서 공유재산과 나에게 속해 있기 때문이다.

한 노예가 그가 지닌 돈과 함께 그의 소유주에게 속해 있다는 점은 이론의 여지가 없다. 그러나 그는 주인에게 선물을 한다. 주인이 원하지 않는 한 노예는 아무것도 소유할 수 없다고 해도, 그 때문에 노예가 아무것도 소유하지 않는 것은 아니다. 그리고 그 노예가 기꺼이 무언가를 주었을 때(설령 그는 주기 싫었더라도 주인은 뺏어 갈 수 있었겠지만) 그것이 선물이 되지 못하는 것은 아니다.

어떻게 하면 이 모든 사례들을 증명할 수 있을까? 이 지점에서 우리 둘이 함께 동의하는 것은 모든 것이 현자에게 속해 있다는 점이다. 그렇다면 모든 것을 가진 현자를 상대로 우리는 어떻게 관대함을 보일 수 있는가? 이 질문에 답을 하려면, 우리 둘이 동의한 내용을 활용해야만 한다.

아이들이 가지고 있는 물건은 모두 그 아버지에게 속한다. 그렇지만 작은 아이조차 자기 아버지에게 선물을 할 수 있다는 점은 누구나가 알고 있다. 모든 사물은 신들에게 속한다. 그렇지만 우리는 그들의 제단에 선물들을 올리며 우리가 가진 동전들을 바친다. 나의 것인 것들이 그대의 것이기도 하다는 단지 그 이유로 나의 것들이 내 것이기를 멈추지는 않는다. 같은 물건이 나의 것이면서 또한 그대의 것일 수도 있기 때문이다.

여기에 대해 이런 반론을 제기할 수 있다. "매춘부들은 포주에게 속해 있다. 그렇지만 모든 것은 현자에게 속한다. 매춘부들도 그 '모든 것'에 포함된다. 그러니 매춘부들은 현자에게 속한다. 그렇지만 매춘부들이 속하는 것은 포주이다. 그러므로 현자는 포주이다."

이런 논리로 그들은 현자가 아무것도 사지 못한다고 말한다. 그들은 이렇게 말한다. "아무도 자기 자신의 소유물을 사지는 않는다. 그렇지만 모든 것은 현자에게 속한다. 그러므로 현자는 아무것도 사지 않는다." 이런 식으로 그들은 현자가 대출을 받을 수 없다고 한다. 자기 자신의 돈에 그 누구도 이자를 지불하지는 않기 때문이다. 그들은 이런 식으로 궤변론자다운 불평들을 끝도 없이 늘어놓는다. 우리가 무슨 말을 하고 있는지 완벽하게 이해하고 있음에도 불구하고 말이다.

사실상 내 주장은 각 개인들이 저마다의 물건에 대한 소유권을 지닌다는 점에 구애받지 않고 모든 사물이 현자에게 속한다고 보는 것이다. 이는 마치 이상적인 왕국에서 개인들이 소유권에 의거하여 물건들을 소유함에도, 왕은 그의 지배권에 의거하여 모든 것을 소유하는 것과 마찬가지이다. 이 점에 대해서는 언젠가 증명할 것이다. 그러나 우리 앞에 놓인 질문에 대해서는 이것으로 충분하다. 나는 현자에게, 어떤 의미에서는 현자에게 속하고 다른 의미에서는 내게 속하는, 그것을 줄 수 있다.

그리하여 모든 것을 가지고 있는 사람에게 무언가를 줄 수 있다는 것은 놀라운 일이 아니다. 내가 그대에게 집을 빌렸다. 그 집에는 그대의 것들과 나의 것들이 있다. 그 물건들 자체는 그대에게 속하지만, 그대의 소유인 그 물건의 쓰임새는 나에게 속한다. 그러므로 그대 소유의 농토에서 생산되었을지라도, 소작농이 허락하지 않는 한 그대는 그 수확물에 직접 손을 댈 수 없다. 심지어 곡물가가 너무 비싼데 기근이 닥쳤다면, 그대 소유의 땅에서 생산되어, 그대 소유의 땅 위에 있고, 그대 소유의 곳간에 저장될 것들이라고 하더라도, "맙소사, 저렇게 아무 쓸모도 없이 더미로 쌓였는데, 모두 남의 것이다."[7]

그리고 그대의 소유일지라도, 그대는 내가 빌려 사는 집에 함부로 발을 들이지 못할 것이다. 내가 그대 소유의 노예를 고용더라도, 그대 마음대로 그 노예를 데려가지 못할 것이다. 내가 그대에게서 마차를 임대했는데, 내가 그대를 그 마차에 타도록 허락한다면 그대는 내게 은혜를 입는 것이다. 그러니 사람이 자기에게 속하는 것을 받을 때도 그것이 선물을 받는 것일 수 있다는 점을 그대도 이해했을 것이다.

내가 제시한 모든 경우에서 같은 물건에 둘씩 소유자가 있었다. 어떻게 그럴 수가 있을까? 둘 중 한 사람은 그 물건을 소유하고, 다른 한 사람은 그 물건의 쓰임새를 소유하는 것이다. 우리는 어떤 책들이 키케로의 것이

---

**7** 베르길리우스, 「농경시」.

라고 말한다. 서적상인 도루스는 그 책들이 자신의 것이라고 말하는데, 두 말 모두 옳다. 한쪽은 그가 그 책들을 썼다는 견지에서 주장하는 것이고, 다른 쪽은 자기가 그것들을 샀다는 견지에서 말하는 것이다. 그러므로 그 책들이 양쪽에 다 속한다는 말은 옳다. 그것들은 서로 다른 방식으로, 양쪽 모두에게 속하기 때문이다. 리비우스가 도루스에게서 자신의 책을 선물로 받거나, 심지어 사기도 하는 것은 바로 이런 식으로 해서이다.

모든 물건들이 현자에게 속한다고 하더라도 개별적으로는 나의 소유인 것을 나는 현자에게 줄 수 있다. 왕이 그러하듯 자신이 모든 사물을 소유한다는 점을 현자는 알고 있기에, 개인들이 개별 사물의 소유권을 가지고 있는 가운데 현자도 선물을 받을 수 있고 신세를 지고 사고 빌릴 수 있는 것이다.

카이사르는 모든 것을 소유했다. 그러나 그의 보물은 오직 그 자신의 사적 재산들만을 말한다. 그리고 모든 것들이 그의 권력 아래 있지만, 오로지 그의 사적 재산만이 그 자신의 부에 속해 있다. 무엇이 그에게 속해 있고 무엇이 그의 권력을 침해하지 않고 그에게 속해 있지 않은지 의문이 제기될 수 있다. 어떤 다른 사람에 속해 있다고 판단되는 것이 여전히 다른 의미에서는 카이사르에게 속해 있기 때문이다. 이런 식으로 현자는 정신적으로는 모든 것들을 소유하지만, 법적 소유권이라는 의미에서는 자신의 재산만을 소유한다.


## 모두에게 속한 것을 혼자 가지려는 자는 불경하다

비온[8]은 처음에는 모두가 불경하다는 점을, 이어서는 그 누구도 불경하지 않다는 점을 추론해내기 위해 다음과 같은 논의를 전개한다. 그는 모든 이들을 타르페이아의 바위[9]에서 던져버리고자 이렇게 말한다. "신들에게 속한 것들을 가지고, 이용하고, 자신의 용도에 맞게 두는 자는 누구나 불경하다. 그렇지만 모든 것들이 신들에게 속한다. 따라서 각자가 가진 것은 모든 것들이 속해 있는 신들에게서 가져오는 것이다. 따라서 그게 무엇이 되었든 무언가를 가지는 사람은 누구나 불경하다."

그러고 나서, 우리로 하여금 처벌에 신경 쓰지 말고 카피톨 신전[10]에 침입해 약탈하라고 부추기면서, 이로 인해 불경죄로 다스려질 사람은 아무도 없다고 말한다. 왜냐하면 무엇을 가져갔든 그것은 신들에게 속한 한 장소에서 신들에게 속한 다른 장소로 옮겨졌을 뿐이기 때문이다.

이에 대한 답변은 다음과 같다. 모든 사물은 신들에게 속해 있다. 그렇지만 모든 사물이 신들에게 봉헌된 것은 아니다. 종교 의식을 통해 신성 영역에 할애된 것들인 경우에만 우리는 불경함을 언급한다. 그리하여 그 규모나 위대함으로 보아 세계 전체가 불멸하는 신들의 신전이지만, 그럼에도 그 안에는 성스러운 영역과 속된 영역이 구분된다. 성지聖地로 구획된 작은 한구석에서는, 열린 하늘에 가득한 별들을 바라보며 그 아래서 할 수 있는 일 모두를 할 수는 없다. 신들은 그 신성성으로 인해 어떤 공격에도 위협받지 않는 존재이므로, 불경한 사람이라고 해도 위해를 끼칠 수

---

8  기원전 3세기, 흑해의 도시 보리스테네스에서 활약한 회의론 철학자이다.

9  로마 광장을 내려다보는 카피톨리누스 언덕의 남쪽 정상 가까이에 있는 가파른 절벽이다. 공화정 기간 타르페이아의 바위는 살인과 반역, 신성모독 등으로 유죄 판결을 받은 자들을 처형하는 장소로 사용되었다.

10  카피톨리누스 언덕은 유피테르와 유노, 미네르바를 모시는 대신전이 있었던 곳이다.

있는 상대가 아니다. 그럼에도 마치 신에게 위해를 가할 듯이 행동했다는 점으로 인해 그 불경에 대해서는 벌이 내린다. 그의 불경스러운 생각으로 인해 그는 벌을 받는 것이다.

따라서 성스러운 물건을 훔치는 사람은, 무엇을 가져갔든 그가 훔친 것이 여전히 한 세계 안에 있음에도 불구하고 불경한 것으로 여겨진다. 같은 식으로 현자 역시 강도질을 당할 수 있다. 현자에게서 훔쳐 온 물건이 현자가 군림하는 전체 영역에 속하는 것들 중 하나이기 때문이 아니라, 현자가 법적으로 등록된 소유자이며 그것이 그에게 개인적으로 속하는 물건들 중 하나이기 때문이다.

현자는 전자의 의미에서 그의 소유권을 주장하는 것이지, 그렇게 할 수 있다 해도 후자의 의미에서 소유권을 원하지는 않을 것이다. 그는 어떤 로마 사령관[11]이 했던 유명한 발언을 자신의 입으로 말할 것이다. 그 사령관은 그가 보인 용기와 공화국에 기여한 것에 대한 보상으로 칙령에 의해 하루에 쟁기질한 만큼의 땅을 갖도록 허락받았다. 그때 그는 이렇게 말했다. "공화국에는 시민 한 사람의 몫 그 이상의 것을 원하는 어떤 시민도 필요하지 않습니다." 이 선물을 얻어냈다는 것보다 그것을 거절했다는 사실로 인해, 우리는 그를 더욱 위대한 사람으로 여긴다. 많은 사람들이 다른 사람의 경계를 침범해왔다. 그러나 자신의 영역에 넘을 수 없는 한계를 스스로 부과한 사람은 없었다.

---

**11** 검소함으로 널리 알려진 만리우스 쿠리우스 덴타투스를 말한다.

**현자는 모든 것을 소유했지만, 그래서 아무것도 소유하지 않았다**

만사를 제어하며 온 세계를 자유로이 활보하는 현자의 마음이 어떤 것인지 생각해볼 때, 우리는 모든 것이 그에게 속해 있다고 말하게 된다. 그러나 세속의 법적 기준을 고려할 때, 굳이 평가해야만 한다면 현자의 경제 상태는 인구 구성상 최하위 집단에 들어갈 것이다.[12] 정신의 위대함에 따라 가진 것을 평가할 것인가, 아니면 인구 조사표상의 등급에 따라 가진 것을 평가할 것인가, 이는 큰 차이를 낳는다.

　오히려 그는 그대들이 말하는 의미에서의 "모든 것을 가졌다."라는 관념을 거부할 것이다. 소크라테스와 크리시포스, 제논, 또 여러 위대한 사람들, 질시가 끼어들 자리도 없이 고대인들이 칭송했던, 그렇기에 실은 더욱더 위대한 인물이었던 사람들에 대해서는 더는 언급하지 않겠다. 나는 앞서 디미트리오스를 언급한 바 있다. 내 생각에는 그의 천성이 그를 우리 시대의 앞자리로 밀고 갔으며, 그래서 우리가 그에게 책잡힐 일이 없듯 그 역시 우리로부터 오명을 뒤집어쓸 일이 없다는 점을 강조하고 싶다. 그 자신은 부정할지도 모르지만 그는 최고의 지혜를 지닌 사람이었다. 자신의 의도를 관철함에 있어 굽힘 없는 일관성이 있었고, 세밀한 어휘 선택을 두고 노심초사하는 식의 장식적인 화술이 아닌, 가장 심각한 사안에서도 조화를 끌어내는 화술을 지니고 있었다. 열정적인 언사들과 진정 위대한 정신과 함께 이 화술에 힘입어, 그의 언변은 자신의 주제를 향해 나아갈 수 있었다.

---

**12** 최하위 집단이란 신고할 만한 어떤 재산도 갖고 있지 않은 카피테 켄시capite censi 계급을 암시한다.

우리는 그의 삶의 방식과 수사적 능력을 우리 시대가 따라야 할 모범이자 귀 기울일 경종으로 삼아야 한다. 그의 능력은 신의 섭리에 의해 주어진 것이라는 점을 나는 확신한다. 만일 어떤 신이 우리의 재산을, 그중 어떤 것도 선물로 주어서는 안 된다는 조건으로 디미트리오스로 하여금 지키도록 했다면, 나는 그가 다음과 같이 말하면서 그 제안을 거절했을 것이라고 감히 주장한다.

"확실히 나는 풀려날 길 없는 짐에 나 자신을 결박하지 않을 것이고, 나의 해방된 자아를 깊디깊은 부富의 시궁창 속으로 떠나보내지도 않을 것이다. 왜 그대는 모든 사람을 해치는 일을 굳이 내게 떠맡기려는가? 내게 그 재화들을 자유로이 내어줄 수 있는 권한을 준다 해도 나는 그 일을 받아들이지 않을 것이다. 왜냐하면 무언가를 주는 일이 은혜로운 행동이 되지 못하는 상황들을 너무나 많이 보았기 때문이다. 나는 무엇이 국가들과 왕들의 눈을 가리는지 다시 한 번 살필 것이다. 그대들의 피와 삶을 대가로 치르고 사들인 것들이 무엇인지 지켜보고 싶다.

우선 사치품 중에 약탈해 온 것들을 내 앞에 내놓아 보라. 그대가 원한다면 순서대로 진열해도 좋고, 한 더미로 쌓아 올려도 된다(후자가 더 좋은 방법일 것이다). 공들인 장식으로 아주 정교하게 세공된 거북 껍질이 보인다. 역겹도록 게으르지만 거금을 들여 구입했을 이 동물을 보관하는 함도 있다. 눈이 즐거워지는 알록달록한 색들은 진짜처럼 보이기 위해 염료로 물들인 것이다. 또 내 눈 앞에 있는 목제 테이블은 원로원이 발행한 인구 조사원 자격증[13]만큼이나 값이 나갈 것 같다. 만일 홍조가 서린 나무[14]로 만들었고 그 속에 울퉁불퉁 많은 옹이 마디가 져 있다면 훨씬 비싼 값을 치렀을 것이다.

내 앞에는 깨지기가 쉬워서 더욱 값이 나가는 크리스털 그릇들도 있다. 미숙한 사람들이 어떤 물건에서 느끼는 기쁨은 그것을 갖기 위해 필요한 위험의 정도, 즉 그 즐거움을 감소시킬 만한 요인이 크면 클수록 더욱 늘어난다. 마노석으로 만들어진 잔들도 있다. 내 생각에, 들이킨 포도주를 게워낼 때까지 원석 잔으로 서로에게 축배를 들지 않는 한, 그런 사치품이 고귀한 가치를 충분히 발휘하기는 어려울 것 같다.

진주도 있다. 그런데 귀걸이가 한쪽에 하나씩만 달린 것이 아니다. 요즘 귀들은 그 무게를 지탱할 만큼 단련되어 있다 보니, 처음에는 한 개씩 짝을 맞춰 달다가 나중에는 거기에 다른 것들을 더 달면서 주렁주렁 송이 지어 매달려 있다. 진주에 대한 사람들의 광기로 말하자면, 남성들조차 광분으로 치닫고는 한다. 귀 하나에 귀걸이가 두세 개씩 매달고 다니지 않는 한 웬만한 여성들은 상대도 안 될 정도이다.

비단옷들도 있다(그것을 옷이라고 부를 수 있다면!). 그 옷들은 몸을 지키기에 충분한 실체가 없을 뿐만 아니라, 당연히 있어야 할 기본적인 조심성조차 갖추지 않았다. 여성들이 그것을 입고 있을 때 누군가 강제로 벗긴다 해도 할 말이 없을 것이다. 이 옷들은 비정상적인 구매 경로를 통해 어마어마한 대가를 치르고 손에 넣은 것들이다. 이 모든 것이 부인들이 내실에서 사랑하는 이에게 보여주기 위해서 입는 것이 아니라, 공공장소에

---

**13** 아우구스투스 치하에서 100만 세스테르티우스로 정해져 있었다.

**14** 저주받은 나무infelix arbor는 저승의 신들에게 바쳐진 나무로, 사형을 언도받은 범죄자들의 목을 매다는 데 사용했다.

서 자신을 드러내기 위해 입는 것들이라는 점은 놀라울 따름이다.

탐욕이로다! 대체 그대는 어찌 되어가는 것인가? 그대가 가진 금으로
는 이렇게 많은 상품들의 대금조차 치르지 못한다. 내가 언급한 물건들은
모두 금보다 더 값이 나가며 더 고귀한 것으로 여겨진다. 그대의 재산은
얼마만큼인가? 금 접시와 은 접시, 탐욕으로 우리의 눈을 멀게 하는 그 물
건들 말이다.

맙소사! 쓸모가 닿을 만한 모든 것들을 우리에게 내놓은 후, 지구는 자
신의 깊은 곳을 파내고 금과 은을 묻었다. 그러고는 마치 그대로 쓰게끔
두었다가는 모든 사람에게 골칫거리가 될 위험한 물건이라는 듯이, 그 위
에 다시 엄청난 무게를 쌓아 올려두었다. 금과 은을 캐낸 광구의 어둠 속
에서는 철도 채굴된다. 서로에 대한 학살극들은 이로써 적정한 대가뿐 아
니라 적합한 무기도 얻게 될 것이다.

그나마 이런 종류의 재산들은 적어도 어떤 실체가 있다. 이처럼 보는
눈을 가리며 정신을 오류에 빠뜨리는 또 다른 종류의 재산이 있다. 내 눈
앞에 있는 서류들, 계약서나 보증서와 같은 재산의 헛된 이미지들, 공허
한 허상을 믿는 정신들을 함정에 빠트리고자 기획된 탐욕의 어두운 구석
들이다. 이것들은 무엇인가? 부채란 무엇이고, 회계장부는 무엇이며, 이
자는 또 무엇인가? 이들은 인간이 지닌 단순한 탐욕의 부자연스러운 이
름에 다름 아니다.

내 말은, 자연이 금과 은을 땅속 더 깊숙이 묻어두지 않은 것, 그 위에
도저히 치워버릴 수 없을 만큼 거대한 더미를 쌓아놓지 않은 것에 대한
불평이었을지도 모르겠다. 저 회계장부들은 대체 무엇인가? 그대가 하는

재무 계산이란 무엇인가? 매달 1퍼센트라는 피에 주린 듯한 이자율로 시간 자체를 팔려고 내놓는 일은 무엇을 의미하는가? 이는 우리의 법 체계에 의해 자유로이 선택되어 만들어진 악마들이다. 그러나 그 안에는 눈으로 볼 수 있거나 우리의 손으로 잡을 수 있는 그 어떤 것도 없다. 이것들은 무의미한 탐욕의 꿈들이다.

진정 불쌍한 사람들은 물려받은 두툼한 회계장부에서나, 쇠사슬에 묶인 이들을 부리는 거대한 농장에서, 한 주나 왕국 전체를 뜯어먹을 정도로 끝도 없이 많은 목축 떼에서, 적대적인 부족들의 수보다 많은 노예들에서, 그리고 거대한 도시들보다도 광활한 사저에서 기쁨을 찾는 사람들이다.

그가 자기 재산을 어떻게 투자할지 조사를 마치고 그에 맞춰 돈을 쓰고 나서 스스로 자랑스러워하고 있을 때, 그로 하여금 지금 가진 것과 욕망하는 것을 비교하게끔 해보라. 그는 여전히 가난뱅이이다. 나를 자유로이 놓아두고, 내 자신의 재산으로 돌아가게끔 해달라. 나는 그 모든 위대함과 안전함을 갖춘 지혜의 왕국을 알고 있다. 나는 모든 것들이 모두에게 속한다는 의미에서 모든 것들을 소유하고 있다."

그래서 가이우스 카이사르가 20만을 주겠다고 제안했을 때, 디미트리오스는 그 정도를 사양하는 일은 자랑할 만한 가치조차 없다고 여기면서 웃으며 이를 거절했다. 천상의 위대한 신들과 여신들이여! 디미트리오스를 명예롭게 하려는 것이었든, 아니면 모독하려는 것이었든, 가이우스란 인물은 얼마나 속 좁은 사람이었는가!

이 뛰어난 사람에 대해 내가 증언하겠다. 디미트리오스가 그 정도 재물에 흔들릴 것이라 생각할 만큼 가이우스는 제정신이 아니었다. 나는 그때 디미트리오스가 했던 정녕 웅대한 말을 들었다. "만일 진정으로 나를 시험에 들게 하려는 것이었다면, 그는 내게 제국 전체를 주겠다고 유혹했어야 했다!"

## 공유하지만, 베풀 수 있다

그러니 모든 것이 현자에게 속하더라도 그에게 무언가를 줄 수는 있다. 마찬가지로, 우리가 친구들은 모든 것을 공유한다고 말하지만, 그렇더라도 친구에게 무언가를 주지 못할 까닭은 없다. 나와 내 친구가 모든 것을 공유한다는 것은, 사업 파트너가 사업체를 공유하듯이 한쪽은 나의 것이고 다른 한쪽은 그의 것으로 나누는 것이 아니라, 아빠와 엄마가 아이들을 공유하듯이 전체를 함께 갖는 일이다. 만일 아이 두 명이 있다면, 부모는 각기 하나씩을 갖는 것이 아니라 각자가 둘 모두를 자기 아이로 가지는 것이다.

내게 동업을 하자고 제안하는 사람은 실은 나와 아무것도 공유하지 않으리라는 것을 그 스스로 잘 알고 있다. 어찌해서 그런가? 이런 식의 합작 투자는 현자들 사이에서만 존재하며, 이미 친구 관계가 된 사람들 사이에서만 존재하기 때문이다.[15] 다른 사람들은 친구가 아니기 때문에 합작 투자를 할 수 없다.

다음으로, 세상에는 물건을 공유하는 많은 방식이 있다. 기병 부대의

---

**15** 엄밀한 스토아학파의 원칙에서 보았을 때, 오직 현자들만이 서로의 진정한 친구가 될 수 있으며, 현자가 아닌 모든 이는 서로에게 "적"이다.

좌석은 모든 로마 기병[16]에게 속한 것이지만, 그 자리들 중에는 내게 속한 딱 한 자리가 있다. 바로 내가 앉는 자리이다. 내가 누군가를 위해 이 자리를 포기한다면, 그때 나는 공유된 재산을 포기한 것이지만, 그럼에도 불구하고 나는 그에게 무언가를 주었다고 생각할 것이다.

세상에는 정해진 조건 아래에서만 어떤 사람들에게 속하게 되는 것들이 있다. 나는 기병대 구획 안에 좌석을 가지고 있다. 팔 수도 없고, 빌려줄 수도 없고, 그곳에서 생활할 수도 없는, 그러나 단 한 가지 목적을 지닌 자리, 바로 공연을 보기 위한 자리이다. 그리고 그 점이야말로 내가 기병대 구획 안에 내 자리가 있다고 말해도 잘못이 아닌 까닭이다. 그러나 만일 내가 극장에 도착했을 때 기병대 구획이 만석이라면, 그때 나는 권리에 의해 그곳에 자리가 있기도 하고(왜냐하면 나는 그곳에 앉도록 허락되었으므로), 또 그곳에 자리가 없기도 하다(왜냐하면 그곳에 앉을 권리를 나와 공유하는 누군가가 그 자리를 차지했으므로).

친구와 관련한 상황 역시 이와 마찬가지라고 생각하라. 그것이 무엇이든 친구는 그가 가진 것을 우리와 공유하지만, 그는 그것을 소유하고 있기 때문에 그것은 그의 것이다. 그의 허락 없이 나는 그것을 사용할 수 없다. 그대는 말할 것이다. "그대는 농담을 하고 있다. 친구에게 속하는 것이 나의 것이라면, 내가 그것을 팔 수도 있는 것이다." 아니, 그대는 그것을 팔도록 허락받지 않았다. 마치 그대가 극장의 기병대 구획 안에 있는 자리를 팔 수는 없지만, 그럼에도 그 자리가 그대와 다른 기병들에게 공유되

---

**16** 기사들을 말한다. 기사는 로마 사회에서 원로원 계급의 바로 다음에 위치하는 부유한 계급이다.

어 있듯이 말이다.

그대가 어떤 것을 팔거나, 다 써버리거나, 좋게든 나쁘게든 현상을 변경하도록 허락되지 않았더라도, 그것이 그대의 것이 아니라는 증거는 되지 않는다. 정해진 조항들을 따를 때에만 그대에게 속한 어떤 것들도 역시 그대의 것이기 때문이다.

[결락] 나는 받았다. 그런데 확실히 "역시나"였다.[17] 에두르지 않고 직접 말하자면, 어떤 베풂도 그보다 클 수는 없었다. 베풂이 주어지는 방도로서 과연 무엇이 이보다 더 크거나 많을 수 있을까. 관대함이 물길을 타고 쏟아져 들어와 사랑하는 이들이 그렇듯 만족감으로 그들 자신을 채운다. 특별한 입맞춤과 격렬한 포옹이 실제로 사랑을 키우는 것은 아니지만, 사랑을 표현하는 공간을 만들어줄 수는 있다.

---

**17** 세네카는 모든 것들을 공유하는 친구들에 대해 여전히 논의하고 있다. 그러나 이제 화제는 바뀌어, 각자가 서로 다른 양만큼 소유할 수 있고 또 주고받을 수 있다는 점을 다룬다.

# 은혜의 완성

22

## 온갖 노력을 다한 사람은 이미 은혜를 갚은 것이다

이번 질문도 앞에서 폭넓게 다룬 바 있으므로 여기서는 짧게만 언급하고 지나갈 것이다. 다른 질문들에 적용된 주장들이 이 질문에도 적용될 수 있기 때문이다. 그 질문은 은혜를 갚기 위해 온갖 노력을 다한 사람이 실제로 은혜를 갚은 것인지 아닌지 하는 문제다.

그것이 불가능하다고 주장하는 자들은 말할 것이다. "은혜를 갚기 위해 무수한 노력을 했다는 사실이 그대에게 말해주는 것은 그가 아직 그것을 갚지 않았다는 점이다. 그러니 분명한 것은, 그가 이룰 기회를 얻지 못했다는 것은 실제로 이루어지지 않았음을 의미한다는 것이다. 마찬가지로 빚을 갚기 위해 채권자를 찾아 온 데를 다 찾아다녔지만 찾아내지 못한 사람이 있다면, 그는 그에게 돈을 갚지 않은 것이다."

따라서 어떤 행동들은 반드시 성공을 해야만 한다. 그렇지만 어떤 이들의 경우에는, 성공하기 위해 온갖 노력을 기울인 것도 성공으로 간주해야 한다. 만일 어떤 의사가 자신의 환자를 고치기 위해 갖은 노력을 다했다면, 그때 그는 자신의 일을 해낸 것이다. 그리고 피고가 유죄 판결을 받았더라도 자신의 힘을 모두 쏟은 결과라면 변호인은 책임을 완수한 것이다. 만일 군사 지휘관이 자신의 지식과 노력, 용기 등 모든 것을 던져서 책임을 수행했다면, 설사 전투에서 패배했더라도 그때 그의 지휘관으로서의 능력은 칭송받을 것이다.

그대에게 은혜를 갚기 위해 그는 모든 노력을 다했지만, 그대는 그대의 행운을 따라 나름의 길로 나아갔다. 그의 우정을 시험할 만한 어떤 나쁜 일도 일어나지 않았다. 그대가 부유했기에, 그는 그대에게 관대한 선물을 줄 수 없었다. 그대가 건강했기에, 그는 그대의 병상 곁을 지킬 수 없었다. 그대가 운이 좋았기에, 그는 그대를 구하러 달려올 수 없었다. 그렇지만 그대에게 이런 행운이 없었더라면, 그는 그대에게서 입은 은혜를 돌려주었을 것이다. 게다가 그가 은혜를 갚고자 많은 주의와 배려를 기울이는 사람이라면, 그리고 항상 돌려줄 기회를 노리고 있는 사람이라면, 운이 좋아 은혜를 빨리 갚을 수 있었던 사람에 비해 훨씬 더 많은 노력을 기울이고 있을 것이다.

채무자라면 경우가 다르다. 그에게는 실제로 갚지는 않은 채 돈을 구하러 다니는 것만으로는 충분치 않다. 그의 경우에는 나날의 삶을 쫓으며 상환을 요구하는 채무자, 이자를 물리는 일 없이는 단 하루도 그냥 지나치지 않을 사람이 있기 때문이다. 은혜의 경우 채권자는 친절한 영혼이어서, 그대가 안절부절 불안한 상태로 이리저리 뛰어다니는 것을 보면 그는 이렇게 말할 것이다. "'걱정일랑 붙들어 매두게나.'[18] 스스로 속상해하는 짓도 그만두라. 나는 그대에게 바랄 만한 것을 이미 모두 가지고 있다. 만일 내가 그 이상을 바랄 것이라고 그대가 생각한다면 그것은 나에 대한

---

18  베르길리우스, 「아이네이스」.

모욕이 될 것이다. 그대의 선한 의도는 분명히 내게 전달되었다."

이의를 제기할 수도 있다. "말해보라. 만일 그가 은혜를 갚았다면, 그대는 그가 입은 바를 되돌려주었다고 말했을 것이다. 그렇다면 은혜를 갚은 사람과 갚지 않은 사람, 이 둘은 같은 처지에 있는 것인가?" 글쎄, 다른 한편에서 이 문제는 이렇게 생각해보자. 만일 그가 전에 자신이 베풂을 받았다는 사실을 잊었다면, 그리고 만일 감사할 줄 아는 사람답게 행동하려는 시도조차 하지 않았다면, 그대는 그가 은혜를 돌려주었다는 것을 확실히 부정했을 것이다. 그렇지만 지금 우리가 고려하는 대상은 밤낮 없이 몸이 걸레짝이 되도록 뛰어다니며, 이 한 가지 일에 집중하고 헌신하여 작은 기회조차 놓치지 않으려고 책임이 걸린 다른 일들을 제쳐놓은 사람이다. 은혜를 갚는 일에 신경 쓰지 않는 사람, 줄곧 그것을 깔아뭉개고 살아가는 사람과 같은 상황이라 보는 일이 정당할까? 나의 의도에 부족함이 없는데도 구체적인 보상을 요구한다면, 그것이야말로 공정치 못한 일을 하는 셈이다.

간단히 말해, 다음과 같은 시나리오를 상상해보라. 그대가 해적에게 인질로 붙들려 있고, 나는 내 재산을 담보로 돈을 빌려 바다로 나섰다. 때는 점점 혹독해지는 겨울, 도적들이 해안에 득시글거리고 바다가 잠잠할 때조차 위험이 도사리고 있는 항해였다. 나는 어느 누구도 가까이 하려 하지 않는 바로 그 사람들을 찾아 사막과 황야를 모두 건넜고, 결국 내가 찾던 해적들에게 다다랐다. 그러나 누군가 다른 사람이 이미 몸값을 주고 그대를 풀어준 뒤였다. 그대는 내가 은혜를 갚지 않았다고 말하려는가? 그리고 만일 여행 중에 내가 탄 배가 난파하여 그대의 몸값으로 지불하기 위해 빌린 돈을 모두 잃어버렸다면, 그리고 만일 그대가 묶여 있던 바로 그 쇠사슬에 나 자신이 감금당하게 되었다면, 그래도 내가 아직 은혜를 갚지 않았다고 그대는 말하려는가?

아테네인들은 신의 뜻에 따라 하르모디오스와 아리스토게이톤을 참주 살해자僭主殺害者라고 부른다![19] 그리고 무키우스가 적의 제단에 내던지고 온 손은 포르센나를 죽인 것만큼이나 가치가 있었다![20] 의도한 행동을 성공적으로 이루어내지 못한 경우조차, 미덕은 끊임없이 행운과 앞을 다투며 나아감으로써 지나간 길을 밝힌다. 은혜를 돌려줄 희미한 기회들을 좇으며 하나씩 차례대로 그 기회를 움켜쥐어 가는 사람들이 있다. 그는 잇따르는 기회들 중 첫번째 것을 잡음으로써 땀 한 방울 흘리지 않고 "감사할 줄 아는" 이가 된 사람보다 더 큰 것을 그대에게 준 것이다.

이런 이의도 제기된다. "그는 그대에게 혼쾌함과 재산이라는 두 가지를 제공한 것이다. 그러므로 그대는 그에게 두 가지 은혜를 입은 것이다." 이것이 나태한 태도로 그대에게 보은했던 사람에 대한 말이라면 공정한 대답이 될 것이다. 그러나 기꺼이 백방으로 노력하여 온갖 수단과 방법을 다한 사람에게는 이렇게 말할 수 없다. 그는 그야말로 자기 힘이 닿는 한도

---

**19** 투키디데스에 따르면, 하르모디오스와 아리스토게이톤은 폭군 히피아스를 살해하지 않고 그의 동생인 히파르쿠스를 살해했을 뿐이다. 세네카는 그럼에도 불구하고 그들이 참주 살해자라는 명예를 얻었음을 말하고 있다.

**20** 에트루리아의 왕인 라르스 포르센나가 기원전 5세기에 로마를 포위했을 때, 가이우스 무키우스가 에트루리아군의 숙영지에 숨어 들어가 포르센나의 암살을 기도했다. 체포당한 무키우스는 자신이 포르센나를 죽이기 위해 기꺼이 목숨을 버리기로 한 300명의 로마인 중 하나라고 선언했다. 포르센나는 무키우스를 불 속에 던져 넣도록 명했는데, 무키우스는 그 실행에 앞서 스스로 손을 불 속에 찔러 넣고도 아무런 고통스러운 모습을 보이지 않았다. 이 젊은이의 용맹함에 감명을 받아 포르센나는 무키우스를 풀어주었다. 이렇게 불구가 된 그의 오른손으로 인해, 무키우스는 그 후로 영원히 스카이볼라, 즉 "왼손" 또는 "왼손잡이"라 불렸다.

안에서 이 두 가지를 한꺼번에 준 것이기 때문이다.

더 나아가, 이런 일들에는 항상 일대일의 상관관계가 성립하는 것은 아니다. 때로 하나가 두 가지의 값어치를 지니는 일이 있으니, 보답하려는 하나의 욕망이 아주 열렬하고 간절해서 물질적인 재산을 대신할 수 있는 경우이다. 그러나 만일 재산을 수반하지 않는 의도가 은혜에 대한 보답으로 충분하지 않다면, 그때 우리는 누구도 신들에게 감사할 수 없을 것이다. 우리가 신들에게 바칠 수 있는 것은 오직 우리의 의도뿐이기 때문이다.

따라서 우리의 답은 이렇다. "그렇다. 그러나 그것이 우리가 신들에게 드릴 수 있는 전부다." 만일 내가 은혜를 갚아야 할 사람에게 실질적으로 그 이상의 것을 제공할 수 없었다면, 그 상대나 심지어 신들조차 나를 감사할 줄 모르는 사람이라고 여길 것인가?

만일 그대가 나의 심사숙고한 의견을 묻는 것이라면, 나의 답은 이렇다. 베푼 이는 그의 은혜가 이미 보답을 받은 것으로 생각해야 하고, 베풂을 받은 이는 자신이 아직 보답하지 않았다는 점을 인식해야 한다. 베푼 이는 은혜를 입은 이의 의무감을 누그러뜨려야 하지만, 베풂 받은 이는 스스로 옭아매야만 한다. 전자는 "나는 이미 받았다."라고 말해야 하고, 후자는 "나는 아직 빚지고 있다."라고 말해야 한다.

이 모든 질문에 관해서 우리는 공공의 선이라는 관점을 지켜내야만 한다. 배은망덕한 자들이 그 사이에 숨어들어서 자신에 대한 평판을 은폐하는 데에 이용하는 일이 없도록, 그들에게서 변명들을 박탈해야 한다. "나는 내가 할 수 있는 모든 것을 했다." 그렇다면 당장은 계속해서 그렇게 하라.

뮈라고? 채권자의 돈을 사치나 도박으로 탕진한 사람과, 화재나 강도나 또 다른 슬픈 불운으로 그 자신의 것과 함께 다른 누군가의 돈을 잃어버린 사람, 이들을 똑같이 취급하는 것이 대단히 불공정한 일이라는 점을 모를 정도로 우리 조상들이 어리석었다는 것인가? 그들이 변명의 여지를 만들어놓지 않은 것은, 사람들로 하여금 누구나 반드시 항상 올바른 신념을 지켜나가야 한다는 점을 깨닫도록 하려는 것이다. 모든 사람들이 이런저런 변명을 하게끔 허용하는 것보다는, 몇몇 사람들의 합리적인 변명을 받아들이기를 거부하는 것이 사실 더 나은 방법이었을 것이다.

그대는 그에게 갚기 위해 모든 노력을 기울였는가? 그것은 그에게는 충분하겠지만, 그대에게는 그렇지 않다. 만일 은혜를 돌려받았어야 하는 사람이 관대해지기 위해 일관된 영웅적 노력을 기울였는데, 그럼에도 불구하고 그의 노력이 무의미한 것으로 취급되었다고 하자. 그때 이를 그냥 받아들인다면, 이는 자신의 노력들을 헛되이 하는 일이다. 같은 이유로 해서 그대는 고마움을 모르는 사람이 된다. 그는 너그러운 마음으로 그대의 선한 의도를 지불 행위로 받아들였다. 이런 그에 대하여, 그대가 스스로 여전히 빚을 지고 있다고 여기며 오히려 행복해하지 않는다면 그대는 감사할 줄 모르는 사람이 되는 것이다. 그대는 그 의무로부터 벗어나는 기회를 그대로 움켜쥐어서는 안 되며, 그것을 목격자들 앞에서 선언해서도 안 된다. 은혜를 베푼 사람이 그대를 놓아주었음에도 불구하고, 되돌려줄 기회를 찾으며 기다려야 한다. 어떤 사람에게는 그가 보답을 기다리기 때문에 보답하고, 다른 사람에게는 그가 그대를 놓아주었기 때문에 보답하라. 후자의 상환은 그가 선한 사람이기 때문에 하는 것이고, 전자는 그가 악한 사람이기 때문에 하는 것이다.

## 보답할 가치가 없는 인간에게도 은혜는 갚아야 한다

그대는 다음 질문을 중요하게 생각하지 않을 것이다. 만일 어떤 현자가 현자이기를 그만두고 악인이 되었다면, 그가 현자일 때 받은 은혜를 악인이 된 그에게 돌려주어야만 할까? 그대는 어떤 현자에게서 받았든 그것을 돌려줄 것이기에, 나쁜 사람에게조차 빌린 것을 돌려줘야 할 것이다. 왜 은혜를 돌려주지 않으려 하는가? 그가 변했다는 이유만으로, 그것이 그대를 변화시켜야 하는가?

그대가 만일 건강한 사람으로부터 무언가를 받았다면 그가 아프게 되었을 때는 돌려주지 않겠다는 것인가? 우리는 항상 쇠약한 상태에 있는 친구에게 더 많은 것을 빚지게 마련이다. 글쎄, 우리가 지금 거론하는 사람은 정신이 아픈 사람이다. 그러니 그가 도움을 받게끔 용인하도록 하자. 어리석음은 정신의 질병에 지나지 않는다.

상황을 분명하게 하기 위해서 내 생각을 다음과 같이 구분하고자 한다. 두 종류의 은혜가 있다. 첫째는 오직 현자에 의해 현자에게만 주어질 수 있는 것으로, 이는 완전하고 진실한 은혜이다. 둘째는 평범하고 일상적인 종류로, 우리와 같은 보통 사람들이 주고받는 것이다.

후자의 은혜와 관련하여 상대가 어떤 인성의 인물이든, 즉 그가 살인마이든 좀도둑이든 오입쟁이이든, 나에게 준 이에게 내가 갚아야 한다는 것은 의심의 여지가 없다. 범죄는 관련 법규에 의해 다루어지며, 잘못을 저지른 자는 배은망덕한 자에게 맡기기보다는 재판관이 바로잡도록 하는 편이 낫다. 어떤 이가 나쁜 사람이라고 해서, 누군가가 그대까지 나쁜 사람으로 만들도록 내버려두지 마라. 나는 악한 이에게는 베풂을 내던질 것이고, 선한 이에게는 보답할 것이다. 선한 이에게는 내가 빚을 지고 있기 때문이고, 악한 이의 경우는 그의 빚으로부터 벗어나기 위해서이다.

이제 다른 종류의 은혜에 대해서 논의해보자. 현자이기 때문에 그의 베풂을 받아들일 수 있었다면, 일단 받은 다음에는 현자가 아닌 사람에게 그 은혜를 갚을 수 없다. "그럼에도 내가 그에게 갚는다고 치자. 그는 그것을 받을 수 없다. 그는 그것을 어떻게 써야 하는지 잊어버렸으므로 더는 보답을 받을 수 없다. 손을 잃은 사람에게 공을 돌려주라고 재촉한다면 어떻게 되겠는가? 누군가에게 그가 받을 수 없는 무언가를 주는 것은 어리석은 일이다."

나는 그대의 마지막 논점에서 시작해 이에 대해 대답할 것이다. 나는 누군가에게 그가 받을 수 없는 무언가를 먼저 주지는 않을 것이다. 그러나 나는 그가 그것을 받을 수 없더라도 그에게 돌려줄 것이다. 내가 먼저 그에게 베풀지 않는 한, 나는 그를 의무 상태에 둘 수 없다. 한편 내가 보답을 한다면, 적어도 나는 의무 상태에서 벗어날 수 있다. 그가 그것을 잘 사용할 수 있을까? 이 점에 대해서는 그가 걱정하게 하라. 그 잘못은 그에게 있지, 나에게 있지 않다.

이에 대한 응수는 이렇다. "무언가를 돌려준다는 것은 그것을 받을 누군가에게 그 무언가를 건네주는 일이다. 그렇다면? 만일 그대가 누군가에게 약간의 포도주를 빚졌는데, 그가 그대에게 그 포도주를 어떤 망이나 체 위에 들이부으라고 했다고 치자. 그대는 그것으로 빚을 갚았다고 말할 셈인가? 한 사람에게서 다른 사람에게 건네지는 사이 사라지고 말 그 무언가를, 그에게 건네지 않은 채 돌려줄 준비만 하고 있었는가?"

무언가를 돌려준다는 것은, 그대가 빚진 것을, 그것이 원래 속했던 사람에게, 상대가 원한다면 건네주는 일이다. 그것이 내가 해야 하는 일의 전부다. 나에게서 돌려받은 것을 그가 실제로 소유해야 하는가는 별개의 문제이다. 나는 그에게 선한 믿음을 빚진 것이지, 건네준 물건의 수호자 역할을 짊어진 것이 아니다. 내가 그것을 돌려주지 않는 것보다는 그가 그것을 소유하지 않는 편이 훨씬 낫다.

내가 돌려주자마자 그가 그것을 화려한 음식에다 탕진한다 해도, 나는 돌려줄 것이다. 만일 그가 내가 갚은 빚을 자기 정부情婦에게 가져다 바친 대도, 나는 여전히 그것을 돌려줄 것이다. 그가 내가 준 동전들을 구멍 난 주머니에 넣어서 바로 바닥에 떨어뜨린다 해도 나는 그에게 돈을 갚을 것이다. 내 할 일은 그에게 돌려주는 것이지, 내가 일단 준 것을 지켜주거나 추적하는 일이 아니다. 내가 그에게 빚지고 있는 것은 내가 받은 은혜를 지키는 일이지, 내가 갚은 것을 지키는 일이 아니다. 내 손으로 지켜야만 그것들이 안전하리라는 것을 나는 안다. 그러나 그것이 돌려받은 이의 손가락 사이로 흘러 어딘가로 달아나 버릴 것이라 해도, 나는 그가 요청했을 때 여전히 그에게 그것을 돌려주어야 한다. 나는 선한 이에게는 그것이 건설적인 일일 때 은혜를 돌려줄 것이고, 악한 이에게는 그가 보답을 청했을 때 그렇게 할 것이다.

이에 대해 그대는 이렇게 답할 것이다. "그대는 그것을 현자에게서 받아놓고 바보에게 돌려주는 것이기에, 받았던 것과 같은 은혜를 돌려주는 것일 수 없다." 그렇지 않다. 나는 이제 그가 받을 수 있게 된 물건을 그에게 갚는 것이다. 내가 받은 것을 어떤 나쁜 조건에서 갚게 되리라는 것은 내가 결정할 일이 아니다. 그것은 그가 하는 일이다. 만일 그가 지혜를 되찾는다면, 그때는 내가 그것을 받았을 때와 같은 조건에서 그에게 돌려주는 것이다. 그러나 그가 악한 사람인 채로 있다면, 그저 그가 받을 수 있는 조건에서 은혜를 돌려주는 것이다.

## 세심히 성찰하고, 최후의 일격을 가하라

이에 대한 반론은 이렇게 시작된다. "만일 그가 그저 악해진 정도가 아니라, 아폴로도로스나 팔라리스[21]처럼 진짜 괴물이 되었다면 어쩔 것인가? 그대는 여전히 그에게서 받은 은혜를 갚을 것인가?" 자연은 현자의 인성에 그렇게 급작스러운 변화가 있게끔 허여하지 않는다. 사람은 최고의 상태에서 최악의 상태로 그렇게 바로 전락하지는 않는 법이다. 선함의 흔적은 악한 사람들에게조차 남아 있게 마련이다. 정신은 이미 고정되어 있어서 인성의 변화로도 잘 지워지지 않으므로, 그 정신에 어떤 흔적도 남기지 않을 정도로 그렇게 완전히 파괴되는 미덕이란 있을 수 없다.

만일 사람의 손으로 길러진 짐승이 야생으로 도망쳤다면, 그 짐승은 원래의 길들여진 성질을 어느 정도 가지고 있게 된다. 그 짐승이 완전히 순한 녀석들과는 차이가 있는 만큼, 한 번도 인간을 접해본 적 없는 진정한 야수들과도 차이가 있다. 한번 지혜에 매였던 이가 사악함의 저 깊은

---

**21** 악명 높은 폭군, 아폴로도로스는 기원전 3세기, 팔라리스는 기원전 6세기의 인물이다. 팔라리스는 청동 황소상 안에 사람을 산 채로 집어 넣고 불어 구운 일화로 유명하다.

밑바닥까지 추락하는 일은 없다. 그것은 아주 진하게 물들어 있어서, 그 염료가 완전히 씻겨나가고 그 대신 진정으로 악한 물이 들 수는 없는 것이다.

그다음으로 나는 그의 짐승 같은 면모가 그저 인간 정신의 내적 특징에 불과한 것인지, 아니면 그것을 넘어서서 타인에게 실질적인 해악을 미치는지 물을 것이다. 그대가 내게 팔라리스와 다른 폭군의 예를 들었기 때문이다. 만일 어떤 나쁜 사람이 악한 본성을 속에만 숨기고 있다면, 그와 더 거래를 하지 않기 위해 그에게서 받은 은혜를 갚아버리는 것이 더 좋지 않을까?

그러나 만일 그가 인간의 피를 그저 자기 몸속에서 즐기기만 하는 것이 아니라 실제로 빨아 먹기 시작하고, 만족할 줄 모르는 잔인함으로 노소 불문 모든 사람들을 고문하며, 단순히 화가 나서가 아니라 광기 어린 강렬한 충동으로 분노를 표출하는 것이라면, 만일 그가 부모가 보는 앞에서 아이를 목 졸라 죽인다면, 만일 그가 그저 사람을 죽이는 것으로 만족하지 못하고 고문으로 죽음에 이르게 하며, 그것도 그냥 불로 지지는 것이 아니라 아예 완전히 구워질 정도로 요리하듯 태워버린다면, 만일 그의 성채에서 온기가 채 식지도 않은 새로운 피들이 떨어진다면, 글쎄, 그런 경우라면 은혜 갚기를 거절하는 것만으로는 부족하다. 그와 나를 잇는 것이 한때 무엇이었든, 인간성을 나눠 가진 존재로서 우리 사이의 유대마저 깨져 단절되어 버렸기 때문이다.

내게 은혜를 베풀었던 그가 내 고향을 상대로 무기를 들었다면, 그는 자신이 선물을 베풀어 얻게 된 모든 빚을 날리는 것이고, 그에게 은혜를 갚는 것은 일종의 범죄로 여겨질 것이다. 그가 만일 내 고향 사람들과 거리를 유지하면서 그들에게 고통을 안겨준다면, 나의 고향을 공격하지는 않았다 하더라도 정신을 침탈한 것이므로 그와의 관계를 끊을 것이다. 그를 아직 적으로까지는 생각하지 않을지라도 나는 그를 싫어할 것이다. 무엇보다 중요한 것은 종種으로서의 인류에 대해 지는 책임을 내가 어떻게 받아들이는가 하는 점이며, 그것이 어떤 특정한 사람에게 내가 지고 있는 책임보다 우선한다.

그러나 이 모든 것에도 불구하고, 그리고 그가 스스로 법의 위엄을 완전히 파괴함으로써 불복 행위에 대한 모든 법적 제약들을 제거해버린 이래 그에게 자유롭게 맞설 수 있음에도 불구하고, 나는 여전히 그와 관련하여 이 한계들을 예의 주시해야 한다고 믿는다. 만일 내가 그에게 베푸는 것이 미래의 그의 힘에 영향을 미치지 않고, 광범위한 파괴 행위를 일으킬 만한 권력을 더 공고히 하지도 않으면서, 공공에 해악이 되는 일이 없이 보답이 될 수 있다면, 그때 나는 그에게 보답할 것이다.

나는 그의 어린아이들의 생명을 구할 것이다. 이 베풂이 그의 포악한 잔인성의 희생자들 중 그 누구에게 해를 끼칠 것인가? 나는 그가 자신의 경비병에게 쓸 수도 있을 돈을 그에게 주지는 않을 것이다. 만일 그가 대리석상이나 좋은 옷에 욕심이 있다면, 그의 사치품들을 공급하는 데에 필요한 수단들은 누구에게도 해가 되지는 않을 것이다. 하지만 나는 그의 군대와 무기를 뒷받침하지는 않을 것이다.

만일 그가 배우들과 매춘부들과 그 밖에 그의 포악한 본성을 누그러뜨릴 큰 선물을 요청한다면, 나는 그것을 줄 수 있어서 행복할 것이다. 내가 그에게 삼단노三段櫓의 군함이나 무장한 병선을 주지는 않겠지만, 여흥을 위한 객선과 호화로운 요트, 그 밖에 왕족이 바다에서 놀 때 즐길 만한 것들은 그에게 보낼 것이다. 그러고 나서 무슨 짓을 해도 그가 제정신을 찾을 가망이 없다면, 나는 그가 날린 것과 똑같은 한 방으로[22] 호의를 돌려주고 모두에게 은혜를 베풀 것이다. 그런 타락한 인성에는 죽음이 약이다. 만일 그가 절대로 본모습으로 돌아오지 않을 것이라면, 마지막 일격으로 출구를 만들어주는 것이 그를 위해서도 좋다.

그렇지만 그런 종류의 사악함은 흔히 있는 것이 아니고, 마치 아가리를 벌리고 있는 지상의 구멍이나 바닷속 동굴에서 뿜어 나오는 불길처럼, 항상 어떤 잠재적인 모습으로 존재한다. 그러니 우리는 이런 종류의 사악함에서 비켜서서, 오히려 우리가 싫어하지만 두려워하지는 않는 종류의 악덕에 대해 이야기하기로 하자.

나는 이런 종류의 악한 사람들, 즉 모든 장터에서 볼 수 있는 부류이자 모두가 싫어하는 이들에게 내가 받았던 은혜에 대해 보답할 것이다. 그의 사악함이 내게 어떤 이득으로 작용하는 것은 부당한 일이다. 실제로 나의 것이 아닌 것들은 원래의 소유자에게 돌아가야 한다. 그가 선하든 악하든 거기에 무슨 차이가 있겠는가? 나는 그것이 그에게 상환하는 것이 아니라 선물을 주는 일이 되지는 않는가 하는 문제에 대해서만 아주 조심스레 검토할 것이다.

---

**22** 원래의 표현 그대로는 "같은 그 손으로"이다. 이는 미친 폭군에게 자살할 수단을 주는 것을 뜻하기도 한다.

## 잊으라 함은 잊을 수 있기 때문이 아니다

이 주제를 다루려면 이야기 하나가 필요하다. 피타고라스학파인 어떤 사람이 신발 수선공에게서 특별한 흰 신발 한 켤레를 구입했다. 그 신발은 가격이 꽤 비쌌고, 외상으로 이루어졌다. 며칠 후 그는 외상 대금을 지불하기 위해 신발 수선공의 가게를 찾았는데, 가게 문을 두드리기 시작한 지 한참이 지났을 때 마침 어떤 사람이 지나가다가 말했다. "시간 낭비 마시오. 그대가 찾는 수선공은 죽어서 벌써 화장되었소. 우리는 사랑하던 사람을 잃어서 슬프지만, 그대에게는 그리 슬픈 일이 아닐 것이오. 그대는 그가 결국 부활하리라는 것을 알고 있으니." 그는 피타고라스학파를 비아냥거리고 있었다.

일말의 주저도 없이 우리의 철학자는 외상을 갚지 않아 굳은 돈 3, 4데나리온을 쩔렁거리기까지 하면서 집으로 돌아왔다. 그러나 곧 신발 대금을 지불하지 않은 일에 남몰래 기쁨을 느꼈던 것을 스스로 반성하면서, 자신이 조그만 이득에 흡족해했던 사실을 깨닫고는 다시 그 가게로 가서 말했다. "그대의 눈 속에 여전히 그 수선공이 살아 있다. 그러니 내가 빚진 것을 지불하겠다." 그러고는 가게 덧문 틈새로 4데나리온을 밀어 넣었다. 빚을 진 채 살아가는 일에 타성이 생기지 않도록, 한때 자제력을 잃었던 탐욕을 스스로 벌한 것이다.

그대가 빚진 것을 갚을 수 있도록 그대에게 베푼 사람을 찾아라. 아무도 상환을 요청하지 않는다면, 그대가 먼저 상환하겠다고 나서라. 그가 선한 이인지 악한 이인지는 문제되지 않는다. 먼저 그에게 갚고, 그다음 그를 비판하라. 그대는 그대들 사이에 어떻게 책임이 분담되어 있었는지 잊은 것 같다. 주는 이는 선물을 잊는 것이 마땅하다. 그러나 우리가 그대에게 지시한 대로, 받는 이에게 주어진 의무는 선물을 기억하는 일이다. 그러나 은혜를 준 이가 자신이 베푼 일을 잊어야 한다고 말할 때, 그것이 그렇게 영예로운 행동에 관한 모든 기억을 그로부터 박탈하는 것이라고 생각한다면 이는 잘못이다. 때로 우리가 과장된 충고를 하는 것은, 결과적으로 적절하고 의도에 부합하는 결과를 얻기 위해서다.

그에게 "베푼 일을 기억하지 말라."라고 할 때, 그 의미는 "베풀었다는 사실을 공개하거나 과장하거나 그에 대해 불쾌해하는 일이 없어야 한다."라는 뜻이다. 세상에는 자신들이 베푼 것을 동네방네 떠들고 다니는 사람들이 있기 때문이다. 그들은 맨정신일 때에도 그에 대해 얘기하지만, 술이라도 취했을 때는 거의 입을 다물지 못할 정도다. 이방인들에게조차 듣기를 강요하고, 친구들에게는 확신에 차서 떠벌린다. 기억은 이렇게 지나치게 말이 많은 모습으로 나타나기 때문에, 우리는 베푼 이에게 잊으라고 하는 것이다. 실제보다 더한 것을 요구함으로써, 우리는 그가 적어도 침묵하게 할 수 있다.

그대가 가르침을 준 사람들을 확실히 믿을 수 없을 때, 그 사람들이 적정 수준을 지킬 수 있게 하려면 그대는 그들에게 더한 것을 요구해야 한다. 모든 경우에 있어서 과장법의 요체는 오류를 통해서 진실에 도달하는 것이다. 그래서 베르길리우스가 누군가에게 "희기로 눈을, 빠르기로 바람을 능가하는 사람"[23]이라고 말했을 때, 그는 "가능한 한 최대한"이라는 의

---

**23** 베르길리우스, 「아이네이스」.

미를 전하기 위해 불가능한 어떤 사실을 적었던 것이다. 마찬가지로 오비디우스가 "바위보다 굳건하고 격류보다 요동치는"[24]이라고 했을 때, 실제로 누군가가 바위보다 강하다는 점을 말하려고 한 건 아니었을 것이다.

과장법은 그것이 갈망하는 것 전부를 성취하리라고는 결코 기대하지 않는다. 대신, 믿을 수 있는 것을 확보하기 위해 믿을 수 없는 것을 주장한다. 우리가 "은혜를 주는 이는 그것을 잊어야 한다."라고 말할 때, 실은 우리는 "그는 잊어버린 사람처럼 행동해야 한다. 그의 기억이 겉으로 드러나거나 거슬리지 않도록 해야 한다."라는 말을 하는 것이다.

우리는 어떤 은혜에 대해 보답을 청하는 것이 옳지 않다고 말했지만, 그런 요청을 우리가 완전히 제거할 수는 없다. 흔히 악한 사람들은 괴로울 정도로 빚 독촉을 하고, 선한 사람들조차 그것을 상기시킬 수 있기 때문이다. 그렇다면 어떻게 되는가? 상황을 알지 못하는 상대에게 상환할 수 있는 적절한 기회가 있다는 점을 알려주지도 말아야 하는가? 내가 필요로 하는 것을 그가 채울 수 있다고 알려서도 안 되는가? 그는 나의 어려움을 알았더라도 부정할 수 있고, 반대로 진정 몰랐다면 후회할 수도 있다. 어째서 그에게 부정하거나 후회할 수 있는 기회를 줘서는 안 되는 것인가? 우리는 때로 부채를 상기시킬 수 있지만, 상대가 법적인 위협을 느끼지 않도록 점잖게 행해야 한다.

---

24 오비디우스, 「변신 이야기」.

## 은혜는 은근하게 상기시켜라

한번은 소크라테스가 자리를 함께한 친구들에게 이렇게 말했다. "돈이 있었다면 시계를 샀을 것이다." 그는 누구에게도 시계를 사달라고 요청하지 않았지만 모두에게 그것을 알린 셈이다. 그 자리에서 누가 그 청을 받아들일 것인지 경쟁이 벌어졌다. 이는 지극히 자연스러운 일이었다. 시계는 소크라테스에게 주는 선물로는 아주 작은 것이었는데, 소크라테스에게 선물을 주는 사람이 되는 것은 아주 큰일이었기 때문이다.

친구들을 책망하기에 소크라테스의 이 말보다 더 점잖은 것은 있을 수 없으리라. 그는 "돈이 있었다면 시계를 샀을 것이다."라고 말했다. 그가 이 말을 한 다음 시계를 주기 위해 달려든 이들은 모두 이미 그 일을 하기에는 늦은 상태다. 소크라테스는 그때 이미 가난했다. 우리는 잔인한 수금업자들을 동원해 상환의 의무를 상기시키는 일을 금하고 있다. 그 누구도 결코 상기시키지 못하도록 하기 위해서가 아니라, 절제하도록 하기 위해서이다.

예전에 아리스티포스[25]는 향수를 음미하면서 "이렇게 좋은 것에 악명을 뒤집어씌우다니, 멋만 부리는 자들에게 저주 있으라!"라고 말한 적이 있다. 마찬가지로 우리는 말해야 한다. "친구들 사이에 넌지시 기억을 상기시킬 수도 있는데 베푼 일을 가지고 법정까지 끌고 가다니, 저 사악하고 융통성 없는 무리에게 저주 있으라!" 그럼에도 불구하고 나는 우정이 내게 허여한 권리들에 의지할 것이며, 내가 첫번째로 은혜를 청했던 사람들,

---

**25** 키레네의 아리스티포스는 소크라테스의 추종자이며, 쾌락주의적인 키레네학파 철학의 창시자이다.

최초의 은혜를 갚는 것을 두고 마치 두번째 은혜를 베푸는 것처럼 생각하는 사람들, 그런 사람들로부터 받은 은혜를 갚기 위해 노력할 것이다.

나 같으면 불평할 때조차 "난파당해 배를 곯는 사람을 거두어들이다니, 나도 미쳤어. 내 왕국을 나눠 가지려 하다니."[26] 이런 말은 하지 않을 것이다. 이것은 상기시키는 방식이 아니다. 그것은 질책이다. 은혜를 혐오로 뒤바꿔 놓는 방법이며, 배은망덕이 용인될 수 있는 일인 것처럼, 심지어 즐거운 일인 것처럼도 보이게 만드는 길이다. "내가 혹시 그대에게 도움이 된 일이 있었거나 기쁘게 해준 일이 있었다면……."[27] 이런 조용하고 우의 어린 말들로 그의 기억을 가볍게 건드려주는 것으로 충분하다. 그러면 그는 이렇게 말할 것이다. "물론 그런 일이 있다. 내가 난파당해 배를 곯고 있을 때 그대는 나를 거두어주었다."

이런 반박이 나올 것이다. "그렇지만 이런 방법으로는 우리가 어디로도 갈 수 없다는 점을 기억하라. 그는 내 말이 무슨 뜻인지 모르는 척한다. 그는 '잊어버린' 것이다. 그렇다면 나는 무엇을 해야 할까?" 그대는 절대적 핵심에 해당하는 문제, 이 논의의 정점이 될 만한 지점, 즉 배은망덕한 자들을 어떻게 다루어야 하는지 묻고 있다. 평온하고, 온화하며, 고결한 태도로 대해야 한다.

그렇게 예의도 생각도 없고 감사할 줄도 모르는 사람은 그대를 속상하게 만들고, 결과적으로 그대가 그에게 베푼 것에 대해 그대는 기뻐할 수도 없을 것이다. 그러한 상심들로 인해, 그대가 "내가 그 일을 하지 않았더

---

26  베르길리우스, 「아이네이스」.

27  베르길리우스, 「아이네이스」.

라면!"이라고 말하는 상황이 오지 않도록 하라. 결실을 맺지 못한 그대의 관대한 행동들조차 그대를 기쁘게 해야 한다. 지금 당장 후회하지 않더라도 언제까지고 후회를 부르게 될 것이다. 마치 전례 없는 일이 일어나기라도 한 것처럼 격분할 필요는 없다. 그런 일이 일어나지 않았더라면 오히려 놀라야 했을 것이다.

한 사람은 그에 필요한 노력을 하느라 정이 떨어지고, 다른 사람은 그 비용 때문에, 어떤 다른 사람은 그 일에 걸린 위험 때문에, 또 다른 사람은 당혹스러운 수치심(은혜를 갚음으로써 자신이 은혜를 받았었다는 점을 인정하게 되는 것 같은 두려움) 때문에, 어떤 다른 사람은 그저 자기가 진 책임이 무엇인지 몰라서, 어떤 사람은 게으름으로 인해, 어떤 사람은 바쁜 일과로 인해 정이 떨어진다. 어쩌면 저렇게 끝도 없이 인간의 탐욕이 모든 구비마다 입을 떡 벌리고 버티고 있는지, 그리고 항상 그 이상을 요구하는지 보라. 자신이 충분히 받았다고 생각하지 않으면 누구도 은혜를 갚으려 하지 않는다는 점에 대해서는 이제 놀랄 수조차 없을 것이다.

베풂과 관련하여 그대가 안심하고 믿을 수 있는, 믿음직하고 올곧은 인성을 지닌 사람이 누가 있을까? 욕정으로 정신 줄을 놓은 사람도 있고, 위선의 노예가 된 사람도 있으며, 어떻게 가질 것인지는 아무 관심도 없이 오직 얼마나 가지는가에만 관심을 보이면서 온통 돈으로 모든 것을 처바르려는 사람도 있다. 어떤 사람은 시기심으로 고통 받고, 또 다른 사람은 결국 스스로를 파괴하게 될 맹목의 야심으로 고통 받는다. 정신이 무기력하고 쇠한 사람이 있는가 하면, 쉼 없이 감정이 격동하고 지속적인 혼란 상태에 빠져 있는 사람도 있다. 자기 자신의 가치는 한껏 부풀리고, 비난받아 마땅한 일들에 고압적인 자부심을 갖는다. 타락한 목표들을 고집스럽게 추구하며, 쉴 새 없이 변덕을 부리는 사람은 말할 것도 없다.

사람에게는 이런 전적인 무모함이 있고, 또 두려움이라는 믿지 못할 조언자도 있다. 그 밖에도 우리를 둘러싼 수만 가지의 실수들이 있다. 최악의 비겁자가 보이는 배짱, 가장 친한 친구들 사이의 다툼, 그리고 가장 못 미더운 것을 신뢰하며 감히 바랄 수도 없었던 것을 가지고 있으면서 그에 불만스러워하는, 누구나 있는 결함과 같은 것들 말이다. 잠들 줄 모르는 가장 격렬한 열정의 한복판에서, 그대는 예외적으로 고요한 존재인 선한 믿음을 찾으려는 것인가?

그대에게 우리의 삶을 통찰하는 참된 시야가 있다면, 그대 앞에는 근래 함락당한 도시의 모습이 보일 것이다. 그곳에서는 무엇이 옳고 적절한 것인지 모든 관념이 사라지고, 전면적인 파괴의 계획이 진행되고 있다는 듯 폭력이 모든 사태를 관장하고 있다. 불도 쇠도 제약을 받지 않으며, 아무런 법적 통제도 받지 않은 상태에서 범죄들이 발생한다. 무장 분쟁의 와중에 애원하는 이들에게 보호처를 제공해주어야 할 종교조차, 경쟁적으로 약탈을 일삼는 자들에게는 어떤 제약도 내리지 못한다.

그들은 개인의 가정집에서 훔치고, 공공의 장소에서 훔치며, 신성하지 않은 곳이나 성스러운 땅이나 가리지 않고 훔쳐댄다. 그들은 벽들을 쓰러뜨리고는 그 위를 타고 넘어간다. 좁은 골목에서는 불안해하면서 자기들 갈 길을 막는 벽들을 넘어뜨리고, 훔쳐낸 장물들을 그 폐허 한가운데로 내가는 것이다. 어떤 자들은 살인 없이 물건을 훔치고, 다른 자들은 피 묻은 손으로 그 더러워진 물건들을 실어 온다. 모든 자들이 다른 누군가에게 속한 무언가를 가져간다. 이 인간 탐욕의 장대한 광경 한복판에서, 어찌 그대는 우리 모두의 공통된 운명을 잊고 약탈자들 사이에서 어떤 것을 돌려줄 누군가를 찾으러 다닐 수 있단 말인가?

만일 어떤 사람이 감사할 줄 모르는 사람이라고 해서 분노했다면, 어떤 자가 쾌락을 탐한다고 분개하고, 어떤 자가 탐욕적이라는 점에 대해서 분개하고, 어떤 자가 정숙하지 못한 것에 대해서 분개하며, 어떤 자가 병들고 불운하며 나이 들어 창백한 것에 대해서도 분개하라. 배은망덕은 지지를 받기 어려운 끔찍한 잘못이며, 인간들 사이의 유대를 파괴한다. 모든 유대를 갈가리 찢어버리고는 인간 본성의 약한 면들을 지탱해주던 그 조화의 잔해들마저 흩어버린다. 그것은 너무나 흔히 있는 일이어서 그에 대해 불평하던 사람들조차 먹잇감으로 삼켜버리고는 한다.

성찰하라. 그대가 빚진 사람들에게 은혜를 돌려주었는지, 그대의 손 안에서 끝장내야 할 책임을 미루지 않았는지, 지금까지 그대가 받은 모든 은혜들에 대해 자의식을 가지고 계속 살아가고 있는지. 그러면 그대가 어린 소년이었을 때 받은 은혜는 십 대가 되기 전에 희미해지고, 젊은 시절에 받은 것이 나이가 들어서까지 계속 그대로이지는 않다는 점을 깨달을 것이다. 어떤 것들은 잃을 것이고, 어떤 것들은 버릴 것이며, 어떤 것들은 점차로 시야에서 사라져 갔을 것이다.

나는 그대의 약점을 변명해줄 수 있다. 무엇보다도, 우리의 기억은 쇠잔한 선박과 같아서 많은 것을 실을 만큼 충분히 크지 않다. 따라서 어떤 것을 그 위에 실어 올리려면 그만큼 내려놓아야 하며, 가장 오래된 것들은 가장 최근의 것 아래에 묻힐 수밖에 없다. 시간의 흐름이 그 은혜들과 그대의 사이에 놓여 있다 보니, 그대를 키워준 유모가 더는 그대에게 실질적인 영향력을 행사할 수 없게 되고, 그대의 선생님을 더는 존경하지 않게 되기도 한다. 그대가 집정관이 되기 위해 운동하거나 사제직 후보로 올라 있을 때, 그대가 검찰관이 되도록 도움을 주었던 사람은 완전히 잊어버리는 것 역시 이런 이치로 설명할 수 있다.

만일 그대가 스스로를 조심스레 살핀다면, 그대 마음속에 그대가 불평해오던 그 잘못이 똑같이 있음을 아마 발견하게 될 것이다. 우리 모두가 저지르는 잘못에 대해 화를 내는 것은 공정하지 못한 일이고, 그대 자신의 잘못에 화를 내는 것은 어리석은 일이다. 용서를 구하기 위해서, 먼저 용서하라. 그대가 배은망덕한 이를 견뎌낸다면 그는 좀 더 나은 사람이 될 것이고, 나무란다면 그는 더 나쁜 사람이 될 것이다. 그대가 상황을 악화시킬 필요는 없다. 그에게 약간이라도 수치심의 감각이 남아 있다면, 그가 거기에 매달리도록 하라. 비판자들의 목소리가 갈팡질팡하던 체면 의식마저 파괴해버리는 일은 아주 흔한 일이다. 이미 그렇게 된 것처럼 보이는 일들이 실제 그렇게 될까 봐 두려워할 것은 없다. 이미 그런 행동에 사로잡혔다면 그는 아예 수치심을 잃어버렸을 것이기 때문이다.

## 사려 깊은 농부처럼 은혜의 열매를 맺으라

"그렇지만 나의 은혜가 버림받았다." 우리는 우리가 신들에게 바친 것들을 두고 버렸다고는 하지 않는다. 그렇지 않은가? 은혜가 적절히 전달되기만 한다면 신들에게 제공된 것들 중에 자리 잡을 것이고, 결과가 잘못되었을 때조차 그 사실은 변하지 않는다. 상대는 우리가 바라는 방식대로 되어주지는 않는다. 우리는 그와는 다르게, 우리가 존재하던 방식대로 존재해야 한다. 그가 우리와 다른 사람임을 알았을 때는 손실이 발생한 시점이 아니라, 이미 발생한 손실이 눈앞에 드러난 시점이다. 그의 배은망덕이 폭로된다면, 배신당한 은혜에 대한 불평은 애초의 베풂이 적절치 못했음을 나타내는 것이기에 우리에게도 수치심을 불러올 것이다.

가능한 한 우리는 스스로 심판하기 전에 그를 위해 항변해야 한다. "아마도 그는 여전히 은혜를 갚으려고 하고 있을 것이다." 현명하고 참을성 있는 채권자는 만기를 연장해 대출을 이어가도록 해줌으로써 불량 채권을 건전한 부채로 바꿔나간다. 우리도 같은 일을 해야 한다. 고통 받고 있는 선한 믿음의 감각을 잘 보살펴 다시 건강하게 만들어야 한다.

"그래도 나의 은혜는 버림받았다." 멍청한 사람! 그대에게 손실을 가져온 것이 그대 자신이라는 점을 깨닫지 못하는가? 그대가 잃은 것은 사실이지만, 그것은 그대가 주었을 때 이미 일어난 일이다. 이제 그것이 백일하에 드러났을 뿐이다. 완전히 박살내 버리는 것이 나을 것처럼 보이는 경우에조차, 적절히 균형을 유지하는 것이 최선일 때가 자주 있다. 몸이 그런 것처럼 마음 역시 그러하다. 우리는 약점들을 부드럽게 다루어야 한다. 차분히 하면 풀 수 있을 실타래가 확 잡아채는 바람에 엉망이 되는 일은 흔히 있는 일이다. 무엇 때문에 그를 저주하는가? 말다툼? 잔인한 공격? 왜 그가 묶인 유대들에서 그를 풀어주는가? 왜 그를 방면하는가? 그에게 감사하는 마음이 없다면, 이미 그는 그대에게 아무것도 빚진 것이 없다.

그대가 관대하게 대해온 사람을 쓰라리게 할 이유가 있는가? 그렇게 한다면 결과적으로 친절할 수도 있는 사람을 확실하게 적대적인 사람으로 바꾸는 꼴이 될 것이다. 그는 나를 비방할 것이고, 그럼으로써 스스로를 방어할 것이다. "그렇게 많은 빚을 진 이에 대해 그가 왜 저리도 못 견뎌하는지 모르겠다. 배후에 무언가가 있는 것인가?"라고 궁금해할 필요도 없다. 명성에 흠이 되지는 않더라도, 그런 불평은 불가피하게 우월한 쪽의 존엄에 먹칠을 하게 된다. 더 큰 거짓말을 하면 신뢰를 얻을 수 있는데 작은 불평을 꾸며대는 것으로 만족할 자는 아무도 없다는 사실도 명심하라.

그와 우정을 지키는 길을 찾는 것, 그리고 만일 그가 분별력을 되찾을 준비가 되었다면 그때는 진정한 친구 관계를 지켜내는 방도를 찾는 것이 훨씬 나은 전략이다. 꿋꿋하게 친절로써 대한다면 악한 사람도 변화시킬 수 있다. 애정을 받아 마땅한 것들 앞에서도 천박하고 냉담할 수 있는 그런 인성은 없다. 그러므로 선한 사람은 상대가 설사 제대로 은혜를 갚지 않고 부당하게 자신을 대하고 있다 해도, 보답을 면제해줘 더 큰 빚을 짊어지운다.

그러니 생각을 돌려 이렇게 성찰하라. "나는 베풀었지만 돌아오지 않았다. 이제 무엇을 해야 하는가?" 만물의 완벽한 기부자, 바로 신들이다. 그들은 베풂을 깨닫지 못하는 누군가에게 베풀어주는 것으로 시작해, 감사할 줄 모르는 이에게도 계속 베풀고 있다.

한 철학자는 신들이 우리를 무시한다고 비난한다. 다른 이는 그들이 불공정하다고 비난한다. 어떤 이[28]는 신들을 그의 우주 밖에 던져놓고,

---

**28** 에피쿠로스를 말한다.

어둠 속에 잠긴 그곳, 아주 느리고 느슨하며 아무 할 일도 없는 곳에 그들을 유기한다. 태양은 일하는 시간과 나머지 시간을 나누고, 우리가 암흑 속에서 뒹굴지 않고 끝도 없는 밤의 혼란에서 벗어날 수 있도록 한다. 하지만 어떤 이[29]는, 이 모두를 태양에게 빚지고 있음에도 불구하고 태양을 (신과는 다른 어떤 것으로서) 일종의 바위나 우연히 결집된 불덩이들의 영역이라고 부른다. 태양은 그의 궤도를 돌며 일 년을 통제하고, 곡식을 생산하고 과일을 익힘으로써 우리의 신체에 영양분을 공급하는 존재라는 것이다.

그럼에도 불구하고 신들은 그들이 받는 은혜의 원천을 의심하는 인간들 앞에도 은혜를 쌓아두기를 멈추지 않는다. 마치 아이들이 저주를 퍼붓는 순간에도 웃음으로 화답하는 이상적인 부모들처럼. 게다가 흔들림 없는 고요함으로 지구상의 여러 인종과 여러 사람들 사이에 그들이 주는 선물을 펼쳐놓는다. 그들은 오직 한 가지 능력, 은혜를 베푸는 능력만을 가지고 있다. 따라서 그들은 적기를 맞춰 대지에 비를 뿌리고, 바람으로 바다를 흔들어놓으며, 별들의 움직임으로 시간의 운행에 표지를 찍고, 부드러운 산들바람을 보내 여름과 겨울의 혹독함을 누그러뜨리고, 실패한 영혼들의 실수들을 고요함과 상냥함으로 견뎌낸다.

우리도 그들을 따라 하자. 우리의 선물들 중 많은 것들이 허사로 돌아간다고 해도 기꺼이 주자. 그럼에도 불구하고 다른 이들에게 주자. 우리가 이미 손실로 처리한 바로 그 사람들에게 주자. 집이 무너졌다고 새집 짓는

---

**29** 아낙사고라스를 말한다.

것을 포기하는 사람은 없다. 화재가 우리의 오래된 가정을 파괴했을 때 우리는 그 땅이 채 식기도 전에 새로운 집터를 닦으며, 화재가 한 도시를 집어삼켰을 때도 우리는 흔히 원래 있던 같은 자리에 도시를 재건한다. 이 것이야말로 우리가 얼마나 고집스럽게도 낙관적인 성격을 지녔는지를 보여주는 것이다. 앞선 노력들이 실패했을 때 그것을 기꺼이 다시 시도하려 하지 않는다면, 뭍과 물을 막론하고 인간의 모든 고투는 중단될 것이다.

그는 감사할 줄 모른다. 그는 내게 해를 끼치지 않았다. 전적으로 자신에게 해를 끼쳤을 뿐이다. 내가 그에게 베풀었을 때, 나는 은혜를 건넨 것이다. 나는 한 치의 지체도 없이 줄 것이다. 좀 더 신중하게 생각할 뿐이다. 그에게서 잃은 것들은 다른 이를 통해 회복할 것이다. 그러나 나는 같은 사람에게조차 다시 은혜를 줄 것이며, 선한 농부처럼 사려 깊게 곡식을 가꾸며 토지의 척박함과 싸워서 결국 이겨낼 것이다. 내게는 그 베풂이 하나의 손실이었지만, 그는 인류의 손실이다. 위대한 정신의 표지는 은혜를 베푸는 일이 아니라 잃는 일에 있으며, 은혜를 잃고 그러고는 다시 주는 일에 있다.

# 세네카에서 "우리의 자리"

김혁(전북대학교)

바닥이 없는 집이 되고 있다 소리만
남은 집이 되고 있다 모서리만 남은
돌음길만 남은 난삽한 집으로
기꺼이 기꺼이 변해가고 있다

-김수영, 〈의자가 많아서 걸린다〉 중에서


오직 도(道)만이 만물에게 잘 베풀고, 또 이루어준다.

(夫唯道 善貸且成)

-『도덕경』41.


가장 훌륭한 일은 친절을 가장하여 우리 자신이 만족하는 것이 아니라,

모자라지도 과하지도 않은 관대함을 베푸는 것이다.

-세네카, 『베풂의 즐거움』에서, 본 번역서, 21쪽

## 인연

2000년 전 로마인 루키우스 안나이우스 세네카<sup>Lucius Annaeus Seneca</sup>(기원전 4 추정~65)의 『베풂의 즐거움』이 한국어로 처음 번역되어 출간되는 이때가 한국 사회에서 우리의 사회관계가 위태롭다는 공감이 어느 때보다 확산되고 있는 시기라는 것은 결코 우연이 아니다.

이 책이 하필 문화인류학 전공자들이 주 구성원인 혼돈회의 눈에 띄었던 것은[1] 순전히 문화인류학에서의 특별한 관심 덕분이었다. 이 책의 원제목인 라틴어 "베네피키스<sup>beneficiis</sup>"[2]가 문화인류학에서 사용 빈도가 특히 높은 "선물 교환"이라는 말과 의미상 깊은 연관성을 시사하고 있는 만큼, 마르셀 모스의 미완성 유고 『증여론』에서의 불완전한 논지를 보완하는 데 도움이 될 것이라는 기대가 컸다.[3] 그 뒤 수차례의 집중적인 공부 모

---

1 혼婚과 돈의 관계를 연구하는 모임이란 뜻의 경제인류학 연구모임 혼돈회는 서울대학교 오명석 교수의 주도로 경제 현상을 자동화된 공학의 관점에서 이해하는 태도에 반대하여, 그것이 상감嵌※되어 있는 사회관계의 총체적인 맥락을 함께 고려하여 이해하는 것이 인간의 행복을 증진시키는 데 기여할 것이라는 취지에 동감하는 관련 분야 학자들이 결성하여, 10년 가까이 이어온 연구모임이다.

2 이 책의 라틴어 원제목인 "데 베네피키스<sup>De Beneficiis</sup>"에서 "데<sup>De</sup>"는 전치사로 "에 대하여"라는 뜻이고, 베네피키스<sup>Beneficiis</sup>는 원형 베네피키움<sup>Beneficium</sup>의 복수 여격(3격) 변화형이며, 복수는 베네피키아<sup>Beneficia</sup>이다. 원형인 베네피키움에 대해 라틴어 사전을 참조해보면 "친절, 우호, 이익, 용역, 봉사, 도움; 특권, 권리" 등 해석의 폭이 매우 넓으며, 영어로는 흔히 "Benefits"로 번역한다. 우리 전통에서는 "덕 본다", "덕을 입었다", "덕을 베풀다" 등의 용례에서 볼 수 있듯이 "덕德"이 이 용어와 가까운 개념이다. 그렇지만 덕은 사람이 후천적으로 얻게 된 힘이라는 감각에 가까운 개념이기 때문에 적극 부합되지는 않는다. 베네피키움은 대문자 신<sup>God</sup>이 지배하는 그리스도교 국가에서 사용하던 "그레이스<sup>grace</sup>"의 번역으로서의 "은혜"나 "은총" 개념보다는 훨씬 세속적이고, 우리가 전통적으로 도덕적 능력을 가리키는 "덕德"이라는 개념보다는 신성화되어 있는 그 중간쯤의 개념이라고 여겨진다. 그런 점에서 베네피키움을 은혜로 번역하는 것은 오늘날 우리에게는 기독교의 개념에 가깝게 떠올려져서 이 책이 드는 실례와 약간 어긋나는 듯한 느낌을 주는 것도 그 때문이다. 이 번역서의 본문에서는 베네피키움을 은혜, 베풂, 덕 등으로 편의상 문맥에 맞게 번역했고, 제목에서는 기독교적 가치가 떠올려지는 은혜라는 용어보다는 베풂이라는 중성적인 용어를 사용해서 불필요한 오해를 없애고자 했다.

3 마르셀 모스, 이상률 옮김, 2002[1925], 『증여론』, 한길사.

임을 거치면서, 오히려 『베풂의 즐거움』이라는 책 자체에 대한 적극적인 관심으로 증폭되어 고대 로마에서 후마니타스의 결정판으로서 이 책이 갖는 명성을 확인할 수 있었다.

가끔 책의 제목만으로 내용을 상상할 수 없는 경우가 있기는 하지만 이 책의 주제는 제목에서 쉽게 눈치챌 수 있듯이 "베푸는 것"에 관한 것이 맞다. 이 책의 주제는 매우 단순한 전제로부터 출발하는데, 베푸는 것은 신들이 사람에게 부여한 본성이므로 무조건 베풀라는 것이다. 다만 올바른 방법을 택하여 예의 있게 베푼다면 엄청난 기쁨을 함께 누릴 수 있지만, 그렇지 않다면 효과가 없는 것은 물론, 배은망덕으로 변해 돌아오거나, 심지어 원한을 사기까지 한다는 것이다. 여기까지는 굳이 책을 보지 않더라도 쉽게 추론할 수 있는 장면이지만, 그의 이성적 추론은 여기에 그치지 않는다. 한 발 두 발 더 앞으로 밀고 나아가는 사이 은혜에 관한 한 매우 극단적인 평등을 주장하는 지경에 이른다. 이것이 이성의 힘이다. 그로부터 이른 대표적인 예 한 가지는, 그는 이 단순한 개념을 가지고 당시 로마 사회의 근간을 이루었던 "가부장권"이라는 가장 뜨거운 감자를 뒤적거린다. 로마의 가부장권은 우리의 전통에서보다 훨씬 강력하여 노예는 물론 자식의 생사여탈권까지 가지고 있었으며, 자식에 대한 상속권도 매우 강하게 주장할 수 있었다. 이런 불평등의 현실에서 세네카는 부모가 자식을 낳아 기르는 것은 당연한 의무이므로, 부모가 은혜를 베푼 것으로 여겨서 자식에게 효도를 요구한다면 그것은 개만도 못한 짓이라고 하거나, 노예도 주인에게 원래 정해진 봉사 이외의 일을 해주는 것은 사실상 은혜를 베푸는 것이라고까지 주장했다.[4] 이 대목에 이르러서, 효와 충성을 당위로 여기는 유교문화의 전통에 익숙해 있던 우리에게는 그 야말로 충격일 수밖에 없다.

이렇듯 고대의 현자가 전해주는 이성을 통한 지혜란 것은 너무나 뻔한 말로 다가오기 때문에 턱밑까지 모르고 있다가도, 끝에서는 어김없이 누구도 예상치 못한 작열하는 한 방을 당하고 만다. 그의 책을 읽는 것은 이런 피치 못할 과정을 몇 차례 거치는 것을 의미했고, 그동안 옮긴이들은 이 책의 촌철살인에 완전히 매료되어, 이 책이 우리 사회의 학문이나 정치사회적인 실천에서뿐만 아니라 많은 교양 독자들의 구체적인 삶에도 도움을 줄 것이라고 확신하기에 이르렀다. 이것이 혼돈회의 첫번째 성과물로서 이 책을 번역하기로 결정한 이유이다.

옮긴이들은 그와 동시에 이 과제에 또 다른 의미를 부여했는데, 그것은 이 과제의 수행 자체를 우리 옮긴이들 안에서 협동의 격률이 얼마만큼 잘 작동하는지를 측정하는 시금석으로 삼기로 한 것이다. 그로부터 만 2년 6개월이 지난 오늘, 우리는 생사를 가늠하기 힘든 몇 번의 모진 산고를 치르고서야 번역을 마칠 수 있었다. 산통이 깨지지 않았다는 것만으로도 자찬自讚할 만한 일이지만, 그것이 꼭 옮긴이들이 스스로 설정한 허들을 훌륭히 통과했다는 뜻은 아니다. 협동의 격률Maxims에서 무관한 듯 생각한 노인路人들끼리 서로 한 테이블에 앉아 주체적 타자他者로 인정하는 과정이 쉬운 일도 아니고, 더욱이 타자에서 다시 우리로 합류되는 과정은 더욱 격심한 고통을 수반하기 마련이다. 우리의 자리에서 벌어지는 현자

---

**4** 본 번역서, 107~132쪽.

와 우자, 취향과 이성, 구별 짓기와 통합, 환대와 적대 등의 이 같은 미묘한 문제야말로, 우주적인 음양 속에 놓인 인간 사회에서 용기 있게 맞서 감당해야 하는 피할 수 없는 과제이며, 이것은 무엇보다 이 책에서 다루고 있는 핵심 주제이기도 하다.

## 세네카의 도래

세네카의 이 책이 한국 사회에 도래했다는 것의 의미는 결코 예사롭지 않다. 온 지구가 함께 겪는 문제들과 우리만의 특수한 처지에서 비롯된 난제들이 복잡하게 얽힌 상황에 처한 오늘날 우리 한국인들은 2000년 전 로마인 세네카에게 굳이 어떤 질문을 던져 어떤 답을 들을 수 있는 것일까? 과연 그에게 들을 만한 말이 남아 있기라도 한 것일까?

　세네카가 이 책에서 가장 두려워했던 것은 사회관계의 해체였다. 그리고 그는 이와 같이 해체를 야기하는 가장 큰 원인을 배은망덕이 만연한 사회 풍조에서 찾았다. 배은망덕? 은혜를 입고도 안 갚는 행위 말이다. 세네카의 말에 따르면 배은망덕이야말로 모든 악의 근원이다.

> 배은망덕은 지지를 받기 어려운 끔찍한 잘못이며, 인간들 사이의 유대를 파괴한다. 모든 유대를 갈가리 찢어버리고는 인간 본성의 약한 면들을 지탱해주던 그 조화의 잔해들마저 흩어버린다. 그것은 너무나 흔히 있는 일이어서 그에 대해 불평하던 사람들조차 먹잇감으로 삼켜버리고는 한다. [5]

---

[5]　본 번역서, 332쪽.

세네카의 이 말이 결코 과장만이 아닌 것은, 배반당한 사람은 더는 은혜를 베풀려 들지 않기 때문이다. 이것은 곧 사회관계의 단절을 초래하고, 그다음 장면은 너무나 뻔하고 예외 없다. 멸망이다. 수많은 멸망의 역사를 통해 익히 보아왔듯이, 위험의 그 순간이 눈앞에 펼쳐지더라도 관계가 붕괴된 사회에 속한 사람들은 그 누구도 희생하려 들지 않을 것이다.

세네카의 이 책은 사회 해체의 원인인 배은망덕에 대한 진단과 치유를 위한 종합적인 탐색이라고 할 수 있다. 여기서 세네카가 사용하고 있는 방법은 역사학, 문학, 철학에 걸쳐 있어서 그 어느 것이라고 딱히 지목하기 어려울 만큼 매우 종합적이며, 고대 로마 사회에 대한 민족지ethnography를 방불케 하기 때문이다. 사회적 병리를 세밀한 눈으로 보아내는 뛰어난 관찰력뿐만 아니라, 사회관계의 긍정적인 이상성을 제시하고 있는 균형 잡힌 철학적 감각까지, 이 책에서 지칠 줄 모르는 그의 살아 있는 "나"를 접하는 것만으로도 타성에 감염된 정신이 깨어나는 듯하다.[6]

만일 사람들이 사회관계를 지나치게 훼손한 상태라면, 그 양태는 만원 버스에 짐짝처럼 한 덩어리로 실려 있는 사람들과 크게 다를 바 없다. 이런 상태에서 우리는 서로가 상대방의 체계를 보호하는 환경이 되기는커녕, 자신의 생존을 위해서라면 상대방의 체계를 무참히 파괴하는 홉스적

---

6  여기서 한 가지 유의할 것은 세네카가 추구하는 "사회"란 오늘날 우리가 흔히 언론에서 접하는 사회 개념과는 사뭇 다르다는 점이다. 신문 지상에 오르내리는 사회는 GNP, 인구 증가 등의 통계의 대상이 되는 전체로서의 사회 개념인 데 반해, 그의 사회는 사람들이 사교적으로 사귀는 모임으로서의 사회에 가깝다. 브루노 라투르는 오늘날 통상적으로 가장 많이 이용되는 뒤르켐적인 의미에서 전체로서 상상되는 공동체로서의 사회 개념과, 구체적 상호작용에 기반을 둔 전통적 의미에서 "사교적"을 의미하는 사회를 구별하고, 뒤르켐의 이런 사회 개념이 허상임을 밝히고 전통적인 의미의 사회 개념으로 복귀할 것을 주장한 바 있다(Bruno Latour, 2005 *Reassembling the Social: an Introduction to Actor-Network Theory*, Oxford: Oxford University Press).

상태가 되기 십상이다. 따라서 이런 상태를 집단이라고 부를 수는 있어도, 사회라고 부를 수는 없다.

세네카는 당시 로마 사회가 사회적 관계가 파괴되는 사회로 변해가는 모습을 다음과 같이 묘사하고 있다.

> 사람들은 자기 부인을 집 안에서뿐만 아니라 공개적으로 창피를 주려 한다. (중략) 간통이야말로 약혼에 이르는 가장 믿을 만한 수단이 되고, 다른 사람의 부인을 빼앗지 않는 한 어떤 사람도 아내를 얻을 수 없는 지경에 이르러, 과부와 홀아비가 사회에 만연하게 되는 습속이 생길 것이다.
>
> 요즈음 남자들은 그들이 훔친 것을 경쟁적으로 낭비하고, 계속 낭비하기 위해서 다시 긁어모은다. 그들은 잔인하고 격렬한 욕망으로 그렇게 살며 어떤 것도 돌보지 않는다. 그러면서 마치 어떤 불운보다도 가난을 두려워하는 듯이 다른 사람들의 가난을 경멸한다. 그들은 부당한 행동으로 사회 질서를 어지럽히며, 약자들을 폭행하고 억압한다. 지방이 약탈당하면 일단 판결이 내려진 부패한 판결을 다시 되돌릴 수 있다는 것은 놀랄 일도 아니다. 구매한 것은 팔 수 있도록 허용하는 것이 이 나라의 법이기 때문이다.[7]

위에서 열거하고 있는 사회적 혼란을 배은망덕과 곧장 연결하는 것은 선뜻 받아들이기 어려울 수도 있다. 그런데 세네카는 배은망덕을 "지나친 자만심이거나 탐욕이거나 질투"에서 그 뿌리를 찾고 있다.[8] 이 같은 악덕

---

**7** 본 번역서, 27~28쪽.

**8** 본 번역서, 74쪽

은 결국 만족을 모르고 감사할 줄도 모르는 아귀餓鬼를 연상시킨다. 그에게 배은망덕이란 사회 내부의 깊은 부패가 표면으로 올라온 징후에 불과하다. 그 뿌리는 감사할 줄 모르는 마음들에 닿아 있다.

오늘날 많은 한국 사람들의 두려움도 세네카의 우려와 크게 다르지 않다. 분단국가가 겪는 수많은 고통의 외상들뿐 아니라, 자본주의와 자유주의로부터 이미 예측되던 많은 문제들이 사회적 관계를 위협한다. 다시 말해 어느덧 당연시되는 비정규직의 확산, 청년들의 만연한 실업, 저임금, 격심한 빈부 격차, 상당히 불완전한 양성 평등, 이른바 갑질, 가난, 가족 붕괴, 자살 등과 얽힌 이슈들이 끊이질 않는다. 복수심, 원한, 피로, 무기력 등 죽음에 이르게 하는 병이 우리 안에서 소리 없이 번식한다.[9]

이런 상황에서 우리 사회를 총체적 공동체라는 관점에서 접근하는 것이 우리의 삶에 얼마만큼 도움이 되는 것일까? 꼭 평상시에는 걸리적거리는 의자 정도로 느껴지게 마련이다. 그러나 전체를 위협할 만한 비상사태가 도래했을 때, 그것을 향한 열망은 공작새처럼 날개를 편다. 지난 2014년 4월에 발생했던 세월호 침몰 사고는 누가 보더라도 "우리의 자리"가 놓인 시험대였다. TV 화면을 통해 전해졌던 이 사고의 스펙터클한 장면을 접한 모든 이들이 비통을 함께했다.

그런데 그로부터 1년도 채 지나지 않은 지금까지, 비통에서 냉담으로, 심지어 조롱까지 튀어나오는 대중 정서의 급격한 전환을 어떻게 볼 것인가? 일부 사람의 바람처럼 이 사고가 5.18광주민주화운동과 같이 단순한

---

9   한병철 지음, 김태환 옮김, 2012 「피로사회」, 문학과지성사.

사실을 넘어 하나의 역사적 사건으로 전개되어,[10] 이후 우리 삶의 질서를 상당 부분 바꿔놓을 수 있을지는 결코 장담할 수 없다.[11] 경기가 침체된다는 매스컴과 정부의 위협에 화들짝 놀라 마음의 문을 서둘러 닫는 사람들을 보면서, 언제라도 엎어지기 쉬운 4인용 식탁 앞에서는 어떠한 정치적 선언도 신뢰받지 못하며, 급기야 우리를 위한 공동의 사유가 무효화되어 버리는 사회에 살게 되었다는 사실을 깨닫고 있는 중이다.[12]

이러한 때에 공동의 일을 주장하는 일이 어느 정도 유효한가? 실현 불가능한 선언에 불과하거나, 야욕을 채우려는 정치가의 작위作為적인 전제로밖에는 안 비치기 십상이다. 갈수록 더욱 가혹하게 근대적 의미의 개인에게 가해지는 사회적 위협이 그(그녀)들의 마음을 더욱 딱딱하게 만들어 사류死類의 대열에 합류시키고, 자기 가족의 생존을 도모하는 것만으로 사람이 할 수 있는 모든 윤리를 다한 듯이 구는 소외의 풍습이 전 방위로 만연한 사회가 되어가고 있다.

많은 사람이 지적하듯이 우리는 이미 살기 위해서 생존하는 것이 아니라, 생존하기 위해 사는 듯이 행동하고 있다. 이때에 우리라는 자의식은 내부적으로 선의의 이데올로기라는 설득력과 함께, 자칫 공동체적 독선으로 흐를지 모른다는 위험성을 다분히 내포한다. 그로부터 동굴 속의 연약한 자아와 무차별적인 공동체의 폭력 중 어느 한쪽을 선택하도록

---

10 사실(사고)과 사건의 개념적 구별에 대해서는 알랭 바디우 지음, 현성환 옮김, 2008[1997] 「사도 바울: '제국'에 맞서는 보편주의 윤리를 찾아서」, 새물결. 89~91쪽 참조.

11 최정운, 2005 「오월의 사회과학」, 오월의봄.

12 조르조 아감벤, 정문영 옮김, 2012[2008] 「언어의 성사聖事: 맹세의 고고학」, 새물결.

종용받는 개인은 각각 서로를 잡아먹으려 음모를 꾸미고 있다는 광증狂症에 시달리고 있고, 이성을 따라 상식을 구성하지 못하는 사이, 양자택일로 남겨진 편향적인 광풍만이 대중을 강하게 몰아대고, 반지성反知性의 추수秋水가 한국 사회를 침몰시키고 있다. 우리의 이런 양태가 앞서 인용했던 세네카가 묘사한 로마로부터 얼마만큼 떨어져 있는 것일까? 이 순간 이성적으로 사유할 것을 권유하는 세네카 철학의 갑작스러운 도래가 그저 우연 같지만은 않은 까닭이 있다.

## 생애와 평가

세네카는 기원전 4년부터 기원 1년까지의 어느 때에 태어났다. 이 시기를 더욱 친숙하게 느끼려면 우리나라의 삼국 초기라고 기억하기보다는 그가 예수나 사도 바울과 동시대인이었다는 사실을 떠올리는 편이 더 나을 것이다. 실제로 세네카는 예수나 바울과 역사의 한 단면을 직접 공유하고 있었는데, 그의 형 노바투스만 하더라도 성서 속에서 유대인들이 작당하여 사도 바울을 법정으로 끌고 갔을 때 재판을 집정했던 갈리오 총독이다.

　세네카는 걸음마를 막 떼었을 나이에 로마로 이주하여 성장했다. 아버지의 권유로 정치가가 되기 위해 수사학을 공부했고, 후일 스토아주의자인 섹스티우스의 제자가 되었다. 정치 무대에 나설 시기에 심한 천식으로 당시 이집트 지방에 있던 이모부의 집에서 6년간 휴양 생활을 했다. 31년경인 30대 중반의 늦은 나이로 처음 정계에 진출했지만, 곧바로 당시 황제였던 칼리굴라(12~41, 재위 기간37~41)로부터 미움을 받았다. 정작 세네카가 처벌을 받은 것은 칼리굴라 황제가 죽은 직후에 후계자인 클라우디우스 황제(재위 기간 41~54)가 막 즉위했을 때로, 황비 메살리나는 세네카에게 조카딸 율리아와 간통했다는 혐의를 씌워 코르시카 섬으로 추방했다.

세네카가 섬에서 벗어나 권토중래하여 중앙 정계에 강력한 영향력을 발휘할 때가 찾아왔다. 그는 나이 49살 때에 클라우디우스 황제의 네번째 부인인 아그리피나의 초빙을 받아 로마로 돌아왔는데, 이후 세네카는 네로의 가정교사로서 교육을 담당했다. 그 후 집정관이 되어 신임 근위대장인 섹스투스 아프라니우스 부루스 등 강력한 친구 집단을 만들었고, 54년 클라우디우스 황제가 암살되자 부루스와 함께 네로를 황제로 즉위시키는 데 성공하여 권력의 정상에 올랐다.

네로는 집권 초반인 5년 동안은 훌륭한 군주의 길을 걸었지만, 그 이후 자기 어머니를 살해하는 등 폭정을 자행했다. 세네카는 62년에 부루스가 죽자 더는 권력을 유지할 수 없다는 것을 깨닫고는 곧 은퇴했다. 65년 4월 어느 날 세네카는 반란 사건에 가담했다는 혐의로 네로에게 자결하라는 명령서를 받았다. 그는 애초에는 발의 동맥을 끊어 죽으려 했으나 여의치 않자, 평소 숭앙하던 소크라테스가 독배를 든 최후의 광경을 모방해 독을 마시고 죽었다.

세네카에게는 위선자라는 후대의 평가가 늘 따라다녔는데, 그의 일생을 잠시 돌아보는 것만으로도 그가 얼마만큼 정치의 진흙탕에 빠졌었는지 짐작할 수 있다. 그로부터 150년 후의 정치가이자 역사가인 디오 카시우스는 "세네카는 전제적인 폭정을 비판했으면서도 폭군 네로의 가정교사가 되었으며, 권력에 제휴한 자들을 맹렬히 비판했음에도 유력자들로부터 초연하지 못했으며, 권력에 아첨하는 것을 좋아하지 않았지만 현실적으로는 끊임없이 아첨했으며, 부자들을 비난하면서도 엄청난 재산을 모았고, 다른 사람의 사치와 무절제를 비판하면서도 호화로운 삶을 마다하지 않는 이율배반을 보였다."라고 꼬집었다.[13]

그러나 많은 후대인들이 세네카를 추모하는 방식은 달랐다. 세네카는 예수가 그렇듯이 죽음을 통해 거듭 탄생했던 듯이 보인다. 타살임에 틀림없는 세네카의 죽음을 로마인들은 소크라테스와 같이 자아의 결단에 의한 자살로 평가하고 싶어 했다. 로마의 역사가 타키투스의 기록에 따르면 세네카의 죽음은 로마 스토아학파에게는 가장 이상적인 죽음으로 여겨졌는데, 동맥에서 피를 콸콸 쏟으며 죽어가면서 그의 친구들과 고요히 철학을 이야기하는 모습이었다고 한다. 이것은 틀림없이 로마인의 문화적인 자부심이 뒤섞인 변조일 것이다. 르네상스를 거쳐 근대에 이르기까지 세네카의 죽음은 사실과는 달리 소크라테스의 죽음과 마찬가지로 개인적 결단에 의한 자살로 부활해 이해되어 왔다.

소크라테스는 니체의 너무나 유명한 지적처럼, 죽는 그 순간까지 주위 사람들에게 어떠한 빚도 남기지 않으려 했던, 고대에 살았지만 근대적인 의미의 개인이라고 알려져 있다.[14] 그렇지만 세네카조차 소크라테스적 개인주의의 연장선에서 이해하는 것이 정당한 것인지는 모르겠다. 어쨌든 세네카에 관한 이 같은 개인주의자로서의 초상은 현대에까지 집요하게 이어진다.

---

**13** 조남진, 2014 「세네카」, 한국학술정보.

**14** Marcel Henaff, 2010[2002] *the price of truth*, Stanford University press, pp.1~5.

## 『베풂의 즐거움』에 대하여

세네카의 이 책은 베푸는 것을 주제로 한 최초의 글은 아니지만, 베푸는 것에 관한 고대 서양인들의 사유를 체계적으로 집약한 결정판이라고는 할 수 있다. 베푸는 것은 고대 철학에서는 가장 중요하고도 일반적인 주제였지만, 이 책만큼 풍부하고 체계적인 글은 드물다.

이 책은 아에부티우스 리베랄리스<sup>Aebutius Liberalis</sup>에게 보내는 편지 형식으로 쓰였다. 수신인인 리베랄리스는 세네카의 친구로, 루그두눔(현재의 프랑스 리옹)이라는 로마 식민지 출신의 부유했던 사람으로 전해진다. 그 내용을 보면 편지 형식을 빌려서 자신의 논지를 전개하는 형식이다. 때문에 이런 형식의 글은 통상 대화편으로 분류된다.

이 책은 총 7권으로 편집되어 있으며, 편집 시기는 56년부터 세네카가 죽음을 맞이한 65년까지이다. 1권부터 4권까지가 한 묶음이고, 5권부터 7권까지가 또 한 묶음이다. 앞의 묶음은 기원 56년에 편집되었으며, 5권과 6권은 세네카가 모든 관직에서 은퇴하기 전인 62년에, 그리고 마지막 7권은 그가 명령받아 자살을 한 65년에 편집되었다고 한다.[15] 앞부분인 1권에서 3권에 매우 핵심적인 기초 개념들이 배치되어 있고, 4권 이후는 명제를 제출하고 심도 있는 문제들을 기초 개념들을 토대로 풀어나가는 구조를 취한다.

1권에서는 은혜의 정의, 양태, 효과 등 기본적인 개념에 대해서 언급하고 있고, 2권에서는 은혜를 베풀고 입는 이상형을 제시하고 있으며, 뒤에

---

**15** 조남진, 앞의 책, 44~45쪽 참조.

는 사회관계가 붕괴된 은혜 없는 사회의 모습을 그리고 있다. 3권에서는 배은망덕을 법으로 처벌할 수 없음을 입증하고, 이어 은혜를 올바르게 입는 방법에 대해서 논의한다. 중간의 4권은 은혜를 베푸는 것이 인간의 본성이라고 주장하며 쾌락의 원칙을 넘은 순수 증여free gift의 가능성을 논의하여 사람에게 본성적으로 베푸는 인간으로서의 위상을 부여한다. 5권에서는 "은혜를 베푸는 경기에서 지는 것이 부끄러운 일인가?"나 "베푼 은혜는 소멸하는가?"와 같은 명제를 제출해 영원불멸하는 은혜의 존재를 논한다. 6권에서는 은혜의 관계를 터득했다고 여겨지는 현자의 세계관을 제시함으로써 일종의 그가 생각하는 이상 사회를 제시한다. 7권에서는 마지막으로 "보답할 가치가 없는 사람에게도 은혜는 갚아야 하는가?"라는 문제를 제기하면서 은혜는 그것이 어떤 것이든 무조건 갚아야 한다는 논지로 이 책의 문을 닫는다.

세네카가 언급한 바 있듯이 이 책의 구성은 처음부터 중요한 핵심을 배치하고 그 여분을 뒷부분에 쓰는 방법을 취했다고 한다.[16] 이 책의 구성 방식은 꽤 논리적인 체계를 갖추고자 고민한 흔적이 역력하다. 스피노자의 『에티카』에서와 같이 정의, 공리, 명제로 구성되는 논리학을 그대로 응용하는 방식을 쓴 것은 아니지만, 이 책에는 이와 같은 논리학의 영향이 적지 않게 눈에 띈다. 처음에는 기초적인 개념을 정의하고 이를 연역하여 공리를 유도하며, 그 뒤에 명제를 제기하여 이미 설명한 기본 개념에 의해 해명하는 방식을 취했다.

---

**16** 본 번역서, 289쪽

## 세네카가 베푼다고?

세네카의 철학은 엄숙하지 않다. 물론 저속하지도 않다. 고대의 현자는 산의 가파름과 도시의 시끄러움을 모두 피해 그 경계에 놓인 평탄하고 고요한 들길을 찾는다. 세네카를 모순 없이 자신의 생각을 전개하려고 애쓰는 근대적 의미의 가파른 철학 연구자로 상상한다면, 이것은 그야말로 쓸데없는 오해만 잔뜩 키우는 꼴이다. 그의 철학은 근대의 철학자들에 비한다면 매우 가볍고 경쾌하다. 이는 세네카가 철학에 대해 취하는 독특한 입장 때문이기도 한데, 그는 철학이 생활에 활용될 수 있어야 한다고 생각했다. 그가 언급했듯이 위대한 레슬링 선수는 레슬링의 모든 기술을 빠짐없이 잘 알고 있는 사람이 아니다. 위대한 선수는 실제 시합에서 써먹을 수 있는 확실하고 정확한 몇 가지 기술만 익혀두었다가 활용하면 그만이다.[17]

프랑스의 저명한 사학자 폴 벤느의 전언에 따르면 1980년대 초 프랑스 사람들의 세네카에 대한 관심은 매우 특별했다.[18] 당시 에이즈의 위협과 같이 절대적인 위기에 직면한 사람들의 유일한 무기는 결국 "나"였고, 그런 점에서 세네카의 철학은 결국 나 자신에게로 돌아가는 철학으로 받아들여졌다. 다시 말해 이 철학은 참으로 견딜 수 없이 가벼운 현대 사회, 다시 말해서 전제된 권위도, 자연도, 신도, 전통도, 정언 명제도 없는 사회에서 나를 토대로 타자를 향한 부정의 철학으로 이해되었다고 요약할 수 있

---

**17** 본 번역서, 290쪽.

**18** 폴 벤느, 「1부 로마제국」, 조르주 뒤비, 필립 아리에스, 폴 벤느 엮음, 주영철·전수연 옮김, 2002[1985] 「사생활의 역사 1: 로마 제국부터 천 년까지」, 새물결, 235~236쪽.

다. 이 철학은 일종의 나를 지키기 위한 면역 체계로서, 불행쯤은 나에게 아무것도 아니라고 선언함으로써 "나"의 자율성을 확보하고자 하는 극단적인 수단이었다.

따라서 폴 벤느는 세네카의 철학에 대해 도덕이 아니라 생활의 기술, 혹은 "개인의 행복을 위한 레시피"라고 정의했다.[19] 세네카의 철학을 기술이라고 하면, 그것을 신앙이나 명령, 계몽과는 다른 영역으로 취급하게 되므로 받아들이는 사람의 마음은 훨씬 가볍다. 독감에 걸리면 약국에서 약을 지어 먹거나 주사를 맞는 것으로 해결할 수 있듯이 스토아 철학도 우리 삶의 고통을 경감해주는 처방을 목표로 한다.

그러나 이 같은 해석은 세네카 철학의 일면에 불과하다. 이런 풍문에 비추어 본다면 세네카의 이 책 『베풂의 즐거움』은 제목부터가 난데없다. 세네카가 베푼다고? "나"의 통일성에 대한 확고한 신뢰로부터 타자에 대한 극단적인 부정으로 사유를 전개했다고 여겨지던 개인주의자 세네카에게 이 책의 제목은 너무나 뜻밖이다. 베푼다는 것은 누가 보아도 사회를 보호해야 한다는 긍정의 메시지를 담고 있기 때문이다. 이 책의 제목으로만 판단해보면 세네카는 나를 위한 철학보다 오히려 우리를 위한 철학을 선포했던 듯이 보인다.

이 책에는 그가 사람들 사이에서 직접 부딪치며 겪는 문제들에 대해서 많은 시간을 두고 성찰한 흔적들이 나타난다. 우리에게는 그간 2000년간 사회를 조직하는 도구적인 기술이 있었지만 어느 한쪽으로 편향되어 발

---

**19** Paul Veyne, translated from the French by David Sullivan, 2003[1993], *Seneca-The Life of a Stoic*, Louteledge.

전했다. 여전히 우리는 인간관계를 가파른 에베레스트의 빙벽만큼이나 어렵다고 여기며 고통스러워하는 경우가 많다. 우선 떠오르는 것은 직장 상사와 부하 직원 간의 갈등이나 고부간의 갈등이다. 이런 갈등을 경감하는 데는 사회 전체의 통제를 위해 발전시켜 온 온갖 기술들도 무용하다. 간혹 적절한 처세술 책이나 자기계발 서적이 있지만 그것도 효과가 신통치 않다.

이런 부문에서는 당연히 이런 문제가 제기될 것이다. 남에게 잘해주었다고 생각했는데 베푼 은혜가 재앙으로 돌아온 적은 없었는가? 누군가의 도움이 몸서리치게 부담스러웠던 적은 없었는가? 부정선거인지 뻔히 알면서도 뭐라도 받은 후보자에게 표를 찍어줘야 할 것 같은 압박감을 느낀 적은 없었는가? 부모님이나 스승의 지나친 보살핌이 당연하게 여겨지지 않고 불편하게 느껴진 적은 없었는가?

이러한 질문들은 공리적인 타산성의 원리로는 이해할 수 없는 힘이 여전히 우리의 삶을 지배하고 있다는 것을 표시한다. 이와 같이 주고받고 갚는 일이 결코 자유롭게 여겨지지 않고 쉽지 않다는 것을 경험한 사람이라면, 이 책이 현실에서 갖는 실용적 효과는 분명하다. 이 책은 사람들이 제대로 은혜를 베풀고 갚는 법을 모른다면 즐거움을 얻을 수 없다는 문제로부터 시작하고 있기 때문이다.

세네카에게서 서양의 근현대인들이 보고자 욕망했던 개인주의는 사실상 착시이다. 아니 그들을 위한 일종의 활용이었다고 말하는 편이 더 적절할 듯싶다. 이때 그들이 세네카에게서 보고자 한 개인은 사실상 "신들"이 부여해준 자율적인 이성을 가진 "나"였고, "나"는 전체로서의 사회에 대해 선택적 거부권을 행사하기만 하는 소극적 존재가 아니라는 것을 세네카의 이 책은 충분히 보여준다. 여기서 "나"는 전체로서의 사회와 대립되는 개인이 아니라, 오히려 베푸는 인간, 즉 호모베네피쿠스homo beneficus로서 사회를 만드는 이성을 가진 존재로 가정되며, 세네카가 "나"라는 틀의 구름판을 통해 최종 도달하려는 지점도 은혜를 통해 형성된 나와 너의 구체적인 사회관계였다. 그런데 나를 통한 이상적인 사회관계가 어떻게 가능한가? 이 이야기는 그의 은혜에 관한 이야기를 통해 들어보도록 하자.

### 은혜란 무엇인가?

세네카는 은혜에 관해서 베푸는 방법, 입는 방법, 갚는 방법의 세 방향으로 나누어 접근하고 있는데, 그 과정에서 은혜를 매우 독특한 개념어로 정의하고 있다.

> 은혜란 무엇인가? 은혜란 기쁨을 주고 그렇게 함으로써 기쁨을 얻으며, 이런 일을 행할 수 있도록 기꺼이 준비하는 선의의 행동이다.[20]

이 정의에서 핵심어는 "기쁨"이다. 기쁨은 쾌락과는 다르다. 쾌락은 한계효용의 법칙에 종속되지만 즐거움이라는 의식 활동은 쾌락과는 다른 조건에서 작동한다. 쾌락의 원리가 작동하는 세계란 우리가 흔히 말하는

---

[20] 본 번역서, 24쪽.

경제 원리가 작동하는 세계이다. 서로의 계산에 의해 시장에서 상품이 교환된다. 그러나 즐거움은 쾌락의 원리 바깥에 존재하고 있다. 이 즐거움은 증여자와 수증자가 구별이 안 될 만큼 함께 기뻐하는 관계를 말한다.

나아가 세네카는 은혜를 사람의 손이 닿을 수 없는 형이상의 장소에 위치시킨다.

> 은혜를 입었을 때 그가 빚진 것은 무엇인가? 빚진 것은 그가 받은 돈이라고 말하는 사람도 있고, 빚진 것이 집정관직이나 성직, 혹은 지방의 장관직이라고 말하는 사람도 있다. 그러나 이것들은 모두 은혜 자체를 가리키는 것이라기보다는 은혜를 표현하는 도구에 불과하다. 일이란 사람이 마음만 쓰면 완수할 수 있는 것이지만, 은혜는 사람의 손이 닿을 수 없는 곳에 존재한다. "은혜를 베푸는 재료"와 "은혜" 그 자체는 전혀 다르다.[21]

세네카는 여기에서 은혜와 선물을 구별하고 있음을 알 수 있다. 선물은 사람의 손이 닿을 수 없는 은혜를 베푸는 재료일 뿐, 은혜 그 자체와 동일시할 수는 없다. 따라서 은혜는 베푸는 행위나 선물보다 그 사람의 의도를 더 중시한다.

> 은혜를 베푸는 데에는 베푸는 일이나 선물 그 자체보다는 베푸는 사람의 의도가 더 중요하다.

---

**21** 본 번역서, 22~23쪽.

베푸는 행위와 선물은 좋은 것도 아니고 나쁜 것도 아닌 반면, 은혜는 반드시 좋은 것이다.[22]

증여 행위나 선물은 증여하는 의도와는 뚜렷이 구별된다. 별 볼 일 없는 것을 고양시키고, 큰 가치가 있다고 여겨지는 것도 그저 그런 것으로 만드는 것도 사실상 그 의도에 있다. 은혜는 계산될 수 있거나 남에게 양도될 수 있는 것이 아니다. 작은 선물일망정 훌륭한 방식으로 주면 받는 사람은 더 많은 것을 느낄 수 있는 법이다.

세네카는 소크라테스에게 재물이 없어서 자기 자신을 선물로 바친 제자의 이야기를 예로 들어 소개하고 있다.

소크라테스는 그의 학생들에게서 많은 선물을 받았다. 학생들은 자기 능력껏 바쳤지만, 아이스키네스는 너무나 가난해 바칠 만한 물건이라고는 눈을 씻고 찾아봐도 없었다. "저는 가난하여 선생님께 드릴 변변한 물건은 없고, 바칠 수 있는 유일한 것이라고는 저 자신뿐입니다. 선생님, 저라도 기꺼이 받아주시길 바랍니다. 다른 사람들이 선생님께 많은 선물을 바쳤다고 해도, 자신을 위해서는 더 많은 것을 남겨두었다는 사실을 잊지 않으셨으면 합니다." 이에 대해 소크라테스는 이렇게 답했다. "너 자신보다 더 큰 선물이 또 있더냐. 설마, 너 자신을 별 볼 일 없다고 여기는 것은 아니겠지. 네가 선물로 바친 너 자신을 처음 받았을 때보다도 더 훌륭하게 만들어서 되돌려주마." 자신

---

**22** 본 번역서, 24쪽.

을 선물로 바친 아이스키네스는 당시 자신의 부에 걸맞게 넉넉한 선물을 했던 알키비아데스를 뛰어넘을 수 있었다.[23]

이 감동적인 이야기를 통해서 갚을 수 없는 은혜란 없다는 것을 이해할 수 있을 것이다. 은혜는 재물이 아니라 얼마든지 성의와 태도로 갚을 수 있기 때문이다.

이제 논리의 다른 쌍인, 은혜를 잘못 베푼 경우에 대한 세네카의 이야기를 들어보자. 사람들이 도움을 구하는 사람들을 어떻게 대했기에 그들은 배은망덕으로 갚는가?

> 은혜를 저버린 사람에게는 비난이 쏟아지게 마련이지만 은혜를 베푼 사람도 비난받아야 할 때가 적지 않다. 많은 사람들이 은혜를 저버리는 것은 베푼 사람의 책임인 경우가 많다. 잘 생각해보라. 은혜 입은 사람에게 은혜를 갚으라고 무자비하게 군 적은 없었는지? 은혜를 베푼 바로 그 순간, 변덕이 생겨 은혜 베푼 일을 후회한 적은 없었는지? 혹은 별것 아닌 것을 가지고 번잡을 떨며 불평을 늘어놓은 적은 없었는지? (중략) 상대방이 무엇을 부탁하려는 기색을 느끼고는 그 자리에서 미간을 찌푸리며 외면하거나, 언제 끝날지도 모를 긴 이야기를 늘어놓으며 부탁조차 하지 못하게 입을 막아서야 쓰겠는가? 아니면 다급한 부탁을 온갖 수를 써서 교묘히 따돌린 적은 없었는가?(중략) 거만한 태도로 은혜를 획 던져주거나, 화를 내며 면전에 내던지거나, 아니면

---

**23** 본 번역서, 25~26쪽.

들볶이지 않으려고 마지못해 짜증스럽게 베푼다면, 그런 사람에게 감사의 마음을 가질 사람이 누가 있겠는가? 게다가 도와줄지 어쩔지 모르는 애매한 태도로 시일만 질질 끌며 한참 괴롭힌 끝에 은혜를 베풀고는, 그렇게 하고도 베푼 은혜가 돌아오기를 기대한다면 이것은 그야말로 말도 안 되는 일이다.[24]

이 세상에 잘못된 방식으로 베풀면 안 된다는 것을 모를 사람이 어디 있겠는가? 그런데 우리 대부분은 잘못된 방식으로 베푸는 것이 어떤 양태인지에 대해서 무지한 경우가 많다. 세네카는 세세한 묘사력으로 그 양태가 어떠한 것인지 명확히 지시하고 있다.

그렇다면 도대체 어떻게 해야 은혜를 제대로 베풀 수 있다는 말인가? 이때 세네카는 예수나 공자와 거의 같은 말로 답한다.

우리가 은혜를 입기 원하는 방식 그대로 은혜를 베풀면 된다. 다시 말해 은혜는 기꺼이, 빠르게, 그리고 아무런 망설임 없이 베풀어야 한다.[25]

왜 은혜를 기꺼이, 빠르게, 그리고 아무런 망설임 없이 베풀어야 하는가는 논리의 문제가 아니라 생활 감각의 문제이다. 이 감각은 살아가면서 일종의 언어와 같이 익히는 것이다. 협력을 요청하지 않을 수 없는 것은 사회적 존재로서 인간이 겪는 숙명이다. 이것은 사회의 공적 구조가 이른바 합리적으로 개선되더라도 여전히 남을 수밖에 없다. 그것은 윤리의 문제

---

24 본 번역서, 12~13쪽.
25 본 번역서, 41쪽.

이자 태도의 문제이기 때문에, 참여하는 사람의 자발성 없이는 개선될 수 없다. 협력을 요청했을 때 거부하지는 않지만 만일 상대 쪽에서 어쩔 수 없이 느리게 망설이면서 대응했다면 그 사람의 진정한 의도를 의심하게 마련이다. 사실상 이 같은 작은 차이가 그 사람이 선물을 베푸는 행위를 은혜로 판단할 것인지의 여부를 결정하게 된다. 앞서 언급했듯이 은혜는 그 사람의 의도에 있기 때문에, 베푸는 사람의 의도에 따라서 평가가 달라지고, 그 의도는 태도로 드러난다.

사실상 이와 같은 태도의 시비 공방 자체를 뛰어넘는 더 좋은 방법이 있다면, 그것은 그쪽에서 요청하기도 전에 헤아려서 미리 베푸는 것이다.[26] 무엇인가를 부탁하는 것은 편치 않고 부담스럽기 때문에, 은혜를 입게 될 사람이 무엇을 원하는지 미리 알아차려서 베푼다면 그 사람에게 최상의 은혜로 기억될 것이라는 것이다. 배려의 방법은 이것 이외에도 끝없이 제기된다. 상대방이 간청의 말을 길게 늘어놓기 전에 미리 끼어들어 조처를 해주고, 인간적이고 친절한 대화를 나누면서 은혜를 베푸는 것이 좋으며, 무엇보다 베풀 때는 최대한 예의를 갖추어야 하며, 공격적으로 모욕을 주어서는 안 되고, 남모르게 베풀어야 한다. 그리고 지난 은혜를 상대방에게 환기시키지 말아야 하고, 은혜를 베푼 사람은 베푼 은혜를 잊어버려야 하며, 절대로 교만한 태도로 베풀지 말아야 하며, 해가 될 선물은 베풀지 말고, 위선적인 은혜는 절대 베풀지 말아야 한다는 것 등 수많은 주의 사항을 늘어놓고 있다.

---

26 본 번역서, 41~42쪽

흔히 당하는 일이지만 은혜를 베풀었는데 돌려받지 못하는 경우가 종종 있다. 이럴 때 이런 사람에게도 계속 베풀어야 하는가라는 질문에 봉착한다. 세네카는 계속 베풀어야 한다고 말한다. 세네카는 사나운 짐승을 길들이는 조련사를 예로 들어 설명했다.

조련사가 배려와 관심을 보여준다고 처음부터 자기 성질을 누그러뜨리고 애정을 주는 유순한 동물은 이 세상에 없다. 그렇지만 조련사들은 물리지 않고 사자를 다룰 줄 알고, 가장 사나운 코끼리조차 먹이로 복종시킬 수 있다. 계속 잘 돌보고 친절히 대한다면 은혜가 무엇인지 모르는 짐승조차 굴복시킬 수 있는데, 어쩌다가 한 번 은혜를 베풀었다고 해서 그것에 감사할 사람이 이 세상에 어디 있겠는가? 두 번 은혜를 베풀었다고 감사할 사람도 아마 없을 것이다. 그가 이전의 모든 은혜들을 모조리 잊어버려서일까? 그건 아니다. 세번째로 은혜를 베푼다면 그는 이전의 은혜들을 모두 떠올릴 것이기 때문이다.[27]

세번째에도 베푼 은혜에 응답하지 않으면 어떻게 할 것인가? "은혜 입은 사람이 은혜를 저버릴 때마다 나타나서 그대의 은혜로 포위하라."는 것이다.[28] 마르셀 에나프도 지적한 바 있듯이 이러한 방식은 신약에서 예수가 행한 가르침과도 크게 다르지 않은데, 이 두 사람의 공통점은 둘 다 일종 포틀래치potlatch를 설파했다는 것이다.[29]

그런데 여기서 세네카의 은혜를 포틀래치라고 표현하는 것은 그의 의

---

**27** 본 번역서, 17쪽.

**28** 본 번역서, 17쪽.

도를 고려한다면 지나치다. 앞서 언급했듯이 세네카에 따르면 베푸는 행위 자체는 중성적이고, 은혜는 가치 개념이다. 포틀래치는 선물이라는 물건의 크기에 따라 좌우되지만, 은혜는 선물이 중시되지 않으며, 심지어 물건이 없이도 은혜를 베푸는 것이 가능하다. 무엇보다 그의 논의에 따르면 은혜를 베푸는 일은 계산이 없어야 한다.

> 보상을 바라고서 고결한 행동을 하거나, 대가가 크지 않거나 어떠한 보상이 돌아오지 않는다고 덕을 베풀지 않는 사람들이 있다. 하지만 어떤 이익을 바라고서 덕을 베푼다면 그것은 고상하거나 위대한 일이 못 된다. (중략) 은혜를 두고 계산하는 일보다 수치스러운 일은 이 세상에 없을 것이다. 은혜를 베풀 때 우리 자신의 이해관계나 이득을 고려해서는 안 된다.[30]

여기서 세네카는 은혜를 쾌락 원리가 지배하는 계산의 영역 밖으로 위치시켜 초월성을 부여하고자 한다. 다시 말해 예수의 일생을 평가하듯이 자신을 파멸로 이끌지라도 멈추지 않고 대가 없이 베푼다는 의미의 순수 증여야말로 은혜에 대한 그의 최종 제안이었다.

## "은혜"의 수수께끼

20세기 초 "증여"의 문제는 세네카의 문제의식과는 무관한 시각에서 서

---

**29** 마르셀 에나프는 세네카의 주장을 포틀래치라는 관점에서 독해하고 있다. 참고로 포틀래치란 사회적인 지위를 승인하기 위한 행사로, 1849년 남부 콰키우틀 인디언들 사이에서 가장 성행했던 의례로서 선물의 크기가 클수록 상대방에게 인정을 받는 규칙이 있었다(Marcel Henaff, 2010[2002], pp.257~266).

**30** 본 번역서, 135쪽.

구 사회로 다시 찾아왔다. 1924년 마르셀 모스는 『증여론』을 출간하여 "원시사회"와 고대사회의 의례적 증여 관행에 대해서 지적한 것으로 유명하다. 모스가 이 같은 선물 교환 관습에 대해서 처음 지적한 학자는 아니지만, 이 관습에 대해서 가장 처음 큰 의미를 부여했던 사람이었던 것은 틀림없다.

마르셀 모스가 증여에 관심을 가졌으면서도, 증여에 대한 풍부한 사례가 담긴 세네카의 이 책에 대해 그의 『증여론』뿐 아니라 그의 어떠한 논저에서도 일절 언급하지 않았다는 것은 그 자체가 수수께끼로 느껴질 지경이다.[31] 다음은 세네카가 은혜를 통해 인간 사회의 결합을 이룰 수 있다는 포부를 밝히고 있는 장면이다.

우리는 은혜에 관해 토론함으로써 인간 사회를 하나로 만드는 가장 중요한 것이 무엇인지 생각해 인생의 법칙을 단호히 주장하고자 한다. 따라서 가장 훌륭한 일은 친절을 가장하여 우리 자신이 만족하는 것이 아니라, 모자라지도 과하지도 않는 관대함을 베푸는 것임을 보여주려 한다.

사람들은 아낌없이 은혜를 베풀고, 스스럼없이 은혜를 입으며, 또 기꺼이 은혜를 갚을 줄 알아서, 거대한 도전에 몸소 맞선다. 사람들은 은혜를 베푼 사람의 행동이나 태도에 부응해야 할 뿐 아니라 그의 은혜를 뛰어넘을 수 있어야 한다. 은혜에 보답하는 사람이 베푼 사람보다 앞서 나가지 않는다면, 은

---

**31** 비달은 모스가 독서 폭이 넓고 이 분야 전공자인 친구들이 많은데도 불구하고 이 책을 몰랐다는 게 이상하다고 말하며, 이 두 책의 구상이 흡사한 데 대해 데자뷔 같다고 표현했다.(Vidal, translated by E. Rimbault, 2014, "The three Graces, or the allegory of the gift", HAU: Journal of Ethnographic Theory 4(2), p.340.)

혜 베푼 사람을 결코 따라잡지 못할 것이다. 은혜를 베푸는 사람들은 계산하지 말아야 하고, 은혜 입은 사람은 자신이 받은 것 이상을 빚졌다는 사실을 가슴 깊이 새겨야 한다.[32]

세네카가 관대함을 이야기하고 있는 이 대목은 『증여론』의 다음 구절을 동시에 떠올리게 한다.

자유롭고 무상無償인 것으로 보이지만, (실제로는) 강제적이며 타산적打算的이다.[33]

겉으로 자발적으로 보이는 증여들은 모두 허위적이며, 실제로는 "의무와 경제적인 이해관계만 있을 때에도 거의 아낌없이 제공되는 선물의 형식"을 취한다는 것이다. 사실 이 말의 뉘앙스는 모스가 포틀래치를 염두에 두고 한 말처럼 느껴진다.

이 두 장면만을 비교한다면 세네카와 모스는 시소의 서로 대칭되는 자리에 무게를 달고 앉아 있는 셈이다. 모스의 입장에서 세네카는 경제적인 참된 관계를 은폐하고 허위적이고 가식적인 것을 주장하고 있는 것이고, 세네카의 입장에서 모스는 자발적이고 순수해야 할 증여를 외적인 타성에 의해 행동하는 것으로 오염시키고 있다. 이 같은 견해차는 고대인과 현대인이 만났을 때 서로를 얼마나 혐오할지 상상하게 한다. 그러나 그 의미

---

**32** 본 번역서, 21~22쪽.

**33** 마르셀 모스, 이상률 옮김, 2002[1925] 『증여론』, 한길사, 47~48쪽.

가 단지 두 사람이 2000년의 시차를 가지고 있다는 것을 뜻하는 것만이 아니라, 문명사적으로 볼 때 오히려 세네카의 증여에 대한 태도가 보편적인 입장을 보여주는 반면, 모스가 매우 독특하고 예외적인 근대적인 시각을 가지고 있다는 것을 의미한다.

모스의 사유에서는 마르크스와 마찬가지로 현실과 이데올로기가 분리되어 있다는 것을 발견하게 되는데, 이때 이 이데올로기는 사람들을 기만하는 매우 부정적인 작용을 하는 것으로 가정된다. 시소의 다른 쪽에 있는 세네카는 "은혜"야말로 "인간 사회를 하나로 만드는 가장 중요한 것"이라고 주장하겠지만, 모스의 시각에서는 허황된 이데올로기로 비칠수도 있다. 그러나 세네카가 "인생의 법칙"이라고 한 부분, "가장 훌륭한 일은 친절을 가장하여 우리 자신이 만족하는 것이 아니라, 모자라지도 과하지도 않는 관대함을 베푸는 것임을 보여주려 한다."라는 구절에 대해서는 모스도 이데올로기로만 보기 힘든 면이 있을 것이다. 설사 어떠한 정치적 경향을 띠더라도 부처나 공자나 예수의 말 자체를 모두 이데올로기로 치부하는 것은 극히 드물기 때문이다.

베풀려는 의지를 통해 사회를 형성하고, 베푸는 방법을 상황에 따라 조절함으로써 선의가 실현되도록 하려는 배려를 동시에 이해할 수 있다는 의미의 이 대목은 모스가 지적하는 포틀래치의 기만적인 과시와는 거리가 멀 뿐만 아니라, 오히려 그것을 억제하고자 시도한다는 점에 유의해야 한다.

모스가 순수 증여 자체를 허위적인 이데올로기로 보는 한, 증여하려는 모든 선의의 의도에 대해서는 의심하게 마련이다. 따라서 그는 현실에서 그에게 강제되는 의무로서 환원하여 이해하려 했다.

> 주는 것을 거부하는 것, 초대하는 것을 소홀히 하는 것—받는 것을 거부하는
> 것과 마찬가지로—은 전쟁을 선언하는 것과 같다. 그것은 결연과 교제를 거
> 부하는 것이다. 또한 사람이 물건을 주는 것은 그렇게 하도록 강제하기 때문
> 이며, 수증자는 증여자에게 속하는 모든 것에 대해서 일종의 소유권을 갖고
> 있기 때문이다. 이 소유권은 영적인 유대로서 이해된다.[34]

이처럼 모스의 서술은 "원시사회"에서의 주기, 받기, 답례하기의 방식을
일종의 계약 방식에 따른 강제에 의해 행해지는 의무로 여겼음을 알 수
있다.[35] 이러한 의무는 모든 선물 교환 방식에 해당되는 것이 아니라, 의례
적인 증여에만 해당된다는 것에 유념할 필요가 있다. 다시 말해 의례라는
것은 생일이나 구정, 혹은 추석처럼 선물이 교환될 것이라는 인지의 틀이
미리 깔려 있는 경우에 한정된다. 이후 모스는 이러한 의례를 가능하게
하는 외적 힘을 총체적인 사회적 사실로 규정하고, 이것을 이 의례적 증
여 관계에 참여하는 사람에 관여하는 법적, 도덕적, 육체적, 정신적인, 한
마디로 총체적인 사회적 장치라고 여겼다.[36] 의무를 강제하는 이러한 사
회적 장치야말로 순수 증여를 과장하는 도금이 벗겨진 민얼굴이라고 보

---

**34** 마르셀 모스, 이상률 옮김, 2002[1925] 『증여론』, 한길사, 73~75쪽.

**35** 오명석, 2010 "선물의 혼과 신화적 상상력: 모스 『증여론』의 재해석", 『한국문화인류학』 43권 1호, 한국문화
인류학회 참조. 오명석의 이런 입장은 메리 더글러스나 마르셀 에나프 등과도 공명한다.

**36** 브뤼노 카르센티, 김웅권 옮김, 2009[1994] 『마르셀 모스, 총체적인 사회적 사실』, 동문선.

았다.

　지금까지 모스의 관점에 대해 살폈다. 이러한 모스의 지형에서 세네카의 증여가 위치하는 곳을 찾아볼 필요가 있다. 우선 유의할 점은 모스가 선물 증여를 이야기하는 사례와는 조금 다른 영역의 일일 수 있다는 것이다. 세네카의 증여는 사회적 관계를 표시하는 의례에 대한 인지적인 틀(프레임)이 없이, 다른 사람이 비상시적으로 청탁하거나 어떤 일에 대한 칭찬을 필요로 할 때를 말한다. 그러나 이러한 경우조차도 상호적인 인지가 가능하지 않는 경우는 없으므로 프레임이 깔려 있다고 보아야 할 것이다. 그러나 모스의 경우보다는 훨씬 상황 의존적이고, 베푸는 사람의 자의적 선택에 많이 매여 있다.

　세네카의 증여의 경우 이념적으로는 경제적인 동기에 의한 것이 아니다. 선물을 주는 목적은 앞서 말했듯이 "즐거움"에 있다. 더욱이 세네카는 심지어 선물이 없이도 은혜를 베푸는 것이 가능하다고 말하지 않았던가? 이와 같이 선물 교환의 동기를 경제에서 찾지 않는 것은 세네카와 모스가 의견을 같이하는 지점이다.

　그렇다면 세네카는 증여의 또 한 가지 요소인 증여하는 행위 그 자체에 가치를 두는 것인가? 이것에 대해서도 세네카는 어떤 의미도 찾을 수 없다고 했음을 앞서 언급했다. 이 행위 자체를 제스처로 이해한다면 의미가 달라진다. 위의 모스의 글의 인용문에서 볼 수 있듯이 주는 행위를 "결연과 교제의 거부"로 이해하여 전쟁을 불사하거나, 받는 행위를 "소유권"을 표상하는 것이라고 생각하는 것이 통례이기 때문이다. 거란에서 낙타 수십 마리를 고려에 보냈지만 고려 정부는 그것을 받지 않고 굶겨 죽었다는 식이다. 이것은 선물의 수수授受가 일종의 상징 교환으로서, 이것을 인정 투쟁의 한 방식으로 이해해야 한다고 보는 마르셀 에나프의 견해와도 통한다. 그러나 모스의 이 같은 예도 마찬가지로 그것이 의례적이기 때문이라는 것이다. 사실상 특정한 선물 교환을 의례의 일종으로 본다면 모스에게 제기되었던 수수께끼는 더는 수수께끼가 아니게 된다. 그것은 레비스트로스가 이 의례를 언어와 같은 속성의 것으로 본 것과 크게 다르지 않기 때문이다. 따라서 증여자가 쓰는 선물 증여에 부여하는 상징적 언어는 받는 사람의 행위와 동일하고 또 답례하는 자와 동일하기 때문에, 분석자의 입장에서는 어느 쪽 언어도 모두 같은 언어이다. 따라서 어느 쪽부터 분석하든 크게 문제될 것이 없다. 이와 같이 언어로 소통하듯 상징 행위가 상호적으로 잘 전달되는 상태에 대해서 세네카는 자신이 현자로 여기는 크리시포스의 예를 통해 이야기하고 있다.

스토아학파의 학자인 크리시포스가 제시했던 공놀이의 비유를 생각해보자. 공놀이를 하던 중에 공이 땅바닥에 떨어졌다면, 이는 던지는 사람의 실수나 받는 사람의 실수 때문일 것이다. 두 사람이 적절한 방식으로 공을 주고받는다면 놀이는 계속될 수 있다. 훌륭한 선수는 상대편이 키가 큰지 작은지에 따라 공을 다르게 던질 것이다. 은혜를 베푸는 방식도 이와 마찬가지이다. 은혜를 베풀고 입은 사람 모두 자신의 사회적 역할에 적절한 방식이 아니라면, 선물을 제대로 베풀 수도, 제대로 받을 수도 없다. 노련한 선수와 공놀이를 할 때에 우리는 공을 좀 더 과감하게 던질 수 있다. 아무리 세게 던져도 그의 민첩한 손이 공을 잡아 다시 돌려보낼 것을 알기 때문이다. 익숙하지 못한 초심자와 공놀이를 할 때에는 보다 부드럽게, 그리고 그의 손에 공이 쏙 들어가게 던져야 하며, 되돌아오는 공을 받기 위해서는 힘들게 뛰어다녀야 한다. 은혜를 베푸는 경우도 마찬가지이다. 어떤 사람에게는 은혜를 베푸는 방식을 가르쳐주어야 하며, 이들이 그것을 시도했다는 것만으로, 그런 용기와 의지를 가졌다는 것만으로 만족할 수밖에 없다. 그런데 우리는 종종 보답하지 못할 정도로 베풀어야만 그 선물이 위대해지는 것처럼 행동함으로써, 상대가 감사하는 마음을 가질 겨를조차 빼앗아버린다. 이는 비열한 선수가 계략을 써서 상대편을 속이는 것과 같은 짓이다. 이렇게 되면 놀이 자체가 깨지게 된다. 두 선수 모두 놀이를 하기 원해야 놀이가 지속될 수 있는 법이다.[37]

이 구절만 놓고 보자면 요한 하위징아의 『호모 루덴스』에 나오는 한 구절이라고 해도 믿을 지경이다.[38] 상식적으로 놀이가 주는 정서는 즐거움이다. 이 즐거움을 통해 놀이 참가자의 관계가 유지되는데, 여기서 세네카가 의도하는 바가 더욱 분명해졌다. 특히 은혜를 통해 인간의 사회관계를 결합시킨다는 말의 의미는 곧 위 공놀이의 비유만큼 적절한 것도 드물다. 여기서 공놀이의 성패는 주고받는 행위를 지속하느냐 중단하느냐에 달려 있다. 누가 더 세게 던져 상대방이 못 받게 하느냐가 문제가 아니다. 서로의 관계가 얼마나 오랫동안 주고받는 관계를 유지하느냐에 달려 있다. 관계의 지속과 단절이 있을 뿐이다. 그래서 사람들은 이 공놀이가 지속될 수 있도록 "모자라지도 과하지도" 않은 관용의 주의력을 계속 요청하며,

---

37  본 번역서, 62~63쪽.

38  요한 하위징아, 2010 『호모 루덴스: 놀이하는 인간』, 연암서가.

이러한 관계를 통해 "사람들은 아낌없이 은혜를 베풀고, 스스럼없이 은혜를 입으며, 또 기꺼이 은혜를 갚을 줄 알아서, 거대한 도전에 몸소 맞선다."는 것이다.

여기서 공놀이가 은혜를 주고받고 답례하는 과정의 은유로 이용되고 있음을 본다. 앞서 언급했던 모스로 돌아가 생각해보면, 그도 마찬가지로 이러한 의례적 선물 교환이 그가 생각하는 더 현실적인 관계, 예컨대 정치경제적인 사실을 드러내는 현실적인 은유로 사용되었다는 설명은 그 자체로 이해가 된다. 그런데 여기서 공놀이가 은유로 사용되고 있는 것은 타당하다고 생각하지만, 요한 하위징아는 공놀이가 은유로만 기능한다는 말에는 전적으로 동의하지 않을 것이다. 현실에서의 공놀이 그 자체가 현실적인 사회적 사실로서 정치경제적인 사실에 얼마든지 영향을 미칠 수 있기 때문이다. 그것 자체가 사회관계에서 일정한 기능을 정해주는 역할을 하는 것은 물론, 사회관계라는 눈에는 보이지 않는 실재에 대해 조정하는 역할을 한다. 사실상 의례의 현실적 기능이 그런 것이다. 이런 관점에서 본다면 정치경제적인 사실이 진짜 현실이고, 공놀이는 가짜 현실이라고 말하는 것은 그 자체로 위험하다. 사실상 공놀이라는 은유적 표상을 통하지 않고 그 실체에 접근하지 않을 수 없다면, 그 실체는 오히려 그 표상에 종속되게 마련이다.

세네카가 은혜를 베풀고 입고 갚는 방식을 설명하는 것이 최종적으로 가 닿는 이상의 종착지는 그의 신화적 해석을 통해 드러난다. 이에 대한 이야기를 하기 전에 두 가지 유의할 점이 있다.

첫째는 오히려 신화라고 하면 성서도 대문자 신$^{God}$의 신화라는 사실을 상기할 필요가 있다는 것이다. 이것을 인식하는 것은 매우 중요한데, 왜냐하면 앞으로 세네카가 소개할 소문자 신들gods이 사람들과 맺는 관계로 상상되는 것이 대문자 신과 사람들이 맺는 관계와는 다르다는 것을 미리 이해할 필요가 있다는 것이다. 그 관계가 어떻게 다른가를 인식하는 것은 세네카가 드러내고자 하는 선물을 중심으로 한 인간관계의 특성을 그대로 드러내주는 것이라고 할 수 있다.

두번째는 세네카가 현대의 신화학자가 신화를 분석하듯이 다루고 있는 것이 아니라, 그 자신이 신앙인이라는 점이다. 무슨 말이냐 하면 그는 실제로 신들을 믿고 따르고 모방하려 한다는 점이다. 그 신앙의 행태가 대문자 신을 숭배하는 방식과 다소 다를 뿐이다.

세네카는 베풂의 즐거움을 상징하는 세 여신 그라티아이에 대해 다음과 같이 이야기하고 있다.

서로 손을 맞잡고 둥글게 원을 그리며 춤을 춘다는 사실은 무엇을 뜻하는가? 이 형상은 은혜가 손에서 손으로 전해져서 다시 베푸는 이에게 돌아가는 질서로 움직인다는 의미이다. 만일 어떤 지점에서 주요한 부분이 깨지면, 은혜의 주된 특성도 사라진다. 그렇지만 이 연속적인 운동이 계속 이어진다면 이 세상에 이보다 더 아름다운 일은 없을 것이다. 이 춤추는 세 자매 중 나이가 많을수록 가치가 커지는 법인데, 은혜를 베푸는 일도 이와 마찬가지다. 세 명의 그라티아이는 즐거움을 표상한다. 이것은 일반적으로 은혜를 베풀고 입는 사람들이 느끼는 즐거움과 꼭 닮았다. 그들이 젊은 모습을 한 이유는 은혜에 대한 기억이 결코 늙어 없어지지 않는다는 것을 표상한다. 그들이 처

녀인 까닭은, 선물이 순수하므로 모든 사람들에게 우러러 공경받기 때문이다. 그들이 헐거운 옷을 입고 있는 까닭은 은혜란 제약되어서도 의무를 가져서도 안 되기 때문이며, 그들의 옷이 투명한 까닭은 은혜가 전면에 드러나고자 하는 속성이 있기 때문이다.[39]

---

**39** 본 번역서, 18~19쪽.

앞서 세네카가 배은망덕의 원인을 감사할 줄 모르는 마음가짐에서 찾았다는 것을 언급한 바 있다. 그는 신들에게 감사하는 마음을 회복함으로써 베푸는 사람들에게도 감사할 수 있도록 권유한다. 이것만을 보면 대문자 신에게 행하는 예배의 목적, 다시 말해서 강한 이데올로기적 명령하에 있도록 하는 것과 크게 다르지 않게 보이지만, 이 세 여신을 공경하는 방식이 그것과는 현격한 차이가 있다는 것을 알 수 있다.

세네카는 이 같은 소문자 신들을 대가 없이 베푼다는 "순수 증여"의 원형으로 설정하고 있다. 그런데 이들은 사람에게 베푸는 것이 아니라 서로에게 베푼다. 이들은 자신들의 아름다움을 모사하도록 가르치는 교육적 효과를 노리고 있다. 불언지교不言之教이다. 그들 안에서 즐거움이 어떻게 영원히 끊임없이 이어질 수 있는지를 형상한다. 이 무위無爲의 순간을 어떻게 명령으로 가르칠 수 있겠는가? 사람은 멍하니 있어도 이기적이라고 한다. 예술은 사람의 의식을 그쪽으로 옮겨 잠시 리듬에 귀의하는 순간 잠시 자신의 욕망을 잊게 한다.

비달은 이 장면으로 모스가 『증여론』에서 마오리족의 증여 관습을 하우hau를 통해 설명하는 지점으로부터 오늘날의 교환에 이르기까지 끊어진 지점을 채우려 했다. 그는 그리스 시대로부터 이어져 내려오던 별개의 두 가지 개념이, 위의 도상 해설에서 합치된 것으로 이해한다. 그 두 가지 개념이란 "카리스charis"와 "그라티아이Gratiae"를 뜻한다. 비달은 카리테스 여신들은 카리스charis를 실어 나르는 도구로 이해했다. 그리스어 카리스charis가 로마어인 그라티아gratia, 영어인 그레이스grace로 개념적 변화를 거치는 과정에서 발견되는 중요한 계기는 바울에 의한 기독교 문화와의 결합과 르네상스기 신新플라토니즘에 의한 법칙적 해석이라고 할 수 있는데, 그 과정은 애초에 상호 간의 평등한 수평적 연대가 신과의 수직적 관계로 변화하면서 해체되는 과정을 의미한다는 것이다.[40]

사실 이러한 변화에 대한 비달의 설명은 전문적이기도 하고, 너무 어렵다. 이 부분에서 만큼은 마르셀 에나프의 다음과 같은 설명이 훨씬 명확한 전달력이 있다.

> 그라티아는 기쁨이나 매력을 뜻한다. 받은 선물에 기뻐하는 아이와 선물이 표현하는 사랑, 사랑 그 자체에 충만감을 느끼고 압도된 사람들은 어떠한 보답의 기대나 복종을 넘어서는 관계를 경험하게 된다. 이때의 감정은 관용과 환희다. 그런 의미에서 감사의 표현은 대칭이나 균형을 기대하는 것과는 사뭇 다르다. (중략) 감사는 욕망의 영역, 다시 말해 경험한 기쁨을 표현하고자 하는 절실한 욕망 안에 남아 있는 흥거운 관계를 가리킨다. 대응하여 갚는 일이 있다면 그것은 도전적인 이중성의 밖에 위치하는데 마치 증여자가 주면서 동시에 받는 듯하다. 이러한 표현은 그들 두 사람보다 앞서 존재하고 고대의 과도함, 인생의 진리 그 자체로 모호하게 느껴지는 삶의 관용에서부터 나온다. 그것은 마치 선물이 누구에서부터 나온 것이 아니라, 신성한 이름으로 돌려지기 이전부터 존재하였던 것과 같다. (중략) 그런데 어느 한쪽으로만 행해지는 증여의 표현에는 위협의 조짐이 있다. 다시 말해 증여자는 자신의 우월한 지위로 인한 오용에 압도될 위기에 처하게 되는데 결국 보상이 필요 없

---

40  Vidal, translated by E. Rimbault(2014).

376

는 증여의 특권을 지배의 관계로 전환한다. 은총 관계를 악용하면 가장 교활한 형태의 부채가 될 수 있다. 이런 부채에서 채무자는 선물을 받는 데 죄밑을 갖게 된다. 이러한 위협과 잠재적인 오용은 도덕적이거나 종교적이지만 은혜의 사회화이기도 하고 종교적인 경험으로 이해되어야만 한다.[41]

이런 설명만으로도 소문자 신들이 함께하는 그리스·로마적인 기쁨과 매력, 그리고 감사, 관용, 환희가 중세 기독교 사회 이후 대문자 신이 지배하던 시대의 그것과 어떻게 다른지 충분히 이해할 수 있을 것이다. 이런 관점에서 보면 여기서 은혜로 번역된 것은 사실상 우리에게 익숙하게 전해져서 수직적으로 느껴지는 대문자 신이 지배하는 문화에서의 은혜와는 구별된다. 매우 평등한 관계에서 예견되는 "어떠한 보답의 기대나 복종을 넘어서는 관계"로 경험되며, 이때 증여된 선물은 "누구에서부터 나온 것이 아니라, 신성한 이름으로 돌려지기 이전부터 존재하였던 것과 같다."라고 표현하고 있다. 이러한 마르셀 에나프의 이 같은 통찰력 있는 관찰은 세네카가 이 책에서 이야기하고자 한 본의를, 의심 많고 각박한 우리에게 대신 전달하는 듯하다.

## 스스럼없이 신세를 지고 아낌없이 베풀라

마르셀 모스는 『증여론』에서 "선물과 독은 같은 어원이다."라는 게르만의 속담을 소개하는가 하면, "선물을 받고 답례하지 않으면 받은 사람의

---

**41** Marcel Henaff, 2010[2002], pp.210~211

인격이나 지위는 좀 더 열등한 상태로 떨어진다."라고 했다. 많은 학자들이 이러한 관점을 계승하여 구호 기관에서 물자를 타 쓰는 빈민들의 자존심을 동정하고,[42] 거의 읽히지 않는 신문을 팔면서 생계를 유지하려고 하는 사람들의 자존심을 염려한다.[43]

이 말은 한마디로 세상에 공짜는 없다는 뜻이다. 내 돈을 주고 거래하지 않고서 무엇인가를 남으로부터 공짜로 받으면 내 몸이 거부감을 느끼게 마련이다. 모스는 이 거부감을 윤리적 의무로 전환했다. 이런 속담 식의 말은 마치 진리라도 되듯이 묘한 패러독스를 풍기며 사람의 마음을 파고든다. 이것이 진리라고 하며 누군가로부터, 특히 선생님이나 목사님으로부터 믿을 것을 강요당하면, 절대 믿지 않을 것도 마치 말할 필요도 없는 것을 말하는 듯이 숙명적으로 파고 들어오는 데는 막을 도리가 없다.

그런데 세네카가 설명하는 증여는 이와 같이 의무감에 사로잡힌 상황에서 발생하는 것이 아니다. 세네카도 마찬가지로 누군가 베푼 것을 빚졌으면 꼭 갚으라고 한다. 그것도 꼭 기억했다가 철저히 갚으라고 한다. 그런데 빚진 것이 무엇인가라고 말하면, 결코 선물이라고 말하지 않고 은혜라고 말한다. 선물은 재물이고, 은혜는 사람의 손에 닿지 않는 곳에 있는 가치이다. 기억에 있다가 사라지기도 하고 떠올려지기도 한다. 그런데 은혜이기 때문에 굳이 재물로 갚을 필요가 없다. 심지어 은혜를 입었다는 사실을 상기하는 것만으로도 갚은 것이나 다름없다.

---

**42** Mary Douglas, translated by W. D. Halls, 1990[1950] "Forward", *The gift —The form and reason for exchange in archaic societies*, Routledge.

**43** 모리스 고들리에, 오창현 옮김, 2011 『증여의 수수께끼』, 문학동네.

세네카는 은혜를 베푸는 것과 대금업을 구별하려 하는데, 닮았으니 구분해내려는 것이다. 사실 은혜를 베푸는 것은 대금업을 모사한다. 로마 시대에는 고리대금업이 성행했고, 세네카 자신이 대금업을 하기도 했지만, 그 방식이 오늘날과 다르다. 오늘날 한국에서는 은행에서 일단 원금을 빌려 썼으면, 이후 채무자는 무슨 일이 있어도 계약서대로 원금과 정해진 이자를 제때에 상환해야 한다. 그러나 당시 로마에서는 빌려 쓴 사람에게 문제가 생기면, 빌려준 사람과 빌려 쓴 사람이 타협하여 줄여주거나 면제해줄 수 있었다.

최근 데이비드 그레이버는 상황이 심각하게 어려우면 빚을 꼭 갚지 말라고 적극 권유한다.[44] 이 사람이야말로 진정한 스토아주의자로 보일 수도 있다. 자신이 괴로우면 자살도 불사하는 것이 스토아주의인데, 빚 갚기를 거부하는 것쯤이야 무슨 문제가 되겠는가? 그러나 그레이버는 견유학파에 속한다. 세네카는 절대 이런 풍조의 사회를 원치 않는다.

세네카는 다음과 같은 사회가 되기를 권유한다.

사람들은 아낌없이 은혜를 베풀고, 스스럼없이 은혜를 입으며, 또 기꺼이 은혜를 갚을 줄 알아서, 거대한 도전에 몸소 맞선다.

세네카의 이 말 중에서 "아낌없이 은혜를 베풀고"와 "기꺼이 은혜를 갚을 줄 알아서"만 놓고 본다면 거의 모든 종교서나 교훈서에서 마주치는 말

---

**44** 데이비드 그레이버 지음, 정명진 옮김, 2011 『부채 그 첫 5,000년: 인류학자가 다시 쓴 경제의 역사』, 부글북스.

이다. 문명의 격률이라는 것이 대개 도움을 주고 도움을 받는다고 하지만, 사람들은 되도록 도움을 받기를 꺼린다. 그래서 "스스럼없이 은혜를 입으며"라는 말은 이해가 쉽지 않다. 앞서 언급한 모스와 그 제자들, 혹은 그것을 읽고 고개를 끄덕인 모든 사람들은 결코 이해하기 쉽지 않을 것이다. 어떻게 스스럼없이 은혜를 입지? 사실 은혜를 스스럼없이 입지 않으려 하면, 그 일로 끝나는 것이 아니라 당연히 베푸는 것이 꺼려질 것이 뻔하다. 실제로나 명분상으로나 베푸는 행위가 자제될 것이 뻔하다. 그 사람이 은혜를 입기가 힘들다고 생각하여, 베푸는 행위를 자제하면, 연쇄적으로 은혜를 갚을 일도 사라질 것이다. 이와 같이 선물 관계는 어느 한쪽 고리가 끊어지면 전체가 멈추는 체계이다.

그래서 이런 일들은 누구 한 사람의 일이 아니게 된다. 우리 주위에 소크라테스처럼 남에게 손톱만큼의 폐를 끼치지 않고 빚진 것 없이 살다 죽겠다고 하는 사람이 있다면 결코 칭찬할 일이 아니다. 사람들은 누구나 은혜를 베풀고만 싶지, 은혜를 입지 않겠다는 속성이 있다. 이런 사유의 근본 구조 속에 깔려 있는 꼴은 상당히 흉측하다.

이때 세네카는 좀 더 강한 어조로 권유할 것이다. 곤란할 때는 스스럼없이 신세를 져라. 이것이 기쁨이다. 스스럼없이 신세를 져야 기회가 오면 아낌없이 남을 도울 수 있는 법이다. 베풀기만 하겠다고 하면, 다른 사람 위에 서서 계속 베풀겠다는 나쁜 심보이다. 거듭 말하지만 세네카에게 은혜는 기쁨을 뜻한다. 이때 선물은 누가 누구에게 주는 것으로 나타나지 않는다. 마치 어디선가 와서 원래부터 그곳에 있었던 듯이 군다.

마지막으로 이런 증여를 실현하고 그런 관점에서 세상을 보고 사는 세계가 있다면 그것이야 말로 세네카가 바라는 이상 사회였을 것이다. 사실상 세네카에게 이상적인 사회란 제도와 같이 누구라도 거주할 집을 가리키는 것이 아니라, 사람들이 살아가는 상태를 지목한다. 여기서는 사람들이 거주하는 집이 중요한 것이 아니다. 그들이 어떤 태도로 살아가느냐가 더 중요하다. 세네카가 존경하고 발돋움하고자 했던 현자들은 어떤 시야에서 세상을 보며 살던 사람이었던가? 이들은 어떤 눈으로 세상을 보았기에 자유롭게 은혜를 베풀고 입고 갚을 수 있었던가? 세네카의 음성을 통해 그들의 정신을 천천히 음미해보면, 그들 속에 우리의 자리가 있음을 알게 될 것이다.

현자란 모든 것을 가지면서 그것을 어떤 어려움 없이 지켜내는 유일한 사람이다.(중략) 이 세계를 동에서 서로 살피며 황무지를 사이에 두고 멀리 떨어진 땅도 꿰뚫어 보는 일, 관대한 자연이 빚어준 수많은 동물들과 거대한 축복들을 지켜보는 일, 그러고는 "이 모든 것이 내 것이로다!"라고 신과 같은 한마디를 발하는 일은, 위대한 영혼 없이는 가능하지 않다. 이렇게 해서 현자는 아무것도 욕망하지 않게 된다. 모든 것 너머에는 아무것도 없기 때문이다.[45]

---

**45** 본 번역서, 295~296쪽

김혁

경희대학교 사학과를 졸업하고 한국학중앙연구원 고문헌관리학과 통합과정에서 2005년에 조선시대 완문完文에 관한 연구로 박사 학위를 받았다. 한국학중앙연구원 장서각 연구원과 경북대학교 영남문화연구원 HK교수를 거쳐 현재 전북대학교 쌀·삶·문명연구원 학술연구교수로 있다. 주요 논문으로 "증빙의 개념에서 본 증빙문서 연구의 과제"(2006), "조선시대 婚書의 書式 변화를 통해서 본 婚禮의 양상"(2008), "조선시대 지방관의 선물정치와 부채"(2009), "조선후기 단오부채의 생산과 가치 순환"(2010), "曆書의 네트워크: 왕의 시간과 일상생활"(2010), "조선후기 충청도 서해안 지역 상업활동의 사회적 의미–홍성군 성호리 김녕김씨가 소장 고문서를 중심으로"(2014), "18~19세기 향약의 실천과 사회관계의 변화"(2014), "실학자 우하영의 정치경제학과 향약설"(2014) 등이 있고, 주요 저서로『특권문서로 본 조선사회』(2008),『영남의 미시세계』(2009, 공저),『수령의 사생활』(2010, 공저),『잡담과 빙고: 경기 충청 장토문적으로 보는 조선후기 여객주인권』(2013, 공저) 등이 있다.

오명석

서울대학교에서 학사와 석사를 이수하고, 호주의 모나쉬대학교 인류학과에서 말레이시아 농촌마을의 소농경제에 대한 논문을 제출해 1993년에 인류학 박사 학위를 받았다. 현재 서울대학교 인류학과 교수로 재직하고 있으며, 최근의 주요 논문으로는 "선물의 혼과 신화적 상상력: 모스「증여론」의 재해석"(2010), "동남아 이슬람의 쟁점: 이슬람과 현대성"(2011), "지식의 통섭과 인류학"(2012), "동남아의 수피즘"(2013) 등이 있고, 주요 저서로『세계의 풍속과 문화』(2005, 공저),『우리 안의 외국문화』(2006, 공저),『말레이세계로 간 한국 기업들』(2014, 공저) 등이 있다.

홍석준

서울대학교에서 학사와 석사를 이수하고, 서울대학교 인류학과에서 말레이시아 농촌 마을의 이슬람화와 문화 변동에 관한 논문을 제출해 1997년에 인류학 박사 학위를 받았다. 현재 목포대학교 문화인류학과 교수로 재직하고 있으며, 최근의 주요 논문으로 "The Promise of ICTs in Asia: Key Trends and Issues"(2008, 공저), "東亞的海洋世界與港口城市的歷史和文化"(2008), "동남아시아 조기유학 청소년의 유학 결정 과정과 유학경험―말레이시아에서 유학 중인 청소년을 대상으로"(2009, 공저), "말레이시아의 전통예술과 이슬람 부흥의 문화적 의미―디끼르바랏, 방사완, 와양꿀릿의 말레이 노래를 중심으로"(2010), "중국과 말레이시아 사이의 역사적, 문화적 교류의 문화적 의미―정화(Cheng He) 남해 대원정의 현대적 의미"(2010), "말레이인들의 일생의례의 문화적 의미"(2010), "말레이시아로 조기유학 온 한국 어머니들의 자녀교육과 '어머니노릇'에 대한 인식의 특징과 의미"(2011, 공저), "동남아시아 문화연구의 동향과 전망"(2013) 등이 있고, 주요 저역서로 『동아시아의 문화와 문화적 정체성』(2009, 공저), 『동남아의 한국에 대한 인식』(2010, 공저), 『글로벌시대의 문화인류학』(2013, 공역), 『그들은 왜 기러기가족을 선택했는가』(2013, 공저), 『맨발의 학자들』(2014, 공저) 등이 있다.

안승택

서울대학교 인류학과를 졸업하고, 동 대학원에서 식민지 조선의 근대농법과 재래농법에 관한 연구로 2007년에 인류학 박사 학위를 받았다. 지역문화연구소 연구원, 역사문화연구소 특별연구원, 전북대 쌀·삶·문명연구원 HK교수 등을 거쳐, 현재 서울대학교 규장각한국학연구원 HK연구교수로 있으며, 지역문화연구소 연구위원으로 활동하고 있다. 현장연구와 물질연구, 문헌연구를 병행하는 역사인류학적 접근을 통해, 식민지 시기를 중심으로 그 전후 시기를 오가면서 식민화 이전의 재래적인 농업기술과 농민사회가 외래의 식민자들과 만나 어떤 변화를 겪어왔는지에 대해 연구해오고 있다. 주요 논문으로 "장마와 매우 사이: 기후는 식민지 조선의 농업을 어떻게 규정하였는가"(2010), "폭력의 거처: 한 현대농촌일기에 나타난 난폭한 농민들과 촌락공동체 그리고 국가"(2013),

"한 현대농촌일기에 나타난 촌락사회의 계(契) 형성과 공동체 원리"(2014), "한말 일제초기 미신론 연구"(2014)가 있고, 주요 저서로『식민지 조선의 근대농법과 재래농법: 환경과 기술의 역사인류학』(2009),『조선 기록문화의 역사와 구조』(2014, 공저),『압축근대와 농촌사회』(2014, 공저) 등이 있다.

# 베풂의 즐거움

고대의 현자 세네카가 들려주는
불행한 시대를 이기는 참된 방법

1판 1쇄 펴냄 2015년 3월 12일
1판 2쇄 펴냄 2015년 9월 18일

지은이 루키우스 안나이우스 세네카
옮긴이 김혁·오명석·홍석준·안승택
펴낸이 정성원·심민규
펴낸곳 도서출판 눌민
출판등록 2013. 2. 28 제2013-000064호
주소 서울시 마포구 양화로 156, 1624호 (121-754)
전화 (02) 332-2486      팩스 (02) 332-2487
이메일 nulminbooks@gmail.com

*De Beneficiis(On Benefits)* by Lucius Annaeus Seneca
ⓒ 도서출판 눌민 2015

Printed in Seoul, Korea

ISBN 979-11-951638-5-4 03190